Oral History of the
90th Anniversary of
Wenzhou University

温州大學
办学九十周年口述史录

温州大学档案馆
温州大学口述历史研究所　编

社会科学文献出版社
SOCIAL SCIENCES ACADEMIC PRESS (CHINA)

《温州大学办学九十周年口述史录》编写顾问（以姓氏笔画排序）

马大康　刘万伦　李校堃　谷亨杰　张　健
陈艾华　陈福生　林选青　林娟娟　金礼义
赵　敏　钱成良　谢树华　蔡袁强　魏萼清

《温州大学办学九十周年口述史录》编写组（以姓氏笔画排序）

主　编　蔡曙光

成　员

王艳芬　王　鹏　刘子玉　江秀景　孙良好
孙碧燕　李永刚　杨兴林　张元伟　张闻捷
陈宏毅　陈鸿超　陈　慧　陈赞安　郑兆钧
郑　重　唐运冠　蔡婷婷　潘立川

温州师范学校创办于 1933 年

图为温州师范学校全景

温州师范学院创办于 1956 年

图为建校初期位于胜昔桥的温州师范专科学校校门

原温州大学创办于 1984 年

图为原温州大学蛟翔巷校门

温州教育学院创办于 1974 年

图为温州教育学院石坦巷校门

平阳师范学校创办于 1943 年

图为平阳师范学校坡南皇岙村校门

瑞安师范学校创办于 1942 年

图为瑞安师范学校东涌村校门

温州幼儿师范学校创办于 1984 年

图为 1989 年 7 月，温州幼师举行迁校挂牌仪式

温州师范学院学院路校区全景

原温州大学民航路校门

2006 年 6 月 23 日，温州大学在茶山高教园区学子广场隆重举行揭牌庆典大会

温州大学茶山校区全景

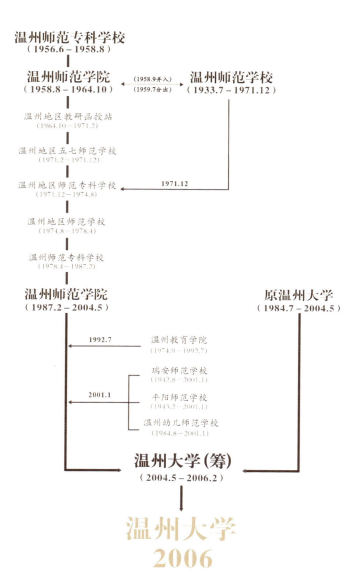

温州师范专科学校
（1956.6 - 1958.8）

温州师范学院
（1958.8 - 1964.10）

（1958.9并入）
（1959.7分出）

温州师范学校
（1933.7 - 1971.12）

温州地区教研函授站
（1964.10 - 1971.2）

温州地区五七师范学校
（1971.2 - 1971.12）

温州地区师范专科学校
（1971.12 - 1974.8）

1971.12

温州地区师范学校
（1974.8 - 1978.4）

温州师范专科学校
（1978.4 - 1987.2）

温州师范学院
（1987.2 - 2004.5）

原温州大学
（1984.7 - 2004.5）

1992.7

温州教育学院
（1974.9 - 1992.7）

瑞安师范学校
（1942.8 - 2001.1）

2001.1

平阳师范学校
（1943.2 - 2001.1）

温州幼儿师范学校
（1984.8 - 2001.1）

温州大学(筹)
（2004.5 - 2006.2）

温州大学
2006

温州大学校史沿革图

序　言

　　大哉师道天下尊，承往哲兮启后人。东海水，雁荡山，我温大精神，浩浩荡荡。自1933年黄溯初先生捐出私立郑楼小学全部校产给浙江省教育厅、省厅创办温州师范学校以来，温州大学与国家、民族的坎坷命运一路风雨同行。伴随着抗日救亡、全国解放、民主建国、改革开放、科教兴国一个个重大的历史事件，走过了"两校合并、七校融合"的沿革变迁。这九十年，温州大学历尽坎壈，从偏隅一方的"小学堂"，蔚为浙南的"大学府"。一路风尘一路歌，校地虽几经变迁，校名虽多次变换，但恒久不变的是温大"求学问是"的文化底蕴与"敢为人先"的拼搏精神。

　　值此温大九十周年校庆之际，我们通过口述历史的方式，采访了27位见证温大发展的领导、教师与校友代表，回眸一件件温大历史上与时俱进、跨越发展的重要事件，回首一代代温大人栉风沐雨、接力奋斗的宏伟征程。尽管口述历史呈现的是个体的历史记忆，难以穷尽90年所有历史细节，但当我们翻开这本书，展现在我们眼前的既有追忆往昔、娓娓叙说的人生故事，也有矢志攻关，勇攀科技高峰的豪迈事迹；既有励精图治、艰苦办学的流金岁月，也有勤恳工作、传道授业的生活点滴……它们所构成的不仅仅是温大几代人的记忆与温情，更是个体命运与学校发展纵横交错，照亮历史深处的生动图景。

　　可以说，这本书不仅是一部艰苦奋斗、自强不息的办学史，也是一部不忘初心、科学发展的坚守史，更是一部数代师生兢兢业业、齐心协力的耕耘史。从这些娓娓道来的生动故事里，我们感受到的是一份对学校精神的融入与认同，是一份对教育事业的热爱与坚持，更是一份对学校历史与文化的自觉与自信。

　　习近平总书记说："同历史对话，我们能够更好认识过去、把握当下、面向未来。"九十年风雨兼程，九十年沧桑岁月。谨以此书献给为温大付出艰辛汗水与始终关心温大发展的人们，以期新一代温大人能够牢记育人办学之初心，回首筚路蓝缕之苦功，高擎浙南教育之旗帜，肩负继往开来之重任，推动温大发展不断迈上新台阶！

温州大学档案馆、温州大学口述历史研究所
2023 年 3 月

目　录

一城一校一专业，温言温语温大人

　　——马大康口述 ·· 001

久积细流，终成江海

　　——马汉臣口述 ·· 022

坚守教育初心，矢志逐梦前行

　　——毛政敏口述 ·· 041

忆往昔峥嵘岁月，筑今朝腾飞理想

　　——吕德富口述 ·· 055

多岗历练回母校，勤勉实干续新篇

　　——庄兴忠口述 ·· 078

小天地里成就大事业，老黄牛精神永不过时

　　——刘万伦口述 ·· 095

回首"瓯江"办学路，共话"理工"启新程

　　——许秀珍口述 ·· 108

春风化雨育芳华，潜心耕耘洒清辉

　　——李方华口述 ·· 123

用心浇灌"生长因子"之花，用情拓宽温大创新之路

　　——李校堃口述 ·· 132

筚路蓝缕科教路，奉献师院四十载

　　——谷亨杰口述 ·· 147

难忘树人堂前青葱岁月，追忆戈壁滩上无悔青春

　　——张美鑫口述 ·· 157

茶山辟新基，并校促融合

　　——陈艾华口述 ·· 174

忆峥嵘岁月，叙母校情缘
　　——陈莲莲口述 ………………………………………… 179

求学问是育人才，敢为人先创新业
　　——陈福生口述 ………………………………………… 199

建言合并促发展，从文从教桑梓情
　　——林坚强口述 ………………………………………… 221

破解"瓶颈"问题，助推温大发展
　　——林选青口述 ………………………………………… 234

双肩挑责领航向，爱校如家守初心
　　——林娟娟口述 ………………………………………… 251

从军从政多历练，缘结师院续新篇
　　——金礼义口述 ………………………………………… 268

初心如磐，使命在肩
　　——周湘浙口述 ………………………………………… 283

三尺讲台存日月，一襄烟雨任平生
　　——郑征庄口述 ………………………………………… 309

以科学治水之法，行治学治校之道
　　——赵敏口述 …………………………………………… 324

一腔热血谋教育，一片丹心怀故乡
　　——钱成良口述 ………………………………………… 343

回首校史三十年，善作善成实惟先
　　——钱强口述 …………………………………………… 353

忆师专岁月，话师院韶华
　　——徐顺平口述 ………………………………………… 370

拳拳教育心，浓浓温大情
　　——谢树华口述 ………………………………………… 392

集众智献策温州教育，合众力建设温州大学
　　——魏萼清口述 ………………………………………… 416

丝丝入扣绣出"东方一绝"，一针一线勾勒温大情缘
　　——魏敬先口述 ………………………………………… 436

一城一校一专业，温言温语温大人

——马大康口述

采访者：张闻捷　　　　　整理者：钱海清、常梦月
采访时间：2022 年 7 月 13 日　　采访地点：浙江省温州市东游大厦

口述者简介

马大康，1947 年生，浙江省温州人，二级教授。1981 年考入杭州大学中文系攻读中国现代文学专业。1984 年研究生毕业，获文学硕士学位。同年，赴温州师范学院任教，从事中国现代文学、美学和文艺心理学的教学和研究。历任《温州师范学院学报》编辑部主任、温州师范学院院长、温州大学学术委员会主任等职，并任人文学院教授、文艺学研究中心主任，兼任中国文艺理论学会常务理事。先后主持多项国家社会科学基金项目及教育部人文

社科重大项目和浙江省社会科学规划项目。出版学术著作 9 部，在权威、核心刊物发表学术论文 130 余篇。曾 5 次获得浙江省人民政府颁发的科研成果奖，其中，获得 3 次一等奖。曾获曾宪梓全国高等师范院校教师奖和国务院政府特殊津贴。

一 支边前后，成长蜕变

采访者：马院长您好，首先请简单介绍一下个人情况，包括出生日期、出生地、工作经历等。

马大康：我的出生日期是跨年度的，阴历是 1946 年 12 月，阳历是 1947 年 1 月。我生在杭州，正是抗战胜利不久，也是我父亲最艰难的时候。抗战时期，《浙江日报》编辑部在丽水龙泉成为一个抗日根据地，浙江的部分大学生也在那里。我父亲所编的《浙江日报》副刊，成为进步青年发表作品的重要阵地。抗战胜利后，编辑部迁回杭州，被国民党政府接收，我父亲就被解聘了，所以我出生的时候是我父亲最艰难的时候。之后，父亲回到温州从事教育工作，后来又调到杭州去。解放后，父亲一直在当教师，我母亲也是，家里有 6 个兄弟姐妹，又有长辈，家庭经济条件还是比较困难的，但毕竟有稳定收入，我们小时候还算没怎么吃过苦。

我在 1965 年底支边新疆伊犁，一去就是整整 10 年。去新疆前，兵团说是来招收干部的，但很长时间内我一直在劳动锻炼。一年后，我被分配到一个新团场，但还是继续劳动。

珍宝岛事件后，中苏关系十分紧张，新疆边境也发生了武装冲突，团场成立了民兵营。我去民兵连当过文书，后被抽调到营部当干事。不久又调学校当了语文老师。记得读小学时，我最怕的是写作文。面对老师的命题，绞尽脑汁也想不出有什么可写。特别是当老师踱到我身后时，那就连一个字也写不出来了，作文几乎没有一次不迟交。直到父亲为我买了一大摞散文集，写作能力才突然提高了。但是，我喜欢的还是数理化，一心想当科学家，而不是舞文弄墨。去新疆后，几乎没有施展数理化才能的机会，相反，写文章、发言，倒有了点小名气。调学校后就让我当语文老师了，我不得不自学大学中文课程。父亲有许多藏书，中外名著不少，小时候我只知走马观花地浏览，这时才开始有计划地系统学习大学中文知识。

采访者：1975 年，您调到丽水浙江林业学校任语文教师。1981 年，您

34岁，考取了杭州大学中文系现代文学研究生。当时您已成家，家累应当不轻，您能谈谈当时的工作和生活情况吗？是什么样的契机，让您决定考研？

马大康：当时，我在丽水浙江林校当老师，因为在新疆教语文，到林校后就继续当语文老师。有一段时间，丽水市委宣传部让我帮忙写材料，干了不久我就逃回来了，还是喜欢当老师。在林校有个很大的好处就是有图书馆，自学就更加方便了。那时候广播开始教英语，我就跟着学英语，又觉得广播进度太慢，就改成自学，所以我的英语后来就成了哑巴英语，听、说能力很差。

青年时期的马大康

恢复高考以后，也开始招收研究生了。我有个好友，从南京农业大学毕业后被分配到新疆，后来考上浙江农业大学的研究生。在他的鼓励下，我也决定去尝试。由于已经在中专教书，我对报考本科没有兴趣，又没学过大学理科课程，就只能报考中文，于是选择了杭州大学中国现代文学专业。

在我们那一届，杭州大学中文系总共招了8个研究生：2个学汉语修辞，2个学汉语语法，2个学现代文学，2个学古代文论。我们学习很刻苦，一早就起来读书，一直到晚上12点。除了研究生课程，我还必须补修本科主要课程。在杭州三年，除了去书店买书，没去过任何风景区，也没有任何玩乐。

我的导师吕漠野先生，是位很严谨的老先生，每次授课都十分准时。他认为，搞现代文学研究必须有理论素养，建议我们学点理论。于是，我在选修吴熊和先生的唐宋诗词研究、蔡义江先生的《红楼梦》研究、陈坚先生的戏剧研究、郑择魁先生的鲁迅研究之外，还选修了王元骧先生的美学。应该说，王先生的美学课，对我后来转向理论研究影响很大，我对美学的兴趣就是从那时开始的。在读研究生时，我既发表过现代文学的研究论文，也发表过文艺学的，两个方面都有所涉及，只是后来由于个人兴趣，才逐渐转向纯理论方面。

由于两个孩子在读书，经济极拮据，早餐我只吃一个馒头、一碗粥，连几分钱的咸菜也节省了。

二 投身文学，沉醉其中

采访者：在金辉的《马大康：从支边青年到大学教授》中，您说一直喜欢理科，"从文是不得已，想改变自己的境遇，就只好改变自己的志向"。您能具体谈谈为什么觉得当时学理工科无望，转而"从文"吗？

马大康：如果没有经过大学本科的专门训练，理工科是很难有成就的。我原来更想当科学家，而不是数学家。数学还可以自学，而其他理科离开实验条件就无法学习。我虽然数理好，但毕竟只读到高中，如果没有大学的环境，没有实验条件，也就失去了深造的机会。文学不一样，只要有书就可以自学。家里藏书丰富，小时候我文学作品阅读较多，后来由于教语文，又系统自修了大学中文课程。林校有一位郑松源先生，学问深厚，和我一同教语文，也是我经常请教的老师。虽然我父亲不赞成子女搞文学，但当时学中文却是我唯一可能的选择。后来我转向纯理论研究，而且更倾向于基础理论，恐怕和原来喜欢解数学难题有些关系。数学培养了思维的严密性，文艺学和美学恰好也需要这方面的能力。

采访者：1992年，您获得去中国社会科学院文学研究所访学的机会，师从中外文艺理论学会会长钱中文先生和杜书瀛先生。您能谈谈获得访学资格时的感受吗？这次访学之于您的意义如何呢？

马大康：访学时间虽短，但对我的人生起了很大作用。那时，研究生极其稀少，我到温师院不久就定级为讲师，一年后又破格晋升为副教授。评高级职称是有指标限制的，但破格提拔可以不占名额。当时，专心做科研的教师比较少，而我论文发得较多，就提出了申请，很顺利地被省高评委通过了。1992年，我看到中国社会科学院在招收访问学者，就向学校提出申请。谷亨杰院长、李日增副院长非常重视人才，觉得我很努力，同意我去访学，但只有一个学期。

我是想投奔钱中文先生的，结果文学研究所办公室说钱先生很忙，没时间带，只能跟杜书瀛先生学习，所以我就挂在杜先生门下，还有一位同窗是山西大学的教师。第一次跟杜先生见面时，杜先生就让我们把论文交给他，以便了解我们的具体情况。第二次见面时，杜先生就对我说，论文写得很好，不需要再指导了。所以，杜先生只是我名义上的导师，一直到离京，我才和同窗再去拜访他。钱中文先生带了三个博士生，每星期开一次课。在金元浦博士的推荐下，我主动参加了钱先生的课。他会事先提出问题让学生去准备，课上，学生充分讨论，最后由他概括总结。这些问题或涉及文艺学的基本理论，或针对学术前沿，或紧扣社会热点，4 个月的学习，让我开阔了眼界。

那时，学术风气很好。在北京的王一川、陶东风、金元浦、张法等博士会定期聚在一起自发组织学术沙龙，我也参加他们的讨论。大家围绕专题深聊，然后分头写文章，再投给刊物作为笔谈专栏发表，这也让我对整个学术动态有了及时的了解。由于一心学习，在北京那段时间是我写文章和发文章最多的时候，专著也是在那时完成的。

在学报编辑部时，工作特别忙。两位同事都生病请了长假，编辑部就只剩我一个人。收稿、审稿、校对、跑印刷、邮寄发送都由我一个人包揽。当时还没有电脑打字，都是一个个铅字，有的冷僻字还需要找人去刻。我在中文系兼讲中国现代文学和美学，另外开了文艺心理学选修课。学校成人教育在县城设了中文班，我经常一个星期从早讲到晚，嗓子都讲哑了，咽喉炎就是那时得的。两个孩子正在读大学，我的经济压力很大，又不得不在校外兼课，像业余大学的外国文学、电大的公共语文。由于过度劳累，人都要昏过去了，可是报酬却极其微薄。即便这么忙，我也要抽空搞研究，产出不少，毕竟编辑部的工作时间可以自主安排。待到张如元老师来学报编辑部，我的工作压力才有所减轻。他精通古汉语、古典文学和文献学，承担了这方面的编辑工作。

采访者：2001 年，《诗性语言研究》获批当年度国家社科基金一般项目，这是温师院首次获得的两个国家级科研项目之一。您能讲讲当时项目获批的心情吗？

马大康：这个项目获批时，我已经当院长了。1993 年，我被评为教授，年底，学院硬给我套上了副院长职务。老院长让我一定要去参加省高级职称评审委员会，这对我很有好处，开阔了眼界。每次评审都会接触成百上千份申报材料，不仅可以了解各个高校的师资情况，也能看到一些优秀教师的成果，对自己来说，是个鞭策。在一次评审会上，评委会主任、浙大老校长指着一个文科教师的材料说，这个人怎么没有科研？实际上，这位教师有不少著作。那时我以为，理工科研究需要设备，不能不申请项目要经费，而文科除了大型资料收集整理工作需要经费支持，教师的科研就是撰写著作，不花国家的钱就能出成果，岂不是更好？可是在老校长眼里，没有项目就等于没有科研。从此，我才知道文科也需要科研项目。刚好关于"诗性语言"问题，我已经写了一系列论文，正准备写一本专著，也就顺理成章地去申报了国家项目。

采访者：凭借学术成就，2002 年 1 月 18 日，您与邱国珍、吴其南、田艳等四位教师被聘为浙江省哲学社会科学"十五"规划学科组成员。2004 年 12 月 28 日，您获享国务院政府特殊津贴。能给我们讲一讲获得这些荣誉的情况与感想吗？

马大康：这个我倒是没有什么感想。当时学校教授也不是太多，还要看学术成果，如果能够多争取一些专家名额，对学校还是很有利的。当了副院长以后，几乎所有的荣誉我都放弃了，各种人才奖也没去申报，让给了教学第一线的教师。这个学科规划组成员不是什么荣誉称号。

获享国务院政府特殊津贴这件事，还是人事处干部觉得我老是谦让，就让处长王向红直接找党委书记陈福生申请的，陈书记也没征求我个人意见，就在党委会上提出来，集体通过定下来，我就不好再推辞了。对于个人荣誉，我看得比较淡。

采访者：几十年来，您先后主持承担国家社会科学基金项目"诗性语言研究""现代、后现代视域中的文学虚构问题研究"及教育部人文社科重大项目和浙江省社会科学规划项目。出版学术著作《生命的沉醉》《审美乌托邦》《诗性语言研究》《叛乱的眼睛》《文学时间研究》《文学活动论》《现代、后现代视域中的文学虚构研究》《文学行为论》等，参与编撰教材和文学鉴赏辞典多部，在《文学评论》《外国文学评论》《文艺研究》《文艺理论研究》《学术月刊》等刊物发表学术论文 130 余篇。曾 5 次获得浙江省人民政府颁发的科研成果奖，其中，专著《诗性语言研究》《现代、后现代视域中的文学虚构研究》《文学行为论》分别获得浙江省第十四届、第十八届、第二十届哲学社会科学优秀成果一等奖。在这突出成绩的背后浸透着汗水与艰辛，请问在科研道路上是否遇到过曲折与困难，您是如何克服的？有没有印象深刻的例子？

马大康：做科研是很艰辛的。往往在某个问题上似乎已经有很多想法，但是真正深入以后，还会碰到很多纠结的地方，需要阅读更多的书籍，甚至会很伤脑筋。不过，一旦解决了这些问题，就会感觉特别好。就像我小时候喜欢解数学题一样，只要解决了一个难题就会很开心。我做科研不是为了奖励或者其他的荣誉，纯粹是为了满足求知欲。起初，做科研的条件比较差，一家人挤在五十来平方米的住房，两个孩子读书需要地方，妻子看电视又占一个地方，我只能躲在一个不到两平方米的小阳台里读书写作。虽然条件很差，但我始终觉得做科研很有乐趣。我主要研究文艺学、美学，又着重做基础问题研究，基础理论很难出成果，需要绞尽脑汁，但我就是喜欢这个东西。在做行政管理工作后，最纠结的还是缺少时间，休息日、假期几乎都没有，只能挤出点滴时间去读书、写作。原先，我喜欢在清晨醒来的朦胧中思考理论问题，而那时却满脑子都是学校事务，不得不考虑当天的急事。唯一的好处是当我从烦扰的行政事务中摆脱出来，开始思考学术问题时，心就沉静下来了，学术研究成为我最好的心理调节手段。

三　入职师院，引领发展

采访者： 1984 年，您进入温师院工作，这是被分配的还是自主择业的？温师院吸引您入职的地方有哪些？

马大康： 我们当时是分配的，但是也有我自己的意愿。那时的研究生很吃香，毕竟很少，杭大中文系总共才 8 个研究生，1 个专业有 2 人。但当时我已经是两个孩子的父亲，如果要在杭州工作和定居，就涉及家属调迁，此前，为调离新疆就已经费尽了精力。老母亲也要求我毕业回温州，不让我继续留在外面。温师院李方华书记知道我快毕业了，亲自跑到杭大来找我，邀请我到温师院来。我答应后，温师院就直接跟杭大联系，把我分配过去了。

采访者： 能否结合您自身经历，谈谈您入职时温师院的发展状况？

马大康： 我来这不久，温师院就从专科正式升格为本科，学校的发展前景还是不错的。我自己也喜欢在大学里当老师，可以搞专业研究，并能促使我不断地努力学习。刚到温师院时，我被安排在中文系教书。一年后，学报编辑部主任袁泽仁调任中文系主任，学校就调我去当编辑部副主任，兼在中文系教学。适应教学后，我加倍努力，很快就破格评上了副教授。研究生阶段对人生发展还是很有帮助的，这段时间的训练让我学会了做研究的路径。

采访者： 当时温师院中文系情况是怎样的？您主要教授哪些课程？

马大康： 我入职后，一开始教的是现代文学，然后增加了美学，还有文艺心理学，大学语文是大家都要教的。我虽然只在中文系待了一年多，就到学报编辑部去了，但课还是照样上，也参加中文系的活动。中文系有一个传统，就是氛围比较好，相对来说对教师也比较宽松。

采访者：1993 年，您成为温师院最年轻的教授。同年，您与其他三位教师获曾宪梓教育基金会 1993 年高等教育师范院校教师奖。能给我们讲一讲您在教学和科研方面的经验与体会吗？

马大康：凡事靠认真吧！我觉得只要认真，什么事情都能做好，还有就是对学生要有爱心。同事之间不必争荣誉，无论在哪个岗位都必须认真做好本职工作，对得起良心。

1993 年的事情确实多，我获得全国高等师范院校教师奖，成为温州市最年轻的教授，被任命为学校副院长。上半年，我被选为鹿城区人大代表，又被区人大推选为温州市人大代表。我并不喜欢从政，怕耽搁时间，还特地写了辞去市人大代表候选人的报告，可是候选人名单并没有删去我的名字，只是把报告附在后面，结果就成了市人大代表。从事行政工作后，我作为人大代表或常委会委员，经常同市有关部门打交道，这更有利于学校工作。

1994 年，温州师范学院党政领导班子合影（前排左起吕德富、郑健、金礼义、李日增、詹振权，后排左起周锦成、马大康、仇毅、钱建民）

采访者：1993 年，您担任温师院副院长，1997 年 6 月 5 日，浙江省政府任命您为院长，能回忆下当时的情景和心情吗？

马大康：当副院长有点违背我的个人意愿。我是 11 月评上教授的，12 月，上级组织部就来找我谈话，让我当副院长。一开始我是拒绝的，不仅因为我喜欢教书和科研，还因为我觉得教书、科研有多少付出就有多少成绩，做行政不一样，很可能努力之后一事无成。我从来没当过带"长"的干部。

小学读得早，还很糊涂，开始当了个小组长，唯一的工作是收发作业本。有一次竟把自己的作业本发给别人，把别人的留给了自己，所以还没当几个月就被老师撤职了。

在我的坚持下，组织部也没有办法。后来，金礼义书记和李日增院长一起来找我。金书记刚来学校，李院长对我一直很关心，我抹不下面子，就只好答应了，一答应就干了十几年。我去新疆支边是整整十年，干行政又是十几年，二十几年最精华的光阴就这样过去了，我的学术也差不多荒废了。最不习惯的是个人自由全被剥夺，所有时间都被刻板地安排，没有休息日，就连假期也一样。

我是1997年当院长的，李院长到了年纪就退休了。我们几个副院长都没有争当院长的念头，大概因为我是教授，就任命我当院长了。现在回想起来，有一点应该感谢李院长，就是让我参加省高级职称评审委员会，正因如此，我对各所高校的情况都很了解，也深深感受到高校间的竞争压力，当院长之后，对学校如何发展和办学思路也就心中有数。那时正值改革开放，也是浙江省高等教育大发展的时期，各个学校可以专心致志谋发展。

当时最头疼的就是师资建设。每年省里评职称，我们学校大概只能上十来个副教授，但退休的副教授也有十几个，高级职称人数始终徘徊在几十个，教授就更少了，很多年来，我一直是学校最年轻的教授。成为院长后，我把师资建设放在首位，启动"校重点学科培育计划"和"高级人才培养工程"，出台一系列政策推动教师搞科研。学校的科研氛围和教师队伍建设，是从我当院长之后才真正有起色的。

金礼义书记牵头抓行政队伍建设，开展满负荷运行和竞赛评优，当时行政队伍精干，工作效率很高。校办公室曾提议给金书记和我安装空调，由于办学经费紧，我们俩就拒绝了，等到各个基层办学单位装上空调，我们才安装。

采访者：您就任院长后，温师院发展很快，有三校并入温师院、两校合并、建设茶山新校区、获批硕士学位授予权等大发展。能谈谈您的治校理念以及努力吗？

马大康：一个学校办得好不好，关键还是在教师，这一点是毫无疑问的。我任职以后的重点工作就是师资队伍建设，新校区建设和搬迁工作基本上都交给副院长去做。师资队伍建设最好的抓手就是科研，我上任第一件事就是设法把科研搞上去。每一次开会我都要再三强调这个问题，采取了一系列措施，像科研奖励制度就是从我开始的，我还深入各系做动员，甚至单独督促有潜力的年轻教师。为了制定奖励制度，科研处处长张靖龙还专门去外校学习经验。化学系的科研成绩比较突出，教师科研积极性很高，学校也就在资金和设备上给予重点支持。数学系赵焕光教授主动配合张焕镇主任组织教师读书班、讲课评议会和学术研讨会，提高了教师水平。

那时，一个重要问题就是教师收入比较低，导致虽然在校内有教学工作，但心思还在校外，许多教师在外兼课。不是说不能兼课，问题是兼课多了，本职工作就会受到影响，也根本没时间做科研，影响评职称和长远发展。针对这种现象，我没有采用堵和禁，而是想方设法筹措经费，增加教师的课时酬金，努力提高教师的待遇，吸引他们把精力放在校内。同时出台考核制度，在各个学院和行政部门开展评优活动。只有解决教师的后顾之忧，把人心聚集到学校，才能调动教学积极性和科研积极性。只有提高教师待遇和制定激励制度，才能从正面促进师资队伍的建设。此外，学校管理也十分重要，那时行政部门为教师服务的意识很强，作风正派，教师评职称根本不需要"打招呼"，谁能上谁不能，大家心里都有杆秤，我从来没收到教师的求情电话。学校评审通过后，我总是竭尽心力向省高级职称评审委员会评委争取。正气上升，学校的面貌很快得到了改变。

采访者：在《马大康：鱼和熊掌难兼得》的采访中，您讲到担任温师院副院长后，认为"自己不能老是学院最年轻的教授。一个学院的年轻教师上不去，学校的发展从何谈起？"所以您"任温州师范学院院长，把最大的精力投到了学院的师资队伍建设上，推出一系列改革措施，在全校形成了比教学、比科研的良好风气"。那么，您当时做了哪些工作推动学校的师资队伍建设？取得了哪些成果？

2000 年 11 月 5 日，马大康向袁承业院士颁发特聘证书

马大康：师资建设的效果应该还是很明显的，但师资队伍也不是一两天就能发展起来的，我们学校也是在出台一系列制度后，过了几年效果才逐渐明显的。抓教师队伍建设，最重要的是要从青年教师的培养入手。后来我们学校一年能评上三四十位副教授，还有好几位教授。直到1999年，马贝加评上教授，我才脱掉"最年轻的教授"的帽子。后来，丁金昌、赵敏、林振权、张靖龙、叶世祥这些年轻人三四十岁都评上教授，赵敏、叶世祥评上教授时才30多岁。

那时，学校办学规模比较小，规模太小，就养不住人才，每年的经费也有限，我们就想办法扩大学校的规模。李院长是很省俭的，我接手的时候，他手上还有1000多万元，这1000多万元放在银行里吃利息也没多少钱。学校搬迁到茶山以前，由于学生住宿问题一直解决不了，没法扩大招生，我就用这笔钱盖了住宿楼。把楼下两层用来出租，租金就比利息高，这样不仅增加了学校的办学经费，也可以扩大招生规模。正好校友鲁松庭担任副省长，分管教育，我就从他那里讨来2500万元省长专项经费，盖了信息大楼。

扩大规模的另一个契机，是温州市三所中等师范学校的并入。为了提高教师培养质量，浙江省政府决定进行中师结构调整。在温州市副市长陈莲莲的牵头下，我们同市教育局进行了多次协商。在市教育局的再三坚持下，最后商定保留乐清师范学校，瑞安师范、平阳师范、温州幼儿师范并入温师院。2000年4月，浙江省教委印发《浙江省中等师范学校布局结构调整意见的通知》，正式决定三所中师并入温师院，校园土地房产、人员编制、办学经费也一并划归，分别更名为第一初等教育学院、第二初等教育学院、学前教育学院，合并接收工作进展顺利。其间，学前教育学院（幼儿师范）院长彭兆丰协助完成了老校区置换工作，最先搬迁到学院路校区办学；第一初等教育学院（瑞安师范）院长林初锐努力维护了校园土地的完整；第二初等教育学院（平阳师范）院长卢立寿还抓住时机扩张了校园土地，增加了学校资产。随着茶山校区建设逐步完善和学校内部院系调整，这三所学院渐次搬迁到茶山校区办学，合并为新的教育学院。合并以后，市里拨给我们学校的财政经费是各校叠加之后的，总经费就增加了，办学规模也就扩大了。加上老校区土地置换，为新校区的建设提供了资金支持。但合并也有一个问题，就是原中师教师来到高校需要一个适应的过程，有些人能够适应，也有些人较难适应，不得不从教师转为职员。像孙芙蓉老师来自平阳师范，合并后想去读博士，我就很支持，读了博士就能适应高校的环境。后来她较快评上教授，还担任教务处长。权衡利弊，合并还是利大于弊，毕竟大学需要一定的规模，如果没有，发展潜力会受到限制。

采访者：1999 年，您应邀赴美国肯恩大学访问，并签订两校合作意向书，能给我们讲一讲有哪些合作内容吗？

马大康：这个事情很巧！当时是蒋巨峰任市委书记。肯恩大学校长随美国新泽西州领导一起到温州访问，刚好也邀请了我们作陪。吃饭的时候，我就向肯恩大学的校长发出邀请，请他到我们学校看一看，他很爽快地接受了。我们学校的干部接待能力确实很强，做得很周到，给他参观留下的印象也很好。当天下午，我们就把在学校参观的照片做成影集送给他，他很意外，也很开心。然后双方就开始谈合作，后来我又受邀去美国和他们签了合作协议，商定我们学校每年都派一些教师去他们那里交流，他们也将派一些教师过来，学生之间也做一些交流。但不久后，发生了"9·11"事件，由于国情，交流就被搁置了。后来肯恩大学的校长换人了，合作的事也就不了了之。我去肯恩大学访问的同时，还去了林菲尔德学院。林菲尔德学院早就和温师院有交流，后来由于双方意见分歧交流中断了。我上任后重新邀请他们来访，还在家里宴请他们，恢复了两院交流。另外，我们和日本广岛大学、英国北安普顿大学也建立了友好关系。要提高高校教学质量和研究水平，就应该走国际化道路。我们和美国库克大学的合作也是收获颇丰，从他们的教学中学到了大学生生涯规划，他们在这方面做得很有特色。许秀珍老师主持了这项工作。

1999 年 10 月 5 日，美国肯恩大学校长罗纳德·L·阿普鲍姆（左一）
访问温师院，与马大康（中）、温州市外办副主任许捷合影（右）

采访者：2002 年 9 月 16 日，温师院茶山校区正式启用。政史系、中文系、外语系、教育系、美术学院、音乐学院和第一初等教育学院等 7 个院系共 4000 名学生迁入茶山校区。搬迁新校区，是温师院发展史上的大事，您能介绍一下背景及意义吗？

马大康：实际上，温师院校址迁过好几次，从原来的九山湖畔到后来的学院路，再到茶山。我在学院路时期当院长，茶山校区是在我手里建设起来的，先后由副院长谢树华和林娟娟主持，基建处处长徐玉聪具体实施。他们清正廉洁，工作极其劳累辛苦，我主要在基础工作上给予推进，在资金筹措上提供支持。学校主体迁到茶山以后，我们也把行政机构迁过去了。茶山的场地大多了，环境也好多了，当然教师的接送费用也不少，但从整体来说，对学校的长远发展起到了奠基作用。没有新校区建设，就没有后来的本科评估、设立硕士点这些工作，因为连基本条件都不合格。我任职后的第一件事情就是准备本科评估，申请硕士点的前提是要通过教育部的评估。为了以优异成绩通过评估，全校师生都动员起来，出现了许多感人事例。紧接着就开始申请硕士学位授予单位，当时最大的问题还是教师问题。申报硕士单位起码要有 100 名教授，博士也需要占一定比例，但学校的教授人数离这个数字还很远。毕竟引进人才需要很多钱和住房，那时候学校的经费还是很有限的，不像现在比较充裕。

采访者：2003 年 8 月 4 日，温师院成立首届硕士学位评定委员会，您任主任。8 月 8 日，国务院学位委员会〔2003〕31 号文，批准温州师范学院为硕士学位授予单位。可以说一个学校获得硕士学位授予权，表明其实力获得了一定认可，但其中必然有许多的艰辛与奋斗。您能结合自身经历，谈谈在争取硕士点的工作中，有哪些艰难险阻，又是如何克服的吗？

马大康：我觉得主要是资金问题，其他的问题倒不大。几所中师的合并主要是人员消化、教师水平提高问题。但是，要争取硕士单位，学校的教授数量还远远不够，如何引进数量不少的教授确实是个大难题，而最难的就是资金和住房。

当时学校引进了两位博士出身的优秀教授，却无法解决住房问题。刚好温州市召开全市人才工作会议，出台了市委、市政府文件，我就趁机去市政府要人才住房。没想到跑遍几个部门，都不知道由谁落实这件事。找到主管人才工作的副书记，结果连他都不知道哪个部门负责。我只好去找钱兴中市长，还是钱市长为我打电话四处找房源，总算暂时解决了困难。在钱市长的过问下，人才住房建设终于得到落实，学校也陆续争取到不少住房。在人才引进工作上，人事处处长林娟娟和科研处处长张靖龙发挥了重要作用。他们协调规划学科，积极物色人才，引进了一批教授。民俗学学科就是听取中国人民大学副校长郑杭生的建议后，为申报硕士点而成立的。为了引进学科带头人邱国珍教授，他们专程跑到江西师范大学挖人。后勤处和各个部门也都认真配合，热情服务。

为了解决政府办学经费不足的问题，浙江省开始设立二级学院，想利用民办高校机制来充实经费。为了办二级学院，我们经历了不少困难，但瓯江学院兴办后，一年就可以增加五六千万元的办学经费。现在好多人回过头来批评这项举措，但当时如果没有这项举措，浙江省的高校也发展不起来。一是老校区土地置换，二是设立二级学院，让各个高校的办学经费有了明显增加，新校区建设资金多了，教师待遇提高了，引进人才也有钱了。

以历史的眼光看，办瓯江学院对学校本部发展起了重要作用，否则，什么事情都做不了。随着形势发展，瓯江学院也完成了历史使命，更名为温州理工学院，独立办学后将会有更好的前景。

采访者：您可以评价一下设立硕士点在温师院及浙南高等教育发展史上的意义吗？

马大康：因为我们的本科评估比杭师大晚一点，所以硕士单位的申请也比他们晚了一年。当年，浙江省一共有 4 所学校获得硕士学位授予权：浙江财经学院、中国计量学院、浙江林学院和我们。我们学校一次拿了 6 个硕士点，是当年浙江省内硕士点拿得最多的学校。

由于是第一次申报硕士单位，我们不得不极其谨慎。所有的申报材料我都亲自把关，和科研处处长张靖龙、林振权一同反复修改，多次跑到国家学位办汇报工作和沟通情况。为了确保一次成功，学校领导分头去各省师范大学联系校长。我们在去山东师范大学的途中，遇上大雾，飞机只好在临沂下降，也不知道什么时间可以重新起飞，等得十分心焦。山东师大校长次日下午就要赴京开会，我和办公室副主任翁之秋不得不雇了辆出租车，冒着大雾从临沂赶往济南。公路被重雾笼罩着，白天犹如夜晚，视野不足十米。山师大校长见我们冒着危险赶来，也深受感动。第二次申报硕士点时，我们就有了经验，当时学校已经成立研究生部，部长是赵敏教授，通过密切配合，又一次拿下许多个学位点，基本覆盖了学校主要学科。

硕士学位授予权对学校层次的提升和学校影响力的扩大都起了重要作

用。有了硕士点，就有了学科平台和发展的核心牵引力，学科凝聚力更强了，建设目标也更明确了，理工科教师就有更高水平的助手帮他们做实验了。现在学校已经申请到博士学位授予权，这就更上一层楼了。虽然目前只有一个博士点，但这是一个大跨越，有了这个突破，以后就可以不断拓展开来。

学校必须进入良性循环，我们当年压力很大。一个学校不进则退，大家都在发展，如果你进步得慢，那就落伍了，而且会越来越落后，最后沦为省内高校的末流，优秀的教师就会流失，学校也就没办法继续发展，甚至没办法生存了。毕竟教师也要看工作平台，优秀的老师当然愿意到好学校去，平台越大，机会就越多。现在学校领导把学校建设目标重新定位为有影响力的教学科研型大学，这一目标很正确。

我们要向浙南闽北的综合性大学发展，就必须不断提升学校影响力，特别是理工科应该走出校门，服务地方经济。如果学校的影响力不大，即使我们想为地方服务，人家也看不上我们。当年我也想积极推动理工科为地方服务，做了一些工作，但由于我们缺乏影响力，很难走出去，只有皮革研究、低压电器、有机化学等为企业服务还做得不错。

采访者：2003 年 8 月 10 日，浙江省教育厅通过温州师范学院、温州大学合并组建新温州大学的论证报告。2004 年 5 月 19 日，教育部办公厅发布教发厅函〔2004〕23 号文，同意在温州师范学院与温州大学合并的基础上筹建新温州大学，筹建期为一年。6 月 15 日，任命温州大学（筹）校务委员会主任为钱成良，您与孔繁胜为副主任。6 月 16 日，新温州大学党政临时班子成立，两校合并组建新温大进入实质性阶段。2006 年 2 月 14 日，教育部致函浙江省人民政府《教育部关于同意正式设立温州大学的通知》（教发函〔2006〕23 号），正式同意设立新的温州大学，学校代码为 10351，撤销温州师范学院和原温州大学建制。可否根据您的自身经历，向我们介绍一下两校合并的背景？您作为主要领导，当时负责哪些工作？

马大康：我当时主张三校合并，把温州医学院也拉进来。医学院那时已经是博士单位，如果合并进来的话，我们就能直接成为博士单位。而且医学院视光学很强，很有特色。如果这样合并，温大在省内的地位就可以立刻提高很多。但医学院不愿意，省厅也不愿意，毕竟这是当时省内唯一一所单列医学院。

当时，温大想升本科。教育部认为，如果升本就必须按照新规定更名为温州学院，这是温州市难以接受的。要想保住温州大学的校名，唯一的路径是和温师院合并，因为温师院已经是硕士单位了。

这对我们的好处是可以专业互补。要想成为一所名副其实的综合性大学，必须要有工科。虽然我们也办了一些工科专业，但师资力量不强。温大有一些工科专业，两校合并可以进行资源重组。我们主要担心温大的风气比温师院的差，干部的服务意识也不强，合并以后校风可能会受到影响。不过从总体来说，合并以后还是发展得很好。

在合并筹建阶段，我主要负责筹建指标的具体落实。我是学校法人代表，除了筹建指标要逐项安排检查，重要事情都需要我签字，几乎没得空闲。副市长钱成良虽然任筹委会书记、主任，但毕竟只是临时的，而陈福生书记和我却不得不考虑学校的未来和教师的工作生活条件，对学校和教师负责。为了能够顺利去"筹"，陈福生书记和我通过上官女副书记去北京，向时任国务院副秘书长陈进玉及教育部规划司司长汇报筹建工作。

2004 年 6 月，温师院合并前党政领导合影（左起张靖龙、林娟娟、谢树华、上官女、马大康、陈福生、周湘浙、丁金昌、吕海鹏、蔡曙光）

采访者：您能再评价一下两校合并对新温大、温州乃至浙南高等教育的积极意义吗？

马大康：合并以后，浙南才终于有了一所真正意义上的综合性高校。原先温师院也想往这个方向发展，也办了一些工科专业，但相对来说，还是偏于师范模式，后来才慢慢打破这种格局。两校合并后，学科建设才更加齐全。新温州大学成立以后，陈艾华书记、陈福生校长和后来的蔡袁强校长都很有眼光，也很关注学校发展，在推动学校的综合性发展方面做了不少事情。陈艾华书记的工作经验丰富，协调能力很强，大家担心两校合并可能出现的矛盾被她轻易化解了。现在，谢树华书记、赵敏校长对学校的三个定位很准确，除了博士单位建设，一是华侨特色，一是地方服务。华侨是温州很重要的一个特色，以前我们办过华侨青少年训练营，现在他们抓住华侨特色大做文章，建设省重点高校的目标也已经基本实现。

采访者：您曾是人文学院的领导，现在是人文学院的资深教授，人文学院现在是新温大的一块招牌。在您任职期间，对于学院发展有哪些比较重要的时刻或机遇，当中您参与了哪些工作？可否举一两个印象深刻的事例？

马大康：说实话，在人文学院我就是一名普通教师，我只是做了教学工作，没有参与学院管理工作。虽然我曾经担任过一段时间的中文系书记，但绝大部分工作都是副书记赖学军做的，我只是做了一些调解工作。原先中文系内部矛盾比较多，文人相轻，容易产生矛盾。其实，教师之间并没有什么大是大非问题，发生矛盾冲突，只能劝解，不要偏袒，更不能当面一套背后一套，要对所有教师一视同仁，慢慢地矛盾就越来越少了。其他的除了关心和保护学生，我也没起什么作用。我当院长后，支持最多的是化学专业，由于教学和科研需要很多设备，他们做得也不错，学校筹措的经费大部分都花在了化学专业上，这为化学学院的发展奠定了基础，这次他们能够获得博士点可能也有这方面原因。当时，学校财力有限，我只能重点突破。

采访者：2000 年 1 月 5 日，经浙江省政府批准，温师院创办二级民办学院——瓯江学院。2006 年 3 月 15 日，经教育部批准，温州师范学院瓯江学院正式更名为温州大学瓯江学院。请问您是何时赴任瓯江学院院长的？您当时主要负责哪些工作？

马大康：瓯江学院成立的时候，实际上主要是学校第二教务处的事，日常工作由许秀珍负责。教师是互通的，资源是共享的，既为学校增加了办学经费，也提高了教师收入。后来，教育部规定独立学院必须独立办学，才分成两个摊子，最后改名为温州理工学院，完全独立出去了。瓯江学院对当时的温州教育是有利的，为地方培养了更多学生，教育质量也不错，学生拿了不少各级奖项；对学校的发展也是有利的，增加了经费，机制也灵活，校本部的发展就会更好。

新温大完成筹建工作并获得教育部批准后，我已经 58 岁了，卸任后当了校巡视员和校学术委员会主任，几乎不承担具体任务。正好教育部要求独立学院必须独立办学，当时瓯江学院院长张焕镇也向学校要求派人担任院长，陈艾华书记和陈福生校长就派我去任院长，上官女任书记。忙了一辈子，现在闲着不干事，内心蛮不好意思，也就服从了学校安排。在瓯江学院，具体工作仍然由张焕镇做，我只是把把关。

我们共同为瓯江学院确定了应用型大学的办学方向，学院和校本部错位发展，在教学大纲与教学计划的制定和实验室建设方面，强化实践环节，把学生实践能力的培养放在首位，有效提升了学生的社会适应能力和竞争能力。我和上官女每天正常上班，从不懈怠。直到65岁正式退休，我就辞去了院长职务。

现在瓯江学院已经完成历史使命，让它完全独立出去，对双方的发展都有好处。

2010年6月18日上午，瓯江学院建院十周年庆祝大会在温州大学
大学生活动中心隆重举行，马大康致辞

四 治学之道，思路绵延

采访者：您所取得的突出的教学科研成就，既离不开您在温大的拼搏奋斗，也离不开温大给您提供的平台与机遇，能否举一两个事例谈谈温大对您的培养与帮助？

马大康：主要是在当老师的时候，校领导对我比较器重。无论是李（方华）书记、谷（亨杰）院长，还是金（礼义）书记和李（日增）院长，只要你做事情认真，而且也做出了成绩，都会比较看重你。我从来都不走上层路线，但他们一直对我不错。可能当时研究生不多，加上我的科研成绩较突出，所以他们都器重我。虽然工作很忙，但心情愉快，这为我的发展创造了重要条件。

我刚评上教授兼任副院长的那几年，杭州大学还没有并入浙大。他们第一次申请文艺理论博士点没有通过，原因是专业负责人王元骧先生年纪偏大，梯队不强。杭州大学中文系主任陈坚和吴熊和先生就想调我过去，开会时杭大的孔校长还找我谈话。那时浙大刚成立文学院，也想调我过去。我也曾经有过离开温州的念头，但这件事情比较困难，因为我们是省委决定、省政府任命的，要调动工作岗位必须经过省委组织部批准，不像普通老师那样容易走，母亲也不赞成我再次离开温州。再说我个人对名利看得比较轻，觉得只要有做学问的时间，能做出成绩就可以了，至于在什么学校，有多大名气，对我来说不那么重要，更懒得为家属调动浪费精力。

我当院长的时候，并不像某些领导那样利用职位替自己谋取学术权力。在位时，我经常忙着支持、帮助学校各个专业筹办学术会议，连本专业的学术研讨会也没时间外出参加。卸任后，有一次参加学术活动，通信地址上我填写了学校办公室，有学界朋友竟问马老师是不是升迁当领导了。叶世祥就笑着告诉他，马老师已经是下台干部了。

当然，从教师的职业发展来说，平台还是很重要的。我们学校当时还比较弱，就更需要我们进一步提高水平。高校教师也不是完全看待遇的，可能一个学校的待遇稍微高一点，但是别的学校的发展机会更多，教师就去那个学校了。如果我们的平台水平提高了，影响力大了，就可以吸引更优秀的人才，不然就可能出现我们刚培养的人才，又马上被挖走的情况。虽然人才流动是正常的，但如果学校成了一个中转站，发展潜力就会受到影响。

当年，温师院的总体情况还好，只有招进来的人才，几乎没有流出去的。主要原因可能是学校生态环境较好，切切实实把教师放在第一位。学校干部的服务态度很好，学校引进人才后，后勤处处长陈维新就会亲自带着他去看房子，整个过程可以说是一路绿灯。温师院的干部不是官，而是踏踏实实地带头做实事的人。

所以我很感激当时跟我一起做行政管理的人。现在回想起来有些后悔，当时对他们照顾不周。两校合并的时候，有些校领导对我说，跟着你太吃亏了，我们的待遇还没普通教授高，和原温大更不能比。因为按学校规定，校级领导的津贴跟教授是一样的，教师另外有课时补贴，而承担了行政职务后没时间上课，也就没有补贴，就连假期加班也没补贴。这一点我之前没重视，确实应该考虑行政人员的待遇问题，让他们能够安心本职工作。

采访者： 2021 年，国务院学位委员会下发《国务院学位委员会关于下达 2020 年审核增列的博士、硕士学位授予单位及其学位授权点名单的通知》，温州大学成功增列为博士学位授予单位，化学学科获批为一级学科博士学位授权点。您始终关心温州高等教育事业的发展，能结合自身经历，给我们谈谈成功获批博士点对温大办学发展，乃至浙南高等教育的发展有怎样的意义吗？

马大康： 成为博士单位，就是上了一个新层次。一所学校的发展是要靠龙头来拉动的，没有一些突破点，不上一个层次，在整体上就不可能形成影响力，甚至可能会越办越没有起色。学校在培养本科生的同时，还要培养更高层次的人才，整个学校的学术氛围就更强，学术水平更高，反过来会带动本科教学质量，反哺本科教育。

谢树华书记、赵敏校长把温州大学定位为教学科研型大学，我觉得是有远见的。如果定位在应用型，温大最后只能办成一所高职。对于温州来说，高职多一所少一所都无所谓。如果办成一所有一定影响力的综合性大学，那对整个浙南，包括闽北、台州、金华这一带的辐射就会很大。

温大办学层次的提升，不仅可以提高教学、研究水平，服务地方的能力也会更强，企业也会愈加主动地请你为他们服务，学校也就进入了良性发展。高校是人才的集聚地，可以吸纳各类人才，整个温州的文化档次就提升了。

所以说，谢书记和赵校长做了很重要的事，让温大实现了一次跨越性发展。今后要继续扩大突破口，全面提升温大的辐射力和影响力。虽然温医大也是博士单位，但它毕竟是医学专科院校，而我们是综合性大学，从这个角度看，我们比温医大更重要。这不光是我们学校的大事，也是温州市的大事，应该载入温州历史。

采访者： 明年是温州大学办学九十周年，您对温大未来的发展有哪些期许与展望？

马大康： 我对温大未来的发展充满信心，特别是现在的两个主要领导干劲很足。这次获批博士单位，如果没有他们的投入是绝对做不到的，我们当时搞硕士单位的时候就深有体会。比起申报硕士单位，博士单位的难度要大得多。我曾对学校能拿下博士单位缺乏信心，毕竟浙江高校的竞争对手多，一般情况一次只能有一所高校入选，但温大最后还是实现了突破，我相信今后会越办越好！

久积细流，终成江海

——马汉臣口述

采访者：潘立川   整理者：潘立川、徐书奕
采访时间：2022 年 8 月 24 日   采访地点：温州市鹿城区丽景花苑

口述者简介

马汉臣，1932 年生，浙江缙云人。1962 年，毕业于复旦大学中文系，并进入复旦大学附属中学工作，担任中学语文教师。1985 年，调入温州大学文秘教研室任教，1992 年退休。

一 冥冥之志

采访者： 马老，您好！非常感谢您接受我们的采访。首先请介绍一下个人与家庭情况。

马汉臣： 你好，我是浙江丽水缙云人。我的父亲名品根，字如麟，是解放前的小知识分子，毕业于永康初中。他在初中毕业后，去了杭州一所中专性质的蚕桑学校读书，毕业后就在家里养了一年多的蚕。后来，还是对生活和学历不太满意，所以又去了杭州一所测量学校读书。20 世纪 30 年代初，从测量学校毕业后，他跟着一个测量小队到处奔波，在温州乐清、永嘉、平阳工作了十多年，主要是测量土地面积和房屋地基。我记得他回乡时，戴着一个写有测量队标志的徽章。抗战开始后，他前往福建做测量，主要在沙县、顺昌等地。40 年代初，抗战形势日益紧张，父亲和同事逃回缙云老家，回来以后，他长期在家附近的小学教书。在缙云，教育很受老百姓重视。我所在地方的村庄规模不大，一般只有几十户人家，但都会请私塾老师，教学时间为期一年，没有统一教材，多是要求自己拿一本书诵读，一般是《三字经》这类启蒙读物，有的甚至是手抄本，每个人读的书都不一样，不作统一规定。我尚未到上学年纪，但因为这私塾在我家房子中堂，所以我能够去听一听、看一看。

采访者： 1949 年解放前夕，您进入丽水处州师范学习。请您和我们说说在处州师范的学习和生活，尤其是在校期间中华人民共和国成立前后的巨大变化。

马汉臣： 初中毕业后，我去考处州师范，这所学校是 1945 年抗战胜利以后建立的。抗战期间，浙江省政府从杭州迁到丽水云和，后来的处州师范校舍就是省政府内迁云和时的旧址。国民党统治时期，全省共 11 个地区，每一个地区有一所省立中学，像温州是省立第十中学，就是现在的温州一中，丽水处州中学是省立第十一中学。但是师范学校没有这种规定。读书前我打听过，说是处州师范不用交学费，吃饭也不交钱，人去了就行。因为家中经济条件不是很好，我跟几个同学商量后就打算报考处州师范。缙云的公路因战争破坏，不通汽车，我家里到丽水有 120 里，丽水到云和 120 里，我们同学几个都是走着去报考、上学，穿着草鞋，肩上一根小扁担，挑着行李和一袋米、一袋菜干。三个人一路走去，头一天走到丽水已是傍晚，我们在那里逗留了三天。因为其中一位同班同学的父亲给国民党干过事情，有些地位，消息比较灵通，他知道正巧过两天就是处州中学招生考试，便动员我们三个人先去报考处州中学。当时各学校入学考试时间不统一，处州中学早一点。我们就先去投考处州中学，考了以后，三个人又挑着行李，像唐僧取经一样再跑到云和去报考处州师范。后来我考上了处州师范，前往云和就读。1949年，我到了处州师范，从2月到4月，差不多读了两个月，学校同志说，解放军要过来了，已经过江了。4月下旬，学校通知暂时停课，让我们先回家，等待通知，大件行李留在学校保管，小件随身带走。回家路上，我们途经一个叫局村的地方，距离云和十七八里路。在局村，我们换乘小船走水路到碧湖镇。在碧湖停船时，有些国民党士兵就跑到了我们的船上。一开始大家都在船上，也能够好好交流。后来我们下船休息时，他们说要征用船只渡兵，不考虑我们，那么我们也没办法了，只能上岸。当天，我们就在碧湖的同学家里过了一晚，第二天就解放了。后来，我们自己走到丽水，第二天回到缙云。

解放后，处州师范发生了翻天覆地的变化。正好在10月1日前后，新中国成立的时间，当时我们不放心，就跑到丽水去看真假。学校让我们赶快回去上学，但是我们先回了一趟家再去学校。因为解放了，处州师范第一次出现这样热烈的氛围。大家一起唱歌，第一首歌唱了《解放区的天》，"解放区的天是明朗的天，解放区的人民好喜欢，民主政府爱人民呀，共产党的恩情说不完。呀呼嗨嗨一个呀嗨……"还有《没有共产党就没有新中国》《团结就是力量》《咱们工人有力量》等歌曲，我们很快就学会了。除此之外，我们经常去山区搞宣传工作，去大街上扭秧歌，不管男的女的都去。

采访者：您对学校"翻天覆地的变化"还有其他印象吗？

马汉臣：解放前，云和人心惶惶，一些高年级同学莫名其妙消失，据说他们是去找游击队的同志汇合了。看着学生一天比一天少，学校也慌了，有一次，叫了国民党十一师师长给我们训话。他威胁地讲，虽然东北那边已经解放了，但是长江沿岸还有100多万国民党军队，他们一过来，我们往后一退，哪里还有游击队立足之地，叫我们不要跑去找游击队，不要受他们影响。但是解放以后，我们回到学校，面目焕然一新。特别是开大会的时候，十分热闹，大家一定要拉唱革命歌曲，开会前一二十分钟专门用来相互拉歌。我是普师春季一年级的，当时还有一个简师春季四年级，互相拉歌："普春一，来一个！""简春四，来一个！"热闹得要命，每次开会都这样，气氛非常活跃。

采访者：毕业后，您在 1951 年 11 月进入丽水地区干部文化补习学校担任教员。请讲述干校的学员和老师主要来自哪些方面，学校主要教授哪些方面的课程以及您在丽水干校的工作经历。

马汉臣：我们还没毕业时，丽水干校的负责人沈文中到学校里挑人，把我抽去当教员，我还没有毕业就去工作了。

1952 年，浙江省地区建置调整，撤销丽水、绍兴、严州、衢州、湖州、台州 6 个地区建置，保留嘉兴、杭州、宁波、金华、温州 5 个地区。丽水有六个县并到温州，三个县并到金华。因为大多数并到温州，所以丽水干部文化补习学校就并到温州干部文化补习学校。温州干校的校址在龙泉巷，到温州工作的第二年，因为要造校舍，我们搬到头陀寺办学一年。

采访者：请您介绍一下温州干部文化补习学校的基本情况。

马汉臣：温州干部文化补习学校的第一任校长叫李东明，也是永嘉当地干部，妻子金竹湘是学校的语文老师。作为学校领导，他亲自到码头来迎接我们，后来，他们两个都被调走了。温州干校的教员大部分都是温州当地人，小部分来自丽水。从丽水过来了三个人，分别是我、我的妻子和数学老师宋德岩。在干校里，我印象深刻的人是陈桂方老师，乐清人，一表人才，开创了速成识字法。因为这些干部学员记不住内容，加上年纪大了不容易掌握知识，比如有一个学员曾是粟裕将军的警卫员，四五十岁的年纪，他学文化课程的时候，就是学不进去，他也很着急难过，责怪自己，害怕辜负领导的器重。这样的学生数量相当多，比较年轻的一批学员也有二十五六岁，而我们这些教员也就 20 岁上下的年纪。学员在部队或地方政府里有一定的工作职务，但他们党支部开会的时候，讲话都比较小声，非常尊重我们。开始的时候，学员都是区长、区委书记级别，后来也有其他干部，面向范围更广了。

学校里有两个班，一个是成人高级班，教授小学文化知识，另一个是扫盲班。我教的是成人高级班的语文，学员一般是脱产学习两三个月或是一两年，吃住都在学校。那时候，教学时间非常紧凑，暑假都没有休息，周末也都在上课。一直到 1957 年我离开学校之前，都没有招过社会学员，全是干部前来进修。这些干部的革命经历丰富，但文化水平较低，他们是国家的人才，这批人学好之后，一般是回到原单位工作，比如医院的党委书记、工厂的厂长等。我因为到上海读书、工作，很少与他们联系，我的爱人一直留在温州，对这批学员比较熟悉。

采访者：1957 年 9 月，您考入复旦大学中文系。能谈一谈为何选择参加高考，进入大学学习吗？

马汉臣：一方面，因为我在处州师范学到的知识比较有限。比如，1954 年，学校派我和教务主任郑中肯到杭州干校交流学习。这里的老师给我们介绍情况，有些内容我们都听不懂，比如他们总结出了一套经验，说这些干部学员有个特点，逻辑思维比较差，形象思维比较强。我一听什么逻辑思维、形象思维就更听不懂了，后来又讲到语法，我们这几个语文老师也都不懂。当时，有一个台州干校的老教师，在台州当地属于"活字典"，我们就会向他请教语法知识，所以出去交流以后，感觉自身的文化知识还需要提高。另一方面，学校在上一年已有两位老师去考大学，是我们的同事，一位叫徐定水，去考了历史，还有一位是周建寰，去考了数学。因此，我也想考一考。再加上干校的任务在那时也完成得差不多了，所以我就去参加了考试。

采访者：请您给我们说一说当时的高考入学制度和备考过程。

马汉臣：全国统一高考，我去考试的那一年特别严格、题目特别难。原因是 1957 年，中苏关系恶化，1956 年的留苏预备生没法出国，被安排在大学，所以招生名额减少，录取难度就增加了很多。跟我同班的人，有 1/3 是从外语学院转过来的，他们原本要去苏联留学。在考试内容方面，我考了语文、政治、历史、地理这 4 门，不考数学和外语。由于历史、地理我也曾经教过，有一定的基础，所以决定考试的上半年，我就一边备课，一边教课，一边准备高考。虽然考取复旦大学的难度很大，但是我想着复旦比较好，就把它填为第一志愿，我的第二志愿是杭州大学。

采访者：请为我们讲述您在复旦大学中文系求学期间的校园生活。

马汉臣：复旦大学在建国初期的院系调整中受益很大，很多教授、好老师都被调去了复旦。复旦大学中文系有全国一流的汉语言文学专业。陈望道是复旦大学校长，是修辞学的第一块牌子；刘大杰的文学史研究很受毛主席赞赏，一般人看起来蛮枯燥的内容，他能讲得很顺畅；语言学领域的张世禄老师，是全国的知名教授。

我在复旦读书时正值"大跃进"和"三年困难时期"。我们虽然会受到了影响，但是照样上课。我们中文系，大一、大二上基础课，大三之后就分流了，文学归文学，语言归语言。我选择了语言方向，因为 1954 年在干校的时候，学校曾派我到杭州专门学习普通话，学了一个暑假，当时正值推广汉

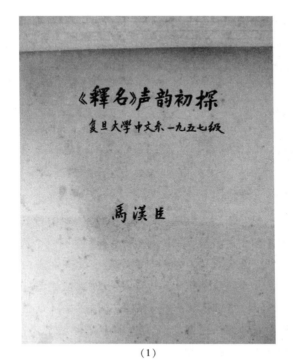

（1）

（2）

马汉臣在复旦大学的毕业论文以及导师评语

语拼音，我就去学拼音，结合学普通话，这次学习经历对我影响很大。拼音字母构成音节，音节可分为声母、韵母，之后有音素化，还有前后鼻音，这些都要搞清楚，读起来才读得准。这次普通话学习，我比较努力，被评为优秀学员，还获得了奖励。所以在选方向时，选了语言方向。我的指导老师张世禄是音韵学专家，我的毕业论文就是关于音韵学方面的内容。

采访者：在复旦大学负笈五年毕业后，您进入复旦大学附属中学工作，开启了 23 年的中学教师生涯。当时复旦附属中学的情况，您能跟我们说说吗？对于这段中学教师经历，您有哪些印象深刻的人与事吗？

马汉臣：当时，复旦中文系的学制是五年，我毕业那年，复旦附中的语文教研组组长孔彦英老师，突然在国庆节前中风。附中校长就到复旦中文系来挑人，我就被挑去了附中教书。除我之外，还挑了一个人叫王德宏，是复员军人。我教两个班级的语文，并担任一个班级的班主任。

复旦附中很厉害，前身是华东革大附属工农速成中学。学校里有一批严谨认真的好老师，学校管理也很严格。像我这样刚毕业就被分配教学的新老师，必须要有老教师带领。上课必须写讲稿教案，教案还得有老教师把关，作文批改要先用铅笔，要有眉批，还要有总批，不能随便来。复旦附中的学生也是来自全市中学的尖子生。

我做中学教师一共 23 年，其间，我长期住在学校，每天的晚自习都要去班级里看看。尽管这个没什么补贴，我也一定要去，关心学生、教育学生是教师的本分。学生如果没考好，老师就要去辅导，这是天经地义的事。

二 惺惺之事

采访者：温州大学的创办离不开在上海的一批温州乡贤对家乡的支持，能说说您对温州大学创办情况的了解吗？

马汉臣：温州大学创办的时间比我进入温大工作要早，比如三元券，我知道这个事情，但没有亲眼见过。1985 年，我来到温大的时候，三元券捐资已经结束了。那时温州大学在蛟翔巷，是借用的校舍，据说是国民党将领邱清泉的兄弟邱清华的宅子。学校办学条件简陋，学生只能租住在附近老百姓的民房里。

采访者：您能说说 1985 年您从复旦附中调到原温州大学中文秘书教研室工作的经过吗？

马汉臣：我的爱人一直独自带着四个孩子在温州生活。家属都在温州，我一个人在附中工作23年，一家人长期分居两地，加上我母亲在缙云，我要经常回去看望，每个假期的奔波让我备感不便。我的二儿子和三儿子都曾上山下乡，一个到黑龙江生产建设兵团，另一个去了浙江生产建设兵团，只有老大一直在温州。去黑龙江的老二到了20世纪80年代才从黑龙江调回温州，孩子提出，让我考虑回温州。正好温州大学在招募教师，李（文伟）副校长也一直和我联系，所以决定回到温州工作。

我在上海求学、生活和工作了28年，在复旦附中工作的23年吃住都是在学生宿舍。我是管学生最多的，常常是学生睡觉后我才能去休息，早晨还要和学生一起早起跑步锻炼。因为家庭团聚原因提出工作调动，复旦附中没有拒绝。

复旦附中同意我离开，但有一个条件，要求我把毕业班带到高考结束。那时我正在教两个毕业班的语文，还兼任一个班级的副班主任，要等送走毕业班后才能回温州。复旦附中的教务主任卢元是我的缙云老乡，他拿了苏步青的一封介绍信，来找温州大学领导商量。苏步青既是复旦大学校长，又是温州大学的名誉校长。温大方面同意我暂缓到温州报到，于是把我的档案先转过来，让我留在复旦附中再教半年。

当时整个温大一共只有两个专业，一个是文秘专业，一个是工民建专业。中文秘书系的教研室都是新组建的，文秘代班主任是何军老师，工民建专业则由朱启光老师负责。

采访者：创办之初，原温州大学以位于温州市区蛟翔巷的原温州市经济管理干部学校校区作为办学基地。对于办学初期的艰苦条件，您还有哪些印象，能否和我们举例谈谈？

马汉臣：该校区占地仅4000平方米，校舍建筑面积仅4500平方米。1984年和1985年招收280名学生，需要租用校外17处共25间民房作为学生宿舍，办学条件远远不能满足温州大学的发展需要。老师都挤在一起办公，学生分散住在民房里，学校管理存在困难。第二年就开始建造新校舍，条件慢慢地改善了不少。但有些方面还是比较简陋的，比如我当时除了给学生上课，还要负责他们的实习，实习单位分散在温州各地，有的在企业，有的在档案馆，还有的在机关单位，因为我不会骑车，这些地方都得走着去。作为老师，我必须了解学生的实习情况。

原温州大学在蛟翔巷的校门

采访者：作为文秘专业教师，对于温州大学第一届中文秘书班的招生情况您了解多少？

马汉臣：首届文秘班一共招了 40 多个学生，都是通过高考上来的应届生，当时温大的分数线大概是 400 多分。虽然是专科性质的专业，但是第一届生源的质量还是不错的，他们的分数在上海和北京，考上本科绝对没问题，说不定还能进到更好一点的大学，生源不差。

采访者：来到温州大学工作后，您主要承担哪些方面的教学和管理工作？

马汉臣：我主要教授现代汉语和古代汉语。我在复旦大学主要学的是音韵学，到温大之后我没有继续做这方面的研究。当时温大的办学宗旨是以培养实用性人才为主，要为改革开放服务，培养的文秘人员至少能够在机关里管理档案、起草文件，或者给首长起草报告、撰写总结。后来我向校领导提出引进文秘专业相关的教师人才，学校决定招聘引进一位上海松江二中的语文老师——翁宗山。为此，领导让我去上海跑一趟，后来我圆满完成任务。再后来，我提出让学生多参加实习，以写实习总结代替毕业论文。从我的第

原温州大学首届新生开学典礼

一届学生开始，文秘专业学生多在温州市档案馆实习。张汝潮也是在我的推荐下被温大引进的，后来成为文秘专业的负责人。除此之外，学校还从浙江师范大学调来了教古代文学的彭参，也有一些从其他学校分配过来的老师，比如王丹军，是1985级的班主任，没过多久就辞职去做房地产生意了。那时中文秘书系大概就五六个老师，除了彭参，还有陈志成，他们做社会调查、写论文，黄云暄负责温大的档案馆管理。

采访者：当年文秘专业学生毕业以后，主要有哪些就业去向？

马汉臣：当时有两个毕业生留校工作，有一个做到退休，还有一个中途转去其他单位，其他毕业生有的去了乐清、瑞安等各个县区的政府机关，组织部里也有一些。因为太久没联系了，很多人的名字也记不得了。

采访者：1989年，随着学校办学规模的不断扩大，学校决定实行校、系两级管理的内部管理体制。您能和我们说说这次校系改革的情况吗？

马汉臣：当时中文秘书教研室更名行政管理系，教师人员都没变，只是改了院系名称，因为考虑到中文秘书的范围太小，就改成了面向更广的管理系。

采访者：在原温州大学工作期间，您个人在学术上面有哪研究成果？

马汉臣：我一辈子当老师，主要任务就是把课上好，没怎么考虑科研方面，只是参与了一些自编教材的编写，比如中文秘书专业课程中的古文部分，以及编写教材的拓展资料。当时中文秘书专业除了文学还有逻辑、管理、档案等课程，这些都由其他老师担任，我接触不深。

(1)

（2）
马汉臣编写的《古代汉语》备课笔记与讲稿

三　昭昭之明

采访者：1986 年 9 月，学校从蛟翔巷迁至学院路新校区。对于校区搬迁和办学条件的改善，您有哪些深刻体会？

马汉臣：1985 年，温州大学开始建设新校舍，地址已经选定，只是还未开工。开工时举行了奠基仪式，先建教学楼。新校区建好以后，我们先去新校区上课，第一年没有学校宿舍，学生还是住民房和自己家里，我的同事也没有马上搬进职工宿舍，因为住宿条件还是比较差的。我住在爱人单位分配的房子里，她当时在温州针织厂工作，厂里给了她一间房子先住着，房子位于坦前，到温州工作后我一直住在那里。

1986 年，我们搬入新教学楼授课。关于侨乡侨胞支援建设温州大学这里我可以补充一点。大概在 1989 年，我担任行政管理系的负责人，校领导安排我春节值班。在办公室里我突然接到一个电话，是台胞何朝育先生、黄美英女士的代表，名字我现在记不起来了。电话内容是，他们要捐造一座图书馆送给温州大学，要求图书馆质量一定要好，要经得起历史的检验，并且时间要快，还有最重要的一句话：要多少钱，你们提。我接到这个好消息就跟校领导联系了，校领导了解情况之后，魏萼清校长、李文伟（副）校长和徐正惠（副）校长做了讨论。后来我知道学校提了 400 万元的要求，对方说"恐怕不够，再给你 50 万元"，一共是 450 万元，不久就动工开建。育英图书馆是学校建设耗资最多的项目，外观也很漂亮。

原温州大学学院路校区

采访者：侨胞捐资建楼过程中，您还受学校托付去拜请书法名家题写楼名。请您和我们详细说说林昌横教学楼楼名书写的故事。

马汉臣：1987 年 8 月，温州大学由爱国华侨林昌横先生捐资建造的大楼即将落成，校领导让我赴沪面请温大名誉校长苏步青为这幢大楼题字。到沪当天，我拜见了苏老，并转述校领导请他为大楼题字的请求。苏老很谦虚，说："我有自知之明，我的字上不了大雅之堂。你们应该请杭州的沙孟海老先生写，沙老是全国一流的大书法家，应该请他写。"

次日，我到邮局打长途电话，请示温大领导，电话是由李文伟校长接的。我将苏老的话如实地说了一遍，李校长提示我："再去见苏老，请他给沙孟海老先生写封信，你持苏老写的信，去杭州找沙孟海老先生，他一定会写的。"

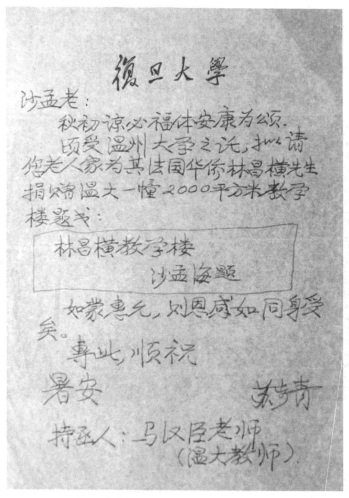

温州大学名誉校长苏步青致沙孟海函

　　第二次拜见苏老时，我转述了温大校领导的意思，苏老当即将信写好交给我。到了杭州，我又遇到新的难题，不知道沙老的住址，到哪儿去找他呢？我想起了一位缙云老乡，名叫李震坚，是浙江美术学院的教授。所谓书画不分家，他们一定有来往、有交情，找到他或许就可以找到沙老。经过一番周折，从李教授那儿得到了沙老的住址。当日下午一时许，来到了沙老的寓所，出来接我的是沙老的儿媳妇。她告诉我，沙老正在午休，不便惊醒他，让我两小时后再去。第二次进寓所时，终于见到了沙老。我说明了来意并将苏老的信呈交。沙老看了信后，连说："我写，我写，苏老是著名数学家，是数学界的泰斗，还是一位诗人，我敬仰他。这字我一定写，但不能今天就写，过几天我写妥后邮寄给你。"

　　我留下地址，告别沙老，回温的一周后，接到了沙老于 8 月 24 日寄来的挂号信。我将沙老写的"林昌横教学楼"六字墨宝交给校领导，信封一直由我珍藏。前两年，我将沙老手书的信封捐给了学校校史馆保存。

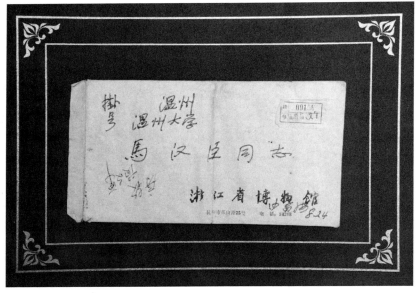

沙孟海致函马汉臣的信封

　　采访者：苏步青老先生是原温州大学创办和发展历程中的关键人物，从倡导建校到扶持起步，苏老一直十分牵挂学校的发展情况，多次向温州大学来信、赠联、赋诗，并且亲自来温州考察学校办学情况。请您和我们详细说说苏老关心支持温州大学办学的故事。

马汉臣：我知道在温州大学创办以后，苏老曾经两次到温州，给温大一些同学、老师做报告，第一次时间比较长。他还给 1984 级的毕业生写了一段话，具体内容我记不得了，这段话在档案馆里有，专门写了文字版。除此之外，他当时提出在 30 年后温州大学要办成全国一流大学，我们学院老师很兴奋，都说好，要继续努力。我私下和苏先生没有交流，除了那次去找沙孟海先生题字。

采访者：1992 年，您正式从温州大学退休。退休以后，您的晚年生活丰富多彩，我们经常能在学校和各类社会活动上看到您的妙笔丹青。请介绍一下您的退休生活。

马汉臣：我退休以后继续打工，最初两年还在温州鹿城的成人教育学校教课，教古代汉语。1995 年，到新世纪学校工作，这是一所在温州郊区的私立学校。我担任教务主任，在学校期间主要负责管理、课程安排和学籍管理。由于学校是新建的，事情比较繁杂，我在新世纪工作了几年，2004 年离职。之后的前几年里，我到处旅游。直到 80 岁，开始和我爱人一起到老年大学学习国画和书法。第一年学画画，第二年学书法，书法由一位来自湖南的

（1）

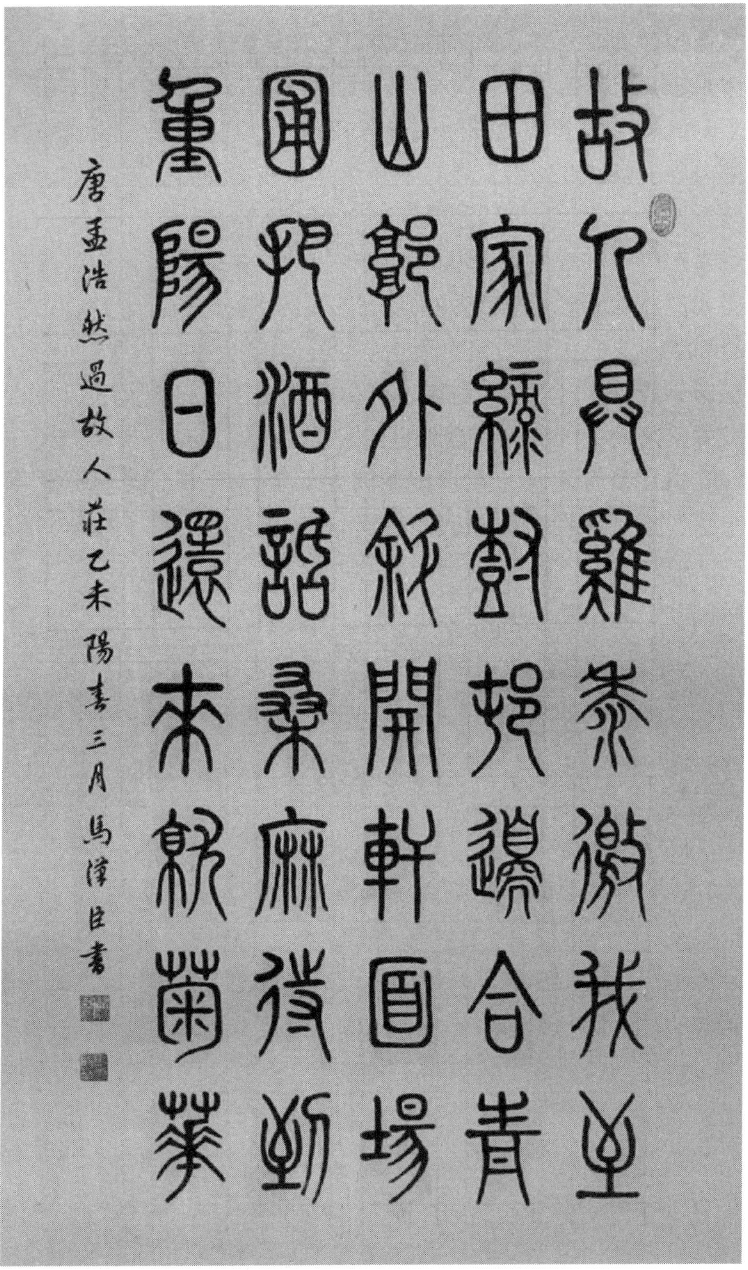

故人具鸡黍，邀我至田家。
绿树村边合，青山郭外斜。
开轩面场圃，把酒话桑麻。
待到重阳日，还来就菊花。

唐孟浩然过故人庄 乙未阳春三月 马津生书

(2)

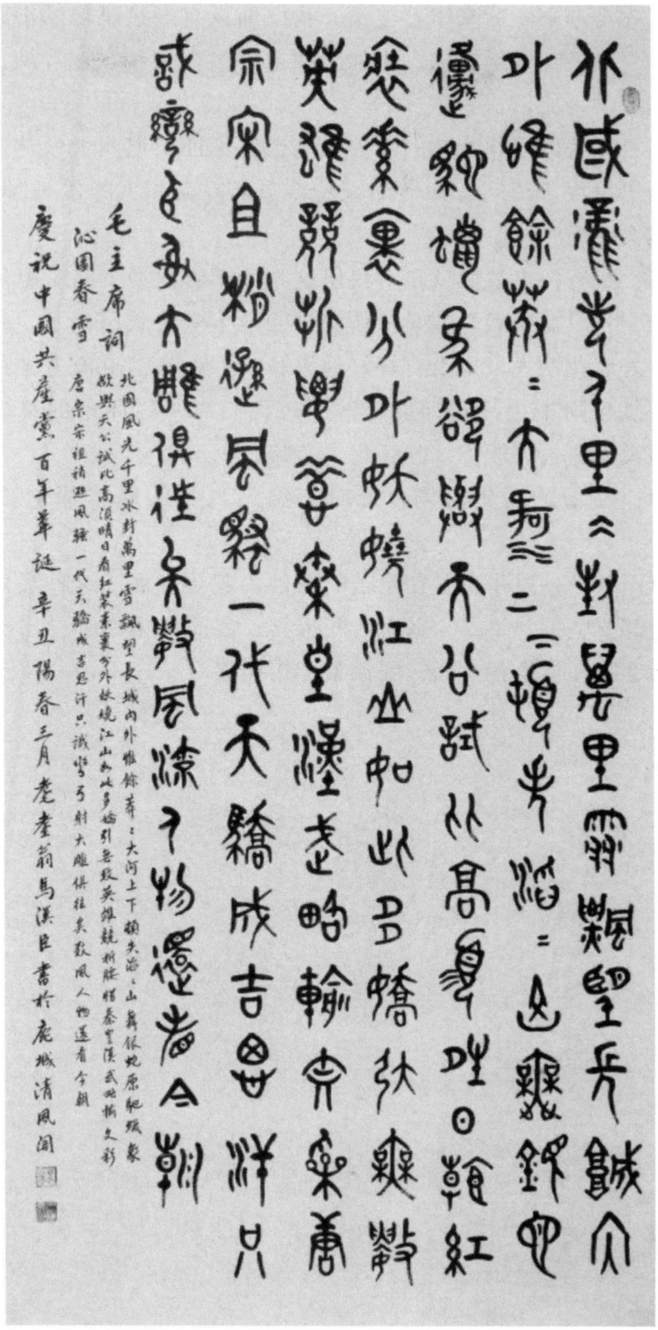

毛主席词

沁园春雪

北国风光千里冰封万里雪飘望长城内外惟余莽莽大河上下顿失滔滔山舞银蛇原驰蜡象欲与天公试比高须晴日看红装素裹分外妖娆江山如此多娇引无数英雄竞折腰惜秦皇汉武略输文采唐宗宋祖稍逊风骚一代天骄成吉思汗只识弯弓射大雕俱往矣数风流人物还看今朝

庆祝中国共产党百年华诞 辛丑阳春三月 老牛前马汉臣书于庞城清风阁

（3）

马汉臣书画作品

老师授课，先写草书，后来学习金文。我以前没有经过正规的书画训练，但是写写字帖、随便练练是有的，再加上我接触过古文字、古音韵，因此对金文、小篆这些学得比较快。

采访者：作为原温州大学的建校元老，您见证了温州大学从无到有、从弱到强的历史过程。请问您如何回顾总结自己在温州大学的教学工作生涯？对此有何体会感想？

马汉臣：我有一点遗憾就是对科研这方面不够重视，当时温州大学主要走实用路线，我只需要做好教学工作和带领学生实习就可以了。所以科研这方面我没好好地花功夫，也没有好好地去写一些论文，也没考虑评职称这些事情。我在复旦附中也没有评职称，那时我们对职称评审的意识不强，后来，到了温大想要去评职称，已经过了年龄。

采访者：在新的历史时期，您对新温州大学的后辈师生有哪些期望寄语？

马汉臣：第一，温州大学在艰苦的条件中起步发展，这种艰苦奋斗的精神无论如何都要坚持。第二，随着时间推移，温州大学的办学层次也要持续提高，包括老师和学生各方面，要抓紧工作和学习。

坚守教育初心，矢志逐梦前行

——毛政敏口述

采访者：李永刚、刘才   整理者：王佳婷

采访时间：2022 年 8 月 22 日   采访地点：江滨西路东都大厦 B－2901

口述者简介

毛政敏（1934～2023），浙江青田人。1952 年参加工作，1963 年毕业于浙江师范学院。曾任温州师范学校语文教师，温州教育学院副院长、院长，温州师范学院副院长。兼任温州市教育学会副会长、市教育管理研究会会长、市文学研究会副会长，浙江省教育管理研究会理事。

一　砥砺笃志，逐梦前行

采访者：毛教授，您好！首先请简单介绍一下您的个人情况，包括籍贯、出生日期、受教育经历、工作履历等。

毛政敏：我出生于 1934 年 11 月，老家在青田县山口镇。山口风景优美，旅游资源丰富，是著名的石雕之乡，也是全国各类雕刻作品的集散中心。我家就在山口下辖的一个农村，村子很小。

一年级到四年级，我是在村子里的小学上的。五、六年级是到一个距离我老家十里路的高等小学上的，读了两年之后就毕业了。我还记得毕业的时候，学校送了我一个喜报。我当时虚岁 13，个子很小。

当时青田唯一的一所民办初中，是张学良的家庭德语教师（也是他的部将）陈瑛创办的。陈瑛与张学良情同手足，但是后来因身体不好就回乡了。据说临走时张学良给了他很多银圆，他回乡之后就创办了这么一所学校。

我家里是种田的，爸爸跟叔父没有分家，全家十来口人，有七八亩地，自耕自收。家里人本可以靠着这几亩地自食其力，但是我读初中需要拿好几百斤谷子去缴学费，所以家里人吃饭就有问题了。我本来打算去读民办初中，但爸爸说我年龄还小，把我送到那里去不放心。再加上家里的牛羊需要人照看，所以我小学毕业以后就留在家里种田、放牛、牧羊。从 1946 年冬季毕业一直到 1952 年春天，一干就是将近六年。一开始我只需要放牛、牧羊，长大一点就去砍柴，很多农活我基本都干过。

那时候我一边从事农耕，一边阅读能够找到的书，《三国演义》《水浒传》《岳飞传》等这些书我都找来看过。白天放牛、牧羊回来后，我会在空闲时间阅读这些小说。在农村，大家一般都住在一起，晚上大家吃完饭，就会坐在一起乘凉、聊天，这时候我就会把看过的小说故事讲给大家听。

我嫂嫂的娘家住在高山上的一个小村子里，村里大概有几十户人家。1952 年初，村子里要办民办小学，因为我有点亲戚关系，所以就让我过去教书。我觉得我只是小学毕业，去教书的话学历是不够的，但是嫂嫂说我认识的字多又会讲故事，凭这两点就够格了。在小学教书，一个学期会给几百斤谷子，所以家里也同意我去教书，于是我就去了。当时小学教师的工资基本上是村子里给的，像我们这个村子里的老师是自己请的，答应给谷子或者米。

1952 年的暑假，全县的小学教师都集中到县里开会。当时县里还没有教育局，教育工作由县政府的一个秘书分管，他在大会上告诉大家从今年暑假开始，所有的教师由国家包下，领国家的薪水，不用再从村子里拿米拿谷了。听到这个消息，大家都很高兴，我教书才半年，也成为国家正式的教师了。之后医疗证、工作证也都办起来了。我是小学毕业，学历低、资历浅，所以工资是最低的，但也有18万元。1953年，实行币值改革，18万元相当于18元，从此我也算是体制里的人了。

采访者：您当时已经有了正式的编制，后来为什么又放弃了编制选择继续攻读呢？

毛政敏：那时候，农村里的结婚一般都比较早，1952年暑假到1953年暑假，我和村子里的一位女教师处起了对象。她是初中毕业，我是小学毕业。为什么在这个时候我放弃工作去读书呢？一方面，我总是感觉小学毕业，学历太低了；另一方面，跟初中毕业的她处对象我有点自卑，当时小学教师大部分是初中毕业或者肄业，小学毕业的也有，但是比较少。于是我就产生了一个念头：继续去读书，把学历提高一点。

温州师范学院（大士门）校门

当时，乐清有一个初级师范学校，招收小学毕业生，读三年之后也是教小学，但是我要向教育部门辞掉工作才能去考。后来想想这个行为还是很冒险的，因为在我辞职以后，这个学校突然不办了。不过还好县里有初级中学，办在县城里，我也只好下决心去读，所以我就去考了初中。

当时，青田全县只招两个班的初中生，一共100人，但参加考试的有600人。我去考试的时候也是糊里糊涂的，后来放榜了，用红纸贴出来，"毛政敏"榜上有名，就被录取了。我的同事听闻这个消息，也为我高兴了很久。因此，我在18岁才去读初中。

1992 年拍摄的育英大礼堂

　　1956 年初中毕业，我本来想到丽水处州师范学校或者温州师范读书，只要再读三年就可以教书，而且师范生是包分配的。刚好那时候青田高中办起来了，学校领导就劝我说："毛政敏，我们要挑选初中毕业生中最好的几位保送到青田高中，如果你愿意，我们就保送你，不需要考试。"但是我不肯，因为高中读完以后是没有工作的，还要继续读大学，三年初中、三年高中、四年大学，都十年了，我不愿意。学校的领导、班主任一直劝我去，说是不需要考，直接给我保送。我最后还是去读了青田高中，成了那里的第一届高中毕业生。

　　采访者：高中毕业后，您考上了杭州师范学院。能否谈谈您当时是如何考上大学的？您读大学时正好是学校变革时期，学校发生了怎样的变化呢？

　　毛政敏：从初三开始一直到高三，我都是学生会主席。高中毕业时成绩比较好，当时是五级分制，我门门功课五分。填志愿时，我把清华、北大、复旦都填了。很多同学都认为我考北大、清华肯定是没问题的，哪怕考得差一点也能上复旦。后来，发现我被杭州师范学院录取了。杭州师范学院一开始是师专，后来升格为师院。同学们得知消息之后都很疑惑，心想我怎么被这样一个学校录取了。但是能被录取，我自己很满足。

　　我是 1959 年参加高考的，那时考大学讲究出身、社会关系。我家是中农，成分还是好的。我初中就结婚了，虽然我的爱人是教师，但她爸爸曾经是国民党的乡长，是地主。后来我才知道，其实内部已经掌握了哪些学生可以读重点大学，哪些学生应该去读一般高校，哪些学生不宜录取。不光看成绩，各方面都会考虑，特别是社会关系、出身成分，但同学们是不知道的。当时班级里有几个学生成绩很好，但因为家庭成分没考上，所以我很庆幸可以被杭州师院录取。

我在杭州师院读了三年，后来它跟浙江教育学院、浙江体育学院合并，升格为浙江师范学院，所以我毕业的时候学校叫作浙江师范学院。这个浙江师范学院不是原来的，原来的在1952年调整为杭州大学了。原来的浙江师范学院的实力还是很强的，师资力量也很雄厚。

采访者： 在1963年大学毕业之后，您本来打算去哪里工作？后来为什么会选择来温州？

毛政敏： 因为我是青田人，我的爱人在青田教书，孩子也在那里读小学，所以我毕业以后想回青田工作。但是学校领导说省里要把我分配到温州师范学校，我就跟领导说："我志愿里没有填温州，怎么把我分配到温州了？"他们解释说："这是教育厅直接分配的。温州离青田也不远，而且温州还是个小城市。你们夫妻分居的问题，以后可以慢慢想办法解决的。"经过领导劝说，我就到温师来了，当时来温师的还有俩人，分别是浙江师院物理系的李仁大、杭大数学系的黄根荣。

温州教育学院（石坦巷）校门

当时我想把爱人调来，但是她不肯。一方面，因为她在乡下从教很多年了，已经习惯了那边的生活；另一方面，她觉得自己普通话讲得不好，担心不能胜任温州的工作。一直到退休，我爱人才来温州，之后我们夫妻才在一起生活。

二　学为人师，行为世范

采访者：温州师范学校，历史悠久，源远流长。您在 1963 年进入温州师范学校工作，直到 1971 年 12 月，温州师范学校、温州地区五七师范学校合并定名为温州地区师范专科学校。1963 ~ 1971 年，学校经历了哪些变化？有哪些让您印象比较深刻的事情呢？

毛政敏：当时，温师一个级段有四个班级，三个级段共十二个班，规模不大，我在温师度过了三年。1966 年，温师停止招生，这三届学生就是后来的"老三届"，到 1968 年才一起分配工作。在 1964 ~ 1965 年，温师招生改革，不招应届生，只招有两年以上活动、工作、劳动经历的初中毕业生。

在入学之前，全校教师都要分组下乡，跟这些新生一个一个地接触、面试。面试是很要紧的一关，需要关注学生的仪表和语言表达能力。培养三年之后出去参加工作。因为招生改革，1964 级、1965 级学生的年龄普遍比上一届要大。他们出去参加工作的时候，都差不多二十四五岁了。年龄比较大，性格方面也很成熟、老练，基本上都是小学里的骨干，还有很多到中学去了。

1966 年之后，温师没有招生，后来学校没有学生了。学校就办了一个附属初中班，招收三届初中生，学制为两年，钱建民①就是从这个初中班毕业的。这两届学生经常组织同学会，都认为温师是母校。其中有一届同学会是在校史馆开的，学校的有关领导也来参加了。

采访者：1968 年 12 月，温州师范学校参加温州市五七干校的学习与劳动，温州市五七干校迁入温州师范学校。这一时期您的主要工作是什么？

毛政敏：1968 年前后，五七干校占用了温师的场所，温师的教职工都进入五七干校学习、劳动。当时，工宣队要求我们到景山劳动半天，我对此印象还是很深刻的，但我后来就回青田了，不在温州。

---

① 曾任浙江省人民代表大会社会建设委员会主任委员。

采访者：根据 1963 年到温师求学的谢祖杯同学回忆，他的语文老师是您和陈冰原先生。据他回忆，语文老师特别注重锻炼学生的口头表达能力和练字书写。您当时为什么比较重视学生这方面的能力培养？

毛政敏：我是农村出身，普通话讲得不是很好。师范学校一般很注重培养学生两个方面的能力，一个是粉笔字，一个是语言。我在大学读书的时候，很喜欢写字、练字，写得还可以。我到了温师以后，依旧很注重练字书写，所以我带的班级普遍都喜欢写字。另外，我普通话讲得不好，给我造成了很多困扰，因此在这方面我对学生要求很严格，要求大家平时都要说普通话，发音一定要足够标准才行。

师范生毕业后要当好教师，就要处理好"杯水和桶水"的关系，学识无底，教书不仅要有学识，还要靠语言表达。当年，班里绝大部分学生来自乡下，讲普通话的机会少，口才差。为了锻炼同学们的口头表达能力，我们经常组织每位同学轮流向全班讲故事。每一位同学讲完，我都会进行讲评，主要不是批评和责怪，而是指出他要努力的方向。如是数次下来，的确锻炼了他们的口头表达能力，为今后胜任教学工作打下基础。

采访者：您曾经写过一篇文章叫《徐恭恕与温州师范教育》，回顾了徐恭恕为温州师范教育发展奋斗的一生，赞美他"艰苦创业办教育""鞠躬尽瘁树师表"，能否给我们讲讲您心目中的徐恭恕校长到底是怎样的一个人？当时学校还有哪些让您印象比较深刻的老师或领导呢？

毛政敏：时间过去太久了，我差不多都忘记这篇文章的内容了。徐恭恕历任温师、温师专、温师院主持行政工作的领导，为温州教育事业做了很大

青年时期徐恭恕

贡献。他认为办师范的目的是培养德、智、体全面发展的合格的中小学教师。为加强教师队伍建设，从筹建温师专开始，徐恭恕就积极主张和建议从全地区各重点中学抽调名师，从外地引人，挑选优秀大学应届毕业生，不断充实师资队伍。同时还选派中青年教师到北师大、浙大、杭大进修。经过努力，省教育厅来温师院检查工作时，赞扬温师院的师资队伍与同类院校相比，达到了较好的水平。

此外，徐恭恕校长对学生关怀备至，重视培养学生独立的学习能力和工作能力。他在任内，一贯狠抓课堂教学质量，经常深入课堂听课，定期组织

教师总结、交流教学经验，亲自主持制订《学生学籍管理规定》，因校、因人制宜地开展学习凯洛夫①教育教学思想的活动。

除了徐恭恕校长，令我印象深刻的还有谷亨杰院长。谷院长是从温师专、温师院过来的，任职时间比较长，是比较有作为的。谷院长在编写教材方面贡献很大，在他的教学生涯中，编写化学教材是一件很重要的事。他编写的全国师专二、三年制通用教材《有机化学》源于他为上课准备的讲义。讲义一般要提前一周开始准备，积累多了，就成了一本，后来因为机缘受邀编书出版。这套教材前后出版3次，一共重印了25次，累计印了22万册。

谷亨杰当院长时，提出了两个工作要点，一是要抓教学质量，提升师资力量；二是改善学校的硬件设施。1983～1993年，温师院从专科学校升格为师范学院，谷亨杰作为院长，功不可没。此外，他在经费的引进、改善学校硬件等方面也做得很好，总是想尽办法"要钱"进行基建。20世纪90年代初，学校计划建一个礼堂。他曾经向省教育厅申请拨款，结果行不通，于是他就走另外一条路，向台胞筹资，因此才有了"育英大礼堂"。谷院长和李方华书记两人在工作上互为搭档，配合得很好，为温师院发展做出了很大的贡献。两个人都有很强的人格魅力，为人都很谦和，跟老师们的关系也都很好。

采访者： 1984年2月，温州教育学院的名字正式确定，其前身是早在1974年9月创办的温州市教师红专学校。初创时期的办学背景是什么？办学条件又如何呢？

毛政敏： 师专办起来的时候，我还在里面任教。随着教育的改革与发展，提出让初中教师进修，所以地区教育部门准备搞一个教研室，就把我从师专调到地区，但是人事关系还在师专。直到成立温州教育学院，才把我的关系从师专转过来。

1984年，教育局正式给学校定名。温州教师进修学院（后更名为温州教育学院）的办学条件很艰苦，教室很小而且非常简陋。我们教育学院的校舍是一座三层楼房，只有一两个教室，教师都在一起办公，所以当我们要招收一年制学生时，是没有教室的。后来，把军分区一个教导队的山上营房收拾了一下用于办学，我们就带着学生来营房上课。为了方便，我们买了一辆小

---

① 伊·安·凯洛夫，苏联著名教育家，20世纪四五十年代苏维埃教育学的代表人物之一。他所主编的《教育学》一书曾对我国产生较大影响。

1988 年，毛政敏院长主持温州教育学院科研成果展汇报会

面包车。虽然条件很艰苦，但还是培养了好几届学生，而且那些学生都很有作为，很多都成为中学里的骨干。

采访者：据了解，1976～1981 年，温州市中小学教师文化业务水平总体较低。除一部分初中教师是原小学骨干教师外，大部分是初高中毕业生，文化基础较弱，又未经专业师范训练，大多难以胜任教学工作。针对这种情况，温州教育学院是如何进行补偿学历教育的呢？

毛政敏：当时有两种形式，一种是函授，另一种是脱产。许多初中教师的学历还没有达到专科水平，于是就让他们参加函授。达到要求的、合格的教师，可以获得师范专科学校毕业文凭。脱产则需要读两年专科，脱产班在当时很少，只办过一两届，大部分教师参加的都是函授。

后来还举办过速成班，招收高中毕业生到教育学院脱产读一年，学习师范专科的课程，读完一年以后可以回去当民办教师。也可以继续进修一年，完成专科学校的课程，从而达到师范专科学校毕业的标准。速成班招了不少学生，也培养了很多优秀教师。

采访者：1984 年，学校更名为温州教育学院，但存在校舍明显不足的问题。据了解，很多教职工一直期待使用温州师范专科学校旧址的校舍，但为何一直未能完全如愿？后来是如何克服困难的？

毛政敏：当时教育学院的教室问题没法解决，导致办学很困难。后来听说温师院要在洪殿建新校，把温师专原来的校舍给教育学院，我们自然很高兴。但是校舍新建的进展很慢，我们又等着要用，就一直盯着温师院，催他们赶快搬到洪殿，把老校舍给我们。

1993 年，温州师范学院高师专科（4）班合影（一排左六为毛政敏）

另外，我们教育学院的领导觉得办学很吃力，教室等基础设施建设和经费问题都很困难，所以当时有人提议可以跟温师院合并，但是教育学院的一些教职工不愿意。我和书记都认为这是好事，两个学校都是师范性质，温师院培养新的教师，教育学院负责教师的再次培训。而且两所学校的人员都是从事师范教育的，我们用的也是师范专科学校的教材，大家教的内容也相像。因此，我和书记极力主张两校合并，再加上市里的支持，很快就成功了。

三　联合办大学，携手谱新篇

采访者：两校合并之后，一套班子，两块牌子。温州教育学院党委书记林沂任温州师范学院党委副书记，您作为温州教育学院院长，任温州师范学院副院长。您主要负责哪些方面的工作呢？

毛政敏：1992 年，温州教育学院与温州师范学院合并。两校合并以后，一套班子，两块牌子。教师继续教育这一块，由我分管，初中校长的培训也由我分管。

采访者：温州教育学院与温州师范学院联合办学之后，在融合过程中，

1992 年，毛政敏向国家教委检查组织汇报办学状况

有没有遇到一些问题？又是如何化解的呢？

毛政敏：温州教育学院与温州师范学院联合办学之后，原来教育学院的人员都被打散分配到各个系科，也就没有教育学院这个单独的机构了。中层干部也合在一起，所以这个合并的过程很顺利。合并之后，虽然教育学院没有了，但是两个学校能够很好地互补，我觉得从这方面来讲，合并是非常好的。

关于校舍的问题，我们学校开了很多会议，温州市和两个学校都在这方面花了很大的精力，但是没有进展。两校合并解决了校舍的问题，也解决了我们教育学院办学困难的问题。

采访者：1993 年 10 月，您参加浙江省教育代表团出访俄罗斯。这次出国的背景是什么？在俄罗斯访问期间有哪些见闻和收获？您觉得当时俄罗斯在高等教育方面有哪些值得我们借鉴呢？

毛政敏：1993 年，浙江各教育学院的领导组织了一个浙江教育代表团到俄罗斯访问。我们主要是在哈巴罗夫斯克进行访问，这次活动也是教师培训，我们去那边参观了学校。后来我们跟当地人说想到莫斯科走走，于是他们就联系了一个机构，安排我们去莫斯科访问。到莫斯科，我们就参观了红场，发现红场没有想象中那么雄伟壮观，之后我们又去参观了列宁墓。

在访问过程中，我明显感觉到不同国家在很多方面都是不一样的，比如教师培养。当时，我们的教师进修还处于学历达标这个阶段，但俄罗斯是没

1990 年，毛政敏在全省教育学院工作研讨会上发言

有学历问题的，他们比较重视等级评估、教师水平提高的总体研究等方面。我认为在那个时候，我们在教育方面和俄罗斯相比还是有差距的。

20 世纪八九十年代，初中等基础教育发展得很快，但是教师的数量一时还跟不上发展。那时候，我参加了杭州大学举办的高校干部培训班，到宁波调研。我以为宁波的教师状况会比温州的要好一点，结果调查之后发现，宁波初中学校的教师队伍中，学历能达到专科水平的也不到一半。因此，对当时中国部分地区的教育发展来说，教师的学历也确实是个大问题。

采访者： 1992 年您担任副院长，1995 年退休，在两校联合办学这三年时间里，有哪些让您印象比较深刻的人或者事情呢？能否举例谈谈？

毛政敏： 当时，学校在洪殿新建了 100 多套教师宿舍，其中比较大的宿舍有 80 多平方米，比较小的也有 40 多平方米。另外也有近 100 套的老房子腾了出来，都要重新分配。

在两校合并之后，我来到温师院，正好遇上分配房子。张桂生书记、谷亨杰院长认为我是温师院出来的，原来又是温州师范学校的，两方面都熟悉，所以决定让我担任分房领导小组组长。分房涉及全体教职工，并不是一件简单的事情，需要制定详细的政策，并且最好要形成具体好操作的方案，因此这个任务非常考验人。所以那几个月，我整个人都是筋疲力尽的。我们学校的教职工有一点做得真的很好，他们不会搞送人情这一套，但是有些教职工会来跟我说情，有时候到了晚上 12 点还有人在我家那里等。这样的事情多了，我就采取消极回避的方式，干脆直接住到旅馆不回家。

分房对全体职工来说是一件大事，毕竟能帮助很多困难的教职工改善住房条件。虽然这件事比较辛苦，也会被人责骂、受人埋怨，但是最后的结果是好的，大家都比较满意，没有一个人因为分房把关系搞僵。这是我到温师院以后，自认为办得比较满意的一件事。

四　守望数十载，真情满瓯越

采访者：您在退休后，开始担任温州师范学院离退休教职工协会会长，后来还担任温州大学离退休教职工协会会长。其间，主要承担和负责了哪些工作呢？

毛政敏：身为温州大学的老师，我们是非常自豪的，因为学校领导非常关心和照顾我们，专门成立了离退休工作处，有专门领导分管。2006 年，成立了老干部工作部，2019 年，改名离退休工作处。再往前追溯的话，其前身是温州大学离退休工作办公室，2004 年，由学校党委组织部老干部工作和人事处退管工作合并而成。

2009 年，毛政敏作为离退休代表在校教师代表大会上发言

退休以后，我在离退休协会里工作多年。我们离退休职工每人一年有600 元活动经费，我们当时就在想着怎么把这 600 元用好。后来，我们决定一部分用于集体，比如组织会餐等活动。因为我自己比较喜欢书法，所以我

在离退休教工中组织了一个书画组织，有几十个人，我们经常聚在一起创作。有时候也会对外搞个展览，相互交流学习一下，就在校内书画活动室，不定期地展出作品。

采访者：明年是温州大学办学九十周年，您对未来的发展有哪些期许与展望？

毛政敏：与浙江省其他城市相比，温州市的地理位置偏一点，所以人才引进就更加重要。这几年，温州大学在教师建设方面做得很好，很注意人才引进工作。我认为一个大学要想发展，有两个方面很重要，一个是班子的领导力，校领导要站得高看得远；另一个是人才引进，也就是教师队伍的建设。最近几年，温州大学成功迈进省重点建设高校行列，今年还迎来了首批共 7 位博士新生，就读于化学与材料学院的化学专业。总体来说，我们新温州大学的发展趋势是很好的，希望以后会越来越好。

忆往昔峥嵘岁月，筑今朝腾飞理想

——吕德富口述

采访者：潘立川　　　　　　　整理者：潘立川、褚哲艺

采访时间：2022 年 8 月 23 日　　采访地点：温州市鹿城区洪殿北路师院宿舍

口述者简介

吕德富，1945 年生，浙江新昌人。1970 年 7 月毕业于浙江农业大学。1970 年 7 月至 1971 年 12 月到中国人民解放军 6297 部队学三连锻炼（参加工作）。1972 年 1 月起到温州地区师范专科学校任教。1979 年 11 月至 1983 年 1 月，担任温州师范专科学校党委办公室副主任兼化学科党支部书记。1983 年 2 月至 1993 年 12 月，先后担任温州师范专科学校党委组织部部长、温州师范学院党委组织部部长。1986 年 11 月至 1998 年 12 月，先后担任温州师范专科学校纪委书记、温州师范学院纪委书记。

一　奋发图强，拼搏前行

采访者： 吕书记，您好！感谢您接受我们的口述访谈。首先，请介绍一下您的个人情况。

吕德富： 我是 1945 年 8 月出生于浙江省绍兴市新昌县的山区农村，父母都是农民，没有文化。我的父亲于 1953 年春因病去世，只有母亲带着我和弟弟过日子，因此小时候很艰难。靠着当地政府和同村乡民的帮助，以及学校老师对我的关心照顾，我才顺利完成小学到高中的学业。

我于 1952 年 9 月开始念书，起初就在自己村里读小学。1958 年小学毕业后，继续在村里新开办的一所农业中学（后改名为初级中学）读书。一年后，初中学校搬迁到公社所在地，但离我家也不远，只有 6 里路，我每天来回走读。1961 年 7 月初中毕业后，我回家参加农业劳动，上山垦荒种粮。当年粮食紧缺，为了解决温饱问题，我没有继续读书。同年春节期间，我初中的班主任来到我家，做我和我母亲的思想工作，劝告我继续去读高中。由于他的思想工作，我休学一年后，于 1962 年 9 月考到离我家有 35 里远的一所中学高中部读书。1965 年 7 月参加高考，考上了大学。

现在回想起这件 60 年前的往事，我仍旧非常感激这位老师的家访，在我人生的转折时刻，是他给我指路，使我没有失去上高中、读大学的机会。

采访者： 高中毕业后，您考上什么大学？请您说说参加高考和在大学学习的经历。

吕德富： 我是 1965 年 7 月初到嵊州参加的高校入学考试，因为当时新昌县全县只有三所高中，没有设高考点。高考后，我被浙江农业大学录取。作为解放后村里的第二个大学生，村民和我的老师，都为我感到高兴。

1965 年 9 月初，我来到位于杭州华家池的浙江农业大学报到。我读的是畜牧兽医系的兽医专业，学制五年，设有畜牧（学制四年）和兽医两个专业，当年畜牧专业未招收新生。兽医专业有 60 名新生，分两个班，我的同学来自全省各地，大多数都来自农村，只有十几位同学家在杭州市区或其他城镇。新生入学始业教育时，我得知浙江农大的办学实力在全国的农大同行中是比较强的，它原先是浙江大学农学院，1952 年全国高校院系调整时，农学院独立办校，后改名为浙江农业大学。1998 年 8 月又与杭州大学、浙江医科大学一起并入浙江大学。我就读的校园现在是浙江大学华家池校区。

我在浙江农大学习的五年里，享受的是甲等人民助学金，每月有 14.5 元（人民币），另外还有每月 2 元的生活补贴，一共是 16.5 元。上大学后，我就告别了经常饿肚子的困境，衣食无忧，非常幸福。这是党和人民对我的关怀，我感恩不尽。

大学期间我很少回家。第一年的春节，我到学校畜牧场去劳动，学雷锋、做好事，协助饲养员（当时学校叫农工），第一次养马、养猴子。第一学年，我们的学习生活还很正常。但从 1966 年暑期开始，我们的学业受到严重影响，教学大纲、教学计划被打乱。我们虽然经常到畜牧场劳动，去学校附属兽医院值班，也跟着专业老师下乡出诊，但学到的知识仍是不系统、不全面的。所以，我们的专业知识并不扎实，这是我觉得很遗憾的事。

采访者：20 世纪 60 年代，大学生毕业后都要到部队军垦农场劳动锻炼，您是在哪一个部队农场？能否说说您在部队农场参加锻炼的情况？

吕德富：当时，很强调知识分子走与工农相结合的道路，大学毕业生都要接受解放军的再教育。1970 年 7 月毕业离校后，我被分配到中国人民解放军 6297 部队学三连。离开学校的头半年，我在余杭北湖军垦农场，该农场以种植水稻为主，劳动内容主要是水稻的农田管理。1971 年 1 月，连队调防、转移到萧山梅林湾农场，位于钱塘江湾的海边，我们的劳动就以围垦海涂、造田为主。

部队农场的大学生连队，可以看作大学生时代的延续。因为连队中除了排长以上的干部是现役军人，其他职务都由学生担任。我当时担任二排五班的班长，与同学一起学习、生活和劳动。但和大学不同的是，我们已离开了校园，也参加了工作（部队农场劳动锻炼计标工龄），每人每月都有工资。

部队军垦农场的领导很重视我们学生连的政治思想教育，平时对我们也用部队解放军战士的管理办法。在部队军垦农场的劳动锻炼，确实使我们在思想作风、组织纪律、吃苦耐劳、磨炼意志等方面有很大的收获，同时学到了一些军事知识。部队农场也很重视大学生连的党员发展工作，我于 1971 年 11 月在部队军垦农场劳动锻炼时，加入了中国共产党。

二 艰难创办，半途停滞

采访者：离开部队农场后，您为什么会被分配到温州地区师范专科学校工作？请介绍一下当时温州地区师范专科学校的基本情况。

吕德富： 在将要结束部队农场的锻炼到地方工作时，连指导员曾找我谈话，征询关于工作分配的意见，我没有提任何要求。1971 年 12 月底，我结束一年半时间的劳动锻炼，服从分配到地方参加工作。我于 1972 年 1 月 2 日到温州，并向温州地区革委会报到。一起到地区报到（当时还有到温州市报到）的大学生共有 80 余人，他们大多数是本省各高校毕业的，也有部分是上海等地高校毕业的。我们被安排在五马街旁边的地区招待所打铁巷分部，由地区委派的组织、人事、教育等部门的 4 位干部，给我们办了 8 天的学习班。

1972 年 1 月 11 日上午，我们到温州地区礼堂（现广场路鹿城区府对面，礼堂现已拆迁）开会，会上宣布了工作的分配名单。我们浙江农大毕业的有 11 位，我和叶升儒、郑汉森被分配到温州地区师范专科学校，另有一位留在地区机关工作，其他 7 位都被分配到温州地区农科所。分配名单宣布后，立即由会场内各单位的人事干部接走。我们学校由杨炳焕同志来领我们，他把我们带到大士门的学校报到，学校领导刘志良（解放初期曾任永嘉县县长）接待了我们。然后学校后勤部门的同志把我们带到石坦巷安排住宿，我与浙江农大的二人同住一个房间。当天夜里，学校召开了欢迎新教师来校工作的全校教工大会，会上有学校领导讲话、老教师代表发言，我作为新教师代表也在会上发言。

参加工作后，我逐步了解到社会和学校的一些情况。由于"文革"，1966 年全国高校停止招生，到 1971 年底，已连续六年未招收新生，国家各类人才奇缺，特别是教师队伍数量严重不足。在这种特殊情况下，大学急需招收新生、培养人才。温州原有的一所师范学院已在 1964 年停办，仅留有一批有高校任教经历的骨干教师在地区教研函授站工作。1971 年 2 月，地区教研函授站改名为温州地区五七师范学校，想单独招收大专新生。但由于校址在石坦巷，只适用于函授、培训，教学用房（教室、操场）缺乏，生活用房（寝室、食堂）紧张，学校没有单独招收新生的办学条件。而在位于大士门的温州师范学校，1965 年入学的最后一批中师学生已于 1968 年全部毕业离校，学校有较好的教学用房和生活用房，并且当时处于闲置状态。

因此，1971 年 12 月 11 日，温州地区革委会决定：温州地区五七师范学校与温州师范学校合并，成立温州地区师范专科学校，并决定于 1972 年春季招收大专学生。我们报到时，学校刚刚成立不久。两校合并时，教学人员也并不宽余。温州地区五七师范学校教职员工有 40 人，温州师范学校教职工也只有 70 余人，新办学校急需补充一批新教师任教。恰好，我们这批"老五届"（特指 1961～1965 年"文革"前参加高考，上学期间经历"文革"的五届大学生）中的最后一批学生，经受过部队农场的锻炼，有到地方参加工作的经验，可以勉强充数，当时负责分配工作的地区教办负责人，就从中挑选了我们 16 位新教师到温州地区师范专科学校工作，充实教师队伍。

而我被分配到学校工作是因为温州师范学院在 1960 年开设了生物专业，1971 年底，还留有张兆庆（教生物、化学）和刘一风两位老师。由于中学农业教师很少，初中又有《农基课》，地区教办要求学校重新开办生物专业。因此，我和其他 3 位老师一起被分配到学校工作，担任生物教师。

1972 年 1 月初，我们到校工作，其中，中文专业人数最多，有任国权、梁淑范、严秀娟等 5 位老师；生物专业有陈小真和我们 3 个浙江农大毕业的，共 4 位；其余是数学、物理、美术、体育专业的。几年后，仍有老教师对我说："你们那一年，一下子增加了 16 位年轻教师，是学校办学以来，增加教师最多的一年。"后来有 7 位调离学校，回上海原籍或到市内其他单位工作，在学校工作到退休的有 9 位。从 1972 年初进校工作到今天，都已整整在校五十周年。50 年来，我们积极努力工作，退休后仍关心学校的建设，同其他老教师一样，我们都是学校发展、壮大的建设者，也是学校历史的见证人。

采访者：您对学校办学历史十分熟悉，请为我们介绍一下温州师范学校和温州师范学院这两所学校的办学历史。

吕德富：我先介绍温州师范学校的办学历史。温州师范学校是 1933 年创办的，原址在平阳郑楼。1952 年学校逐步向温州市区搬迁，1954 年 6 月，全部迁到温州市大士门（又名窦妇桥、原增爵小学旧址）。温州师范学校是一所中师学校，学制三年，培养小学教师。解放前在平阳时，学校分简师部（招小学毕业生、培养小学初小教师）、普师部（招初中学历、培养高小教师），解放后，只招普师学生。1952 年，招收过学制一年的速师班学生。温州师范学校于 1971 年 12 月停办，与温州地区五七师范学校合并。温州师范学校办学以来，有近 5000 名学生毕业。在温州的教育历史上，还有一所同名的温州师范学校。它创办于 1908 年，当时称温州师范学堂，后改名为温州师范学校；1913 年，改称为浙江省第十师范学校；1923 年，与省立第十中学（现温州中学）合并为十中的师范部；1931 年，师范部撤销停办。温州籍教育家夏承焘先生，就毕业于此校。

关于温州师范学院的办学历史：温州师范学院创办于 1956 年春，当时为温州师范专科学校。温州师范专科学校是浙南地区第一所高等学校，它与现在的浙江师范大学同年创办，比现在的温州医科大学还早两年（温州医科大学创办于 1958 年）。1958 年 8 月，温州师范专科学校升格为温州师范学院。校址在温州市九山湖畔胜昔桥，学校的生活区在石坦巷，教学区和生活区通过一座石桥相通相连。

1959 年，丽水师专、台州师专、瑞安师专的学生并入温州师范学院。1964 年 10 月，学院停办。之后，成立了温州地区教研函授站，负责温州、台州、丽水地区的中学师资函授、在职中学教师的辅导任务，属于成人高校的性质。自办学以来，温州师范学院先后有 983 名全日制本、专科学生毕业（不包括函授毕业生和在"文革"结束后，落实有关政策而补发毕业文凭的学生）。1998 年 8 月 16 日，温州师范学院中文系 1960 级 2 班同学在杭州召开同学会，会上给学校写来感谢信，感谢母校温州师范学院对他们的辛勤栽培。该班学生于 1964 年 7 月毕业，时任浙江省副省长鲁松庭和省广播电视厅副厅长兼省电视台台长梁雄，都是该班的学生。

采访者：1964 年底温州师范学院撤销停办时，教职工、校舍、图书如何安置？

吕德富：1964 年 7 月，温州师范学院有中文系 86 名、数学系 52 名、化学系 32 名，共 170 名本科毕业生离校。1964 年 8 月底，根据省教育厅的指示，将 1963 年入学的中文系、数学系 122 名本科学生，于新学期开学时全部转到杭州浙江师范学院（浙江师范学院于 1965 年搬迁到金华，1985 年 2 月改名为浙江师范大学）相应系别，继续学习。温州师范学院就没有在校学生了。当时学院共有教职员工 114 人，仅留 49 名（其中，教学人员 39 名、行政人员 7 名、工勤人员 3 名）在温州地区教研函授站工作，办公地点设在石坦巷，其余教学人员有的被分配到浙江师范学院、杭州英语专科学校工作，有的被调到中学任教。图书馆共有藏书 15 万册，只留下 2.2 万册给温州地区教研函授站，其他图书资料、仪器设备、课桌椅等分别调配给浙江师范学院、杭州英语专科学校，及温州地区有关中学使用。九山湖畔的校舍大部分调给温州一中（现温州中学），1965 年 3 月，温州一中从蝉街搬进来。

1964 年温师院九山湖畔校舍

三 几易春秋，初心不变

采访者：作为全程参与办学的人，您能否讲述在特殊时期，温州地区师范专科学校的办学情况？

吕德富：在报到后的第三天，学校就叫我到杭州去联系农业、生物方面的教材，但最终空手而归。因为当时各高校没有学生，教师也无课可上，根本没有现成的教材。1972 年 3 月，通过组织推荐与选拔相结合的招生方法，第一批共 203 名学员进校学习，分文科、理科，学制为两年，培养初中教师。我们生物专业没有招生。

那一学期，我就跟着朱鹏老师（时任学校革委会副主任）一起上了半年的初中政治课，当时温州师范学校有附属中学，后来停办了，我的教学生涯就从这里起步。后来开办了温州地区初中农业教师培训班，我就去准备自己的课程，不再上初中政治课。培训班于 1973 年 1 月开学，共培训 6 个月，很多学员的年龄比我还大，有的已在初中任教多年，这次脱产培训，除了增加知识，主要还是为能转为正式教师创造条件，因为他们很多是代课或民办教师。这样的培训班，于 1977 年 4 月在瑞安马屿也办过一次，培训时间为 3 个月，我们几位教师轮流上课。

1973 年 9 月，第二批学员来校学习。这次招收了中文、数理、生化三个专业共 320 名学员。我负责给生化专业班上课，生化专业实际上就是学习生物和化学，学生毕业以后在初中任教时，可以教这两门课程。当时，初中的课程除了政治、语文、数学、英语，还有工业基础课、农业基础课。我们生物教研组的六位老师开了《作物栽培》《植物保护》《畜牧兽医》《遗传育种》《微生物》《土壤肥料》六门课程，但实际上以专题讲座为主。"文革"结束后，一切都走上正轨。当时，我校的生物教研组与省内其他中师学校相比，教学力量还是比较强的。1976 年 1 月，浙江省教育局委托我校负责编写浙江省中等师范学校《农业》通用教材。我们六位教师都认真编写，初稿在杭州刻印后，我还去杭州校对。但由于"文革"结束，初中课程设置有所变化，该书最后并未出版。

我还在 1973 级生化班兼任过班主任，班里都是住校学生，我便要求每位学员到教室里进行晚自习。他们也知道自己来校学习的机会难得，都很自觉、认真，晚自习时，教室里灯火通明，座无虚席。当时，学员中党员比较多，他们在部队或在农村、农场劳动时加入了党组织，因此，学校决定成立学员党支部，我在 1973 年 10 月兼任学生理科支部书记。学校设党总支，下设教工支部、教师支部、学生文科支部、学生理科支部共四个党支部。

1972 年 3 月入学的第一批学员，在校内学习到 1973 年 8 月结束，以工作分配的方式到各县中学参加教育实习，半年的实习结束后就留在实习学校工作。1974 年 3 月，这届学生学习期满，正式毕业参加工作，开始领取工资。当时各个地区的中师都挂名地区师专招收学员，学制两年，培养初中教师。这是为了解决各地初中教师严重不足的权宜之计，但当这些学员毕业参加工作时，能否享受专科毕业生的工资待遇，却是很大的难题。高等学校（包括大专）的设置，都要经过教育部的审批，学校的学制、毕业生的待遇都有明文规定。

以我为例：1970 年 7 月本科毕业，在没有转正定级前一直是领本科毕业的见习工资，每月 43.50 元，我们都戏称自己是"4350 部队"。一直到 1973 年 11 月底，中央下发《关于 1966～1970 届五届大专院校毕业生转正定级问题的通知》后，我们才转正定级，我是中专教学 11 级，月工资为 52.50 元。我见习工资拿了三年多才转正定级，有些比我们早毕业很多年的，也与我们一起转正定级，他们拿见习工资的时间比我们更长。这是当时国家计划经济的制度要求，所以各地挂名的地区师范专科学校的毕业生，也只能享受中师毕业生的待遇。

为了避免以后出现同样的问题，浙江省教育厅于 1974 年 8 月 28 日发文《关于统一地区师范学校名称和领导管理的通知》，称："凡现称为师范专科学校的地区师范学校，从今年秋季开始，一律改称师范学校。"学校接到省教育厅文件后，就把学校大门口的校牌调换了，更名为温州地区师范学校，明确了学校属于中师性质，学生毕业后享受中师毕业生的待遇。温州地区师范学校办学以来，学校先后有 6 届 2000 多名中师学生毕业，他们多数都在中学任教。他们在各自工作岗位上，一面积极努力工作，一面认真进修业务能力。20 世纪 80 年代初，他们通过函授等不同途径取得专科、本科学历，很多毕业生都已成为中学的骨干教师。最近我在杨府山公园碰到中文专业 1973 级施菲菲、生化专业 1974 级李瑾玲两位校友，她们都在温州二中任教，很早就是中学的高级教师。

采访者：您在学校最初从事教学工作，为什么后来从事党务工作？请简单介绍一下您在学校的工作经历。

吕德富：1976 年 10 月"四人帮"的粉碎宣告"文革"结束，学校大发展的时期到来。1977 年 11 月 3 日，学校领导找我谈话，说因工作需要，将我调离教学岗位，去搞组织人事工作，我服从了组织的决定。为何当时组织选我？我个人认为，当时学校教工党员人数少，我是年轻的教师党员，而学校的组织人事工作者必须是党员，在这些特定情况下选上了我。学校领导找我谈话后的第二天，我就去行政上班了。当时学校的人事工作事情很多，工作范围较广，如学校党员的日常管理，教师、职工的调配、工资待遇，退休人员的管理，学生的招生分配等。

我于 1979 年 11 月至 1983 年 1 月任学校党委办公室副主任兼化学科党支部书记。1983 年 2 月，我担任学校党委组织科科长，后来组织科改建为组织部，我任组织部部长并进入学校党委班子，负责学校的组织人事工作。随着学校规模的不断扩大，成立了人事科（后改建为人事处）和学校学生工作办公室，这两部分的工作逐步与组织部分离。我担任组织部部长职务一直到 1993 年 12 月底。

1986 年 11 月，上级任命我担任学校纪委书记，当时我是纪委书记兼组织部部长。纪委书记职务我一直任到 1998 年 12 月底，1999 年开始退居二线。

四　众志成城，助力发展

采访者： 改革开放伊始，您开始负责学校的组织人事工作。这个时期，学校各项事业百废待兴，学校发展出现哪些令人欣喜的新局面？

吕德富： 1977 年 11 月，我负责学校的组织人事工作，当时着重做了两件事：一是解决部分教师的两地分居和学校校办工厂职工的招工手续问题（当时校办工厂临时工居多，都是学校教工的家属），帮助解决教工的后顾之忧，使他们更能安心工作。二是积极选调教师来校工作，为恢复温州师范学院和招收新生入学做各项准备。

那两年，学校是好事多多、喜事连连。

一是 1978 年 3 月 2 日，温州地区革委会决定，成立温州师范学院筹建领导小组（简称"领导小组"）。

领导小组由地委书记戴光担任组长，副组长是董沛（地委常委会委员、组织部部长）、董锐（地委常委会委员、宣传部部长）、陈明德（地区教育局局长）、夏秀华（地区人事科科长），领导小组向省教育局提出，要求恢复温州师范学院。这说明当时温州地委、地方政府对恢复温州师范学院高度重视，非常迫切地希望温州师范学院能早日恢复。

二是学校积极选调一批骨干教师来校任教。

当时学校教师紧缺，各教研组都在积极物色人选向学校推荐。我也在原温州师范学院教师名册中查找了某些老师的工作情况，通过推荐、自荐等各种途径，商议确定选调教师。最后由学校提出名单，由我到温州地委组织部开调干部教师人事档案的介绍信，再到有关部门拿干部教师的人事档案，又回到地委组织部，由地委组织部下发人事调动令。经过这样几个来回，有关教师就可离开原工作单位，调入我校任教。

那段时间，我经常跑温州地委组织部，经常到温州市有关部门和各县走动，由于地委对恢复温州师范学院的重视，各县、各单位对学校选调教师工作也很支持。虽然当时他们也很缺教师，但是为了温州师范学院，大家都能服从大局，支持我们的工作，希望温师院能早日建成。因为它是培养教师的工作"母机"，所以选调教师工作可以说是"一路绿灯"，没有什么大的阻碍。

短短几个月就有叶芳尘、吴祥荣、傅佐之、马允伦、潘悟云、沈洪保、张如元、傅廷强、沈伯英、徐望枢、黄孟容、林少华、高枫等20余位教师来校工作，后来他们都成为学校各系的教学骨干。我现在还清楚地记得，高枫同志是章时趋同志（章时趋当时在温州地区机关工作，曾任原温州大学党委书记）向我推荐的，我与杨义仁同志一起到瑞安同高枫同志面谈，了解他的情况。他是复旦大学政治经济系毕业的，但在瑞安自来水厂工作，学非所用。在他调入学校政教系任教几年后，因工作需要，市政府又把他调到市人民银行任行长。高枫的爱人叶雅华当时在瑞安照相馆任会计，一起随调来学校工作，曾任学校财务处副处长。那段时间，教师的家属一起随调的有好几对，这也有利于教师安心工作。

由于教师紧缺，我们还到社会上去寻求教师。经人推荐和介绍，我们请到徐凤苞、赵少华两位老先生来校任教，做英语代课教师。由于各种原因，他们俩都无业，但都是20世纪三四十年代的大学英语系毕业生，英语底子厚实。当时徐凤苞先生已年近七十，虽然年事已高，但他们的教学工作都很认真，得到了师生的一致好评。在这种特殊情况下，这两位老先生为英语系的教学和建设做出了贡献，后来他们都被安置在学校安度晚年。

三是恢复了停顿12年之久的高等学校高考入学制度，1977级温州地区师范学校新生入学。

1977年底，国家恢复高考招生制度，我也参加了温州地区高考招生的事务工作。当年，大学与中专一起参加文化考试，高考成绩公布后，大学先录取新生，中专后录取。1978年2月20日，我与陈祥初同志（时任学校革委会副主任）一起到乐清北雁录取地区师范的中专学生。当年，乐清师范、平阳师范、瑞安师范的新生和我们的新生是在一起录取的。1978年3月15日，1977级180名新生来校报到入学。他们是"文革"结束后首批通过高考招生制度录取的学生，分理化、生物、体育、英语四个专业，学制仍是两年。

四是高等学校开始扩大招生，我校以浙江师范学院温州分校的名义录取新生。

1977年8月，经浙江省政府同意，在学校大门口挂牌浙江师范学院温州分校，着手准备扩大招收大专学生。1978年3月27日，学校录取了中文、数学、物理3个专业共160名专科学生。

五是1978年4月27日，《人民日报》头版头条报道："国务院批准教育部的报告，决定恢复和增设55所普通高等学校。"温州师范专科学校名列其中，这是特殊时期的特殊做法，可以最快速地传递讯息，使这些学校可以不必等教育部的批文立即在高校扩大招生时录取新生。因此，温州师范专科学校重新建立起来。

六是 1978 年 5 月 9 日，以浙江师范学院温州分校名义扩大招生录取的 150 名新生入学（原招生计划 160 名，分中文专业 35 名、数学专业 75 名、物理专业 40 名），学制三年。1978 年 5 月 11 日，温州师范专科学校成立暨新生开学典礼在学校礼堂举行。地委书记戴光，地委常委会委员兼副专员高玉柯，地委常委会委员董沛、胡万里等地委领导到会祝贺。

以上六件事，是 1978 年学校发生的大事、喜事，说明温州地委对恢复温州师范学院和新成立的温州师范专科学校是何等的重视！对学校各项工作的支持力度是很大的。

1978 年 6 月 27 日，根据教育部《关于恢复和增设普通高校的通知》，浙江省省府〔1978〕84 号文件转发省教育局《关于增设宁波、温州两个师专的报告》，规定温州师范专科学校实行省、地双重领导的管理体制。

1981 年 7 月，建党六十周年，吕德富（第四排左一）与温州师范专科学校全校党员在江心屿革命烈士纪念碑前合影

采访者：温州师范专科学校恢复成立后，您曾在学校办公室和化学科工作过一段时间，请讲述您在这段时间的工作情况。

吕德富：我是 1979 年 11 月至 1983 年 1 月在学校党委办公室和化学科工作的。我在办公室（当时党委办公室、校长办公室合署办公）任副职，协助办公室主任蔡寿康工作。现在我着重介绍化学科党的建设的一些情况。

我到化学科兼任党支部书记有三年，刚去时化学科教师中没有党员，学生中只有一名党员（化学 1978 级 1 班叶维世），因此正式把化学科党支部建立起来是我的首要工作。教师中的第一个发展对象，我选择了时任化学科主任的周兴球。他是解放前大学毕业的老知识分子，解放后也一直从事教育工作，从 20 世纪 60 年代起就一直在本校工作，勤勤恳恳，是教学骨干，他在温州市教育界也有一定的知名度，是一位德高望重的长者。我到化学科任书记不久，他就递交了入党申请报告，表达了他对党的热爱、要求入党的愿望。化学科因为只有两名党员，不能独立发展新党员，我就与物理科党支部（杨章尧老师任书记）组成联合党支部，于 1979 年 12 月发展了周兴球老师入党，我是他的入党第一介绍人。在那个年代，知识分子入党很难，特别是老知识分子入党更难。周兴球老师入党在校内教师中引起很大的反响，起到很好的作用。后来用同样的方式发展了谷亨杰老师（时任化学科副主任）入党。化学科逐步建成独立党支部，发展了好几位教师党员和学生党员。我卸任化学科党支部书记后，化学科党支部也一直很重视党员发展工作。1985 年 4 月，化学科党总支建立。1986 年，化学科党总支被评为浙江省先进基层党组织，获得省委组织部发的锦旗。

值得一提的是，在 2011 年的教师节，学校退离休老同志在温州市望江路的东阿外楼聚餐时，周兴球老师主动找到我并对我说："我是共产党员，你老吕是我的入党介绍人"，"你现在身体很好，我感到很高兴。"听到这两句话我深受感动。2012 年 1 月，周兴球老师去世，享年 96 岁。想不到那天，竟是他与我作最后的话别。我深深地怀念周兴球老先生！

采访者：为了恢复温州师范学院，学校采取了哪些重大措施，做了哪些努力？学校在后来的校园建设、人才队伍建设等方面取得了哪些成就？

吕德富：重新建立温师专后，温州市委对学校党政领导班子做过数次调整，特别是李方华同志来学校任党委书记、谷亨杰同志任校长后，学校党政班子尊师重教、齐心协力、创业实干。

1983 年 3 月 26 日，学校在温州剧院召开了全校师生大会。会上对学校

54 位从事教育工作逾三十周年的老教师、老职工进行表彰，会后在校园内给他们每人胸前戴上大红花拍了一张集体照。后来，我把这张集体照选入《温州师范学院五十年》校史内，他们都是原温州师范学校、温州师范学院的老教师、老职工，是学校的老前辈。

1983 年 3 月，学校从事教育工作逾三十周年的教师、职工合影

学校班子重创业，当时的头等大事是恢复温州师范学院。但学校一是师资力量仍很薄弱，特别是高级职称的教师数量少；二是大士门校园面积过小，周围又无发展余地。所以，学校要加强师资队伍的建设和校园易地新建。

1983 年 6 月 15 日，学校给浙江省委、温州市委报告，要求升格为温州师范学院，并易地新建。1984 年 3 月 29 日，温州市政府同意并上报省政府。1984 年 4 月 1 日，谷亨杰校长赴杭州，向省政府汇报并请示我校升格师院和学校易地新建的有关问题。1984 年 4 月 29 日，省政府同意恢复温州师范学院和学校易地新建，并上报教育部。1984 年 5 月 18 日，省教育厅领导来温，在温州市政府领导的陪同下到学校新址实地考察。1984 年 7 月 31 日，教育部发文同意筹建温州师范学院。学校在大士门校园门口挂牌温州师范学院（筹）。1984 年 12 月 1 日，温州市政府批准在温州洪殿南路蒋家桥新校区第一期征用土地 52.3 亩。1985 年 1 月 16 日，学校在新校园举行奠基开工典礼，物理楼破土动工，拉开了新校园建设的序幕。

学校在师资队伍建设方面，也做了大量的工作。首先，增加师资队伍的人数。恢复高考后，每年挑选毕业研究生和优秀本科毕业生来校任教。

1986年底前，就有袁泽仁、马大康、马贝加、郑亦庄、蔡克骄、郭越芬、牟德刚、马弘、周锦成、张力学、钱昭辉，程亚倩、林娟娟、周湘浙、张靖龙、张焕镇、蔡贻象、施端银、黄歌润、金松、陆琦、杨志敏、楼丽琴、潘玉进、陶月良、胡仁勇等50余位同志来校任教。

我们还从本校每年的毕业生中挑选部分同志留校工作，充实学校师资队伍和党政管理队伍。1986年底前，就有童小豹、闻仲良、金芳、吴桂初、仇毅、林矩聪、陈克、丁乙、邵天婷、丁金昌、余梅生、钱建民、朱铁山、鲍卫翔、黄培拉、孙建舜、吕海鹏、朱建平、周剑平、鲁凡民、王通林、徐令义、蔡曙光、何俊翔、叶明德、张索、王柏民、戴海东、朱霞、毛继光、周伟国等50余位同志留校工作。

学校还重视选调在其他高校、中学或科研等单位工作的优秀同志来校任教，如方培生、项凤铎、黄孟客、李若由、佘华明、黄世中、冯炳贤、周立人、莫法友、张冬、王铭新、朱小伟、黄振炎、夏雅琴、陈选清、叶玉昶、郑炘、沈尧伟、叶正昌、林贻棉、张子健、虞世加、赵雄飞等40余位同志。

以上三部分同志，后来都成为学校的教学骨干和系处室各管理部门的负责人。

在选调教师、增加教学人员数量的同时，我们也很注重学校教师的教学能力、教学水平、科研能力的提高。那几年，学校还聘请了一批名校的名教授来校担任兼职教授，聘请外籍教师来校任教。他们在我校任教的同时，也着重帮助、指导我校教师的科研活动，对教师教学、科研能力的提高起了很重要的作用。

其次，学校亦积极支持、鼓励教师走出校门，参加国内外的学术交流活动。如中文科的潘悟云老师曾多次出国访问，参加国际学术交流活动；化学科也曾有几次派教师参加国内的化学教学研究会和化学教材的编写工作。学校鼓励各系科举办学术交流活动，1984年6月，中文科率先主办了中国当代文学研究会浙江省第三次年会，当年中文科和政治科分别举办了学术报告会。学校还成立了语言文学研究室（1984年9月）和教育科学研究室（1985年1月），公开发行学校学报（1985年6月），开展评选教师教学优秀奖和学生论文报告会。通过以上各种形式、各种途径，不断提高教师的教学能力和学术水平。据 1987 年 9 月统计，学校在职教职员工从 1978 年的 201 人增加到 422 人；教学人员从原先的 132 人增加到 272 人，其中副高以上的教师有 27 人。

1986 年 1 月，学院路新校园的物理楼、数学楼两幢教学楼建成。同年 7 月，学院路新校舍开始使用。1986 年 9 月 30 日，浙江省教委向国家教委提交《关于温州师范学院筹建完成，拟于 1987 年招收本科生的报告》。1987 年 2 月 18 日，国家教委发文，同意温州师范学院正式建立，拟于 1987 年开始本科招生。至此，温州师范学院恢复办学。1987 年 9 月 16 日，恢复办学的温州师范学院政教、中文、物理 3 个系的 120 位本科新生入学报到。

从此，数学（1988 年）、化学（1988 年）、生物（1994 年）、美术（1994 年）、外语（1996 年）、历史（1997 年）、计算机（1999 年）、体育（2000 年）、音乐（2000 年）等系的本科专业陆续开始招生，学校本、专科并存。1998 年，学校在坚持师范特色的基础上，积极发展非师范专业。2001 年，创办瓯江学院，2002 年 9 月，非师范专业已扩大到 24 个，非师范生与师范生在校学生比例达到 1.1∶1，全日制在校学生已达 10090 人，成为浙南地区第一所万人大学。

2000 年 10 月，茶山新校区建设工作启动，学校成立茶山新校区建设委员会。继 1992 年 7 月温州教育学院并入后，2001 年 1 月，瑞安师范学校、平阳师范学校、温州幼儿师范学校三所学校一起并入。2003 年 3 月，学校进行院系调整，当时已有 18 个二级学院。同年 8 月 8 日，学校顺利通过了国务院学位委员会对我校的硕士学位评估，获得了硕士学位的授予权和 6 个专业硕士学位点。2004 年 5 月，学校录取了 6 个专业的首批 56 名研究生。

到 2003 年底，全校有教职员工 1040 人，其中教授 60 人，副教授和其他系列高级职称人员 220 人。学校已设有 29 个本科专业、9 个专科专业，共有全日制在校生 13572 人，另有各类成人高校学生 15000 余人。学校占地面积约 85.9 万平方米（包括茶山校区、学院路校区、平阳校区），校舍建筑面积 35 万多平方米，图书馆藏书 95 万册。

现在我们回忆，学校在 1983 年决定恢复温州师范学院和学校易地新建，是非常正确的、及时的，后来的措施不仅得力，工作也抓得很紧，使温州师范学院于 1987 年 2 月能顺利恢复。

温州师范学院恢复后的十余年中，学校几届党政领导能及时抓住教育发展的历史机遇，带领全校师生共同努力，继续艰苦创业，使学校各项工作都有很大发展，取得突出成绩，使学校的办学规模、办学层次、办学水平都有很大提高，使学校的发展迈上了新台阶。温州师范学院办学 50 年，为 2006 年成立综合性的新温州大学打下了坚实的基础，为温州的教育事业，为国家培养人才做出了不朽的历史贡献。

五　在岗敬业，坚守自我

采访者： 您在学校担任组织部部长的时间比较长，能否说说学校组织人事方面的工作情况，尤其是 20 世纪 80 年代落实党的知识分子政策的情况？

吕德富： 要落实党的各项知识分子政策，首先要彻底清除"左"的思想影响，对教师政治上信任、工作中关心、生活上照顾。为此，学校党委从教师、学生中大力发展新党员，在帮助解决教师子女就业、家属两地分居、教工住房困难等方面做出很多努力，取得了优异的成绩。

学校重视发展新党员，使党的组织、党员人数都有很大发展。1982 年 12 月，学校党委下属只有 9 个党支部，全校党员共 99 名，其中教工党员 79 名，学生党员 20 名。1985 年 12 月，全校建有党总支 3 个、党支部 18 个，全校党员人数增加到 240 名，当年发展党员 136 名，其中教师 26 名，学生 110 名。现我查阅《温州师范学院五十年》校史，在 1979 年到 2003 年，在校学生中发展了新党员 1858 名。

温州师范学院 1987 届毕业生党员合影。前排（左三）为吕德富

温州师范学院 1988 届毕业生党员合影，摄于 1988 年 7 月。前排（左十）为吕德富

重视新党员的发展工作意义深远。学校不仅是培养教师、培养各类人才的摇篮，还要给各级党组织输送年轻党员，培养党的后备干部。那几年，在校学生中，学生党员占有很大比例，由于干部队伍"四化"的要求，我们有众多校友都在各自工作单位走上了领导岗位，曾有"温师院是温州的黄埔军校"的说法。学校也有一批年轻教师党员逐步走上学校系、处、科各级领导岗位。

那几年，我曾多次在温州市有关会议上介绍我校党委落实知识分子政策的工作情况，大力发展教师党员和学生党员的具体做法，交流工作经验，使学校在社会上有很大的影响。1986 年 12 月，温州市委落实知识分子政策办公室，对我校的工作进行检查验收，认为我校彻底平反了历史上温州师范学校、温州师范学院两所学校师生中的冤假错案，并解决了知识分子入党、任职使用、两地分居、子女就业和改善教工住房条件等方面的难题，被评为温州市落实知识分子政策优秀单位。

采访者：您长期担任学校纪委书记，请介绍一下这一时期学校的纪律检查和党风廉政建设的情况。

吕德富：学校党委、纪委也非常重视党员、干部的纪律教育，经常给党员上党课，举办业余党校对入党积极分子进行学习教育培训，不断提高学校党员、干部的政治素质。总的来说，学校干部和党员的素质是好的，党政干部是清廉的，在这里我就不展开讲述了，只举一个例子。

20 世纪 80 年代末，学校教工的福利并不好，除个人工资外没有其他奖金或劳务补贴。有一年春节前，学校筹集到一点资金，以增收节支奖的名义给每位教工发 30 元过年，学校党委决定领导都不拿。第二年春节，学校又给每位教工发 30 元，这次党委决定校领导与教工一起享受福利，我也拿了 30 元。事后，谷亨杰院长把他的钱交还给我，并对我说，教师的福利不好，是他院长没有当好，这钱他不拿。我对他说："这是党委集体决定的，你若不拿，我是纪委书记也不能拿。"他说："你们只管拿。"我把钱退还给他，他又送了回来。在这种情况下，我尊重他个人的意愿，把他的钱退到学校财务处，交给郑九绍同志（时任学校财务处长）。后来，郑九绍同志到我办公室说："这 30 元，财务处不好做账。"我就跟他开了句玩笑："若不好做账，就上交国库吧。"

采访者：在几十年发展历史过程中，学校的管理体制也几经变化，请您介绍一下学校在这方面的变化情况。

吕德富：20 世纪 50 年代，温师专由温州市委管理。1959 年 10 月，温师院改由温州地委直接领导管理。1964 年底，温州师范学院撤销停办，成立了温州地区教研函授站，后来改称为温州地区五七师范、温州地区师专、温州地区师范学校，由温州地委领导，学校党政领导均由温州地委任命。

1978 年 4 月，温州师范专科学校重新成立。同年 6 月 27 日，浙江省府〔1978〕84 号文件通知："温州师范专科学校实行省、地双重领导的管理体制。"学校党政领导仍由温州地委任免。1981 年温州地、市合并后，学校由温州市委领导管理。1984 年 12 月 21 日，在全省教育工作会议上，浙江省政府为了调动各地、市政府的办学积极性，下发〔1984〕62 号文件《我省教育事业领导管理体制的暂行规定》，对各地的师专、师院"实行省、市（地）双重领导，以市（地）为主进行管理"的领导管理体制。

1987 年 2 月 18 日，国家教委下发〔1987〕教计字 27 号文件批复温州师范学院重新建立，文件指明"学校由浙江省人民政府领导"。温师院重新建立后，领导管理体制未变，仍由省、市双重领导，以市管为主，学校党政领导仍由温州市委任免。

这就是我们浙江省高校分有省属院校、市属院校的由来。每年暑期召开全省高校校长、书记会议，会上各地的市属院校领导意见颇多，因为学校有些工作不顺，困难比省属院校更多，纷纷向省委提意见。

1993 年 10 月 28 日，浙江省委组织部下发〔1993〕24 号文件《关于调整市地属高等学校领导干部管理权限的通知》，我校党委书记、副书记、纪委书记，学校院长、副院长被列为省管干部。上述校级领导职务由浙江省委、省政府任免。

1994 年 10 月 19 日，浙江省高校工委副书记吴金水一行来校，对校级党政领导进行考察。1994 年 12 月 22 日，我校校级党政领导，经中共浙江省委、浙江省政府发文任命（自 1999 年开始，我校党政领导的副职，调整为由浙江省委教育工委任免）。

六　薪火相传，共续新篇

采访者：退居二线后您笔耕不辍，曾主编《温州师范学院五十年》。您能否和我们讲述编写《温州师范学院五十年》的情况，其间有哪些印象深刻的故事？

吕德富：20 世纪 80 年代，我调查了一些人和事，查阅了一些资料，觉得有些事情、资料和数据是难得发现、有保存需要的。在这种思想指导下，凡是接触到学校的历史资料时，我都会对一些内容进行摘录保存，白天因日常工作没有空闲时间，就会利用晚上或放假时在学校办公室里忙碌。

退居二线后，我也曾兼任过三年的学校统战部部长职务。后来，统战部与组织部合署办公，我比较空闲，也想搞点事情做。有一天，学校党委书记陈福生来办公室并希望我能在编写校史、筹建校史馆方面考虑一下，但当天我没有向他表明态度。事后，我也想组织几位老同志在一起写点校史资料。而当我电话联系第一位人选时，就遇到这位老同志"年岁大""身体不好"的客气推辞。他是实话实说，我也想到学校历史长，中间又停办，有很多历史资料都已遗失，编写校史确实难度很大，也就打消了牵头编写校史的念头。只把多年前收集到的一些资料分门别类加以整理，想在退休前把这些资料移交给学校档案馆保存，以备后用。

想不到的是，2003 年 8 月 17 日，温州市委、市政府决定将温州师范学院与温州大学合并，组建新温州大学。这个突发的变故，明确宣告温州师范学院的办学历史将要结束。在这样的特殊情况下，编写温州师范学院校史，就成为一件大事、急事，这件事我义不容辞。

后来的那两年，我工作还蛮紧张的。我先到学校档案馆调集原温师院仅存的一些资料，一页页地仔细查阅，也向学校的老同志询问了解学校当时的一些情况，尽量准确齐全地收集资料。我还收拢了学校不同时期的照片，告知各有关职能部门征集整理学校现在的办学资料。最后把文字资料初稿交给学校办公室打印、成册，并邀请了在校工作时间长、清楚学校各阶段历史的孙岳兴、谷亨杰、杨义仁、符丕盛、毛政敏、李日增六位同志组成编委，对校史的文字资料进行补充修改，同时也把初稿送发给学校在职党政领导和已退离休的其他领导征求修改意见。学校各部门对此都很重视、很关心、很支持，特别是学校党委办公室、学校档案馆的同志做了大量的具体工作。

学校党委对校史的编写很重视，尤其是对书名的确定。作为校史，对学校不同阶段、不同历史时期的政治思想工作、教学管理工作都要认真总结，要客观、实事求是地评价。但这方面的内容往往是有争论的，也是最难写的。由于时间紧迫，无法抽调人员来写这方面的内容，我也有意避开，所以以"温州师范学院校史"为书名不妥。最后经学校党委讨论决定，用《温州师范学院五十年》作书名，也恰好与原温州大学编写的《温州大学二十年》书名相一致，也是一种巧合。

《温州师范学院五十年》内容分为：学校历史沿革、办学五十年的大事记，以及学校现任教职员工名单、离退休教工名单和曾在不同时期在校工作的教职工名单，并且收集整理了学校 30 个方面的附表及一些照片。该书客观、正确地记载了温州师范学院办学五十年的人和事，可作为学校的字典使用，查阅学校历史上的有关内容。

出版后，我发现书中有多处错字在校对时并未发现，也有一些人和事被遗漏。但现在也不可能再版更正，只能在此作个说明。

采访者：吕书记，今年是您在党 50 年、在校 50 年。经历了半个世纪的春秋，您有哪些感想、体悟？

吕德富：我是生在旧社会（新中国成立前）、长在红旗下（新中国成立后）这一代人的代表。今年是我在党 50 年，衷心感谢党组织对我的栽培和教育，把我从一个农民的儿子培养成大学教师。我对党怀有深厚感情，对党的事业无限忠诚。今年又是我在校 50 年，其中在学校工作 34 年（现已退休16 年），要感谢学校党组织对我的信任，感谢学校同事、老师对我工作上的帮助和支持。在此，我谢谢大家。

温州大学将要迎来办学九十周年的校庆。我看到学校逐步发展壮大，看到学校美好的今天，内心无比喜悦。学校每年有一批批校友走出校门，大多数都在平凡的教育战线上奉献，成为各级学校的教学骨干，也有很多校友成为企业家，还有的成为党的各级领导干部。校友们都在为母校增光添彩，我为你们高兴，为你们自豪！因为你们都是好样的！

在庆祝温州大学办学九十周年之际，我们也不能忘记学校的老前辈，温州大学经过几代人的不断努力、艰苦创业，才有今天。

第一，怀念温州师范学院 20 世纪五六十年代的三位学校老领导。

徐恭恕：1950 年 3 月至 1956 年 6 月任温州师范学校校长，1956 年 6 月任筹建温州师范专科学校副组长，1957 年 3 月至 1964 年 12 月任温师专副校长、温师院副院长。当时，学校的正职都由温州市领导兼任，他是学校行政工作的实际负责人。因积劳成疾，于 1968 年 7 月英年早逝，享年 48 岁。徐院长在师生中口碑极好，深受学校师生的爱戴。我来学校工作后不久，就经常听到老师们提及徐院长。2001 年 10 月 12 日，在学院路校区，温师、温师院的校友们自发地召开徐恭恕先生诞辰八十周年纪念会。这次纪念会我也参加了，大家都深深地怀念、敬重徐恭恕老院长。

朱大成：1958 年 8 月至 1964 年 12 月任温州师范学院党委书记。温师院停办后，他调任杭州，在浙江农业大学任职直至离休。20 世纪 80 年代后期，他先后两次来温州，帮助指导学院路新校园的绿化建设。我在编校史时曾收集到一张他在校园内修剪树枝的照片，后将照片交学校档案馆保存。

张齐美：1960 年 2 月至 1964 年 12 月任温州师范学院党委副书记。温师院停办后，留在温州工作。1974 年 9 月至 1975 年 9 月，又回到温州地区师范学校工作，任校革委会主任，后调离学校。现已离休，有 90 多岁高龄。今年 5 月在温州一医体检时，我遇见了他，他还认识我，现在身体仍很康健。

第二，20 世纪 60 年代温州师范学院部分骨干教师，他们都是学校办学的中坚力量，我们后辈要记住他们的名字：马锡鉴、颜品仁、游仁达、管希雄、陈逸人、王阜彤、胡焕光、叶肇增、汪远涵、胡福畴、陈仲武、陈修仁、姜渭民、郑康范、王樊春、管昌候、李邵、钱绍泰、陈铨、王尚武、郑之光、金徐銮、刘好兰、翁达藻、宋炎、柯昌基、徐定水、吴守德、周兴球、张兆庆、蒋碧如、刘一风、王恭益、魏鸿渐、阮育太、叶琛……

20 世纪 60 年代就在温师院工作，在本校一直工作到退休，现仍健在的学校老教师、老同志有谷亨杰、符丕盛、杨义仁、郑征庄、袁泽仁、李美溶、黄子年、陈万芳、缪全加、叶芳尘、吴祥荣、沈延芳、郑九绍、林凤和、项鹤鸣、陈来香等。

还有祖孙三代都在学校工作的，如爷爷马锡鉴（20 世纪 60 年代中文系主任，后任温师专副校长、教授）、女儿马贝加（中文系教授）、外孙吴楚（生物学院副教授），他们一家人为学校的发展，一代代地接力奉献。

第三，我还要一提的是，办好一所学校，要有一支默默无闻地在教务、总务等部门工作，为师生服务的具有奉献精神的职工队伍。

我现在介绍一下余毓华、黄庆洲两位老同志。解放前他俩都在平阳温州师范学校念书，毕业后一直在温州师范学校、温州师范学院工作，长期担任教务员，直至退休。他们俩一辈子都在学校勤勤恳恳工作，师生中的口碑很好，是学校的无名英雄。黄庆洲老师退休后任温州师范学校校友会的联络员，积极与台湾的校友联系，编写出刊多期《温师校友通讯》。在徐恭恕校长纪念会和 2003 年 10 月的温州师范学校建校七十周年纪念会上，他们都做了大量工作，是学校老黄牛的代表。

最后祝温州大学明天更美好！

多岗历练回母校，勤勉实干续新篇

——庄兴忠口述

采访者：张元伟　　　　　整理者：郑可盈

采访时间：2022 年 9 月 9 日　　采访地点：温州大学南校区行政楼

口述者简介

庄兴忠，1968 年生，浙江金华人。1988 年毕业于温州师范学院政治系。历任温州医学院医学系、医学三系党总支副书记，基础学院、临床医学部党委副书记（主持），党委学生工作部部长、学生处处长、后勤发展处处长，泰顺县委常委、副县长（挂职），温州医科大学国际交流合作处处长、党委委员、宣传部部长、组织部部长。自 2019 年起担任温州大学党委副书记。

一 机缘巧合，求学温师

采访者：庄书记，您好！首先请简单介绍一下您的个人情况，包括籍贯、出生日期、早年的求学经历等。

庄兴忠：我是浙江金华人，1968 年出生在鞋塘镇上明堂村。村子位于义乌和金华的中间，距离两地都是 27 里左右，现在已经变成了街道，成为金义都市区的核心区。我的小学、初中、高中一直都在金华读，初中在我们区中学，高中是在当地最好的金华一中，高考后进入了温州师范专科学校政治专业，所以来到了温州，与温州结缘。

采访者：您是在 1986 年 9 月考入温师专的，为何会报考温师专？又为什么选择了政治专业？

庄兴忠：这是有机缘的。我本来可以到杭大政治系学习，当时招考的老师都来见过面，因为金华一中学生的总体素质比较高，而我体育又比较好，只要过本科线就可以进杭大。但我的想法不太成熟，觉得教师的社会地位不高，去杭大的话，未来可能是当老师，所以就没有填报杭大，实际上我一所师范院校都没有填报，来温州是因为本科滑档后填了服从调剂，才机缘巧合来到温师专。

采访者：您在 1988 年 1 月就加入了中国共产党，当时还在温师专读书。您当时为什么会有入党的想法？您能讲讲入党时的情形吗？

庄兴忠：我是班级里第一个入党的，因为我既是班长又是系学生会副主席，主席是现在温大的蔡曙光副校长。我当时不太善于表达，为人比较踏实，入学后没有想过要马上写入党志愿书，因为觉得自己虽是个比较有想法的人，但还不够优秀，而入党又都很神圣。后来写入党申请书是受到了班主任牟德刚老师的鼓励，记得他当时问我："你怎么还没写入党申请书？"这句话让我觉得自己也是优秀的，即使班里入党只有一个名额，我也应该努力争取一下。我们的入党动机是很纯洁的，对党十分崇敬和向往。有一次我过政治生日的时候，重新看当初的入党志愿书，觉得自己写得挺好，是比较纯粹的发自内心的一些感悟。

二 多岗历练，温医成长

采访者：您在 1988 年 8 月毕业后去了温州医学院工作。您学的是政治专业，当时为何会选择去温州医学院工作，能讲讲当时的考虑吗？

庄兴忠： 其实，这在一定程度上也是机缘巧合。当时因为我成绩还不错，不管是入校成绩还是学习成绩，一直拿一等或二等奖学金，拿二等奖学金还是因为做阑尾炎手术导致没有体育成绩。那时候学校让德智体全面发展的省级优秀毕业生留校，我和蔡副校长同时毕业，他留了温师院，医学院社科部有一个资料员兼行政的岗位，我就去了温州医学院。

采访者： 自 1988 年 8 月至 2019 年 1 月，您一直在温州医学院（2013 年更名为温州医科大学）工作，能简要讲讲您在此期间的工作情况和体会吗？

庄兴忠： 我毕业后就留在了温医，在这里工作了将近 31 年。其间有 4 年半在地方挂职，所以至少有 26 年半都是在这里度过的。这期间我经历了很多岗位，从社科部、宣传部、后勤发展处到学生处，1997 年，在新建的医学三系担任副书记。随着学校教学组织机构调整，医学院成立了基础学院和临床学院，分两段进行教学改革，学生进来的前三年全部在基础学院，到四五年级再分流到第一临床学院、第二临床学院和儿科学院。我一开始在基础学院，后来作为副书记到临床医学部工作。2003 年，我调到学生处，之后到后勤发展处工作，再到后来在泰顺县挂职县委常委会委员、副县长，挂职期间还兼任国际合作交流处处长。回来以后进入学校党委班子，担任宣传部部长，2016 年转任组织部部长。在温医工作期间，除了在教学科研方面我没有直接担任负责人，其他基本上都有涉及，为医学院的快速发展做出了力所能及的贡献。

体会的话，我觉得温医的发展与学校党委班子锐意改革、不断进取是分不开的。党委领导下的校长负责制执行得很好，党政一把手也配合得好，大家非常团结，干劲十足，都是奔着事业去的。另外，温医对人才引进的政策力度非常大，对科研的重视程度非常高，具有国际化的发展战略和眼光，开展了广泛、充分的国际科研、人才交流合作。我印象比较深的是联合培养博士，吕帆书记就是第一个中美联合培养的眼视光博士，眼视光学科在瞿佳校长的带领下不断发展，中国的眼视光中心就在温医，这既得益于学校的国际化战略，也得益于温医对眼视光学科的重点打造。随着李校堃团队的加盟，在李校堃校长的带领下，温医在药学领域也有很大的发展。

从我个人来讲，在此期间的成长得益于四个因素：一是组织的厚爱，因为我曾任组织部部长，知道组织的培养对人成长的重要性；二是领导的赏识，我们成长过程中的所言所行，组织在看、领导在看、身边同事也在看，领导的赏识很重要；三是同事、同辈、同行的支持与肯定；四是自己的努力。这四个维度缺一不可。我认为不管在什么岗位、做什么工作，都需要发自内心地思考它的要求是什么，思考我们怎样在职责范围内尽力做到最好，这是一种精神状态。只有这样才能对得起自己、对得起这份责任、对得起组织、对得起领导，而这样的努力肯定都是有回报的。

三 重回母校，助力发展

采访者： 2019 年 1 月 23 日下午，温州大学召开教师干部大会，省委组织部宣布由您担任温州大学党委委员、副书记。您当时有何感想？为何会选择回到母校工作？

庄兴忠： 作为党的干部，组织指向哪里，我们就奔向哪里。我原以为就在温医工作一辈子了，没想到会回到母校工作。我的行政能力比较强，处理问题的水平也不差，但在高校，没有教学、没有科研，总觉得还欠一点。我也动过到地方工作的念头，差一点就留下来了，比如在泰顺挂职时，干两年留两年，其实已经做了铺垫，但由于其他原因，又回到了高校。后来，省委对于干部队伍建设、高校领导班子建设有了新的思路，鼓励政府、党委、高校和企业之间跨界交流，我预感有可能被调到外校工作，但没想到会回到母校。所以，当时既喜悦又忐忑，毕竟母校有很多老师、师兄弟，又和温医仅一墙之隔。我当时有个念头很坚定，就是不管在什么岗位都要努力去做，都要尽全力把事做好。

采访者： 您来到温大后主要负责哪些工作？和您在温医相比，有什么不同？

庄兴忠： 不同之处有很多。我原来是党委委员、部门负责人，到温大担任党委副书记后，分管的事务更多了。其中有些工作是我作为部门一把手干过的，比如我对宣传工作、学生工作和就业工作都比较熟悉。我一直认为，如果一个人想要发展，一定要站得高一点，在所处岗位的更高一级思考谋划。也就是说，如果你是处长，就要从分管副书记或分管副校长的角度去思考问题。这样，当晋升机会来临时，你就已经具备了这个职级所需的素质和能力。在工作中，我长期养成了这样的思考习惯，所以来到母校后，这些工作相对容易上手。再加上温大在这些方面的工作基础很好，所以我能很快进入工作状态。另外，我在管理中也学习借鉴了温医的一些做法，在品牌建设、队伍建设、学风建设等方面取得了一些成绩。

采访者： 2019 年 10 月 7 ~ 8 日，以校友曾联松老师设计中华人民共和国国旗的事迹为原型的原创歌剧《五星红旗》，在温州大剧院成功试演。这部歌剧是"温大人演温大人和温州事"，在很多方面都具有开创性。它是我国首部以国旗为题材的歌剧，是温州歌剧史零的突破，凝聚着学校领导和温大师生的诸多心血。您能给我们讲讲这部歌剧创排的背景和缘由吗？

庄兴忠： 曾联松先生是温州瑞安人，曾在我们温州大学的前身瑞安师范执教，是我们值得骄傲的杰出校友，他拥有高尚的品格和强烈的爱国精神。学校决定创作《五星红旗》歌剧，也是为了颂扬他设计国旗的光荣事迹和传承他的爱国精神。就歌剧的创作来说，首先，谢树华书记、赵敏校长都非常支持。原副书记牟德刚，原宣传部部长、现副校长潘玉驹，原音乐学院院长赵玉卿、李成柱教授之前做了很多工作。实际上，我来到温大时这个项目已经启动了，因为分工调整，牟书记分管党群组织口，这个项目自然由我来接手，我也有幸参与到《五星红旗》歌剧的创排过程中，包括后面的各种展演活动。这期间有很多故事可以分享。一开始学校想把《五星红旗》创作为一部音乐剧，思路是"大题材小制作"。但市委宣传部从另一个渠道了解到我们的想法，市委常委、宣传部部长胡剑谨非常关注，召集大家商议，希望我们来一个"大题材大制作"。当时正好是新中国成立七十周年，可以把《五星红旗》打造成献礼剧。实话说，一个学校去创演歌剧，面临的财力和其他方面的压力非常大，因为歌剧被称为"艺术皇冠上的明珠"，对剧本、音乐、舞美、灯光、演、唱、导演的要求都特别高。我在接手时，并不主张马上创排歌剧，而是建议分几步走，比如在新中国成立七十周年的时候先献剧本，等全面建成小康社会时献音乐，建党 100 年时献剧，一年一年地去推动。我认为可以先参评剧本，像"五个一工程"奖，然后再参评音乐，最后是歌剧，一步步地增加。剧本、歌曲都是艺术创作产品，在这个过程中，歌剧演员也可以慢慢培养起来。当然，这个建议没有被采纳。当时，市里各方面都给予大力支持，决定费用由温州市、学校和瑞安市委三方共同保障，这样就促成了《五星红旗》歌剧创作朝着"快推进""大制作"的方向全力推进。

采访者： 在歌剧创排过程中，肯定经历了很多困难和挑战，您能讲讲大致过程和其中印象深刻的事吗？

庄兴忠： 市里和学校决定创作歌剧之后，便开始找编剧。关于《五星红旗》歌剧的剧本，我们在跟市里汇报之前，已经接触了几个剧作家。最初是想请著名剧作家董妮女士，本来也差不多谈成了，但由于我们这部剧和她其他作品的档期冲突，只得作罢。后来，我们请了北京大学歌剧院的院长助理、青年剧作家李长鸿，当时留给他的时间很仓促，但他非常有才气，在非常短的时间内完成了剧本。

接下来就是音乐部分的工作。当时我们请他们团队推荐，他们推荐了国家一级作曲朱嘉禾先生。我和朱老师非常有缘，有一段有意思的插曲。我第一次见到朱老师时，他说对温州很熟悉。我问他为什么，他说温州泰顺有一首歌《我在廊桥等你》是他作曲的。我说怎么这么巧！我曾经在泰顺分管旅游事务，一直在学唱这首歌，但没注意是谁作词作曲的。我们便一下子熟络起来。朱老师是一位军旅作曲家，有很强的敬业精神和对五星红旗的挚爱之情。他对国家、民族的感情很深沉，并且能够在音乐作品里表达出来。他全身心地投入并在约定时间内完成了作曲。作曲非常成功，不仅有非常优美的旋律，还包括了温州《叮叮当》这些民谣元素，让我们温州人倍感亲切。正式演出后，整个业界同行的评价、观众的评价都非常高，其中《希望你为我绘一幅画》《这是我心中的启明》《激荡》《什么画家》《国旗颂》等曲目给观众留下了深刻的印象，旋律非常美。

之后便是排演。因为这是一部大剧，所以必须请一流的导演。我们根据业内人士的推荐，请到了中央歌剧院的王湖泉老师，他是"文华奖"的获得者，也是国家一级导演，水平非常高。因为这是温州 60 年来首次创演歌剧，所以市里非常重视，胡剑谨部长一直强调要培养一批本土歌剧演员，要动员温州本土的艺术工作者、年轻人积极地参与到这个过程中，通过一台戏、一部剧把温州的歌剧队伍组建起来。根据这个要求，我们面向温州遴选歌剧演员。温州的文艺工作者纷纷前来报名，最后组成现在这支队伍，其中包括温大音乐学院的很多师生，比如李成柱、李晓燕、易雄志、莫颖、蒋乐乐、叶文辉、许天鸣等。也包括温大毕业生陈波，天津音乐学院毕业的朱瑶，艺术学校的祝海燕老师、谭红妍老师，拥有很高知名度的文化馆的施丽君老师，以及金笃远、叶倩倩、刘东风、屠赛南等。学生中戏份重的有娄瑞祺、王熙文、郑文杰、谭陈东生，幕后工作者有叶文辉、莫颖、林海红、陈露雯、贺捷频、邱驿棠、赵光雯、李恒子、郑梦娴等。此外，合唱演员全部是温大音乐学院的学生，其中很多学生与歌剧一同成长、一同进步。这部歌剧的排练和演出，使这些参与者的艺术修养和艺术水准有了非常大的提高，也确实达到了通过一部歌剧培养本土演员的目的。此外，我们通过这部剧也引进了一批人才，包括国内首屈一指的青年歌唱家陈大帅，他是"金钟奖"的获得者，后来也陆续有一些人加入我们的队伍。

温州大学排演歌剧让很多人感到震撼，这背后离不开谢树华书记和赵敏校长的全力支持。他们认为温州大学的文化建设一定要为地方做贡献，发挥引领文化、打造文化高地的作用。在排演过程中，学校由我来牵头负责，温州市由市委宣传部部长胡剑谨总牵头。胡部长、谢书记、赵校长，还有瑞安市的陈胜峰书记、麻胜聪市长对这项工作非常重视，对歌剧的整个推进过程给予了大力支持。我和市委宣传部常务副部长邱小侠两个人在前线，负责具体推进工作。在排练过程中，的确需要很多磨合，因为在整个制作团队里，剧作、作曲和导演年龄相差较大，对作品会有不同的理解，在作品的表达和呈现上也有很多的不一致，所以我和邱部长在这方面花了很多精力，尤其是邱部长，她对工作的热情投入和她的人格魅力深深感染着我。因为大家都是本着对这部剧、这个好的题材负责的态度来工作的，所以虽然过程艰难，但最终都一一克服了。音乐学院师生有幸参与了《五星红旗》的创排，为这部剧付出了很多，尤其是邹跃飞院长、蔡晓武副书记等学院领导。值得一提的是，2019年10月7日、8日的试演非常成功，舞美、灯光由国内一流的舞美设计师周正平、灯光师马连庆操刀，呈现出来的效果美轮美奂、令人震撼。

2019年10月，庄兴忠（三排右九）陪同市、校领导看望正在温州大学音乐学院舞蹈房排练的《五星红旗》剧团师生

采访者：2021年11月，《五星红旗》荣获第四届中国歌剧节优秀剧目奖。这是其中唯一一个由地方性院校组织的剧目，在国家级的艺术舞台上展现了温州精神和温大魅力，是一项了不起的成绩。您能给我们讲讲歌剧参赛和获奖的大致经历吗？

庄兴忠：《五星红旗》的成功创排和试演，引起了媒体的广泛关注。艺术界、歌剧界、音乐界对这部剧的评价非常高。我们本来是想把这部歌剧送到杭州去，设定了先进省城再进北京国家大剧院的目标。但是后期因为经费问题，再加上疫情影响，出现了很多困难。申报国家艺术基金也一样，虽然第一年没有成功，但我们没有放弃。在我们讨论第二年如何申报时，突然传来消息说第四届中国歌剧节在征集项目，当时离征集结束的时间非常紧迫，正好大家都在我的办公室讨论申报艺术基金，所以马上组织材料。当时觉得不论结果如何，千万不能错过这个机会，于是紧急动员，需要盖章的赶紧盖章，需要补材料的马上补材料，需要向省厅汇报的马上汇报，终于把申报材料及时寄出了。功夫不负有心人，组委会看了我们报送的材料之后觉得非常好，随即就通知我们参加在山东临沂举办的中国歌剧节。

我们马上向市委宣传部报告了这个喜讯。然而，喜中有忧，因为那时疫情形势依然严峻，经费上我们也有很大压力。我一直在跟学校谢书记汇报，机会难得，如果错过，前期的努力未免有遗憾，温大也会失去一次扩大影响的机会，毕竟是四年一次的全国最高级别的歌剧节，希望领导能够支持。谢书记当即拍板支持，当天下午 4 点，我就跟着谢书记一起向市委宣传部胡部长作专题汇报，希望市里能够同意。胡部长表示这件事由我们温大来负责，如果我们考虑成熟了，她也支持。资金方面，我们提出只要市里支持，就可以联系校友办获得校友基金资助，因为这部剧讲述的就是我们杰出校友的故事。最后胡部长批准了我们的请求，并交给我们负责。随后学校党委专门开会，对参演经费预算以及防疫安全等方面的工作进行研究部署，我们便去了临沂。

到达临沂之后，我们便进行了紧张的排演。那几天王湖泉导演倾力投入，非常辛苦，音乐学院参演及保障的师生都铆足了劲，因为能够参加歌剧节是一件无比荣耀的事情。我们的演出获得了巨大的成功，拿到了优秀剧目奖，作为 18 个优秀剧目之一，我们是唯一一个来自综合性大学的，其他的都是歌剧院、舞剧院等单位。另外我们也比较幸运，回来以后那边就出现了新冠病毒感染疫情，很多本来要在歌剧节陆续展演的剧目都停掉了，只能线上进行。这让我感受到，一旦确定目标，就必须果敢行动，抢抓机遇，才能取得最大的成功。

2021 年 10 月，庄兴忠（前排居中）和入围第四届中国歌剧节的《五星红旗》
参演师生在山东临沂大剧院合影

采访者：歌剧《五星红旗》成功试演后不久，2019 年 12 月 30 日，学校在南校区明心湖畔建立了国旗广场，这是全国高校中首个国旗广场，学校举行了盛大的落成揭牌仪式。能讲讲当时您和学校领导决定要在温大校园内建立国旗广场的考虑吗？又为什么选择在南校区的明心湖畔？

庄兴忠：建国旗广场是谢书记第一个提出来的。因为我们有一台歌剧了，温州瑞安也已经建了国旗馆，所以他说能不能在我们学校建个国旗广场，一是可以纪念校友，二是能够作为爱国主义教育的一个基地。后来，学校就派潘玉驹部长去跟华峰集团商量，看他们能不能捐钱建国旗广场。华峰集团在我们学校设有华峰品德奖，以前每年有 50 万元捐赠基金，现在扩大到了 100 万元。他们觉得这是件有意义的事情，没有任何犹豫便欣然答应了。国旗广场的建设进展得非常顺利，落成仪式也非常隆重。至于选址，我原本建议建在学生活动中心创业广场附近，既面向学校又面向社会。但谢书记觉得还是在校内比较好，最终选在了明心湖畔。在明心湖畔更能突出国旗的意义，因为它处于学校行政楼和明心湖轴的位置，现在看这确实是一个非常好的选择。

采访者：在国旗广场建成后，学校围绕国旗主题进一步开展了一系列活动，逐渐形成了温州大学"国旗文化"和国旗教育体系。这在所有高校中独

2020 年 7 月 1 日，庄兴忠（右四）和其他校领导在国旗广场合影

树一帜，彰显着鲜明的温大特色。作为这一校园文化和教育特色的继承者和建设者，您能讲讲具体的建设思路和建设过程吗？

庄兴忠：以国旗为中心形成学校教育品牌的想法一开始就有了。国旗广场建成后，成为新生入校始业教育的一个重要场所，成为中小学生参观的一个教育基地，实现了国旗文化和国旗精神的弘扬传承，具有很好的意义和效果。学校早在十年前就策划开展了国旗护卫队活动，此后学工部推出了"国旗下的领读人"等系列活动，使我们的国旗文化教育形成了一个完整的教育链条。我们要讲国旗故事、唱《国旗颂》、演《五星红旗》歌剧。文史顾问张小燕老师与熊国太老师于此都有一些渊源，他们在《五星红旗》的剧本打造、故事挖掘方面做了很多工作，为李长鸿老师的剧本创作提供了很多素材。我们在学生中一直开展《国旗颂》学唱活动，原来也想做几个版本进入中小学去传唱《五星红旗》中的一些片段。国旗文化的推广具有永久的价值，是爱国主义教育一个非常好的载体，因为我们都是在五星红旗下长大的，国旗对我们每个中国人来讲都有特殊的意义。

采访者：学校今后围绕国旗文化和国旗教育，还有哪些新的探索？

庄兴忠：我们希望面向中小学、面向企业、面向社区开展国旗文化和国旗教育。我们想要把歌剧《五星红旗》变成轻便型的艺术作品，形式多样地去讲、去说、去演、去诵，通过组织一个团队分几路来推进这项工作，目前正在积极地筹划中。当然今年获得国家艺术基金资助后，推广压力比较大，我们很多的精力不能放到"轻便型模式"上，因为国家艺术基金的推广有自身的要求和规范，所以我们目前就是要把国家交办的活干好，接下来很重要的就是筹钱。但我认为要想真正长期有效，"轻便型模式"可能最合理。

采访者：为贯彻落实中共中央、国务院《关于加强和改进新形势下高校思想政治工作的意见》、教育部《高等学校课程思政建设指导纲要》和浙江省教育厅《浙江省高校课程思政建设实施方案》等文件精神，2021 年 5 月 17 日，学校专门成立了温州大学课程思政教学改革领导小组，统筹推进全校课程思政教学改革，并取得丰硕成果。作为温大课程思政教学改革工作的负责人之一，能讲讲您对这项工作的认识和思考吗？在具体的工作过程中，您有哪些心得和体会？

庄兴忠：整个思政课程都是我在分管，包括联系马克思主义学院。马院长期以来坚持的"互联网＋一化六制"非常有成效，也得到了同行的认可，很多人都来学习我们思政理论课教学上的"一化六制"，这个探索实践也给其他地方带去了很多启示。我们的教师团队非常优秀，是一支卓越的队伍，在全国名师工作室中，就有卓高生领衔的全国思政名师工作室。我校马克思主义学科在全国第四轮学科评估中为 B－，在 2021 年软科中国最好学科排名中位列全国前 11％，排名第 44 位，学校在最近一轮的申博点 PK 中也在积极地准备。学校一方面主张抓好思政课程建设；另一方面主张抓好课程思政建设，因为每一门课都蕴含着思政元素。课程思政意味着教师在教书育人的过程中，要充分挖掘课程内在的思政元素，学校对此积极推动，召开了几次专题会议，形成了课程思政的工作方案，遴选了一批课程思政示范课。当然这项工作还有很大的提高空间，我们老师自身的思想认识、对课程思政的认识都需要进一步统一。另外，课程思政的整体谋划和实践方法还有很多需要学习借鉴和思考的地方，尤其要思考如何体现立德树人的根本目标。总体来讲，我们学校在这方面的意识和整体效果还不错，但是还有很大的提高空间。

采访者：近几年，温大学子在"挑战杯"全国大学生课外学术科技作品竞赛、全国大学生艺术展演（简称"大艺展"）、全省大学生职业生涯规划大赛等含金量极高的国家级和省级赛事中连获佳绩、屡创新高，展现了温大学子的骄人风采，学校也多次荣获"最佳组织奖"。您曾多次亲临决赛现场鼓励指导，您认为取得这些成功的原因有哪些？

庄兴忠：从大小挑战赛来看，我们在第 16 届"挑战杯"中获得了非常好的成绩，我也到北京跟他们一起感受了整个大赛的氛围。这一成绩是由前期的很多因素综合促成的。首先，是政策的保障，学校党委对学生创新创业非常重视，创新创业教育是我们学校的特色之一，与师范教育特色和正在积极打造的"侨"特色构成三大办学特色。其次，是我们学生的积极参与和学校营造的创新创业氛围，当然这和牵头单位、牵头部门对这项工作的积极谋划与推进是分不开的，团委团队虽然年轻，但他们做事非常用心。另外，这里面也包括我从温医学习和借鉴的一些经验，因为温医的"挑战杯"成绩一直领先，获得了"优胜杯"五连冠，而我们在第 16 届"挑战杯"中实际上是首捧"优胜杯"，是个历史性的突破。最后，在整个过程中，我们都十分注重作品的培育、打磨，注重导师的深度介入，如果导师不介入，效果是出不来的，再加上各种资源的整合，才促成了现在的成就。我们后期也在努力突破，一直维持在比较高的水平，虽然我们没拿到第 17 届的"优胜杯"，但我们作为发起单位的资格保住了，这也是不容易的。因为这个资格是根据大赛成绩的全国排名来定的，如果没有排在全国前 86 名，就会被淘汰。"优胜杯"可以不拿，但如果没成为发起单位，就意味着拿"优胜杯"的可能性都没了。此外，我们"大艺展"的成绩也始终保持在全国第一方阵，去年我们的金奖数还是全国第一位。这些成绩也反映出我校人才培养的整体质量，我们学校这几年发展得非常快，进步也非常快，取得了很多骄人的成绩。当然，对于如何保持、提升，还是有很多工作要去做的，很多机制要去创新的。

2019 年 11 月 12 日，庄兴忠（后排左八）与师生代表在第 16 届"挑战杯"全国大学生课外学术科技作品竞赛现场合影

**2021 年 5 月 12 日，庄兴忠（后排居中）与在成都举行的全国第六届
大学生艺术展演闭幕式参演师生合影**

采访者：在浙江省教育考试院发布的《2020 届、2018 届（三年后）浙江省高校毕业生职业发展状况及人才培养质量调查报告》中，温大毕业生的就业满意度和对母校的总体满意度均名列前茅，这是对学校人才培养水平和就业指导工作的高度肯定，也是学校学生工作取得的巨大成就。您能讲讲这几年学校在学生就业方面的工作思路吗？您认为取得成功的经验有哪些？

庄兴忠：学生对母校的满意度，反映出我们育人的成效，反映出温大在"三全育人"过程中师生之间的良好互动。比如说学生对接触到的老师和感受到的校园文化满意，毕业后便会对学校有非常高的认同。长期以来，温大在学生工作和校园文化的建设上都可圈可点，也一直贯彻以学生为本的理念。历届历任党委领导也好，分管领导也好，其实都是这样去推进工作的。就像温大提出的"五爱工程"和"五温工程"，"五爱工程"就是爱国、爱家、爱社会、爱他人、爱自己，"五温工程"就是指温情、温馨、温励、温居、温暖，把学生放在非常重要的位置。就像谢书记讲的，"学生就是学校，没有学生就不成其为学校"，所以我们要敬畏学生、尊重学生、关爱学生，要为学生的发展，包括在个性发展、人人发展、全面发展方面去创造条件。

就业也是同样的道理，培养质量就反映在就业方面。我们对此进行了一系列的机制改革，比如招就处的招生培养就业联动一体化工程、生源质量提升工程、学风提升工程、就业精准帮扶工程，都体现出以学生利益为导向、站在学生的角度去考虑问题的态度，这改变了学校的文化和生态，让学生知道学校是以服务他们的发展为导向的。本科生的升学率也从原来的 5% 提升到现在的 20%。所有这些工作，都会让他们爱上温大，认同温大是个好学校，这样我们的就业满意率就比较高。我们 2020 届毕业生人才培养质量综合评价是全省第一名，这个很难得。因为温大在省内 15 所重点院校里面是位居中间的，如果某个方面的排名超过了 7，意味着我们的工作达到了均值之上。总体来说，学生校园文化建设中的学生工作也好，团学工作也好，温大在全省始终都处在第一方阵，比如我们去年就荣获"全国五四红旗团委"称号。这反映出我们在校园文化和服务学生方面的工作得到了学生的认可、同行的认可以及上级的认可。

采访者：2022 年 4 月 8 日，学校党委印发《温州大学服务温州高质量发展行动计划》，将服务温州作为学校的重要目标之一，其中提高毕业生留温率是实现这一目标的重要工作。您为此做了许多统筹安排和具体工作，您认为提高毕业生留温率的核心工作有哪些？能给我们讲一讲您对学校服务温州目标的认识和思考吗？

庄兴忠：市委、市政府对我们多次提出了留温率的要求。因为温州大学是地方性高校，虽然我们有上级科研经费和社会捐赠，但除学费之外大部分还是以财政供养为主。所以，服务地方是我们发展的应有之义，是重大的使命和职责。我校的留温率其实略高于在温学生的比例，20% 的温州本地生源，留温率大概有 30%。关于怎样吸引更多的人留在温州，政府单位和学校需要不断想办法、做工作，因为这的确比较难。政策留人、待遇留人、感情留人，跟人才引进都是一样的，因为这些人一毕业就属于人才，其他的各大城市也都在大量招引以青年群体为主的人才。为了招引人才肯定要出台很多政策，比如温州的政策要优于其他很多地方。因为"人往高处走，水往低处流"这个规律是不变的，虽然感情可以改变一些，但是人在工作上的选择大多数都是理性的，肯定会首先考虑怎样的平台和环境对他未来的发展有利。对于这个问题，我觉得除了市政府出台更优惠的留温政策，学校也需要去做基础性工作，帮助学生了解温州、了解温州的文化，让人才走进温州的文化、走进温州的企业、走进温州的产业，让他看到自己的价值和使命。而在了解温州文化方面，就像谢书记讲的，我们要编校本教材，让学生对温州有更深入的认识。所以，要提高留温率，政府做政府的事情，学校做学校的事情，企业做企业的事情，各方面都要努力，为整个温州的产业发展做一些留住人才的贡献。

采访者：您对高校开展文化校园建设有着长期深入的思考，曾撰文指出必须从落实价值塑造、彰显大学精神、强化环境建设、铸造人文品牌的角度，汇聚全校师生智慧，整合校内外资源，突出本校办学特色（《对高校开展文化校园建设的思考》，《温州医科大学学报》2015 年第 9 期）。在学校党委印发的《温州大学"十四五"重点专项规划》中，校园文化建设专项规划位列其中。您认为温大的校园文化建设目前有哪些特色？未来还需进行哪些工作？

庄兴忠：校园文化是一个比较大的范畴，包括制度文化、物质文化、精神文化。我们经常提到的干部的作风、教师的教风、学生的学风，都属于文化。从狭义的校园文化来讲，在第二课堂开展的丰富多彩的文化活动，像科技节、师生节，还有重大节庆活动，构成了丰富多彩的校园文化。温大的活动总是给人一种量大面广的感觉，但总体来讲，温大需要去不断打磨一些标志性品牌活动。我们既要继续坚持传统内容，也要不断跟随时代的步伐进行创新。比如科技文化节，我们要思考怎么围绕"四大赛事"、学科竞赛突出科技文化含量，培养学生的创新创业意识，让他们学会怎样和专业学习更紧密地结合；再比如师生文化方面，虽然现在师生文化的互动已经比较多，像学校推出的明心餐叙、院长有约、书记有约、处长有约等，但我们还需要营造师生之间的研学文化氛围。随着研究生人数的增长，学校办学层次水平的提高，我希望有更多的研究生可以引领本科生投入研学，形成导师带研究生、研究生带本科生这样一种有利于学术发展的文化，或者说形成校友带动在校生、高年级学生带动新生的一种创新创业文化，从而塑造以老带新、以校外带校内、以高带低的一种氛围，形成我们的品牌。另外，我们也要形成一种"每个人都要努力成为最好的自己，每个人都能够寻找到自己的闪光点、生活的快乐点"的文化。因为不可能人人都创业成功，不可能人人都做学术，更多的是像我一样在岗位上尽职履职、做好本职，在岗位上奉献青春、发光发热的人。"平凡中的不平凡"，这种文化的打造其实也是需要的。我认为一定要有大文化的观念，一定要每个人都是可选择的，树立未来的我跟现在的我相吻合的一种文化和多元价值观念，人人都成为自己，人人都在快乐地工作、幸福地生活，这是我们的培养目标。

2021 年 5 月 19 日，庄兴忠（后排居中）参加学校
第 11 期师生明心餐叙

四　立足实际，展望未来

采访者：自 1988 年工作以来，您已经在高校中度过 34 年时光。您对自己的教育和管理工作经历有哪些感想与体悟？

庄兴忠：高校是个人人向往的地方。尤其是在当下，相比于企业，高校是一个环境幽雅又充满活力的地方，因为不断有年轻人汇聚在这里。但在高校工作也面临着繁重的任务，社会和学生都对高等教育寄予厚望、充满期待，对在高校工作的人提出了很高的要求，也会使他们产生很大的压力。所以我在高校履职时战战兢兢，总觉得还缺一点什么，需要继续努力。另外，这些年的工作经历，使我对高校的职能有了更多的思考和体会。我们说培养人才、科学研究和社会服务是高校的三大主要职能，但高校的人才培养和科学研究应该立足于社会发展需要，应该服务社会。大学要培养社会发展需要的各种类型的人才，科学研究也应该关注研究成果的应用转化，如果没有产生能够服务社会的价值，那科研的意义便会减少很多。

采访者：明年是温州大学办学九十周年，您对温大未来的发展有哪些期许与展望？

庄兴忠：关于温大的未来，谢书记、赵校长多次在党委会上提到了"双一流"学校建设的目标，也就是创一流学科，服务地方发展。关于"双一流"大学的建设，有时候我们感觉好像很远，有些时候又感觉很近。"双一流"是所有大学甚至读大学的人梦寐以求的，都希望自己的学校是"双一流"大学，希望自己的学科是一流学科，希望自己是一流人才，这个很正常。所以我们提出在建校百年、办学百年的时候，能够建成高水平的研究教学型大学，实现建设"双一流"学校的目标。这既是我们所期待的，也是现在的温大人、过往的温大人跟未来的温大人所期待的，需要全体温大人为之不懈奋斗。我一直在思考，不同类型的高校在办学方面该如何定位、如何发展。我觉得学校首先一定要有比较清晰的定位，定位清晰了，目标明确了，人心汇聚了，再集中所有智慧和资源去做这件事，学校才会有比较快的发展。就像每个人都会有瓶颈期，学校发展也会有瓶颈期，我们目前的资源和能力是否足以支撑这样宏伟的目标，是我们要去考虑的问题，也是每个学校都要考虑的问题。目标一旦确定，那些宏大计划的实施就需要很多资源支撑。当然，目标需要设立高一点，目标高了，有利于学校发展，所谓"取法乎上，仅得其中"。所以，我认为建成"双一流"大学的目标是符合实际的。相信在学校党委的科学谋划和强力推动下，在全校师生的齐心协力和共同奋斗下，我们将离这个目标越来越近。

小天地里成就大事业，老黄牛精神永不过时

——刘万伦口述

采访者：王鹏　　　　　　整理者：王鹏、郭洺妤

采访时间：2022 年 7 月 20 日　　采访地点：口述者家中

口述者简介

　　刘万伦，1947 年生，浙江文成人。1973 年毕业于浙江农业大学，曾在文成县农业局、西坑公社、大峃镇工作，1984～1994 年先后担任泰顺县委书记、永嘉县委书记、温州市委副秘书长等职务，1994 年 12 月～1999 年 10 月担任温州大学党委书记职务。刘万伦在任期间，始终坚守温州人办大学的初心使命，发挥温州优势，整合高教资源，突破政策捆绑，与温大人共渡发展时艰，为形成并坚持适合社会需求办大学的办学形态作出了不懈努力。

一 从县委书记到温大书记

采访者: 刘书记,您好! 首先请简单介绍一下您的个人情况,包括籍贯、出生日期以及早期的工作履历。

刘万伦: 我 1947 年出生在文成,今年 76 岁了。1973 年参加工作后,一直在文成县农业局、西坑公社、大峃镇等基层单位工作,1984 年调任泰顺县委书记、永嘉县委书记,连续担任了 12 年。当时文成、泰顺、永嘉都是国家级贫困县,我这一生是与贫困县结缘的。1994 年 12 月,我被调任为温州大学党委书记,本以为可以"摆脱贫困",可还是遇到了温州大学最困难的时期,在温大整整待了 13 个年头,直到退休。

我出身于一个贫困农民的家庭,但与我们的祖辈相比已经是非常幸福的一代人了。因为我们这一代人有幸沐浴新社会的阳光,经历了新中国成立初期发奋图强、艰苦奋斗、摆脱贫穷落后的峥嵘岁月,享受着新中国日新月异走向繁荣富强的喜悦。都说穷人的孩子早当家,因家庭衣食无着,父辈贫病交加,无法支持子女完成学业,我勉强读到初中毕业,14 岁就在家充当农村半劳动力,正式参加生产队集体劳动,承担起维持一家五口生活的责任。在毛主席"穷则思变,要干,要革命"的激励下,我刚满 18 岁就担任了生产大队长,致力于凝聚村民的力量,带领全村民众开展"愚公移山,改造中国"和"农业学大寨"运动,战天斗地,改善生态,兴修水利,发展多种经营,改变农村贫穷落后面貌,为文成县、温州市树立了一面农业学大寨的先进旗帜。

1970 年,国家实行从工人、农民、解放军指战员中选拔学生,到学校学几年后,再回到生产实践中去的高等教育制度改革,倡导"工农兵上大学、管大学、用毛泽东思想改造旧大学"。当时,文成县委首推我为全国首届工农兵学员。我因专心投入村里的工作,几年来多次放弃招干、招工机会后,又一次决定放弃工农兵上大学的机会。县领导多次上门说服后,我才勉强接受了县委的选拔,从全国首届招生的 32 所名校中,选择了适合自己毕业后重回农村工作的浙江农业大学农业机械系,成为全国首届工农兵学员,历时三年半完成学业。

毕业后,由于当时国家干部人事管理制度的制约,我未能争取到重回本村务农的机会,被分配到县农林水系统工作。农林水系统改制分局后,我被安排到县农业局担任副局长，从此长期从事行政工作。从公社书记、镇长到县委书记，我都服从组织安排，从未追求过职务和权力。我最刻骨铭心的认识是"共产党人没有职务大小，都是人民的勤务员"。党政干部都把自己作为人民的公仆，"当官弄权"是共产党人莫大的耻辱。几十年的党政基层工作，使我养成了做老实人、办老实事的习惯，没有欺瞒说谎，搞假大空的那一套；没有拉帮结派，耍阴暗手段，踩别人肩膀往上爬的那一手；没有依靠裙带关系或人脉资源铺垫晋升道路的那一招。我是温州连任时间最长的县委书记，任职期间，市委更换过五任书记，我熟悉的市领导不少，但我从不私下接触或提任何个人要求。市领导也都肯定我的埋头苦干精神，公认我是老实人，我只是习惯于坚守以诚引和、以勤补拙、以实取信、以俭养廉的修身原则。

至于我为什么会调到温大工作，别人看来捉摸不透。论个人前途，我当时是有机会进市级领导班子的，远比当温大书记强；说组织安排，组织当然也不会强制一个没有教育工作经历的干部去担任大学的党委书记。我去温大，只能说是一种由个人性格决定的机缘。自从参加工作以来，我对工作岗位的态度历来都是服从组织安排，有自知之明，只注重考虑自己有没有承担这项责任的能力和自信，绝不会把权力、地位、待遇等个人目的联系起来，向组织讨价还价。这是我从担任村干部开始养成的性格和习惯。我原本从没想过要去温大，有一次温州市委组织部部长叶洪芳与我闲聊时，我无意间流露出对温州大学的关注和期待，认为去温大可以有所作为。随后省教育厅派人前来考察，我没有表示反对意见，不久就毫无思想准备地接到了任职通知。这里我不否认自己对温州高等教育事业的热忱和期盼，上工农兵大学的经历使我认识到高等教育事关国运，世界科学技术的迅速发展使我看到高等教育事关国力，温州人民办大学的激情使我懂得了新时代人民对高等教育的利益关切。相比一个县、市，大学校园是小天地，但从人民的利益关切来看，也不失为大事业，所以，我内心是愿意为温大的发展尽职尽责、添砖加瓦的，也相信市有关领导会支持我在温大的工作，我有信心凝聚力量，把温大推向新的发展阶段。不过，也正是因为过于自信，对问题认识不足，使我在温大工作的这段经历并不那么一帆风顺。

关于温州大学的历史。温州大学创建于改革开放初期，其初心目标是建立一所适合温州改革开放和经济社会发展需要的地方性综合大学。从 1984 年创办到 2004 年两校合并，学校经历了 20 多年的发展。如果按照"大学生命周期理论"的创业、兴业、成熟三个阶段来划分,这20年历史就可以被称为创业阶段。两校的成功合并,标志着温州大学基本完成了在创业阶段"建基立业、建章立制"的主要任务。虽然在两校合并以后,创业阶段的许多任务仍在继续,如整合资源、完善治理结构、调整学科专业、民办机制转型等建章立制方面的工作,但发展重点已转移到以"内涵建设、优势培育"为主的兴业阶段。

在创业阶段,由于政府投资、高教政策、办学环境等大学自身无法决定的因素限制,时间拉得很长,这是诸多复杂因素共同作用的结果,也说明了温州大学创办的艰难和不易。我认为可以把创业阶段的历史细分为四个时期:激情澎湃的创建期、开拓进取的上下求索期、峰回路转的改制改建期、风生水起的并校兴业期。这四个时期构成了温州大学的创办历程,显示了温州人对初心目标持之以恒的顽强坚守、上下求索的开拓进取、不辱使命的负重前行、责无旁贷的默默担当。

二 创业阶段二十年:激情澎湃的创建期

采访者:您将温州大学1984~2004年的历史称为创业阶段,又将其分为四个时期。您能为我们详细讲讲这四个时期吗?

刘万伦:改革开放一开始,温州创办大学的呼声很高。这不是温州人心血来潮,而是因为在改革开放的大背景下,随着经济社会快速发展,人才培养、科技应用、社会服务已经成为温州社会的迫切需要。但凡经历过这一发展时期的人,都能深刻体会到人们对发展高等教育的渴望。当时,位于改革开放前沿的南方城市都在争先恐后地办大学。在半导体、多媒体、因特网等高新技术广泛应用、产业迅速发展的年代,人们似乎都看到了当时中国与西方国家在科技教育方面的差距,都羡慕亚洲"四小龙""四小虎"的迅速崛起,都意识到要想推进科学技术必须先发展高等教育。在国家高等教育还不能满足社会需要的历史背景下,处在改革开放前沿的城市对"自己办大学,办自己的大学"都已形成广泛共识。一时间,办大学也就成了温州人最核心的利益关切和热门话题。市政府高度重视,下定了"再穷也不穷教育,勒紧裤腰带办温州大学"的决心。那时,我在泰顺任县委书记,市委组织我们南下学习取经,每次考察都先参观当地正在开办的大学。1982年创办的汕头大学、1983年创办的深圳大学、1986年创办的宁波大学等我都去过,希望学到人家办大学的经验。

市政府决定要办温州大学以后，得到了温州全社会的积极响应，人们激情澎湃、充满期待。温州华侨纷纷慷慨解囊，成为公益捐资的主力；市政府发行"三元券"向广大民众筹集资金，连最困难的乡村都争先恐后地抢购。此外，各种形式的捐资、捐助活动广泛开展，从市、县领导到基层民众，都在以各种方式表达对创办温州大学的热情与关切。

关于创办温州大学的方案。1984 年，省政府批复"同意创办温州大学，目前先办专科部"。在温州社会各界的协同配合下，温州大学从筹备到建设有序展开，只用了短短三年时间，一批由以华侨捐资为主建设命名的"育英礼堂""温故楼""昌横楼"等项目很快竣工。政府与社会集资建设的后勤楼、行政楼、教学主楼也在 1994 年以前先后落成。温州大学初期引进了 200多名教师，其中 1 名教授、30 多名副教授，专职师资队伍很快组建完成。1984 年，面向本市招收了首届 200 多名专科生，迈开了创办温州大学的第一步。

三 创业阶段二十年：上下求索的开拓进取期

刘万伦：我于 1994 年 12 月调任温大党委书记，正值温州大学建校十周年。调到温大之初，让我感到意外的是，温州大学还停留在专科办学层次，全校只有 1800 多名在校生的办学规模，18 个专科专业还在等待省教育厅的教学合格评估。此外，很多教学设施配套不全，办学经费经常入不敷出。而与温州大学几乎同一时期创办的深圳大学、汕头大学以及迟后两年才创办的宁波大学等，都已先后通过国家教委本科教学合格评估，国务院学位委员会也先后批准了上述学校的学士学位、硕士学位授予权，与温州大学的差距已经很大。同样是创办十年，却在办学规模、层次上拉开了如此之大的差距，令人难以置信。究其原因，主要在两个方面。

一是温州大学办学起点太低，发展跟不上社会需要。其他城市办大学，一开始就按国家正规大学的标准，结合社会发展需要同步规划。着眼产业发展、技术进步、人才培养目标的有机融合，高起点、高层次、高水平定位，在校址选择、办学规模、资金投入、学科建设等方面整体配套，一步到位。唯有温州大学从专科部起步，初期安排了 250 亩建设用地、限定招生 250 名、核定 250 名专职教师编制，被人戏称为"二百五"大学。同时，随着创办激情的退去，市政府无力追加投资，建设资金渐渐枯竭，初期建设结留的近50亩校园用地也被移作别用，教学设施没有进一步配套完善，连体育活动都要到校外借用场地。市财政拨付的办学经费虽然从创办初期的200多万元缓慢增加到1994年的500多万元，但仍无法满足学校事业发展的需要。学科建设及办学规模被限定在专科院校，因而被严格控制，专科教育发展缓慢，甚至连试办一个本科层次的专业都不被批准。

而此时恰恰是温州城市的快速发展期。城市面临经济转型、产业升级、技术创新、产品更新换代的迫切需求，对人才培养、科技开发、社会服务不断提出新要求。可当下的温州大学既不能培养"高、精、尖、缺"技术、技能人才，也不具备技术研发、成果转化、应用推广的功能，缺乏地校融合、产教融合、校企合作解决社会问题的能力，十年间，一方面社会快速发展，另一方面温大限速爬行，学校与社会需求之间的差距可想而知，更何况"先办专科"的低起点，本就不适合当时的社会需要。

社会需要是高等学校的生命之源，一所大学若能适应社会需要就可以迅速发展壮大，否则会很快衰退甚至难以生存。不进则退，小进也是退。温州大学在人们心目中渐渐失位，连市政府一些领导也经常质疑：中小城市自己办大学有没有必要？投资办大学值不值得？

二是不能融入"温州模式"，缺乏发展活力。温州模式的本质特征是：立足民力、依靠民资、发展民营、实现民享。这种民本型的区域发展模式，是温州经济社会发展的活力所在。在温州，各方面事业的发展，都离不开利用和发挥民间资本充裕、民营体制灵活、社会需求旺盛的优势。唯独温州大学在政府公办的传统模式下，自始至终依赖政府投入及公益性投资，受制于公办高校的政策，缺乏发展的活力。面对温州大学发展的步履艰难，肩负温州大学初心使命的市政府当然不会坐视不理，也不会轻言放弃。温大人也不消极、不抱怨、不等待、有担当，默默付出，负重前行。

1995年，温州大学制定了《关于改革与发展"九五"计划和2010年远景规划》。由于政府投入、政策管制、办学环境等不为自身决定的因素限制，学校只能按常规发展的思路，在现实基础上谋求循序渐进的积累式发展，以实现"升本、保牌"的阶段目标。计划先用三年时间完成现有专科专业的教学合格评估，五年内升办本科专业，十年内建成综合性本科大学，保住"温州大学"这块牌子。

按照规划，温州大学最快也要到2010年才能创办成功，而且规划实施的

1995 年 12 月，刘万伦（前排左三）主持召开温州大学第三届教代会

确定性还很小。就资金投入来说，市政府至少得追加 10 亿元投资，办学经费还需随着办学规模的扩大而成倍增加，作为当时本级财政可用资金仅 4 亿多元的市政府，根本就无力承担。什么时候办本科，那更不是学校能说了算的。

千里之行，始于足下。先走出当下的困境才是最现实的问题。为此，温大首先积极争取市政府纾困解难，追加 270 万元办学经费，使温州大学年度办学经费从 500 多万元增加到 800 多万元。为解决温大教师住房紧缺问题，市政府又以联建优惠价供应 140 多套"高知房"。同时还把 48 亩校园建设截留用地重新划归温州大学，用于配套体育场地建设。

温州大学也深知市政府财力捉襟见肘，因此始终坚持不依赖、不等靠，充分利用现有教学资源，提高办学效益，增强内生活力，走自强自立的常规发展之路。

一是积极争取计划外扩招捐资助教生。从 1995 年秋开始，连续 4 年扩招 200 名生源，利用现有教学资源扩大办学规模，以高于公办的标准收取学费，为学校自筹办学经费 800 多万元。

二是与名校联合办学。积极争取与国家支持"在校外技校、民办教育机构设立教学点"的名校，如与北方交通大学、厦门大学、东南大学开展联合办学，既促进温大与这些名校之间的资源共享、优势互补、合作互利，又拓展了人才培养渠道，让学生有机会享受跨校、跨学科的双学历教育，提高人才培养质量，增强生源的竞争力。

三是与山东大学联办成人教育学院。借助名校资源和办学优势，导入成人学历教育机制，扩大办学的社会效益，增加学校的教学收入。通过以上各种联合办学形式，大大提高了学校办学效益。1995～1998年，温大共筹集2000多万元办学资金，维持了学校的常规办学。

四是积极开展学校融入社会、服务社会的尝试。鼓励各系发挥专业优势，与相关企业和单位建立横向联系，帮助企业提高员工及管理人员的科技文化素质，为企业提供力所能及的服务。

常规办学、缓慢累积是一条漫长的道路，对于急切追求快速发展、升本保牌的温州大学来说，没有战略性的跨越式发展，很难实现特定阶段的目标任务。市委、市政府也很重视温大战略办学、战略发展的探索。1996年，在广泛听取各方意见的基础上，学校从以下三个方面寻求战略性突破。

一是整合温州高教资源，使温医、温师院、原温大三所高校合并，争取一步到位，把温大办成综合性本科大学。1996年，市政府开始重视这个提议，市长钱兴中多次亲自到三所高校考察，进行可行性调查，还带领三所高校的领导，登上学院路温大教学主楼顶层，俯瞰三校校园，现场讨论学院路校址拓展的可能性。随着可行性研究的深入，并校思路逐步调整完善，形成了后来的两校合并方案，并伺机而行。

二是置换学院路校产，易地重建。既能解决原学院路校址建设用地无法满足发展需要的问题，又可通过置换校产，获取学院路地段与城郊数倍的地段价差，筹措建设资金，扩大校园发展空间。市政府支持这一要求，1997年开始，选择了多个迁址比较方案，最后确定了在茶山建立高教园区。

三是发挥温州教育需求和教育消费旺盛、民间资本充裕、教育投资积极性高涨的区域优势，吸收社会资金参与投资办学，导入民办教育的灵活机制，增强发展活力。

总之，1996～1999年，为了温大"升本、保牌"，市政府和温大人共同努力、上下求索、开拓进取，做了大量卓有成效的工作，也为实施改制改建、易地迁建、并校兴业三项战略举措做了必要的前期准备。

四　创业阶段二十年：峰回路转的改制改建期

刘万伦：1995年11月，国家教委高教司司长周远清来温州考察，对温州民办教育及高等教育发展情况进行深入调查研究。他就全国教育改革的形势和发展前景发表演讲，对温州的教育改革产生积极的影响。周远清相继考察了温州三所高校，温大和市政府领导抓住这个良机，向他就温大的现状、问题和改革创新思路作了专题汇报，希望能够争取国家教委的重视和支持。周远清司长根据在温州调研的心得体会，认为温州大学有条件发挥温州优势，可以试行民办体制改革，以加快发展步伐，并指示市委、市政府拟订方案报送教育部。由于当时大多数市、校领导对公办高校进行民办改制缺乏思想准备，心存疑虑，因此没有立即把原温大的改制工作提上市委、市政府的议事日程。

左图：1995 年 11 月 29 日，国家教委高教司司长周远清视察温州大学。
右图：周远清司长视察期间的会议讨论（右三为刘万伦）

周远清司长回去后，一直非常重视和关心温州大学的改制工作。在时隔近五个月仍未得到温州市政府回应的情况下，1997 年 4 月，他直接通知温州大学的领导，要我们去北京汇报相关情况。周远清此时已履新副主任，他亲自听取了汇报，并针对改制中可能遇到的问题及思想顾虑，表明了国家教委的支持态度。

周远清副主任清晰的表态，实际上为温州大学勾画出了改制的轮廓：校名还是温州大学，属性是地方综合性大学，办学层次为民办本科，学科（专业）按正规本科大学的建构设置，尝试由社会力量办学，适当保持部分政府办学主体的特性，原有的专职教师队伍仍保留公办性质不变，对新增人员实行民办聘任制。

周远清副主任的指示，首先向温州大学党委会传达，我们随即展开热烈讨论，以求形成共识后一并向市委、市政府汇报。温大党委以高度负责的态度，对民办改制的利弊进行认真分析。大多数人认为：改制风险不可低估，必须持慎重态度。因为 1997 年颁布的《社会力量办学条例》明确支持民办高校发展，但能够快速发展的先例不多，当时知名度较高的杭州树人学院，陕西黄河科技学院等，都还没有上本科层次。相比公办高校，民办高校也没有特别的优惠政策，而公办高校的国家属性和公益性无疑具有很大竞争优势，丢掉公办优势，学校的竞争力会大大削弱，生源和师资力量组织会更加困难。国家支持社会力量办学的政策，会随着高教形势的发展而改变，存在变数多、确定性小、难以把握等风险。我们把周远清副主任的指示及温大党委讨论的意见如实反映给市委、市政府领导，期待他们的慎重决策。

当年 7 月，周远清副主任再次专程来温，直接听取市委、市政府领导的意见，共商温州大学改制和发展问题。市委书记张友余、副市长陈莲莲召集有关部门领导及温大党委成员展开激烈讨论，但没有达成共识，市领导一时也下不了决心。

时隔一年后，1999 年 4 月，市委、市政府确定结合校产置换、易地迁建，启动温州大学的改制改建工作。在新任市委书记蒋巨峰实地调研、省教育厅领导视察温大后，政府决定引入市场机制，对温州大学进行改革、改制、迁址和改建。浙江省政府批准温大改制后按照遵循教育规律、引入产业机制、借鉴温州模式、接轨国际惯例的方针，实行市场化运作。

改制改建工作由市委、市政府以筹建新温州大学的方式展开。当年 4 月，新温州大学筹建小组成立，市委常委会委员兼宣传部部长薛振安任组长。5 月，成立了温州教育产业集团公司，作为新温大的业主，负责温大投资、经营和管理。办学体制实行股份制：政府占 40%，其他 60% 吸收社会资本投资办学。实行董事会领导下的校长负责制，董事长由政府提名、董事会选举产生，著名数学家谷超豪受聘担任校长，二级学院的董事长则按照章程选举产生。

新温大下设 14 个二级学院，由企业投资兴办，享有办学和经营自主权。要求参加投资二级学院的企业很多，当年就兴办了 5 个二级学院，增加招生 620 名。随着办学规模的大幅扩大，学校加大了教师聘任的力度，聘请了两名博士生导师担任二级学院院长。教授从 1 人增加到 20 多人，师资力量得到切实加强。同时，市政府同意高校迁建茶山共同建设高教园区，以校产置换获取地段价差和政府追加投资的方式筹措新校园建设资金，同时还配套完善教学设施，改善办学条件。通过改革改制和迁址改建双管齐下，温州大学很快达到了本科大学建设的基本条件。

　　学校改制改建期间，我被连续两次抽调到省委和市委"三讲教育"巡视组工作，没有参加新温大的筹建，对改制改建的过程了解不多。但凭我的观察和感觉，总体上还是周远清副主任的思路和框架，市委、市政府把几年来预定的易地迁建和社会力量办学二者有机结合，落到实处，使改制改建从整体上收到更好的成效，但结果还是差强人意。尽管因民办体制的某些劣势和弊端而遭到一些质疑，但对温州大学完成创业阶段的特定任务，确实起到了战略性突破的作用，使温州大学挣脱了"先办专科"政策近 15 年的束缚，可以说是峰回路转，走出困境，实现了"升本、保牌"，也实现了创办温州大学的阶段目标。

　　温州大学从创建到改制完成的二十年，是不改初心顽强坚守的二十年，是承前启后持续奋进的二十年，是上下求索开拓进取的二十年。我们不能割断历史，抹掉事物发展的本源，标新立异，把发展中的某一个阶段或某一项战略性突破独立标榜，甚至称为"创建新温州大学"，这是很不妥当的，会使人忘掉初心使命，迷失砥砺前行的目标方向！

五　创业阶段二十年：风生水起的并校兴业期

　　刘万伦：高校合并几乎是每个沿海开放城市办大学的共同路径，1996 年，宁波大学实行三校合并；1994 年，深圳大学合并了原深圳师专，成立师范学院；1983 年，汕头大学合并汕头医专设立医学院等都是如此。温大、温师院两校合并，是市政府自 1996 年就开始酝酿的温大发展战略性措施之一。人们多年翘首以盼，终于在 2004 年温州大学改制改建结束后，推出了两校合并方案。正如人们所料，两校合并有效地整合了温州的高教资源，使温州大学的规模、层次、功能得到了全面提升。

　　温州大学在两校合并后，还经历了一个继续完成建章立制、融合、交替的阶段，基本完成了创业阶段的任务，并很快进入以内涵建设、优势培育为主要任务的兴业阶段。在省、市政府全力支持下，学校治理体系、学科建设、体制创新、地校融合诸方面都有新的突破。办学理念、育人模式、科教融合等方面都出现新的变化，人才培养、科学研究、社会服务的功能也有质的提高，令人感到温大的快速发展。可以说，合并后的温州大学，已经初步形成适合当前社会发展需要的大学形态。

　　温州大学的初心使命就是适应社会发展的需要。对初心使命最忠实的坚守就是坚持社会需求导向和问题导向，把办学理念、教书育人、科学研究、技术创新、社会服务的水平、起点、层次，始终定位在社会需要上，不断提高学校融入社会、服务社会、适应社会需要的能力。实现初心使命最有效的途径就是建立和完善保障机制，把适应社会需要作为办大学的持久目标，同时将赋予时代发展的新内涵，作为大学发展的成就和荣耀来追求，始终如一、锲而不舍地坚持下去。

温州大学的初心使命还提醒人们只要社会在发展，社会需求在变化，温州大学就永远没有发展的终点。要坚持常绿常新的开拓创新、转型提质和主动适应的自我完善，温州大学的发展始终在路上！

六　情系温大，退休感悟

采访者：您是如何看待民办转制的？或者说您是怎么看民办高校将来的发展前景的？

刘万伦：我总觉得把社会资本作为一种教育投资是不合适的，尤其是用社会资金、民间资金去办高等教育，因为资本的逐利性和学校的公益性是水火不容的。我们向周远清争取的机制不是民办机制，把话讲土一点，就是希望上面给温州大学放宽一点政策，给我们一点活力。那时，因为民办的一些政策对我们公办有利，能增强我们活力，所以我们希望在这方面能够多做一点，才有了联合办学，但完全走社会资本办高等教育这条路我是不赞同的。

采访者：温州大学在您接手的时候，只是一个打着大学名头的专科院校，发展到今天，已经成为一所拥有硕士、博士点的综合性大学。请您谈一谈在治校上的感想与感悟，以及未来对于温州大学发展的建议。

刘万伦：感悟有几条。第一，办好高等教育确实是很有必要的，要想国家兴、产业兴必须教育兴。高等教育非常重要，这是国家和人民的真正需求，一个社会要进步，一个地方的产业要发展，一个地方的经济要提升，如果没有高等教育去吸引人才的话，肯定是不行的。所以温大创建时群众的积极性那么高，这不是空穴来风，也不是想当然或者太天真，是群众自己知道高等教育的重要性。一开始，温州的小微企业像服装、鞋帽还有其他产品，到了国外就只能摆地摊。1991 年，出口国外的温州产品，真正能够进入超市的很少，都是到码头弄个篮子摆边上卖。从过去的乡镇企业转到后来个体私营企业，从前店后厂变成工业园，从原来出口的地摊货到现在的品牌产品，这就是知识和技术不断增加的过程，所以温州对人才的需求比其他任何地方都突出，这恰恰需要大学去培养人才。

第二，办高校难。创办难，维持教育活动也难，发展就更难。虽然我们也做了一些事情，但在我工作期间，还没有形成有效的改革。因为高教政策对温大的限制，像学校办学的模式、专业的设置、专业的评估、招生制度、收费标准等限制得比较严格，这就形成了一个个发展瓶颈，很难把学校搞活。

第三，不管办学校难不难，都不能忘记初心。温大创办的初心，就是为温州人民服务，按照温州的需要去办大事，满足社会需求，这一条是一定要坚持到底的。不要以任何理由扭曲温大是温州改革开放之后创办的事实，不要忘记改革开放背景下创办温大的初心。一个人最可怕的就是忘掉初心，不知道自己是怎么来的，自己是来干什么的。如果连这个都不知道，发展就没有明确的目标，这是我最深的感悟。

对温州大学未来发展的建议其实就是第三条感悟，也就是不要忘记改革开放背景下，建立学校的初心，要尽力提高我们对地方的服务能力和水平。具体做法很难说，因为社会在变化，但是有了初心，才会知道这条路怎么走，有的地方要绕着走，有的地方要直着走。不管怎样，就是从温州的实际出发，把温大办好。现在温大的情况肯定比原来要好很多，基础条件、师资力量、配备的干部也不一样，学历都是很高的。但肯定还有困难，不会是一帆风顺的，肯定要有更多的人一届接着一届地去办实事。因此，我们仍然要按照时代发展的需要继续前进，专业的设计要不断调整，科研课题、科研重点也要不断涌现，出新成果。我们不要争那些虚名，而应该用人才、作品、科技成果等来证明自己。我始终强调要老老实实、实实在在地办实事，只有这样，才能说明温州大学实力在慢慢提升，档次在慢慢提高。

回首"瓯江"办学路，共话"理工"启新程

——许秀珍口述

采访者：李永刚、刘才　　　　　　　整理者：李永刚

采访时间：2022年9月17日　　　　　采访地点：温州大学南校区行政楼912室

口述者简介

　　许秀珍，1952年生，浙江温州人。1984年，在温州教育学院任教。1985年，调入温州师范学院生物系任教，历任系副主任、党总支书记。2000年，负责瓯江学院的组织创建工作。历任瓯江学院党总支书记、常务副院长。曾获得"最受学生爱戴的老师""浙江省高工委优秀党务工作者""浙江省高工委三育人先进个人""浙江省高工委家庭事业兼顾先进个人""温州市优秀党员"等荣誉称号。退休后，创建了温州女子学院，致力于女性教育，为全面提升女性的综合素质提供良好平台。

一 勠力同心，勇毅前行

采访者：许书记，您好！首先请简单介绍一下您的个人情况，包括籍贯、出生日期、工作履历等。您是如何机缘巧合来到温州师范学院的呢？

许秀珍：我是 1952 年 8 月出生于温州，老家在河北。小时候，随着父亲的工作调动，我辗转去了挺多地方，先从温州迁到平阳，读了小学和初中。还没来得及上高中，我就下乡支边去了，支边的地点在黑龙江。到了黑龙江以后，我在那里待了有五六年的时间。后来我考上了大学，在黑龙江读书。大学毕业以后，我就留在东北当老师了。

1984 年，我调回温州，来到温州教育学院任教。1985 年，我被借调到温州师范学院，进入生物系任教。1986 年两校正式合并，教育学院的生物专业和温州师范学院生物系合并。当时出于学校设备、经济等各方面问题的考虑，把两校的师资、设备等聚合在了一起。在此背景下，我来到了温州师范学院，一直工作到退休。

采访者：作为温州师范学院的一名教师，能否谈谈当时学校的基本情况，包括校园硬件设施、师资情况和生源状况等。

许秀珍：改革开放初期，教育事业刚步入正轨。基础设施并不是很好，例如生物系很多的仪器与教学设备都已遗失或损坏。1984 年，温师院搞学科重建，同年招收了首届学生，教师也陆续从外地调入。师资力量还是比较强的，基本上都毕业于北京、南京、江西、上海等地的名校。

首届学生的整体素质很好，学习风气也都很端正。让我印象比较深刻的是，在基础差、起点低的情况下，学校领导带领大家齐心协力共同建设生物系，使我们的学科建设水平稳步提高，跟上了学校发展的整体步伐。

采访者：在温州师范学院生物系任教期间，您从普通教师成了系主任，后来成为系书记。能否回忆一下在此期间学校经历了怎样的变化？据了解，您曾获得"最受学生爱戴的老师"荣誉称号，能否谈谈您和学生之间的故事？

许秀珍：随着生物系的建设和发展，学校也在一步步走向正轨。作为一名新教师，我在老教师的身上看到了他们对专业教学、科研的潜心钻研，对教育事业的热爱，尤其是对学生的关心与爱护。对于我这个没有经验、起点比较低的教师来说，温师院为我提供了一个很好的学习平台。那时候学校面积并不大，也没有招很多的学生。第一届学生入学时，学校整体的学风还不错。到了 1986 级，我就当起了班主任。那时候我也年轻，没有太多老师的架子，常常和学生打成一片。尤其是在担任班主任期间，和同学们接触得多了，了解了他们的想法和需求，逐渐走进了他们的心里，与学生成为亦师亦友的关系。

在这段时间里，也有一部分学生出现了问题，比如说有人在寝室里打牌。可能现在有很多人会觉得，他们只是在宿舍里玩玩扑克，没什么太大的问题。但是放在以前，这种行为就是赌博，性质是比较恶劣的。按照学校相关规定，如果学生涉嫌聚众赌博，将会被开除。

后来，我站在学生的角度，想了一个办法。我找到涉事学生，告诉他们："你们的事情我都很清楚，我也不想说什么，只要你们觉得自己错了，那就过来和我承认错误。"交谈之后，那几个学生就过来找我承认错误，并且保证从此以后再也不会这样做了。学校来查的时候，我就把情况向学校相关负责人讲了，并说："我从来没有主动去寻找、逼问这几个学生，是他们一个个主动过来向我承认的错误。这种情况下，如果我们把学生开除了，是有些说不过去的，只要这些学生承诺改过自新就可以了。"他们听完也没再多说什么，学校也没有再进一步追究此事。

之后，学生对我的态度就不一样了，我们之间逐渐建立起一种信任。后来，我和学生之间变得无话不谈，涉及的话题包括学生的个人生活、家庭问题等，他们都会跟我聊，师生之间像朋友一样。我在听完学生们的倾诉之后，也会给他们提一些建议。我那时候年龄也不大，整天和他们在一起相处，也是我个人成长的一个过程，对我自己的帮助非常大。

采访者：2000 年 1 月 5 日，经浙江省人民政府批准，温州师范学院创办二级民办瓯江学院。能否谈谈瓯江学院创办的背景？

许秀珍：瓯江学院是经浙江省人民政府批准，直属温州师范学院的一所独立设置的民办本科二级学院。国有民办是我国教育领域近年来出现的一种新型、独特的学校办学形式，是办学体制改革的一个重大突破。它不仅打破了由政府包揽办学的格局，促进多元化办学体制的形成，更为优化教育结构、合理有效地开发利用教育资源提供了新的思路与策略。

浙江省因高等教育规模长期偏小，不利于高等教育大众化、普及化的实现。社会对于人才的需求量非常大，但是浙江高等学校所培养出来的人才不够用，而举办国有民办二级学院能同时满足社会经济发展和人民对高等教育的需要。浙江省已经于1999年批准了八所国有民办学校，但没有温州的。鉴于上述背景，再加上学校领导考虑到温州的高等教育资源稀少，于是决定申报瓯江学院为国有民办二级学院。2000年1月5日，获得浙江省政府的批复，瓯江学院成立了。

当时也为这个二级学院想了好几个名字，最后才定为瓯江学院。后来，学校领导找我谈话，希望我调出来负责筹办瓯江学院。虽然心里一点底也没有，但我比较喜欢有挑战性的工作。我觉得将一个国有学校转变为民办学校，这个过程肯定很具挑战性。之前学校有好几次人事调动，我都不太愿意。但是对于筹办瓯江学院这个事情呢，我觉得这是一个新事物，也蛮有挑战性的，所以就同意了。

筹办二级学院，一方面，能满足很多家庭的受教育需求，有利于社会经济发展；另一方面，瓯江学院的收费标准会比较高，那么对学校新校区的建设、校舍的扩建、环境的改善等方面，会起到一定的辅助作用。学校非常希望把它办好，我把这个任务接了下来之后，也深感肩上的责任重大。

采访者：2000年，您被选派到瓯江学院，进行新学院的组织、创建相关工作。您作为最早的学校筹办者之一，能否谈谈接到任务之后的感受与心情？初期遇到过哪些挑战与困难？

许秀珍：由于组织的信任，选派我来负责组建瓯江学院的工作，我诚惶诚恐。当时一切都是从零开始，温师院是师范类学校，但现在要开办一个非师范的二级学院，这个过程就很有挑战性，我们完全没有任何经验。那时候学校也很有决心，嘱咐我一定要把瓯江学院办起来，并且要把它办好。

瓯江学院在专业设置、管理模式及培养目标等方面和温师院完全不一样，我们一时间不知道从何处着手。在学校领导的指导下，我学习了有关的文件和资料，对国有民办学校的办学模式形成了初步概念，便动手拟定学院运行方案、董事会章程、招生方案等文件。当时遇到的困难有很多，比如学校该如何定位、专业如何设置、师资队伍如何组建等诸多问题，让我们无从下手。

为了学习经验，我们先后走访了浙江大学城市学院、温州医学院、宁波大学科技学院等，慢慢静下心来，理清了思路。值得一提的是，学校领导给予了我们极大的关心和支持。比如当时温师院教务处处长丁金昌，担任了瓯江学院院长一职。丁院长的办学理念很先进，具有很强的专业素养和能力。在丁院长的领导下，我们对学院进行定位，确立了依托母体、相对独立、分段培养、体现特色的办学模式。

采访者： 温州师范学院一直是师范类院校，而瓯江学院属于非师范类国有民办性质。两者在学生的培养、管理等方面都存在较大差异，这给您的工作带来哪些挑战？

许秀珍： 确定办学思路后，我们又面临着很多新的问题，比如学校的培养模式、专业确定、课程设置、师资队伍建设等，与温师院相比，都要进行较大的改变。因此，学院的各学科、系主任的思想也要发生相应的改变。

多年的师范类高校的办学经验与思想，一时半会想要彻底转变，肯定是有一定难度的。我们多次召开系主任会议，针对如何办好非师范类学科等问题共同探讨。一开始，针对上述变化，很多系主任是不太能接受的。但是后来，他们的思想也逐渐发生转变，愿意积极配合工作了。经过我们的共同努力，最终制定出了各个专业的培养方案，确定了师资队伍等。

只有亲身经历过这个过程，才能深刻体会到其中的不易与辛酸。多亏了有校领导的指挥布局和各个学院的大力支持，才有了瓯江学院后来的飞速发展。

采访者： 2000年，瓯江学院面向全省招收了11个非师范本科专业几百名学生。据了解，您当时也面临着招生压力，为了完成招生任务，您具体怎么做的？

许秀珍： 当时，社会上对瓯江学院的知晓度应该是零，所以我们事先走访了温州几乎所有的高中学校，宣传温州自己的大学。那段时间，我们不辞辛劳地走访、宣传，也感动了很多学校的校长。

招生工作开始之前，我们召开了好几次会议，希望获得各个系的支持。毕竟当时的主要负责人只有我和张敏两个人，力量是非常有限的。所以，为了更好地招生，我们召开了全校系书记会议，努力统一思想、安排部署。每个系组成招生小组，每个小组分别负责不同县（市、区）。之后，我们走访县（市、区）教育局的招生办，主动和他们沟通，希望在他们的高中毕业生填报志愿前，能够安排我们对学生进行一次宣讲，介绍一下瓯江学院的基本情况。

让我们很感动的是，教育局领导对我们说："瓯江学院是我们温州自己的大学，我们不宣传它，那宣传谁呢？"听完这话，我们就觉得，哎呀，真的是太好了！温州人真的是太好了！发出了由衷的感慨。

我们争取和每个学校的校长都见了一面，把宣传资料送到他们手里，向他们介绍瓯江学院的情况。那时候招生竞争也很大，很多校长告诉我们："我们这里的招生简章都快堆成山了，你还拿过来有什么用呢？"我说："这是我们温州自己的学校，我们非常需要自己人支持这个学校。"

当时，去高中做招生宣讲的学校有浙大、浙理工、宁波大学等，我们是其中不起眼的一个。但是，很多学校的领导居然让我们最先上去宣讲。在正式宣讲之前，首先是该学校的领导对我们做简单介绍，他说："这是我们自己的大学啊，同学们一定要好好考虑一下。"这番话就包含着一种非常明显的鼓励倾向，我们觉得非常暖心，也非常感动。

暑假期间，我们两个人都在到处跑，最后跑得我们两个人都中暑生病了。尽管如此，我们仍然坚持走访。后来，丁金昌院长对我们说："你们既然已经把这么多的学校都跑遍了，接下来我们就把这些高中的校长请到师院来，开一次恳谈会。"于是，我们筹备了一个大型恳谈会，邀请了温州几乎所有的高中校长，想要听取他们对瓯江学院的发展建议。

恳谈会的很多细节已经记不太清了，但是让我印象很深刻的是，校长们提出很多金点子。对于这次会议，学院的各个部门都很支持配合。学校每一位系主任，每个行政部门的处长全部到位，气氛非常融洽。这次恳谈会的成功召开，对招生也发挥了很大的作用。

我们为了招生也想了很多其他办法，比如在招生简章上面做文章。在制作招生简章时，我和张敏老师商量了一下，决定把招生简章做得新颖一些，更有可读性，尽量和师范类的区别开。后来参考了很多不同学校的设计，最终做得比较新颖、独特。

就这么一系列动作下来以后，我们该做的也都做了，就只能等待学生的志愿填报了。我记得最后还是没有招满，缺了一百来个人吧，但是我们觉得已经很好了。在零的基础上能达到这个程度，已经很满足了。后来，每年我们都会召开校内招生总结会，分析在招生过程中出现的问题，提出好的建议，为下一步的招生打下基础。

采访者：鉴于第一年招生和培养学生过程中的经验，瓯江学院第二年就推出了平台教育，并开始推行学生"三个自主"改革，能否谈谈这样做的主要目的？

许秀珍：瓯江学院以温州师范学院优良的师资与教学条件为强大后盾，结合民办高校运作优势进行办学。学院办学适应了市场经济和社会发展需要，以培养能主动适应市场竞争，具有真才实学、创新能力的高级应用型人才为目标。在教育教学方面，实行相对独立管理，重视基础教学，强化外语和计算机训练，实行弹性学分制（允许学生在 3～8 年完成学业）。一年级实行大文科、大理科的平台式教学，二年级由学生自主选择专业。积极推行学生自主选择专业、选择课程、选择教师的"三个自主"改革，不断扩大学生自主权，学生的个性化培养得到高度重视。

学院还实行模块化课程设置，每个专业至少形成 3～4 个专业方向模块。同时，学院还通过主辅修制、双专业和双学位制等途径培养复合型人才，全面提高学生综合素质和就业竞争力。

采访者： 不同于师范学院，瓯江学院的最初定位是怎样的？结合社会的要求，学校想要努力培养出具有哪些能力的学生呢？具体如何做的呢？

许秀珍： 当时学院确立了以培养应用型人才为主，同时培养基础型和复合型人才的培养模式，充分利用"母体"积淀已久的教学和管理经验、科学基础、文化氛围、社会声誉等无形资源，在师资、教学设备、教学条件等主要资源上实行共享，实施分类和分段培养。

管理上相对独立，制定了与自身实际相适应的规章制度，以制度规范办学，从而促进教育、教学质量的提高。任课教师实行教师聘用制。但是在具体实施过程中，从国有师范类转型为民办非师范类，在培养目标和管理模式的制定等方面，我们确实面临着非常大的挑战。

人才培养模式是学校为学生构建的知识、能力、素质结构，以及实现结构的方式。为实现这种培养模式，主要通过以下几个途径予以保障。

第一，夯实基础，加强对英语、计算机等学科的教学。第二，课程设置模块化，主要目的是要拓宽学生的知识面，培养创新型人才。学院根据教学需要和学生的具体情况，使课程设置体现模块化的要求，加强了"补差"类课程的安排，突出了"应用型"培养目标。第三，采取主辅修、双专业、双学位制，培养学科交叉、知识综合、适应面广的复合型人才。第四，注重学生个性发展，建立开放、灵活、有效的教学管理机制。

采访者： 瓯江学院初创时期，起初是您一个人负责筹办学院规划，后来成为您和丁金昌院长、周加峰副院长三个人。能否谈谈您印象中的丁院长和周副院长？

许秀珍： 丁金昌院长作为校领导，负责瓯江学院的工作，非常令人佩服。他思维敏捷，具有很强的领导力，也有很强的决策能力。他的工作风格就是雷厉风行，做事情从不拖泥带水。工作、教学、科研他都能兼顾。此外，他对下属也很关心、很有亲和力。

周加峰副院长也是一位非常好的领导，他倾力辅佐正职，工作细致，能够起到承上启下、协调左右的作用。此外，他为人低调，待人诚恳，具有很强的人格魅力。我们合作工作了很多年，感觉非常默契和愉快。

采访者：一个人的时间和能力是有限的，但一个团队的力量却是无限的。您和学院领导是如何打造一支团结、有活力、有凝聚力的团队的呢？大家是如何明确分工做好学院相关工作的？

许秀珍：瓯江学院的团队是一支具有活力、凝聚力很强的队伍。我们人数不多，但是工作量很大，所以只能想办法提升工作效率。学院办公室最初只有张敏一人，既要处理办公室事务，还要协调各个二级学院的工作。此外，还有学院招生筹划、宣传、学生专业选择等工作，经常需要加班加点才能完成，但是我们从没有怨言。后来，周加峰副院长调了过来。随后，学校又安排了教学管理人员一人、学生辅导员一人。在这个基础上，我们成立了办公室、教学部、学生科等，每个科室都有一位科长和一位科员。

随着学生数量的增加，学院管理人员也有所增加。大家都非常精干，虽然分工明确，但是分工不分家。大家每天都处在一种快乐的状态中，因为我们都有一个共同的目标：瓯江学院越办越好。我们都在为办成具有特色的国有民办学院而奋斗，每当看到学校的进步，我们都很有成就感。

在瓯江学院的工作不仅是一份工作，更是一份事业，这是我们共同的信念。当我们把工作当作事业来做的时候，责任二字就尤为重要。当问题出现时，领导勇于承担责任，班子人员主动发挥带头作用，这一点也很重要。在丁金昌院长的带领下，我们的班子人员很团结，有事协商，有难共同承担，很多问题都能迎刃而解。

二 独立办学，联合培养

采访者：2004年11月5日，浙江省教育厅专家组一行5人来瓯江学院检查办学情况。11月28日，经教育部批准，瓯江学院正式确立为独立学院。专家组对学院的评价如何？此外，能否谈谈"六个独立"的内容？

许秀珍：瓯江学院经过省教育厅专家的评估，得到了比较高的评价：定位准确，办学有特色，成效显著。但是我们与8号文件（教育部印发的《关于规范并加强普通高校以新的机制和模式试办独立学院管理的若干意见》）的要求还有一定距离，还需要继续调整。

2004 年，瓯江学院教师合影（左四为许秀珍）

"六个独立"即独立校园、独立法人、独立招生及颁发文凭、独立财务核算、相对独立的师资队伍、相对独立办学。其最为主要的特点可以概括为：（1）有投资方资金注入，但投资方往往都是举办学校全额控股或注册的公司。（2）成立董事会，实行董事会领导下的院长负责制。院长拥有较大的办学自主权，但董事会成员往往都由举办学校的党政领导组成，独立学院董事会即学校党政联席会。（3）具备相对意义上的独立校园、独立法人、独立招生及颁发文凭、独立财务核算、相对独立的师资队伍、相对独立办学等"六个独立"的要求。

这种办学形式有母体学校强大的后盾支撑，能够保障各方面运行顺利。名义上也符合教育部要求，短期内给母体学校创造了丰厚的社会与经济效益。但是，如果想向完全意义上的独立办学转型，也有难度。在专家评估后，我们有了相对独立的办公场所（征地），确定了温州大学后勤公司作为投资方，学院成立了董事会，财务实行独立核算，独立招生及发放文凭，并建立了相对固定的师资队伍。

采访者：虽然瓯江学院变成了独立学院，但是在很多方面还要依靠温州大学的支持。比如在师资力量这一块，在瓯江学院招生数逐年上升的情况下，为保证有足够的师资力量，您是如何做的？对于教师教学能力有何要求？

许秀珍：至于教学方面，鉴于瓯江学院的定位和办学模式，对师范类教师很有挑战性，所以在我们把专业和课程确定后，接下来的关键问题就是找到合适的老师。作为二级学院，我们要根据学科和专业要求配备好相应的教师。

教师确定之后，我们要求教师要提前制定教学计划、大纲等，学院按要求定期检查。此外，领导还会经常过去听不同老师的课，听完之后也会做出相应的评价和反馈。这样做下来，教师的工作量会变得很大，很多老师难以接受，有的老师实在适应不了，就只能将其换下来了。但教师资源毕竟是有限的，我们也只能慢慢地去改变策略。

后来，我们推出一种新的选课模式，让学生可以自主选择喜欢的课。这样一来，有的老师上课时，讲台下座无虚席；而有的老师上课时，讲台下学生寥寥无几。这样的选课方式，对教师来说确实很有挑战性，如果在教学方面不做出改变，将很难适应新的教学模式。

我们也曾多次找教师谈心，努力发现问题并帮助他们解决问题。后来，很多教师逐渐适应了这种新的环境和模式，他们将自己看作瓯江学院的一部分。瓯江学院的大部分教师，来自母体学校。母体学校的一些院长曾主动提出要把瓯江学院的学生看成自己的学生，在教学安排上要首先考虑这部分学生。这样的做法，让我们非常感动。

采访者：据了解，瓯江学院在办学过程中，为了更好地培养学生，有效提升竞争力，还曾与美国等国外的大学签订过相关项目或培养计划。对此您是否还有印象？这样做取得了哪些成效？

许秀珍：在创办瓯江学院的同时，我们与瑞典隆德大学、美国库克大学签订了合作办学意向书。与美国库克大学的合作，经过考察、申报、审批在2001年正式达成并且开始招生。之所以与国外大学签订相关项目或培养计划，主要是想引进国外资源，学习国外的教学理念与教学模式，提升学生的国际视野。因为我们被教育厅批准为非学历教育，所以我们只能招专科学生，为没有机会上大学的学生提供一个学习的平台。

中外合作的教学模式，在瓯江学院的课程设置、教学方式等方面都起到了很大的借鉴作用。当时，我们把领导力、有效管理、生涯规划等课程加入课程设置，在教学方式上提倡体验式学习等，很受学生的欢迎。由于我们的国际合作办学做得不错，在社会上产生了一定的影响力，也帮助了一批需要帮助的人，得到了省教育厅的好评。

采访者：在瓯江学院发展过程中，温大是否有帮助和扶持？对学院发展起到了怎样的作用呢？

许秀珍：每当瓯江学院遇到什么困难，或者有什么需求的时候，母体学校都会予以关注与支持，甚至特别要求各级各部门全力以赴支持瓯江学院工作。此外，母体学校有专项拨款，用于二级学院管理及教学等。学期结束时，学校还设有各类奖励，主要对大家起到一种激励作用。在此基础上，我们积极协调、落实工作计划，使各项工作顺利进行。

采访者：大学的发展和社会的发展紧密结合，不可能独立于社会发展之外。高等教育的发展离不开国家的发展，必须把国家需要纳入办学的中心思想。能否谈谈瓯江学院是如何把学校教育和社会发展需求结合起来的呢？

许秀珍：高等教育作为科技第一生产力、人才第一资源和创新第一动力的重要结合点，不论是在服务国家重大需求，还是在服务区域经济发展以及脱贫攻坚等方面，长期以来都发挥着重要的引擎作用。大学最重要的就是要对受教育者负责，培养他们的能力，开启他们的智力，发展他们的潜力。

瓯江学院的办学初心，就是走校企结合、产教融合、突出应用的办学路子，更重要的是加大力度培养多规格、多样化的应用型、复合型人才。学生不仅要在学校接受教育，也需要到社会上去接受教育，在这个过程中培养自己的能力与精神品质。为此，学校开展了各种各样的社会活动。在课程设置上注重强化基础，同时针对社会需求对课程进行调整，增加领导力、统筹学、谈判等选修课，由学生根据需要自由选择。

大学成立家长委员会的情况其实并不多见，但是我觉得对于二级学院的学生来说，还是很有必要的。所以，学院成立了家长委员会来协助教育工作。毕竟教育孩子不只是学校的责任，家长也是教育的参与者。家长委员会要以自身的魅力与能量，参与到学校教育工作的各个方面，例如给学校带来新的信息与建议。家校之间相互沟通，能够对学生的管理做到有的放矢。学校教育、社会教育以及家庭教育同样重要，三者必须要结合起来，从而达到一种相辅相成的效果。

我们还经常邀请社会成功人士、优秀校友来召开讲座、座谈会。另外，在校内，我们开展了各种竞赛、社团、志愿活动；在校外，我院先后与企业、社区、媒体等联系，建立了大学素质拓展、实习、社会实践和志愿者服务基地等，为广大学生提供了锻炼才干和服务社会的平台。瓯江学院学生的学习能力不是特别强，但是很灵活，适应能力很强，毕业后他们在各自的领域都已取得了优异的成绩。

采访者： 除了学院领导的职务，您还专注于"职业生涯规划""生涯规划"课程与教材改革与研究。能否谈谈是何契机让您想到要给学生做生涯规划的？您觉得生涯规划有哪些重要意义？

许秀珍： 生涯规划课程，是借助国际合作从美国引入的。我们观察发现大学生真的很需要这样的课程，对学生很有帮助，因此，我们在美国课程的基础上进行了本土化改革，在瓯江学院选拔了一批生涯规划老师，这些老师基本上都由辅导员兼任。另外，学院还聘任了部分科级以上老师兼任生涯规划老师，将自己的经验和方法传递给年轻的辅导员。最后，我们经常组织任教老师学习理论知识，探索教学方式，分段分批地进行备课、集体听课、共同讨论，逐渐形成一支精于生涯规划的师资队伍。

在上课的同时，教师还组织指导学生设计个人生涯规划书，并且进行生涯规划设计大赛。因此，这门课程的开展，一方面有利于对学生进行个性化管理，另一方面，对辅导员的个人提升也有很大帮助。

采访者： 2021年1月27日，经教育部批准，瓯江学院正式转设为公办普通本科高校，改称温州理工学院。转设后，由浙江省教育厅管理，定位为应用型高等学校。回顾学校发展历史，您有怎样的感受呢？

许秀珍： 当得知瓯江学院转设的消息时，想到即将要与温州大学剥离，心中多少有一些不舍。回首过往，筹办瓯江学院的过程历历在目，内心五味杂陈。但是看到温州理工学院转设为公办普通本科高校之后，将全面进入高质量发展阶段，我内心感到由衷的欣喜。

转设为公办普通本科高校之后，学校的社会认可度更高了，也更有利于学校未来的发展。接下来，希望学校能够抢抓机遇、乘势而上、不负期待，主动适应国家战略和区域发展需求，奋力谱写特色鲜明的高水平理工类应用型大学的新篇章。

三 唯有热爱，恒常如新

采访者： 2009年，您创建了温州女子学院。该院的办学性质是怎样的？能否谈谈创办女子学院的初衷呢？

许秀珍： 2009年前后，在温州大学原党委书记陈艾华的带领下，在市政府的支持下，由温州市妇联和温州大学瓯江学院联合创办了温州女子学院，属于非学历教育。

2019 年，许秀珍参加温州市第十三次妇女代表大会

当时，我们几位即将退休的女干部、领导坐在一起聊天，谈到想为女性做点事情。我们经过调研，发现有不少地方成立了女子学院，我们认为温州也应该有自己的女子学院，这样就能为女性朋友搭建一个学习平台，使更多的女性得到更好的学习机会。女子学院建立的初衷就是想要培育智慧、思想、气质相结合的新时代女性。

女子学院的建立，是高校与群团组织友好合作的一次新尝试，既利用了高校资源服务于地方发展，也搭建了为女性群体服务的新平台。这对于建设先进的性别文化，加强新形势下女性发展问题的研究，促进女性全面参与经济社会发展具有重要意义。

采访者： 温州女子学院致力于女性教育，为全面提升女性的综合素质提供良好平台。在师资力量、课程设置等方面有哪些特点？创办至今，取得了哪些成效呢？

许秀珍：学院办学特色鲜明，培训面广泛。既有公务员干部也有市民、村民，既有企业家也有居家女性，既有待业青年也有大学生，受众面广泛。培训内容丰富，根据需求灵活设置内容，以模块为核心，设有管理类、政策类、法律类、心理类、健康类、娱乐类、技能类等。形式多样灵活，包括讲座、考察、研究、研讨、咨询、沙龙、训练等方式，别具一格。没有将办学场所限定在教室，而是走出校园、走向大自然、走进社区。

同时，学院秉承"明德、尚美、博学、立身"院训，依托温州大学的优质师资，聘请了国内外知名教授充实师资团队，吸纳了社会上专业性比较强的人才作为特聘教师，同时召集了一批义务培训师。学院将根据学员的不同需求，采用灵活多样的办学形式，开展适合不同女性群体（大学生）的培训。

十多年的办学，得到了社会广泛的好评，同时得到了省市妇联及社会的认可。先后获批温州市民终身学习体验基地、温州市农村劳动素质力培训基地、浙江省乡村振兴培训基地、温州市"最美家庭"礼遇联盟爱心单位等。

采访者：回顾您的职业生涯，其实您有多重身份，也获得过很多荣誉。您曾是瓯江学院党总支书记、常务副院长、副教授，曾获得"最受学生爱戴的老师"、"浙江省高工委优秀党务工作者"、"浙江省高工委三育人先进个人"、"浙江省高工委家庭事业兼顾先进个人"以及"温州市优秀党员"的称号。众多身份和所获荣誉之中，有哪些是您比较看重的？对您来说意味着什么？

许秀珍：获得这些荣誉，是领导和同事给予的认可与鼓励，也是对我的鞭策。我对荣誉并不那么看重，只是想做点事，在其中得到锻炼，提升自己的认知能力和工作能力，这些比任何荣誉都更有价值。

采访者：从到温州师范学院工作，到结束温大任职，您在学校已工作了30多年。您一步一个脚印，扎实苦干，用心尽责，见证了温州教育的发展历程，也与温大建立了深厚的感情。请谈一谈30多年来，您在学校工作岗位上的感想与感悟。

许秀珍：我在温州大学工作了30多年，对学校产生了很深的感情，感念学校培养了我，给了我学习、生活的平台。30年的从教之路，弹指一挥间，昨日的我还青春年少，如今已两鬓染霜。多年以来，很多人与事都在变，但是我对学校和教育事业的热爱，一直不曾褪色。唯有热爱，可抵岁月漫长。

回顾过去，感慨万千，我深深体会到作为教师，我们所肩负的责任和重担。正是这份责任和重担，让我每时每刻都努力工作，不敢有丝毫懈怠；也正是这份责任和重担，让我在充满荆棘与挑战的道路上奋勇前进，用自己的真诚和热情、爱和宽容给学生插上飞翔的翅膀。

身为一名教师，在光荣感之外，还有一份特殊的幸福感。与学生相处，和学生一起成长、进步，让我感到简单、充实与精彩。当学生不断传来成长的喜讯，在各行各业取得突出成就，作为老师，我由衷地为他们感到骄傲。几十年过去了，很多学生对老师仍然念念不忘，一声声祝福、一句句问候，使我真切感受到学生对老师那份淳朴而又炙热的情感，也让我非常感动。我后半生所有的喜悦都来自学校，我为自己的职业选择而骄傲。

采访者：明年是温州大学办学九十周年，您对温大未来的发展有哪些期待与展望？

许秀珍：退休以后，我虽然不在学校了，但是也一直关注着学校的发展变化。我觉得温州大学发展还是蛮快的，尤其是在这几年，学校真正迎来了飞速发展，这些大家都是有目共睹的。学校发展经历了诸多历史性时刻，取得了一系列标志性成绩。

我们温大退休的老师坐在一起聊天的时候，总能听见学校又有新的好消息传来，作为温大人，我确实非常骄傲。明年我们将迎来温州大学九十周年校庆。欣逢盛世，祝贺母校九十华诞，祝愿全校师生同心同德，奋发向进，继往开来，再创辉煌！

春风化雨育芳华，潜心耕耘洒清辉

——李方华口述

采访者：包路、沈琴、江璐、胡彬彬、华咪咪、章伟俊　　整理者：何欣

采访时间：2011 年 12 月 2 日，2011 年 12 月 16 日　　采访地点：浙江省温州市南浦教育新村

口述者简介

李方华（1927～2019），浙江乐清人。1947 年 7 月参加浙南游击纵队括苍支队革命工作，1947 年 9 月加入中国共产党。曾任温州一中党支部书记、校长，温州市委宣传部副部长，温州市人民政府教卫体办副主任、党组副书记，温州师范学院党委书记等职务，领衔主编百余万字的《温州市教育志》和《温州市学校概况》。

一 风雨办学路，桃李育芬芳

采访者：李老师，您好！很高兴您能接受我们的采访。您当初为温州师范学院的创办投入了很多的心血，请您介绍一下温师院创办之初的情况。

李方华：1933 年，浙江省教育厅在平阳郑楼创立浙江省立温州师范学校，初设普通师范部和简易师范部。1946 年，撤去简易师范部。1953 年，该校被定为省重点师范学校，并建立函授部，学校从郑楼迁到温州市区三育学校原址、虞师里，后迁至信河街大士门增爵小学原址。

民国时期，温州、处州、台州联合办省立师范学校。督学到平阳郑楼视察，认为黄溯初先生所办的小学可以改建为中学。黄先生得知这一情况后，拟将平阳蚕桑学校改办为温州师范学校，也就是浙江省立温州师范学校。

简单介绍一下黄溯初。黄先生名群，字溯初，于 1883 年出生，永嘉城区人，原籍平阳。曾考入杭州求是学院，师于陈黻宸、宋恕；1904 年，去日本早稻田大学学习政法时，恰逢孙中山先生去日本做留学生工作，建立了同盟会，黄溯初也是同盟会会员。学成归国之后，他去了武汉政法学堂，不久后，辛亥革命推翻清政府，黄溯初被推为国会议员。1915 年，袁世凯复辟称帝，黄溯初跟随蔡锷将军在云南参加讨袁战争。"九一八"事变之后，他作诗表达爱国情感，痛斥日本帝国主义对中国的侵略。抗日战争时期，联合同乡高宗武，披露汪精卫和日本帝国主义的秘密条约，对汪精卫的卖国阴谋策划造成重大打击。黄溯初不仅十分爱国，还热心家乡事业的建设，创办实业银行、医院、小学，对当地的经济发展和人才培养帮助很大。除此之外，黄先生还爱好藏书，曾请温州的一些名家来帮他编《敬乡楼丛书》，共有 28 类 78 本。现在这些书都很宝贵，是文物。1945 年 4 月，黄溯初在日本投降前夕去世，他将一生的财产都捐献给了学校。他是学校的创始人，咱们得饮水思源呐！

关于黄溯初先生捐献校舍的经过。1921 年，黄溯初的父亲认为自己办九十大寿的费用可以省下来，给家乡办一所小学，就是后来的郑楼小学。郑楼小学的学生是免费上学的，有点像现在的义务教育，给当时的学生提供了很大便利。郑楼小学的设备很好，以至于督学来视察的时候，看到校舍明亮、庭院宽广，决定在这里建立省立中学。黄溯初先生决定将学校捐献给国家，教育厅厅长陈布雷将黄溯初的事迹报到中央教务部，表扬了他捐产兴学的义举，学校的第一任校长为黄溯初先生立碑建亭，纪念他捐资捐学。

1952～1954年，国家分别在三育学校、增爵小学扩大了温州师范学校的规模，也是在那时建了校史馆。1958年，温州师范专科学校改成温州师范学院。1971年，温州地区革委会批示建立温州地区五七师范学校，到了1974年正式并入温师院为温州地区师范学校。1978年，教育部正式批示恢复温州专科师范学校。

1983年，我在温州师范专科学校任党委书记，1984年，省里批准恢复温师院。

1985年7月，李方华（前排左六）与温师专1985届"三好学生"留念

1984年，温州教师进修学院更名为温州教育学院。1987年，正式恢复温州师范学院，2006年，国家大规模发展高校，温州需要一个综合性大学，就将温州大学和温州师范学院合并了。

二 括苍岁月在，难忘党恩深

采访者：请谈谈您的个人情况。

李方华：我出生在乐清，父亲是一名中医师，家里小有产业。小、初、高都在温州乐清，大学去了上海。我的童年时代到高中时期，正好经历了国家遭难到民族兴旺，国难当头到解放全国的时代转变。尤其是在高中时期，我亲历日本帝国主义的侵略，在 1939～1945 年，乐清三次沦陷。1945 年 3月 16 日，日本兵进入虹桥，四处抢劫，把东街都烧光了，杀了 22 个人。正巧我军训时穿的黄色衣服很像国民党军服，一个日本兵拿枪顶着我的头，打了我一巴掌，看我瘦瘦的不像当兵的样子，抢了东西就走了。受时代进步思潮影响，我刚到上海读大学就充满着进步爱国的热情，参加过各种学生爱国运动，比如游行抗议、爱国演讲等。出于年龄原因，没有在上海入党，后来联系到家乡的支队才入党。再后来，我就上山了，先去了青训班，又分配到温州南区游击支队。当时我只有二十来岁，跟着一位 40 多岁的老同志。平常，我们打扮成农民，四处躲避敌人，在敌后发展党员、组织民兵、返税返粮、调节农户之间的纠纷等。

采访者：会不会觉得当时的环境很危险？

李方华：当然危险，一不小心就没命了。记得有一年 12 月 15 日，下了大雪，下午 1 点，一个女同志和几个战士在收集粮食供给部队。突然敌人一下子就把我们包围了，有一百来人，我们只有 5 个人。突围的时候就我一个冲出来了，带头的副班长牺牲了，一个战友躲在岩洞里也牺牲了，女同志回去拿文件没有跑出来。地面结冰了，我的裤腿上全是水，冻得站不起来。当天下午，一个民兵发现了我，把我背到另一个村子里去才获救。接下来，我回到地区继续工作，还当上了党支部书记。后来，我回到总部，办了六届青训班，培养了很多有文化的工人同志，其中大部分是毕业于师范学校的中学生。我参加革命的信念十分坚定，不怕发生不测。大学时期，一个舅舅在国民党教育部当官，让我去考国民党的大学，要求我和表兄弟一起报考，我只能不告而别。我满心救国，根本没有想过去国民党当官，革命的意志非常坚定，即使衣服打补丁，饿着肚子也没有改变。

三 筚路蓝缕年，誉满杏坛中

采访者： 刚才您讲述了艰苦的青年时期，那 1949 年新中国成立之后，您的生活发生了哪些变化？

李方华： 解放初期，国家百废待兴，很需要人手，我就在政府里做财务工作；后来在宣传科当科长，主要负责宣传工作；再后来又当了县委秘书。当时的生活条件已经明显改善了，吃得饱了，有饭有番薯丝。接下来就是参加土地改革运动，从乐清到泰顺。进行不到半年时间，我就从乐清调到温州地委宣传部了。因为要开学了，学校里不能没有党员，所以刚参加"土改"运动不久，就把我和四个有文化的同志一起派到学校里，先是以工作队的身份进去，然后就留下来了。我先到了温州高级职业工业学校，后来到瓯海中学做副校长，之后来到温州中学做副校长。当时，老师都要进行思想改造工作，对学生进行思想教育和革命传统教育。1954 年下半年，我调到市教育局，也就是当时的文教局任局长。改革开放后，回到教育局思政部，后来去市委宣传部当副部长，再后来调任教育办公室主任，最后来到了温州师范学院，直到 1988 年离休，一直从事教育工作。

四 秉办学之道，体学子之思

采访者： 您是 1983 年调任温师院党委书记的，1983～1989 年的教育方针有没有改变？和之前相比，做出了哪些改进呢？

李方华： 我到学校时，改革开放刚开始，各方面都需要振兴，我主要负责思想政治工作。从教育方针来讲，对学生的思想政治工作需要从实际出发，不能采取批判的方式，把学生分等；对教师团队的调整也要实事求是，以治学水平为标准，提拔能干的教师，再者就是贯彻政策，破格任用人才。比如潘悟云老师，本身学历不高，但对温州方言很有研究。我们就把他送到复旦大学进修，又保送到美国参加国际语言学术交流，这样一来他的特长就可以发挥了，他又有真本领，反应速度快，很快就评上了教授。后来他被调到上海，在那里搞了一个语言学研究所，很有名气。还有张如元老师，也没有正式学历，但在国学文史方面造诣很高，在社会上有一定的名望。我们破格录用了他，他成为副教授、教授，后来又是美术学院的院长。再比如人文学院的陶冶我老师，他大学毕业后在山东济南中学任教，"文革"中被错误处理回原籍泰顺，后来我校中文系代课。我们学校在20世纪80年代时，为他"三上济南"，帮他落实政策，平反纠正了他的错案，把他落实在我校中文系任教。随后，他也评上了副教授，皆大欢喜。最后，还有英语系的教师赵少华，是燕京大学毕业的。我在温州中学当校长时，认为他能够胜任教师这个工作，因此就让他在我们学校代课，也算是留下来了。之后，赵少华请来了温师院第一个外国老师，这在当时可是了不起的，不仅提升了学生的口语水平，教师的口语水平也提高了。温师院有夜校，里面的学生大多是没上成人大学的人，他们的文化水平很高，工作能力又强，苦于没有文凭。当时没有成人教育学院，我就向教育厅申请给这些夜校毕业的学生一个文凭，也算不埋没他们。里面的很多青年现在都是很有名气的人，作家、报纸记者、商人等，毕业典礼上很是热闹。

**1987年6月13日，温州师范学院首届教职工二次工会会员代表
大会召开，李方华致开幕词**

我到温师院之后，另一件很重要的事情就是温师院专升本。这件事也不容易，我四处奔波，起草各类公文，中文系还出了一本纪念册。1987年才批下来本科，首要的事就是请教师，兼职教师、正式教师、教职工等都要备齐。我当时在学校里当后勤部部长，为学校解决硬件设施的问题，深入寝室探访学生的困难，也捐助了不少贫困学生。这样做是很好的，能够了解学生

的实际情况，和学生保持亦师亦友的关系，没有什么书记，大家都是朋友。

五 耄耋享安居，晚年乐业丰

采访者：您退休之后在做什么事情呢？

李方华：退休之后，做得最多的是整理一些资料。比如我用十年时间，搜集了从古至今温州1700多年的教育史资料，编写了《温州市教育志》《温州百年》《温州学校概况》；积极参加市委党史研究室和新四军历史研究会的党史编审工作，曾参加编审《中共温州党史》，纪念中共温州独立支部成立九十周年的刊物《丰碑》，撰写七八千字的审稿资料；主动请缨为浙南游击纵队括苍支队的老领导邱清华、林鹤翔编写纪念文集等。

另外，为温州教育事业做一些力所能及的贡献，比如筹建温州教育史馆，也为温州大学、温州中学、温州市第二中学、温州市第四中学、温州市第七中学及温州实验中学等学校的校庆，提供大量史料以筹建校史馆。同时，也帮助一些中学的创办。当时有一所民办中学请我去做顾问，让我帮助他们解决师资力量的问题，我便请温州中学的特级教师去兼课，这所民办中学的质量也提高了。

当然，我离岗不离党，离休后仍坚持为党的事业发挥余热。我当了十几年温大（温师院）退离休教职工协会的会长，现在还担任着退离休教职工协会的总支书记。平时我也勤于学习，订有《人民日报》《光明日报》《新华每日电讯》《环球时报》《参考消息》《老干部参考》等12种报刊，认真学习习近平总书记治党治国理论，坚决与党中央保持一致，坚持宣传正能量。党的十八大以来，我亲自收集习近平总书记的讲话和党中央的有关文件资料，自己出钱印制100多份学习资料，提供给各党支部学习。我虽然是老年人，但多年前就学会使用网络技术，并建立十多个微信群，坚持每天早上向党支部书记、党员和校外的离休老干部传播来自《人民日报》、新华社和学习小组的正能量信息，并对网上的谣言、歪曲的信息进行批评、纠正。我传播的微信学习内容深受党员和老干部欢迎，对推动支部学习起到了很好的作用。在党建方面，我积极响应习近平总书记关于"全面从严治党""两学一做"的号召：一是亲自制作学习资料，亲自解读六中全会精神，逐条学习党内政治生活准则、规定，组织党员回忆入党经过，不忘初心，继续前进；二是整顿组织生活纪律，对不请假不参加组织生活的党员进行批评教育；三是亲自带队去乐清老区参观革命事迹，上党课；四是对于市委老干部局布置的加强离退休老干部支部有关制度建设等调研任务，认真调查研究，并写成书面材料供学校领导和市委老干部局的领导参考。

2018 年 3 月 5 日，温州大学离休干部李方华（左二）获评
"最美温州人——2017 感动温州十大人物"

虽然我现在已经离休，但也十分关心学生，尤其是贫困青少年学生。2017 年，我向学校捐赠 18000 元，以资助 6 名 2017 级家庭经济特困学生，帮助他们渡过难关，助力学子圆梦大学。作为一名老党员，我要响应习近平总书记的号召。今天我贡献微薄的力量帮助这 6 个孩子，他们是祖国的未来和希望！希望他们把主要精力放在学习上，学好知识和本领，为国家的发展多做贡献。今后如果遇到学习和生活上的问题都可以找我，我仍将尽力帮助他们。

现在，好多地方的市长、纪委书记、组织部部长都是温师院培养出来的。我有空也会去看看他们，看看是不是都成了为国为民、遵纪守法的好党员，不要忘记母校培养他们的恩情。另外，我编了二十几部邮集，包括"百年恩来""辛亥革命""红军长征""抗日战争""北京奥运会"等主题。盖戳、编辑、装框、展览，我自己边展示边讲解，每年送到大、中、小学校展出，尤其是在农村和老区，收到很好的德育效果。我也去过解放军部队，给老同志写回忆录，已经写了四本书了。好多老同志已经走不动路了，还有好几个同志得了老年痴呆，我得想办法给他们科普保健知识，于是在网上找了保健知识和富有哲理性的格言发给他们看，给他们解解闷儿也好。

1988 年 7 月，学校党委书记李方华（前排左六）离休，学校党政领导及中层干部与李方华书记合影

采访者：您觉得温州大学和国外的学校相比有哪些差距，还有哪些地方需要加强呢？

李方华：在学校的规模建设方面，有点过于求全。比如加州理工学院很有名，也没有改成加州理工大学。大学，这个"大"字，就是指师资、硬件设施资源共享。一个学校的名气，就在于师资力量和办学理念。比如当时哈佛大学的校长是医生，要求学生学医首先学会做人。现如今，温州大学的整体办学质量已进入了一个新阶段。在此基础上，应该根据本身的特长和原有的基础力量进行某一方面的突出发展，每一点都顾及是不可能的。师资力量也一样，当年，温州师范学院培养师资力量靠的是实践，才获得了各个方面的成就。当然，时代在变化，也要考虑本地的就业条件，哪些职业是需要的，对经济有促进作用。一定要从温州的经济实际出发，在科学、理论上多加努力，实事求是，多征求老师、学生的意见才行。

用心浇灌"生长因子"之花，用情拓宽温大创新之路

——李校堃口述

采访者：陈鸿超   整理者：吴梦颖

采访时间：2022 年 9 月 5 日 采访地点：温州市瓯海区学府北路中国基因药谷

口述者简介

李校堃，1964 年生，陕西渭南人，教授、博士生导师。中国工程院院士，"长江学者"特聘教授，第十四届全国人民代表大会代表，温州医科大学党委副书记、校长、药学学科带头人，基因工程药物国家工程研究中心首席专家。2015～2018 年担任温州大学校长。李校堃长期致力于成纤维细胞生长因子蛋白药物的基础研究、成果转化和临床应用研究，在国际上首次将成纤维细胞生长因子开发为临床药物，取得了突出成就，以第一完成人获国家技术发明奖二等奖和国家科学技术进步奖二等奖等奖项。

一　北上温州，扎根瓯越

采访者：李校长，您好！首先请简单介绍一下您的个人情况。

李校堃：我的人生经历比较曲折，幼时在陕西富平长大，中学时去了吉林长春，后就读于白求恩医科大学（现吉林大学白求恩医学部），1992 年去广东中山医科大学（现中山大学医学部）读博，毕业留在了中国最大的华侨大学暨南大学任教，于 2005 年来到温州医科大学。这么多年来，我在 4 座城市生活过，在 5 所高校求学和工作过。冥冥之中，这些特殊的经历似乎与我的名字紧密相连。"校堃"这个名字是我爷爷取的，"校"就是希望我能上学，有文化，"堃"是希望我以后能有"两间房子，一个小院子"，这样就够了。当时，他翻查字典，发现"校"又有"校正"之意，"堃"又是"坤"的异体字，就想着如果我长大后有大出息，就希望我能"校正乾坤"。后来，有人经常对我说："你这名字就是你的经历啊。你这人就像那'堃'字，正是要'两方水土'来养育。你看，从大处讲，你历经了南北两方风土人情；从小处看，在温州你又先后在两所最重要的高校做了校长。"

采访者：这些丰富的求学经历给您日后的教学科研工作带来了哪些积极影响？

李校堃：在地理位置上，从东北的工业基地到改革开放的前沿——广东，我吸收了很多改革开放的新理念与新思想，这为我的管理与科研工作提供了一个崭新的方向，拓宽了思路。而温州，作为浙江省经济比较发达的地区，不仅是改革开放的先行地，也是我成长的宝地。

总之，不同的区域文化、学校精神与发展理念对我从事教学、科研、管理都有很大的帮助，也使我产生了许多新的想法。

采访者：2004 年，您受到温州医学院校长瞿佳的诚挚邀请，毅然决定来到温州医学院。能给我们讲一讲您为何会来到温州吗？来到温医之后，您对作为兄弟院校的温州大学（温州师范学院）有怎样的印象？

李校堃：2004 年，通过在温州举行的工程院会议，我认识了瞿佳校长，被他对温州的热爱，对学校和学科发展的见地所打动。我们成了好朋友，谈得很投缘。

我本身从事的生长因子研究在医学领域是个非常小的学科，也是曾经不被看好的，大家都觉得医学还有很多其他热点值得研究。甚至当时广州的科技部门人员问我能不能换个科研项目，为什么要一直做生长因子研究，国际上也不认可，热点课题有的是啊。那时，我很困惑。然后，我遇到了瞿佳，他说眼视光也是眼科里不被重视的研究领域，但他决心从眼视光开始做。我受瞿校长之邀到温州来，那时广州有人说，李校堃跟着瞿佳去温州搞眼镜片子了，能干出啥来？

那么，我到温州来究竟要干什么？其实就是为了实现一种梦想。医学院的氛围很轻松，上下非常和谐，大家都在谋划怎么发展，很有干劲。我下定决心要用毕生精力把生长因子研究做好，因为我觉得人一辈子只能干好一两件事儿，也许只能干好一件事儿。在这点上，我和瞿佳达成了共识。他研究眼视光，我研究生长因子，人家瞧不起我们，我们就一起研究。

初到温州医科大学时，由于生命科学与温大的人文科学、音乐、艺术等专业有不少联系，在项目上也有很多往来，我对温州大学也有所了解。这是一所以师范为本，有着浓厚的人文精神与校企合作精神的学校，也是浙南闽北赣东地区唯一一所且规模很大的综合性大学。

二　探索"生长因子"之谜，打造"黄大年式"教师团队

采访者：30 年来，您专心主攻一个方向——生物制药。您深耕国际前沿课题生长因子家族，是国际上第一个将成纤维细胞生长因子 FGF 研制成为一类新药用于临床，并进行系列新适应症探索与新型制剂开发，使其在进入市场后广泛应用于外科、创伤、国防急救治疗的人。能和我们讲讲您是如何开始深耕生长因子家族研究的吗？

李校堃：我是在老一辈科学家的带领下，对生长因子产生了兴趣。当时我师从暨南大学生物工程研究所所长林剑，他研究的是基因科技领域，于是我也开始从事生长因子的研究。随着研究的深入，我对生长因子的兴趣与日俱增，比如墙上的壁虎尾巴断了，为什么能再长出来？为什么不长出两条尾巴？为什么能长得那么完好？其中到底隐藏着什么奥秘？这激起了我强烈的科学探究的欲望：到底是什么物质促进了再生？而通过研究，我们也证实了这种物质是一种生长因子，能够促进壁虎的断尾再生，于是我就想能否把这种物质提取出来应用于断肢的再接与再生。然而那个时候，国际上还没有人敢将它用在人身上，因为很多人都认为这一物质不能乱用，用在人身上可能会留下疤痕，会长出肿瘤，甚至会让组织失控生

长，在国际上也颇有争议。

有一天深夜，我从广州图书馆骑着自行车回寝室，校门口外正在挖水沟，只有一块铁板架在上面。我经过时不小心骑到沟里去了，沟里有很多锋利的石头，我的半边脸多处挫伤，鼻梁、颧骨等 5 处穿透伤。送到医院后，初步估算需要缝合 30 多针。我当时想，缝 30 多针，脸就要变成鞋底了！当天晚上，医院里没有缝合的医生，值班医生就让我先回去，第二天再去缝合。那一晚，我疼得根本睡不着觉。在床上辗转反侧时，无意间想起了放在冰箱里的几瓶成纤维细胞生长因子喷雾剂，这是导师要我带去进行动物实验的试剂。

我突然想到：既然成纤维细胞生长因子可以修复创面，是不是可以用在自己身上？可是，当时学界对成纤维细胞生长因子的研究仍停留在动物实验阶段，尚未进行过临床试验。我拿起喷雾剂，放下，拿起，又放下……我当时心里也非常害怕，万一用了留下伤疤怎么办？会不会长出肿瘤呢？犹豫再三，还是放回去了。但晚上实在睡不着，就决定起来试一试。第一次只喷了一点，因为害怕，没有再喷。结果躺在床上还是睡不着，于是横下一条心，往伤口上又喷了很多。

2016 年 6 月 11 日，第四届国际成纤维细胞生长因子学术会议在温州大学岩松堂隆重举行。图为陈洪铎院士（左）、张宏翔教授（右）和李校堃教授（中）共同为转化医学专业委员会成立揭牌

没想到喷了一会儿后，伤口就不大疼了，第二天就结痂了。第二个星期结痂脱落，再过一周后伤口痊愈了，也没有留下明显的疤痕。我估计这是世界上第一个将生长因子用在人体上的案例，并且我能够亲自进行观察。从这以后，我就对生长因子充满信心，认定它是一个值得研究的物质。

采访者：2016 年 1 月 8 日，国家科学技术奖励大会隆重召开。您负责的研究项目"中国人体表难愈合创面发生新特征与防治的创新理论与关键措施研究"被授予国家科技进步奖一等奖，成为在温高校获此殊荣的第一人，能否和我们讲一讲您当时获奖的感受与感悟？

李校堃：这一荣誉的获得，是我们和付小兵院士整个大团队共同努力了数十年的结果。获得这样一个十多年都没有拿到的国家创伤医学方面的一等奖，确实很难得，更重要的是它对于这个学科的发展有着非凡的意义。该获奖项目是由我国创伤医学领域与药学医疗器械、材料学等多学科交叉的系列成果，体现了我国在创伤修复、慢性病及老年病领域领先国际的救治及研究水平。

2016 年 1 月 8 日，校长李校堃喜获国家科技进步奖一等奖

颁奖的时候我们都非常激动，荣誉倒没想很多，只是觉得努力付出有了回报，想着接下来要如何将这个成果进一步地推广与转化，能够让更多的老百姓受益，所以说我们虽然很自豪、很激动，但也有压力。

采访者：2018 年 1 月 26 日，正值您担任温州大学校长之时，综合性学术期刊《自然》发表了您所带领的科研团队的最新研究成果：人类延缓衰老的密码进一步被破译。能给我们简单介绍一下这一成果的研究历程与重要意义吗？

李校堃：这一成果确实是我们多年积累的沉淀，也是我们科研的爆发。自 1997 年一种可参与人体修复、调控和再生的名为"α–klotho"抗衰老蛋白被科学家发现以来，世界上该领域的科学研究就宣告进入"'α–klotho'抗衰老研究时代"。然而，该蛋白抗衰老的作用机理始终被科学界称为"纺织生命之线"猜想。经过成千上万个数据与试验的积累，我们发现"α–klotho"的抗衰老作用机理，就是通过具有调节衰老功能的成纤维细胞生长因子 23（FGF23）与 FGF 家族的另一个成员（FGFR1）一起形成复合体，并协助后两者而实现的。这一最新发现，既突破了人类延缓衰老研究的世界前沿科学难题，又揭示了与衰老相关的疾病的发生和发展规律，将世界再生医学的发展与研究向前推进了一步。生长因子 FGF 家族中的某些成员，可参与代谢调控，治疗创面溃疡，促进损伤组织再生，促使衰老和瘢痕皮肤得以修复。已有的研究证明，FGF23 是慢性肾病的关键治疗靶点。该项研究不仅找到人体抗衰老作用的"钥匙"，也为新型肾病诊断试剂和治疗药物的研发提供了清晰的思路。当然，我们的研究成果能够发表在《自然》上，也是我们整个团队共同努力的结果。

一方面，我们对整个生长因子有了更为深入的理论解释；另一方面，对于它在生命过程的调控作用，如人的衰老、寿命也有一些重大的启示，在某些地方甚至颠覆了我们以往对于生长因子的认识。

采访者：漫长的研究道路必定充满艰辛，您在研究中是否遇到了困难，是如何克服的？能否给我们举一两个您印象深刻的例子？

李校堃：研究中困难很多，比如说把这种生长因子做成药物，首先就要解决它的药源问题，因为它的量很小，在细胞试验上虽然很有作用，但将之做成药物则需要大规模的生产。这个放大的过程需要大量的试验，经过十次、百次、千次甚至上万次试验，才能得到标准化和规模化的提炼与生产。

此外，还要借助基因工程的方法——克隆技术。最早，我们的生长因子是从壁虎尾巴和牛脑中提取的，然而我们发现一万头牛才够提取几个病人的用量，价格十分昂贵，所以药源还是不行。那么，我们就思考能否把基因转到细菌上，让细菌在繁殖过程中生产这个因子。而这又是一个非常艰难的工程，因为要一个外来物质利用细菌的身体来生产，就像生孩子一样，会有排异反应，所以要让它躲过细菌对外来异物的识别。于是我们用密码子迷惑细菌，让它认为这个物质是自己的"孩子"，然后不断地生产，最终解决这个问题。

而在大量生产出这种蛋白因子以后，我们还要将它提取出来，并使它达到高纯度，这又是一个难关。还有后面的人体研究实验，需要大量的样本，这就要求我们不断地去观察和搜集病例，也是一个困难重重的关卡。这些都是非常艰难的，有时候因为太难了甚至会产生放弃的念头，不过最后还是坚持自己的理想信念，熬过来了。

采访者： 作为教学名师，您也是国家一流专业药学和生物制药、国家精品资源共享课"生物技术制药"负责人，团队还荣获了"全国高校黄大年式教师团队"。能否给我们讲讲您在教学中的心得与体会？

李校堃： 平时我无论多忙，都会坚持给本科生上课，与学生分享科技前沿知识和自己的一些人生感悟。我从 1999 年开始带硕士生，2000 年开始带博士生，即便是现在，每年也要带出四五个硕士、一两个博士。到温大之后，我还是会保持老习惯，给本科生上课。我认为作为一位从事科学研究的教师，在将自己的科研经历转化为教学的教案、体验、思考与升华的同时，其实也是在帮助学生提升视野，理解自然现象，提高科学兴趣，所以说教学相长，对于在教学的同时让学生加入科研的这种模式，我是比较满意的，让学生参与我们的一些科研成果，引导同学培养工匠精神，敢于追求真理，勇于探索质疑，乐于精益求精，要有水滴石穿的定力，脚踏实地，练就过硬的技术和本领。这样，教学就不会显得枯燥，老师和学生都能提高，这也是我的一些教学心得。

采访者： 您科研突出、成绩斐然，同时又是杰出的高等教育管理者，请问您如何兼顾繁忙的管理工作与科学研究工作？

李校堃： 我的日常生活基本是"家—校"两点一线，而且大多数时间在学校和学生们一起度过。每天早上 7 点起床，之后去学校，白天当校长，晚上做科研，一直工作到凌晨，然后回家睡觉，周而复始。管理和科研并非两条平行线，无论是管理高校还是研究学科，对我而言都是一道题，我要做的就是解开它。科研要有"疯子"一样的精神，而管理需要战略性的眼光。大学的管理工作和政府机构不太一样，大学管理工作中最重要的任务是培养人才，所以我们的使命就是培养人才，核心内容是科学研究、服务社会、文化传承以及开展国际合作等。实际上，我的科研经历也能够应用在大学管理方面，这两者也起到了相互促进的作用。科研经历有助于我管理学科、团队、平台，将科学成果转化为对社会有价值的产品，从而实现产教融合。

总之，根据我个人的经历，管理与科研两者并不矛盾，我认为从事科研工作的经验对我成为一个称职的管理者起到了积极的推动作用。

三 从温医到温大，推动特色综合性大学高速发展

采访者：2015 年 8 月，您开始担任温州大学校长。请问背后的原因是什么？当时温州大学的发展情况是怎样的？与您之前工作的温州医科大学有怎样的不同？

李校堃：担任温州大学校长是省委、省政府领导的安排。到了一个新学校之后，我也要立刻熟悉新的环境。我认为温州大学的文化氛围与温医大还是有区别的，因为它是一所以温州师范学院为基础、跟原温州大学合并后的院校，而原温州大学是一个偏工科的应用型地方大学，所以合并以后，学校就包括两种文化，一种是教书育人的教师文化，另外一种是原温大的校企合作文化。因此，我认为温州大学实际上能够为社会服务提供更多平台，比如文科、工科、理科等，范围十分广泛，这对温州的政治、经济发展具有重大的影响。所以，在担任温大校长之后，我的视野变得更加宽广了，更加深刻地意识到综合性大学对于社会发展的重要性和价值。

像温州医科大学，跟社会的对接口比较单一，主要是卫健委、医保局、防疫站、疾控中心等一些跟医学医疗相关的机构。而温州大学，可以与许多领域对接，如市委宣传部、大数据局、各个县、各个企业，甚至与海外华侨都有密切的联系。所以温大有巨大的潜力，对于温州的发展很有帮助。

采访者：您任职温州大学之后，如何给温州大学定位？您认为温州大学的优势是什么？

李校堃：到温州大学以后，我们也跟前任校领导陈福生书记、蔡袁强校长以及林娟娟书记这些资深的教育专家共同探讨过关于新时期下的温州大学应该走一条什么道路的问题。那时习近平总书记提出了"一带一路"倡议，

所以我们也提出了教育要面向社会、服务于经济、大力推进产教融合的理念，而在这方面，我认为温大是有所作为的。

此外，温大还有一个特点，那就是温州人的足迹遍布全球。我认为温州大学应该跟世界各地的温州人联系在一起，心心相印。温大姓温，要始终把"特别能吃苦，敢为天下先"的温州人精神贯穿于治校的全过程，把学校建设成全世界温州人的精神家园。而温大作为全世界温州人的文化精神家园，其实也是汇聚全球各地温州人的一个重要平台。所以我提出了温州大学就是全世界温州人的大学，要为全世界的温州人服务的理念。正如我们常说："有太阳升起的地方就有温州人。"在这种思想的引领下，我们开始把产学研融合与地方经济相结合，通过开办专门的学科来转化科技成果。同时，积极提高温州大学在海外的美誉度与影响力，如在意大利开设分校、扩大留学生的招生数量等，这些都是提高温大知名度与影响力的举措。

2017 年 4 月 8 日，李校堃应邀在清华大学演讲，探讨温州大学创新创业教育及创新文化

采访者：从医科大学调任综合性大学，您当时是如何更好地融入温大"文理兼修"的办学氛围的？

李校堃：从温州医科大学药学院的基础实验室到温州大学校长办公室，路程并不远，但从一位多年致力于医药学研究的专家型学者到一所地方综合性大学的校长，要做的工作却又很多。为了让我自己这样的纯理科生能更快、更好地融入温大 "文理兼修" 的办学氛围, 我刚上任就深入基层调查, 不断跟教师接触、谈话, 参加不同的活动, 不断地了解温大, 用心去感受温大的校园文化。温大学科门类齐全, 在人才、教育、经济、法律、人文等方面都与温州社会发展有很好的衔接。当时我跟大家一样, 致力于共同推进温大文理兼修, 甚至是医科和工科的融合发展, 发掘温大学科的共性, 使其在更加肥沃的土壤中生长, 而学科的融合也是以融合发展的理念为基础的。

采访者: 您刚才谈到温州大学要走特色发展的道路, 而国际化是当时温州大学的一个大战略。您响应习近平总书记 "一带一路" 的倡议, 积极建设意大利的分校, 您从高等教育的角度是如何学习和理解 "一带一路" 倡议的? 当时为何要在意大利建分校? 它建设的缘起是怎样的呢? 它对温大当时的发展有何意义?

李校堃: "一带一路" 倡议要落地, 那么教育一定要跟上。国家文化、产能、技术、影响力的输出, 最终是人才的输出, 而人才的输出靠教育。中央一直在强调创新、"走出去"、协作, 有些高校却在等政策, 认为政策还没来呢, 需要再等等, 但反过来, 一旦政策到了家门口, 也就错过了最佳发展期。因此, 如果把学校办学放在国家 "一带一路" 倡议的视野上, 放在国家制造业升级版图上, 放在整个国家经济转型上, 放在创新创业的大环境下思考, 可以发现我们服务 "一带一路" 有许多得天独厚的优势, 也有很大的发展空间。

对于建设意大利分校的原因, 当时发现温州大学每年都会举办一次意大利的学术活动, 也了解到在意大利有十几万甚至更多的温州人。我想他们中有很多人的学历层次并不高, 而他们的下一代还要继续发展。如果我们能够在意大利建立一个分校, 和当地的大学合作, 就可以为这些海外华侨提供一个就学的平台, 让他们有机会得到更好的教育。由于许多温州人在意大利主要从事服装行业, 社会地位并不高, 那我们希望通过分校跟地方政府建立联系, 按照国内义务教育的标准, 为当地的华裔子女提供一个学习的平台, 让他们获得自我提升, 产生归属感, 能够接收到来自祖国的温暖和关怀。现在回想起来, 我觉得这是一件非常有价值的事情, 充分发挥了我们温州华侨的优势。

采访者: 您曾提出新时期是一个重要机遇期, 要整合 "世界温州人" 资源, 通过温州大学构建产教互融、内外互动的双向发展平台, 为温州大学、温州和 "世界温州人" 创造发展机遇, 服务 "世界温州人", 培养新时期新

2016 年 11 月 15 日，温州大学意大利锡耶纳分校启动仪式在意大利锡耶纳大学举行

"世界温州人"。能否给我们讲一讲温州大学是如何做到服务"世界温州人"的？学校实施了哪些让您印象深刻的措施？

李校堃：实际上，温州大学跟海外的温州人商会每年都有密切的联系，有的是捐赠，有的是招生，有的是为他们的产业提供更多的咨询与支持。我认为温州大学在全球的美誉度，特别是在我们海外华侨心中的美誉度得到了大幅度提升。

比如温州占我国低压电器产品产量的 60%，前几天见到这个领域领航企业的一位董事长，他正忙着在"一带一路"上建厂，设法输出自己的产业，但他苦恼的是缺乏足够的人才支撑。这些企业"走出去"后，找不到合适的人才，这边去的人，大部分又不愿意长驻，劳动成本也高，不如培养当地的人才。我们根据他们的发展需要，把这些"一带一路"上国家的学生招进来，不仅教他们专业技能与汉语，还教他们说点温州话，熟悉温州文化，然后回国去建设他们的低压电器产业，做当地的办事处主任。

同样，我们温州人遍布世界各地，因而温大也得到了很多海外华侨的办学支持。我举一个例子：在意大利，有一万多名温州商人，无论是子女教育还是经商，他们有很多教育需要，于是我们就启动了温州大学意大利分校的筹备工作，有很多的温州人愿意投资合作。温州人现在走出中国，走遍世界，我们就跟着温州人，服务温州人，服务中国的发展，这是我们独特的优势和资源。

采访者：能否跟我们讲一讲您在担任温大校长期间，是如何加强青年人才队伍建设的？如今，您对温大青年教师有怎样的建议与期望？

李校堃：对于青年人才的培养是温大的一项重要战略，我们很关注年轻人的成长。我认为很多科学家的学术突破都是在青年时期产生的，因此要重视对年轻人的培养。我尽可能地为学校的年轻人提供良好的"土壤"和基础，给他们提供"跑道"、资金、机会，把青年人推到第一线。比如建工学院院长王军、大数据与信息技术研究院院长张笑钦，都是"80后"，我们当时大胆地提拔年轻人，现在他们都发展得不错。所以我们要给年轻人提供更多的发展机会、更多的资源与平台。

除了学校支持，我还常告诫青年人才注重自身的锻炼与培养。一个人要想能走得长远，最重要的是有耐心、有恒心、有爱心、有童心、有忠心，忠诚国家、忠诚学校，得到更多人的支持和认同，最终才能实现目标。个人的成长经历是一笔巨大的人生财富，在成长的过程中要学会沟通、学会包容、学会合作，特别是提高与自己意见不同的人沟通合作的能力，经常站在对方角度思考问题，形成共同协作的最大合力。建设高水平综合性大学，离不开广大青年人才的奋发有为。希望青年人才自觉将个人的成长进步与学校事业发展结合起来，不断强化学习，提升综合素养，兢兢业业做好本职工作，在服务学校事业发展中建功立业。

2017 年 11 月 27 日，李校堃（第一排右三）与新晋职称的教师座谈

四 推动两校合作，促进共融共赢

采访者：您在担任温州大学校长期间，曾多次推动温州大学和温州医科大学两校合作，2015 年 12 月 16 日上午，温州医科大学 – 温州大学生物医药协同创新中心签约仪式暨温州大学生命科学研究院揭牌仪式在温州大学南校区岩松堂雁山厅举行。作为生物医药协同创新中心主任，您能否给我们讲讲协同创新中心创立的缘起与经过？

李校堃：我到温州大学以后，更加能够感受到温州大学与温州医科大学科之间存在互补性。那么，如何整合两所学校的资源在为科学家寻找合作空间的同时，为我们两校的学生创设一个更好的、能够提升他们眼界的发展平台呢？最后我们两所学校共同成立了协同创新中心。这是温州高校科技创新与合作的有益尝试，有效促进了温州高校强强联合、优势互补、协同创新的进一步发展。研究院与协同创新中心的建立，必将搭建高起点、国际化的科研合作平台，开创既立足温州又辐射国际的学科科研新模式，必将汇聚优势资源，培养出更多的一流拔尖人才，打造出更多大项目、大成果，为温州新一轮跨越式发展做出贡献！

2015 年 12 月 16 日，举办温州医科大学 – 温州大学生物医药协同创新中心签约仪式暨温州大学生命科学研究院揭牌仪式。图为温州大学校长李校堃与温州医科大学校长吕帆握手庆祝

现在协同创新中心也获批成为"国家自然科学基金优秀青年科学基金项目（海外）依托单位"，同时还有浙江省工程实验室等重要平台的支撑，这对两所学校的发展起到了积极的作用。

五　从温大到温医，寄语温大新发展

采访者：您在温州大学和温州医科大学两所院校中主政过，作为管理者，您觉得温州大学和温州医科大学有哪些可以互相借鉴和学习的地方？

李校堃：我们两所院校可以互相学习的地方有很多，比如温州大学的化学学科与生命科学、医疗、材料等领域有着紧密的关系，温大的数学、计算机也与医疗信息处理密切相关，机械专业与医疗器械也有着千丝万缕的联系，可见两校的优势是互补的。拿医学生来说，现在国家更强调培养具有人文思想、音乐与艺术情怀的人才，而温大在这些方面其实有着良好的基础。无论两所学校是开展深度融合还是协作，最终的受益者都是我们的学生，这些到温州来求学的学生。温大与温医的学生距离很近，就在对面，又同在一个大学城，交流来往非常方便，所以我现在也在不断地推动这个事情，希望能够得到更多人的支持，从而加强我们两所学校之间的相互了解。

采访者：2021 年，国务院学位委员会下发《国务院学位委员会关于下达2020 年审核增列的博士、硕士学位授予单位及其学位授权点名单的通知》，温州大学成功增列为博士学位授予单位，化学学科获批为一级学科博士学位授权点。您始终关心温州高等教育事业的发展，能否结合自身经历，给我们谈谈成功获批博士点对温大办学发展，乃至浙南高等教育的发展有怎样的意义？

李校堃：温大的博士学位授予权，是我们全力支持和谋划的，最终通过了国家的批准，这对于温州和温州大学来说，都是一次重大的历史事件。

博士点的增设也标志着温大办学层次的提高，意味着温大以后极有可能通过这一博士点辐射出新的博士点。因此，我认为这是一件令人激动不已的事情，但同时也是一件很不容易的事情，特别是这个博士点由化学学科拿到手，因为化学本身可以跨学科研究，它可以跟医学、材料、环境等多个领域进行交叉研究，所以它将为温大学科的发展与壮大带来积极而重大的影响。浙南闽北赣东这块拥有 3000 多万人口的区域堪比欧洲的一个国家，而在此建有这么一所具有博士学位授予权的综合性大学，其发展潜力可以说是巨大的。

采访者： 调任温州医科大学校长之后，您仍然时刻关心温州大学的发展。2020 年 10 月 28 日，您被温州大学聘为荣誉教授。明年是温州大学办学九十周年，您对温大未来的发展有哪些期许与展望？

李校堃： 首先，对于温大九十周年校庆，我表示衷心的祝贺。其次，我也将全力支持温州大学的发展，毕竟我在温大当过一届校长，对温大非常有感情。温州大学发展空间广阔，是一片培养人才的沃土。在温州这个广袤的大地上建设一所高水平的综合性大学，是历代温大人始终追求的目标。最后，希望温大能够在这块土地上"精耕细作"，为整个区域经济、文化的发展起到应有的作用。

筚路蓝缕科教路，奉献师院四十载

——谷亨杰口述

采访者：高峰、谢蓓蓓、周玲、李文思

整理者：温州大学档案馆、温州大学口述历史研究所整理组

采访时间：2011 年 12 月 15 日

采访地点：温州大学行政楼

口述者简介

谷亨杰，1930 年生，浙江永嘉人，教授。1953 年毕业于浙江师范学院，1983 年 2 月至 1987 年 6 月任温州师范专科学校校长、党委副书记，1987 年 6 月至 1993 年 7 月任温州师范学院院长、党委副书记，1988 年晋升教授。曾在台州师范专科学校、温州师范学院、温州地区教研函授站、温州地区五七师范学校任教，历任温州地区师范专科学校化学组负责人，温州师范专科学校化学科副主任。编有教材 4 部。系全国师专有机化学研究会第一至第四届理事长、温州市科协副主席、"曾宪梓教育基金会"全国师专教师奖专家评

审委员会委员。

一 艰苦岁月，勤奋求学

采访者： 谷院长，您好！首先，请您介绍一下自己的基本情况。

谷亨杰： 1930 年我出生在永嘉西源乡梅坦村，家中有四个兄弟，我是老大。我父亲是个大学生，曾就读于上海江南体专，足球踢得很好，有段时间在上海还有点小名气。当时，英国在上海有个海军军队，他们组建了一支足球队，很看不起中国，都叫我们"东亚病夫"。上海为此就组织了个上海联队，我父亲也被选上了，和英国海军比赛，最后一个球被我父亲踢进去了，那"一脚定乾坤"啊，扬眉吐气！所以有了一点小名气，留在了上海，毕业后进了上海一所体院教书。抗日战争爆发后，日本人占领了上海，他就到宁波教书了。再后来日本人入侵宁波，他就回到了永嘉老家枫林镇，在镇上教小学。我母亲是位家庭妇女，勤俭持家，通晓事理，知道读书重要、知识重要，对我影响很大。

采访者： 能否给我们讲讲您的教育经历？

谷亨杰： 我原来在梅坦读初小，三年级转到永嘉县立枫林小学。当时交通很不便，我家到枫林小学有 50 里，全靠步行。每周一带米、菜去学校读书，周六回来，都要走 50 里路。我父亲看山区教育不行，就在县里创办了岭里小学，于是我就到那里读书了。毕业后，我在温州中学读初中与高中，之后被保送到浙江大学。浙江大学原本是综合性大学，20 世纪 50 年代主张向苏联学习，进行院系调整，把师范院系独立出来，成立了浙江师范学院，后来与杭州大学合并了。那时候学校有 6 个专业，化学是重点专业，最有名，教授也多，我原先读的是数学专业，后来申请转到了化学系。1953 年毕业以后我留校工作，直到 1959 年都在杭大教书。1956 年，国家在浙江省办了三个师专：宁波师专①、杭州师专②和温师专。1958 年温师专办了生物与化学专业，因缺教师，而我是温州人，于是我在 1959 年 8 月就从杭州调到了温州。

---

① 宁波师专，创办于 1956 年 9 月，是宁波市第一所高等院校，1997 年并入宁波大学。

② 杭州师专，创建于 1956 年；1958 年升格为杭州师范学院；1962 年更名为浙江师范学院；1965 年，浙江师范学院从杭州搬迁至金华；1980 年被列为省属重点高校；1985 年更名为浙江师范大学。

二 扎根瓯越，发展专业

采访者：您来的时候温师院是什么情况？

谷亨杰：当时就已经改成师院了。1956年办师专，1958年就改成师院了。那时候很多地方都办了师专，瑞安办了一个师专，丽水也办了一个师专。温师院一开始就两个专业，一个中文，一个数学，后来又有了生化专科。我来的时候就已经有生化专科了。我参观实验室时，发现情况确实不容乐观，比如实验室的酒精灯只有6个，条件是非常艰苦的。后来，学校党委书记朱大成把我叫过去说："亨杰，这里的条件比较差，酒精灯只有6个，但你要注意，虽然你从杭州大学来，但以后这里就是你的家了。这里不好，你就要想办法把它变好。你说说看，还需要什么东西，要什么仪器，能够满足的我一定满足你。"这句话一讲我心里就暖了，心想这位书记真是好。让我印象深刻的另外一位领导是徐恭恕院长，乐清人，毕业于浙江大学数学系。他是谷超豪的同学，也是苏步青的学生，还是抗战时期的地下党。他是见过大世面的大学生，我们在一起的时候也比较有共同话题。我觉得院长和书记都不错，于是我就安心在这里干起来了。那时还缺老师，有机化学有老师长期教，但无机化学没有，于是我就教无机化学，也教工业化学。这样一来，我的课就很多，一周最多上过18节课，一个班大概40个学生，另外几个专科班也是我上的。

第二年暑假，我们回了杭州，因为我爱人家在杭州。学校9月开学，结果8月半的时候校领导打了一个电话，叫我提前回来。回来以后，书记叫我去谈话。他说，我们现在打算加一个专业，生化系要分出来，搞一个化学系。那时候浙江师范学院改成了杭大，杭州师专改成了浙江师范学院，后来搬到金华去了，他们是物理系，我们是化学系。我当时当不了系主任，就做了负责人。后来调了丽水县商业局局长林桂来当系主任，他也毕业于温州中学，为人很好。他党内文件看得比较多，每个学期我写计划的时候，前面一段都会空着由他来写计划的方针与目的。后来他调走了，所以开办化学系的这一套规则都是由我建起来的。我把我在浙大的那一套搬了过来，要求我们每位学生都要一人一组做实验。后来我发现北师大的本科化学实验也是一人一组，实验一定要自己做才行。全省化学师范专业的书都是我们编的，由我带头负责。1964年，我们招收了第一届化学专业的学生，可惜后来温师院停办了，成为教研函授站。温州、台州、丽水三个地方都被波及了，助教都走光了，只剩下一些骨干教师。

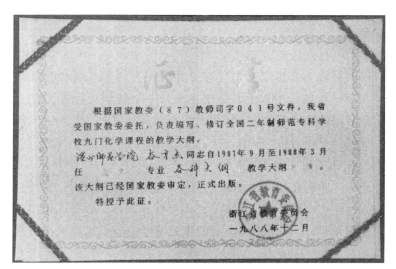

1988 年 12 月，谷亨杰编写的各科大纲教学大纲经国家教委审定，
正式出版，浙江省教育委员会颁发证书

采访者：温师院停办后的情况是怎样的呢？

谷亨杰：当时我们商讨去办农业中学，于是就一起下农村听课及编订教材，也去过五七干校和地区师范培养中学教师。后来教育部说，大学不办不行，于是恢复了大学。

三 坚持不懈，实现升本

采访者：能给我们讲一下改革开放后，您赴京审批温师院的情况吗？

谷亨杰：当时我们向国家教委申请，国家教委就相当于现在的教育部。1984 年那一次我到部里审批，1983 年宁波师院虽然只有 4 个副教授，但也成功改了本科，而我们有 5 个副教授还改不了。部里说慢慢来，一年批一个，1983 年批他，1984 年批你。当时国家教委派了两位干部来审查，听了我们的汇报以后，他们基本上是认可的，同意给我们改。他们回去以后，我一直记挂着这个事情，经常给他们打电话，他们那里传来的回复是很乐观的，说没问题，元旦之前就能批，最迟是春节前。但是之后我跟他们通电话，已经不太对劲了，说招生要紧缩。这时我是忧心忡忡。后来学校于 1984 年接到国家教委的批复"同意筹建温州师范学院"。

当时，我还担任温州市科协副主席，和另一位副主席许康生关系比较好。许康生毕业于哈尔滨工业大学，和国家教委计划司司长张念人是同学。我叫许康生给他打个电话，问问情况到底怎么样了。结果回复说司里已经基本上同意了，但春节前是不可能了，春节以后再考虑，还要几位领导再商议一次。但是春节以后，张念人要调到美国芝加哥领事馆任领事。我知道这件事后，马上向学校李方华书记汇报，说春节我一定要去趟北京。李书记讲："快到春节了，春节不要去。第一，春节大家都放假，你去也没必要，一个人在北京又没亲戚，这春节你怎么过啊？节后我叫许康生陪你一起去。"正月初二下午，我到许康生家里拜年，聊及此事，他同意给我写一封信，这样我找人就方便一点，所以许康生起了很大的作用。正月初三，我给张念人挂长途电话，挂到他家里，一个下午都挂不通，后来才知道他换了电话号码，问了国家教委才查到新号码。张念人司长说他想办法在春节调走之前给我们办，但当时确实事情比较多，什么时候能办很难说。另外，国家教委的领导要集体碰面，各方面意见一致才行。晚上9点我在学校接通电话后，就马上到李书记家去汇报。

我说这次是关键时间，计划司已经同意了，万一再拖延，起码得好几年，因此我想到北京去争取一番。李方华书记同意了，但他讲最好有人做伴，一个人总不好。但是大过年的我叫谁去啊，而且要那么长时间。后来，我在办公室碰到冯大明。他人很好，说事不宜迟，同意和我一起走。我们准备初四乘夜车去杭州，初五上午乘飞机到北京，计划司一上班就去拜访。因为买不到初四的车票，就买了初五（这天是1987年2月2日）早上5点3分的，大客车上只有六七个人，因为大家都在家过年。

因为路上人少，车子开得很快。当时去杭州一般要10到12个小时，结果下午3点多就到了。大明做得很好，先给民航局发了一个电报，我们到民航局以后马上就买到了机票。后来打电话给浙江省教委，那天副主任值班，接到了电话。他说春节前去过北京，已经同国家教委讲过我们学校的事情，计划司的报告被退回来了，理由是国家教委的领导要集体研究，而且他刚刚去过，叫我不要去了。我还不死心，就打电话给缪进鸿副厅长，他原是浙大教授，听到后很支持，答应当天上午开个党组会，把我们去北京的事提一提。他说国家教委的何东昌同他比较熟悉，帮我写了封介绍信。

采访者：您当时是怎么想的？

谷亨杰：当时我觉得此事难度大、压力重。不过，我干事情有股蛮劲，既然都出发了，就不死心，一定要去，执意去北京。2月3日中午12点我们乘飞机到了北京，住在浙江省人民政府驻北京办事处，到达时已经下午3点了，整个招待所很空，总共只有4个人，除我们俩人之外，另外俩人也是温州人，他们是来为温州市市长卢声亮办护照的。当时，我叫大明搞点吃的，而我放下行李马上打电话给张念人司长。张司长说，春节以后领导要开会，很忙。我怕在电话里讲不清楚，就亲自到他家。我先交了许康生的介绍信，再汇报情况。有两个汇报重点，一个是升本科，另一个是要批5个专业——中文、数学、化学、物理、政治。他说一定帮助我们，讲话很中肯，一直谈到晚上8点多。2月4日，在国家教委跑了一天，找了国家教委计划财务司计划一处干部咸立亭和逢广州。咸立亭他是同意并支持的，但抽不出时间，筹备会议很忙。我们便去找逢广州，他态度很好，给我一个文件，说："你校在浙江已经办过了。"看了这个文件我心里就好多了。第二天又去找了张司长，他建议我到师范司拜访一下。但去了之后答复的情况不是很好，只好给张司长打电话，请他再想想办法。那时候就想到第二个办法。

我后来打听到，有个同学叫黄本华在铁道部工作。通过他了解到国家教委副主任刘忠德原来是南京工学院①的党委书记。黄本华的下属马处长也是南京工学院毕业的，同黄本华一样，是南京工学院北京同学会的骨干。打听到这个，我就想请本华帮帮忙，让马处长带我去找刘忠德。所以，第二个方案就是通过黄本华找马处长再找刘忠德审批。通过联系，刘忠德答应7日上午见我们一次。我们见到刘主任之后说浙北教育发展得好一点，虽然浙南一大片，但丽水、台州都没有好的教育资源，很需要发展教育。他听了点点头，十分理解，他讲，高校发展要注意质量，要从严，但不是"一刀切"，等近期报告上来以后再研究。10日晚上，刘忠德批准了，11日我就得到了消息，是马处长打电话跟我说的，我高兴得不得了。正式文件要等到18日才发出，我就说要回去了，先将文件给我抄一抄。12日到京丰饭店咸立亭那里去抄文件，下午去国家教委抄文件。下午1点抄好以后，我和大明到京丰宾馆拜访了一位司级老同学，和他一同去了卢沟桥。2月13日去看望了楚青②

---

① 南京工学院，1988年，南京工学院更名为东南大学。
② 楚青，原名詹永珠，出生于1923年3月，祖籍江苏省扬州市。她是中国人民解放军大将粟裕的妻子。

同志，请她介绍了舒同①同志写校牌。通过这些努力，1987 年 2 月 18 日，国家教委颁发〔1987〕教计字 27 号文件，温州师范学院正式建立了。

四 推动改革，迎来新机

采访者：您当上校长后干了哪些事情呢？

谷亨杰：我于 1983 年 2 月开始当校长。新的班子上来以后，就提出了五个方面的重要工作。

温州师范学院 1987～1993 年党政领导班子成员。左起詹振权、陈鹤炎、李日增、谷亨杰、张桂生、钱建民、杨义仁、吕德富

第一个是改师院，我刚才已经讲了。第二个是造校舍。老校舍位于九山湖旁边，后来温师院撤销，把房子给了第一中学，还有一些分掉了。我们恢复到师专以后，校舍在大士门，原来是温州师范学校的地方，是从平阳郑楼迁来的。那里在解放前原来是小学，叫增爵小学，是所私立教会学校。一共只有四十几亩田地，地方太小，怎么好办大学？所以我们要把它改回去。因为老校园已经给一中了，叫人家迁走也不大可能。一中的老房子现在也给别

---

① 舒同是中国书法事业的继承者和开拓者，中国书法家协会创始人之一和第一任主席，第二届、第三届名誉主席，中国文化艺术界联合会荣誉委员。

人了，我们只好新建校园，搬到现在的学院路校区。

第三个是改革住房分配。1978年开始改革开放，我们也要改革思想。老一套的办事方法不行了，要改革。比如说第一个改革，就是分配房子。在过去，房子是由领导指定分配的。我们上来就开始采取打分制，根据教龄、工作情况、工作质量、学生评价、学历来打分，分数从高到低排，高分的先挑。我在任11年，分了4次房子，第1次分房我没要，作为校长，赶着去要房子不好，我的房子，是最后分到的。不是以我的名义，而是以我老婆的名义分，那别人就没有话讲了。根据原来的规定，教授、校长可以分到120平方米的房子，助教是30平方米。当时我想多些老师受益，就把最高的120平方米压下来，压到87平方米，把最后一等30平方米取消掉。取消掉是什么理由呢？因为我经过调查发现，青年老师当助教时，已经二十几岁了，过个三四年不是结婚了嘛，要生孩子，那么30平方米的房子有小孩就不行了，要请保姆，否则就是丈母娘来，这就四个人了嘛，面积就不太够了。升讲师后，肯定又要分配一次，把原来的房子腾出来给新人，装潢一次也要不少钱。不到五年就要装潢很麻烦，所以我就取消了30平方米的，这样助教分到的面积大一些，能稳定个七八年。

第四个是毕业生分配改革。哪些人留校，哪些人分配到中学，哪些人留在温州，哪些人分配到瑞安，哪些人分配到一中，哪些人分配到瑞安师范，每次分配总是吵吵闹闹，这个要照顾，那个要照顾，甚至领导也出面"打招呼"。所以，我们开始实行择优分配，主要按学习成绩、品德成绩、教育实习成绩进行打分。学习成绩打分不按平均分，我搞了套公式。比如中文专业，古代文学的比重很大，占6学分，另外一些课程占2学分，那么6学分的90分和2学分的90分就不同了。我先把这个公式发下去让学生讨论修改，大家都同意了就实行。每个学期结束以后把分数打出来，温州市里先挑几个拔尖的，其次分配到县里。县里都是第一中学好一点，师范好一点，当时师范生非常吃香的。我们搞了20个县里重点学校的名额，叫县教育局报，我保证什么专业的都是最好的学生。这样子搞了以后，大家觉得我这个校长不以权谋私，任何人讲面子都没用，即使是领导也没用，得看分数、看排名。

第五个就是抓教育质量。教育质量最重要的当然是师资，当时学校各科都要提高教育质量，就得想办法引进优秀教师。比如外语专业，如果没有外教，那么口语和听力就搞不好，所以我觉得一定要请外教。省内高校中，有外教的只有杭州的几所大学。1983年，我开始担任校长，1985年，我就请了

1991 年 6 月，温师院举行毕业典礼，谷亨杰院长讲话

外教，周更生①。周更生在中国待了很长时间，曾给美国士兵当翻译。请不到外国人，而周更生恰好在温州办私人学校，我们就请了他来当外教，他是我市首位外教。

**1993 年 6 月 17 日，举行第九届学生学术论文报告会，谷亨杰院长
给获奖学生颁发证书**

1986 年，瑞安师范校长沈润光退休，到了荷兰，他的大学同学陈莱棣，在美国林菲尔德学院（Linfield College）教汉语和气功。他听陈莱棣说，林菲

---

① 周更生：抗战时在中美合作所工作，而中美合作所是个特务机关。抗战胜利后，他就留在了中国。

尔德有个项目，资助一所学校在林菲尔德学院开汉语课。后来沈润光征求我的意见，我说很好啊，便请他联系了，对方也同意。1989 年 3 月，林菲尔德学院的校长和外办主任到四川去了。我听到这个消息后，就请他们回去的时候来我们学校看看，我们离上海很近。因为前期做了很多工作，所以他们同意了。不过校长临时有事情，就委托外办主任签订协议，规定他们派一人到我们学校教英语，我们派一人到林菲尔德学院教汉语。

1989 年 3 月 25 日，美国林菲尔德学院国际项目主任萨默菲尔德博士在访问我校期间，受沃克校长委托与我校签订建立姐妹学校的协议。图为谷亨杰院长与萨默菲尔德博士签字仪式

难忘树人堂前青葱岁月，追忆戈壁滩上无悔青春

——张美鑫口述

采访者：刘子玉   整理者：刘子玉

采访说明：本篇采访内容采用信件访谈方式

采访时间：2022 年 7~9 月

口述者简介

张美鑫，1936 年生，浙江温州人。1952 年，进入温州师范学校速成师范班学习，1953 年响应国家号召，远赴西北从事石油勘探工作，是久负盛名的中国第一支女子测量队——"403 女子测量队"的成员，为祖国西北石油勘探做出了卓越贡献。长年负责党务、思想政治与纪律检查工作，1992 年在江苏油田光荣退休，勤勤恳恳为党和国家服务近 40 年。

一　品学兼优情操高，求学温师入速师

采访者：张女士，您好！首先请简单介绍一下您的个人情况，包括籍

贯、出生年月、工作履历等。

张美鑫： 我叫张美鑫，1936 年的冬天，我出生在山清水秀、风景宜人、得天独厚的历史名城温州市的一个普通旧职员家庭。我排行老二，上有哥哥，下有两个妹妹。因家境贫寒，我勉强读完了小学。1949 年新中国成立后，我才上了初中。1952 年初中毕业后，我进入温师速师班学习，毕业后集体转入西北石油工业学校学习测量。1954 年，我正式参加工作，直到 1992 年退休，至今已有 39 个年头。在此期间，除了短期从事地质测量技术工作，我主要负责党务和思想政治工作。我的工作经历大致可以分为四个阶段：第一个阶段是在甘肃酒泉盆地从事地形测绘工作，第二阶段是参加玉门矿务局的"审干"工作，第三阶段是从事党的宣传教育工作，最后一个阶段，我负责党的纪律检查工作。

漫漫人生路，短暂又漫长……我这个喝瓯江水长大的人，凭借着自己的一腔热情和胆识，为祖国的勘探事业写下了不可磨灭的一页。过去的几十年，我踏遍了祖国的西北大漠，祁连山、戈壁滩、白洋河、杨家岭、河西走廊……到处都留下了我的足迹。1955～1957 年，女子测量队连续被玉门矿务局评为"先进集体"，我也被评为"先进工作者"。1965 年 8 月，我当选青海省大柴旦市第二届人民代表大会代表；12 月，我被选为海西州蒙古族、藏族、哈萨克族自治州第四届人大代表。1988 年 12 月，经江苏油田全局专业职务资格评定，我被评为高级管理经济师。1991 年 5 月，我被认定为具备高级政工师资格，实现了我奋斗 40 年的理想。然而，岁月无情，1992 年，我办理了退休手续。而今翻看那些发黄的照片，动情地回忆当年那些校园活动、野外生活，以及在勘探道路上的一切一切，心中不由得闪动着一抹晶亮的光。我可以自豪地说："因为有了那段值得回味的岁月，才感一生无悔。"这不仅是我个人的感受，也是我们从温师院出来的这批同学的衷肠倾诉。

采访者： 1952 年 10 月，您进入浙江省立温州师范学校速师班学习。据说，入选速成师范班的都是全地区最优秀的初中毕业生，能给我们讲讲这段经历吗？比如您进入温师速师班学习的经过，以及学习课程、对您影响较大的老师、实践活动等。

张美鑫： 1949 年 5 月 7 日，温州解放。各校招生实行全市统考制，经过连续三晚的笔试和面试，半个月后，我在招生考试公榜上找到了自己的名字，我被温州市立中学录取了。三年的中学生活中，我表现得还算可以：我率先成为新中国第一批少先队员，被第一批输送入团。1950 年，我担任校学生会学习委员兼文体委员，组织同学们展开各项活动，还曾得到市教育局的表彰。我还被团组织聘为班级少先队辅导员，利用课余时间组织少先队活动。1951 年抗美援朝时，我第一个报名参军，但由于体检不合格未能成行。在校的最后两个学期，我也为学校挣得不少荣誉。

我初中毕业时，正值我们年轻的共和国胜利度过国民经济的恢复期，经济建设的高潮随之到来，我们将以一个具有高度文明的民族的身份立于世界。毛主席的这一预见激励了我们这批新中国首届初中毕业生的心。我们像报名参加"土改"和参加军干校那样积极报名读师范。得知自己被录取后，我带着一颗火热的心来温师速师班报到，开始了为期一年的"学做先生"的学习生活。

温师速师班的校舍就是现在温州市区的三育学校原址。我们的教室是简陋的平房，寝室则是几十人一间的通铺，礼堂兼饭厅是有着木柱、泥墙和竹顶的工棚式建筑。没有实验室，没有图书馆，凡是正规师范学校应该具备的许多设施这里都没有。可正是在这样一所培养周期短、基础设施差的学校里，我受到了很好的教育和培训。这与教育方针正确，教育方法得当以及大批在教育界颇有名望与影响力的优秀教师的执教指导是分不开的。学校的政治教育、思想工作和共青团工作都围绕"立足素质教育，全面协调发展"的方针开展，把素质教育贯穿始终，不断提高学生素质，高效传授知识。为什么三年的主课能够在一年学成？这是由教育方针、办学方法、师资质量、学生素质和校园风气决定的。

我黄金般的温师生活，充满了七彩的阳光。上课、自修、操练、紧张的考试、严肃的团组织活动、田野里的散步、树荫下的谈心、房后小河里的游泳、熄灯前的嬉闹……一个个美妙的镜头在我脑海里浮现、化出、叠印。我们曾乘坐"小火轮"到仙岩远足；渡过瓯江，在江心寺举办团日活动；与来访的"普师"部篮球队进行友谊比赛；举办文艺晚会等。仅仅一年的学习生活，就给我留下了这样多的美好回忆，十分令人眷恋和神往。共同的理想、执着的追求像一根红线把我们系在了一起。我们真诚相待、亲密无间、友爱相处、情同手足，整个学校像一个大家庭般满溢着温馨……美国著名心理学家、教育家威廉·詹姆斯说："我们这一代人的最大发现，是人能改变心态，从而改变自己的一生。"温师速师班的学习生活改变了我们每一个学生的心态，为我们树立了生活的航标。走上工作岗位后，同学们普遍认为温师速师班的老师教育有方，自己的所学能够应用于不同的工作岗位，知识的实用性显著。正如贾力政老师所认为的，"在温师那短暂的生活是我人生中最难忘的一幕"。刘一凤老师讲："我教书一辈子，印象最深、表现最好、成绩最大的要算'五三'速师班的那届。"朱鹏老师也说："速师班是学校一颗灿烂的明珠，在校史上留下了光辉的一页。"是的，正是因为学校坚持"以德促知，以知促学"的办学目标和"速成学业必先速成素质"的办学模式，才产生了以上优良的办学成果。

我在温师速师班学习的时间不长，但在那里接受的教育影响了我的一生，使我成为一个有卓见的传统党务工作者。母校留给我最宝贵的精神财富，是抽象的，是一种气质、一种格调，难以确指，但这种影响确实存在，"如云如水，水流云在"，这包括温师速师班一代学子踏实、严谨与勤奋的优秀品质！

二　千里迢迢赴西北，千辛万苦探石油

采访者： 1953 年，我国开始了第一个"五年经济计划"，急需大力发展石油产业。这一年，温州师范学校突然接到省教育厅通知，要求动员当年毕业的师范生奔赴祖国大西北从事石油勘测工作，而您正在此列。能回忆下当年您是怎样得到这个消息，又是如何积极响应国家和学校的号召的吗？

张美鑫： 1953 年夏，尽管瓯江水滚滚东流，积谷山上的梧桐树叶随风飘舞，人们还是无法消除暑热带来的倦意。突然，学校里的钟声响了。钟声是那么清脆悠扬，熟悉这钟声的我非常清楚：这不是上课的预备钟声，更不是正式上课的钟声。显然，是有什么重要的事情要我们集合了！于是，同学们纷纷奔向解放后新修建的"红楼"，而暑天带给我们的倦意则顿时随着钟声消散了。

当校长讲完支援西北开发建设柴达木的重大意义后，全场立即沸腾起来。这时，早已胸怀伟大理想，渴望到祖国最需要的地方去工作，为组织贡献青春活力的同学们，怎能不欢欣鼓舞、心花怒放呢？"到柴达木去"的浪潮很快席卷整个温师校园。同学们高呼"听从祖国的召唤"，踊跃报名，誓把自己那颗火热的心献给祖国，去建设开发柴达木。经组织研究，在一次全校会议上公布了入选名单，我正在此列。我那时的心情是既高兴又难过：高兴的是被批准去参加西北石油建设，难过的是马上就要离开生我养我的父母、朝夕相处的兄妹和这片温暖的故土，要告别教我、爱我的母校、老师和

同学们。

采访者：当年共有 60 名温师女同学成为新中国第一代石油人，其中有与您很相熟的好朋友吗？您能跟我们讲讲当年结伴起行、奔赴西北的经历吗？

张美鑫：接到入选通知的三天后，也就是 1953 年 6 月的一天早晨，朝露未晞。我们在瓯江南岸的轮渡码头与温州的同学们道别，奔赴祖国大西北，肩负起祖国"石油尖兵"的光荣使命。一双双紧握的手久久不愿松开，絮絮细语，道不尽惜别之情。汽笛催征，同学们相互拥抱，难舍难分。"龟蛇两山低头拭泪，江心宝塔额首赞美。"划破长空的汽笛声、轰鸣的马达声，奏响了我们征程的第一乐章，掀开了我们用汗水、心血，甚至是泪水谱写的新篇章。轮渡过江后，我们准备在江北码头转乘汽车。护送我们的老师说："坐长途汽车，后头的座位要比前面的座位更颠簸，最好能让相对体弱的同学坐在前面。"话音刚落，大家竞相在后面落座。最后，女同学坐了前头的座位。

采访者：您一行是先到西安的西北石油工业专科学校（现西安石油大学）进行专业技术培训的吗？您能给我们详细讲讲这段经历吗？比如接受了多久的培训等。

张美鑫：乘坐了三天三夜的汽车和火车后，我们终于到了西北石油工业专科学校，并被编入测量短训班。当时国家急需经济建设干部，对我们采取了边读书边工作的方针。经过三个月的理论学习，1953 年 10 月，学校安排我们去延安进行生产实习。

采访者：您在完成专业培训后，还到延安进行了严酷的野外生产实习，并接受了严格的专业素质考核，您能给我们讲讲这段经历吗？

张美鑫：10 月，延安已经开始变冷了。我们乘坐汽车从西安出发，途经三十里铺，再转到七里铺。还有人为我们指了指延安宝塔，我们心里那个激动啊！那昂然挺立在山巅的宝塔好似母亲在盼望自己的儿女，对我们微笑，向我们伸出温柔的手臂。我仰着头仔细欣赏了很久。

在延安，我们住在兰家坪的一处窑洞里，那窑洞地处一条又深又长的山沟。我们每天走的是羊肠小道，睡的是老乡的窑洞房，吃的是陕北的小米饭，燃的是煤油灯。我们每天一大早出工，中午饭是馍馍加大头菜，每天工作十二三个小时。延安实习真苦啊！冬天的一场大雪，给大地披上了银装，也给我们的野外作业带来了很大的麻烦。为了按时完成工作任务，雨天、雪天我们也要照常出工，天气非常寒冷时，爬山工作就更困难了，我们经常会从雪山上摔下来，摔得头昏眼花。下雪天我们跑完尺，收工回驻地时，脚和鞋子已经冻成冰似的了。晚上洗脚的时候，不得不把失去知觉的双脚与冰冻的袜子一起泡在温水里，脚上的水泡会随着袜子被一同扯下，露出鲜红的血肉。第二天早上，如果穿不进去鞋，就得用棉手套套在脚上，一瘸一拐地出工。我们咬牙坚持着，一口馍馍、一口冰水地生活着。

延安这片多情的土地养育了我们这代纯粹的人、忠诚的人。我们在延安这片圣洁的土地上洒下了汗水、泪水和血水。说真的，生活在陕北，真的有意义。"延安"这两个字本身，对我们就是一种鼓舞。我们这些年轻人立下誓言："为了延安，为了毛主席，我们一定要在陕北找到油！"其实在陕北早就找到油了，不但有油，还有其他矿产。

三 巾帼英雄显身手，青春靓丽展风采

采访者：1954 年 4 月，由二十几位温师姑娘组成的女子石油测量队被分配到甘肃玉门油田，后来扩大为 32 人，中国第一支女子测量队——403 女子测量队得以建成。您参加的这支巾帼测量队是分成哪几个专业技术小组工作的呢？您在哪个组？负责哪方面工作呢？

张美鑫：在延安经过三个月的生产实习后，同学们被分配到青海、新疆、内蒙古、四川、宁夏和陕西等地。我则被分配到石油工业的摇篮——甘肃玉门矿务局新成立的 403 女子测量队。这支队伍起初有 20 多人，分为 5 个组，包括地形组、导线组、计算组等，每组 5~6 人。我和余稚萼、潘明珠、陈素华等被安排在导线组，余稚萼是小组长。后来又相继成立了 4 支女子测量队。

我跟随新成立的第一支女子测量队奔赴甘肃酒泉盆地，正式加入了石油勘探队伍。测量队是石油勘探的尖兵，我们每年的工作时间是在初春至深秋，每天的任务是将探区的地形、地貌用平板仪测量方法绘制在图谱上，为地质详查提供依据。其间，我们曾随酒泉地质大队进行酒泉盆地、惠回堡地区 1：50000 地形图小三角控制点及导线测量，在张掖、武威地区进行 1：50000 的地形图测量，共计测图 26 块，控制点小三角侧线 70 多条，为地质详查提供了大量资料，对了解与评估本地区的油气资源状况做出了贡献。

采访者：西北石油勘探工作环境艰苦异常，想必您在西北为祖国石油事

张美鑫（右一）在女子测量队的导线组工作

测量队出工前的准备

业奋斗之时也遇到过不少来自大自然的挑战。您能给我们讲几件印象深刻的事吗？

张美鑫：酒泉盆地南面是祁连山脉，北面是戈壁滩，西面是嘉峪关，气候干旱，绝大多数地方都是人迹罕至的荒漠，可谓"天上无飞鸟，地上不长草，天天刮大风，风吹石头跑！"我们的工作地区周围没有老百姓居住，有时能看见黄羊和野狼。戈壁的天气瞬息万变、反复无常，夏季气温有时高达40摄氏度以上。烈日下，我们被晒得头晕目眩、喘不过气、头发滚烫，脸被狂风吹打得发干发痛，一层层地脱皮。每天，我们还得穿着约一公斤重的翻毛工鞋，步行十多公里，脚底常被磨出一串串血泡。有一天，我们早晨出工的时候万里无云，没想到中午时分，天气骤变，一阵狂风卷着细沙，直向我们扑来。我和余稚蕚是团员，此时此刻，我们毫不犹豫地脱下工作服，保护好测绘仪器和图板，其他队员纷纷效仿。随后，我们再用油布把仪器设备遮盖好。等我们忙完，风仍未停，顷刻之间大雨又倾盆而下。我们根本无处躲藏，只好围着仪器来抵御风暴的侵袭。夏天的夜晚，气温则会降至零下10多摄氏度，一阵龙卷风就会把我们居住的帐篷刮得无影无踪。

女子测量队酒泉盆地野外驻地

记得刚到戈壁滩不久，我们队部还遇到了野狼的"光顾"。一天夜里，远处忽然传来野狼的叫声，就像小孩子的哭声。那叫声越来越近，我们吓得在帐篷里不敢出声。一会儿，我们听见野狼已经逼近，在扒帐篷了！不知什么时候就会闯进来！我们正紧张得不行，不知谁说了句："狼怕火！"我们恍然大悟，立即行动起来。这时，一向沉着冷静的陈素华朝着隔壁帐篷大声呼喊："狼来了！快点灯！"接着，一个帐篷又一个帐篷，不一会儿，全部六个帐篷都亮起了灯。野狼群终于被逼退了。第二天早上，我们发现地上有许多狼爪子印，帐篷四周还有许多野狼撕咬的痕迹。

戈壁滩上，断水断粮的事也时有发生。因为粮食、副食品以及所有的日用品都是从内地运送过来的。我们吃不到新鲜蔬菜，平时常吃的是黄花、木耳、干菜和干肉。由于这里海拔高，米饭焖不熟，我们每天的晚饭都是面条，白天出工则带上馍馍夹咸菜。我们用的水是靠骆驼从几十公里以外的地方一桶一桶拉来的，十分珍贵，因此我们每人每天只分配到一行军壶的饮用水，渴了才抿一口，润润嘴唇，渴得实在受不了了，才会喝一口。我们在野外刷牙、洗脸用的水都要留着晚上洗脚。洗澡则是不能奢望的享受，我们只有在收工回基地时才有可能洗个热水澡。有一次大风沙把路标埋上了，送粮、送水的驼队找不到测量队驻地，整整两天一夜，我们都处在断水断粮的状态。这期间，大家滴水未进，粒米未沾，嘴唇干燥得裂开了口儿，喉咙渴得直冒烟，嘴和舌头全都麻木了，肚子也饿得像有一把火钳在里面搅动。这时，我们突然望见远处有一大群野骆驼在奔跑！"有野骆驼的地方就会有水！""冲啊！"大家兴奋异常，不顾一切地朝野骆驼奔跑的方向冲去。可是跑了半天，别说水源了，连那群野骆驼的影子也看不到了。唉，原来是海市蜃楼！姑娘们精疲力尽，瘫倒在地。但我们没有被困难吓倒，而是互相鼓励着，"这点困难算什么？绝不能丢脸！"并用目光交换着对彼此的关怀。百般无奈，有些姑娘甚至喝了自己的尿液止渴。即便如此，我们也没有怨言，没有人叫苦，幸而也没有人倒下。我想是对戈壁滩——蕴藏着祖国所需的石油的地方的热爱激励着我们。

采访者：您以及您所在的工作组是否遇到过什么技术困难？如果有，能给我们讲讲您和同伴是怎样克服的吗？

张美鑫：恶劣的自然环境和艰苦的生活算不了什么，我们遇到的主要还是工作上的困难。在惠回堡一带工作时，我们导线组预计用18天完成一环导线计划，但实际上，我们用了一个月，大家认为这才是最痛苦的事情。完不成国家计划是犯罪的呀！姑娘们为此悄悄地流泪。之后，在党组织的指导下，我们认真研究了返工的原因，寻找完成国家计划的有效方法，工作效率确实得到了显著提高。体质瘦弱、性情温柔又有些调皮的潘明珠说："以后我们一定要细心观察每一个点，在每一个点上建设祖国，争取超额完成任务，把以前工作中的失误弥补回来。"

后来，我们接受了南山导线任务，每天可以观测 7 个导线锁点，而且没有一个点需要返工！我们的工作效率比刚开始那会儿提升了三倍多，提前完成了任务，还刷新了测量工作的新纪录。那时，我们才十七八岁，也不知哪来的一股子劲儿，天不怕，地不怕，走遍盆地的南缘北沿。与男青年一样，我们战斗在荒无人烟的戈壁滩，体力和精力几乎都处在透支状态，即便如此，我们仍然每天坚守在工作岗位上，甚至许多队员带病坚持工作。"巾帼不让须眉"，我们测绘的地形图，填补了新中国地质图上的一个个空白，为祖国寻找石油谱写了一曲动人心弦的"石油之歌"。

工作小组正在计算当天野外测量工作的数据结果

采访者： 工作之余，你们有哪些娱乐方式来放松身心呢？您是否有哪些印象深刻的趣事想跟我们分享？

张美鑫： 戈壁滩的生活单调、乏味、清苦。我们每天除了工作还是工作，报纸和信件都是半个月才能看到一次，收音机也没有信号。但我们在测量工作之余，也能苦中作乐。晚上收工后，大家有时会在驻地围成一圈总结近期的工作，讨论明天的计划；有时也会聊聊天、说说话、唱唱歌、跳跳舞，放松心情。不过，只有在完成了一个地区的工作，准备转战其他新测区时，我们才有机会真正轻松一下，等到收工进行冬训之时，那就是大解放了。苦呀，累呀什么的全被那一腔热血与豪情壮志融进止不住的笑声中去了，尤其难以忘怀的是我们当"团长"的经历。

1954年的夏天，正逢测量队队部搬家。我们导线组的5名队员在完成当天的测量任务后，按照图上标识的方向寻找我们的新住址，可是找来找去也不见踪影。天渐渐黑下来，组长余稚萼吩咐道："今天晚上只好在这山沟里过夜了。"于是我们架起了三角支架，把80厘米见方的红、绿指挥旗连在一起，围在三角支架四周。之后，姑娘们便把头伸进支架避风。戈壁滩的八月，早晚温差可达20摄氏度。我们清晨出工时只穿了一件衬衣，这会儿，一个个都冻得牙齿咯咯作响。周围一片漆黑，伸手不见五指，大家的肚子也已经饿得咕咕叫。为了避免睡着冻伤身体或者遭到野狼袭击，组长主动承担起放哨的任务，还给大家讲笑话："这个是牛郎星，那个是织女星吗？在老家时能认出，怎么在戈壁滩就找不到了！"逗得大家笑起来。为了壮胆，我们又高声唱起了《勘探员之歌》。即便如此，我们还是抵挡不住寒冷的侵袭。到了下半夜，气温越来越低，大家只觉得脊背冰凉，身体渐渐麻木了。不知不觉中，我们一个个都缩成了团。这时，组长哈哈大笑起来，说："你们都成'团长'啦！"大家闻言都抬起头，你看看我，我看看你，齐声欢呼："我们当'团长'啦！"就这样，终于，我们熬到了天亮。翻过小山坡，我们意外发现队部原来就在眼前！队干部看到我们平安归队，悲喜交加，流着眼泪说："敲着盆碗，打着马灯，找了你们大半夜，让人担心死了！"大家拥抱着、笑着、跳着，新一天的工作又开始了。

测量队员苦中有乐

四 扬勘探精神同奋斗，与家乡母校共生长

采访者：您在西北工作了多久呢？在石油勘探工作中积累的经验对您今后的工作和生活产生了哪些影响呢？

张美鑫：1954 年，我正式参加工作，此后两年，我从事测量技术工作。我从温师速师班毕业后，被分配到玉门矿务局，组织安排我所在的 403 女子测量队参加甘肃省酒泉盆地的地形测绘工作。由于工作出色，我们连年被玉门矿务局评为"先进集体"，还被团中央授予"全国第一支女子测量队"这一光荣称号。

此后一年，我参加了玉门矿务局的"审干"工作，对有关人员的历史遗留问题进行"内查外调"。我本着认真审查、有错必纠、尽量不留"尾巴"的精神，对 200 多名干部的历史遗留问题给出了恰当的结论。

后来，我开始从事党的宣传教育工作，这项工作我负责了 24 年。我曾组织职工学习毛主席著作。1957 年，正值毛主席发表《关于正确处理人民内部矛盾的问题》一文，以此为基础，我结合地质调查处的工作性质，如野外施工、人员分散的特点编写讲稿，深入基层向尚在野外工作的职工宣讲毛主席的文章精神。我先后到 12 个野外勘探小队处及时传播毛主席的哲学思想，受到职工的一致好评，我心里感到十分高兴，这当然也鼓舞了我搞好本职工作的信心。因此，从那时起，我不断从基层收集大量资料。为做到针对性强、实用性好，我结合思想学习，开展业务工作。

采访者：您能给我们讲讲之后的工作经历以及您的感受吗？

张美鑫：1958 年，我被调到青海石油管理局宣传部做理论教育工作，深入基层调查研究，组织安排干部理论教育，这期间，我还兼任局党委领导中心学习组的学习秘书。1964 年，我参加了局党委组织的"四清"工作队工作。出于工作需要，我编写了七讲《矛盾论》《实践论》教材，采取深入浅出的方法，结合职工的思想状况和生产工作中出现的大量矛盾事例，写出了这些富有针对性的通俗讲稿，共计约 4 万字，铅印成册，发至基层，并在《青海石油工人报》上先后刊登，深受职工欢迎。在抓好职工理论学习的同时，我还培训了全局各二级厂处的宣传干部和基层党支部书记，共 100 多人次，授课 140 多个课时。后来，我又依据这些讲稿，撰写了《唯物主义和经验批判主义》《帝国主义是资本主义的最高阶段》两部共计 20 余万字的著

作，对提高基层干部理论水平起到了积极作用，受到了局领导的赞赏与基层干部的好评。我还根据个人体会撰写了一篇题为《坚持辩证唯物论知行统一观》的文章，刊登在 1973 年 8 月 19 日的《青海日报》（理论与实践版）头版，还被编入由青海人民出版社出版的《学习〈唯物主义和经验批判主义〉批判唯心主义》一书中，总发行数高达 16.2 万册。

1976 年，我离开青海油田，调往江苏油田，参与局党校的筹建，分管党校资料室的组建工作。在此期间，我积极努力与南京大学等南京有关院校，以及新华书店开展业务关系，收集了数千册参考书籍与资料，为党校教学提供了许多便利。1977 年和 1979 年，我两次参与江苏油田全局性调资工作，分管宣传教育及文字上报工作。在三年的时间里，我起草了上百份汇报材料、工作总结以及各阶段的教育材料，同时配合基层思想工作，编写情况简报，协助领导开展相关工作。

我的最后一项工作任务是负责党的纪律检查，这个担子我扛了 12 年。1981 年，江苏油田成立局纪委，我被调去担任纪检干事。我负责情况与资料的综合整理工作，起草各类总结、报告、规划、制度、讲话稿，做领导的参谋和助手。此外，我还负责纪委办公室的来信来访工作。几年来，局纪委接待党内外群众涉及党风党纪的检举、控告，党员申诉以及对党的各项方针政策执行情况的意见、来信、上访有上千件，大部分是由我经手办结的，做到了件件有着落，事事有回音，及时为领导提供了大量信息和线索，密切了党和群众的关系，提高了党纪检工作的声誉。其间，我还监管处理纪委办公室的日常工作，包括文书处理、资料管理、内外事务接待等日常工作。这些工作虽然琐碎，但在同事的协助下，我整理、收集了纪委办公室档案资料 100 多卷，及时给领导和有关部门提供情况。

30 多年的工作经历中，我体会最深的是：党的思想政治工作是我党的传家宝，是一切工作的生命线，是现代化建设顺利进行的根本保证。党的历史告诉我们，我们党之所以能够在极其艰苦的条件下，在残酷复杂的斗争中，团结奋斗，百折不挠，取得新民主主义革命的彻底胜利和社会主义革命的伟大胜利，从根本上说，是由于党通过强有力的思想政治工作，把党的路线、方针、政策变成了广大人民群众的自觉行动，提高了人民群众的革命自觉性，战胜苦难，夺取胜利。大量事实证明，越是在艰难困苦的时候，就越显示出党的思想政治工作的巨大威力，特别是在革命的各个重大历史关头，党的思想政治工作对革命队伍保持坚定正确的政治方向，保证万众一心的统一行动起着不可替代的关键作用。

采访者：作为一名地道的温州人，您怎样看待温州这些年的发展？

张美鑫："月是故乡明，最忆是温州。"地处东海之滨的温州是个有着独特历史文化背景的城市。温州人重商，敢为天下先，勇闯四方，素有从事小商品生产和摆摊儿开店、沿街叫卖的习俗。改革开放以来，温州人在国家投资较少、经济较为落后的情况下，较早运用市场经济的运作方式发展经济，使非公有制经济发展呈现蓬勃生机，闯出了一条以率先发展家庭工业、个体私营企业等非公有制经济为鲜明特色的经济发展之路，这条路被誉为"温州模式"。有一段时间，温州非公有制企业上缴的税收达到温州市财政收入的56.7%，非公有制企业发展势头如此强劲，可谓"三分天下有其二"。

"谁不说俺家乡好！"家乡，在每个人心中都是很美好的。温州山清水秀，物产丰美，历史悠久，文化深厚，人才辈出。作为当年江浙革命根据地的一部分，温州是解放战争打游击战之地，为中国革命取得胜利做出了贡献。在进入中国特色社会主义新时代、全面建设社会主义现代化国家的今天，我的家乡人民戒骄戒躁、家风不改，仍然是那样的朴实厚道。

退休以后，我有时间就会参加家乡亲戚或者同学朋友的喜庆之事。喜事就是让大家高兴的事，人人乐于参加的事。有什么需要帮忙的，左邻右舍会义不容辞地施以援手，且丰俭由人，多寡随意。至于所谓的份子钱，那是随意的，也通常是象征性的，每户封个一二十元"贺仪""彩义"是惯例，多了反而被认为是坏了规矩，主人家也不会领这个情。有的主人家分文不领客人的贺礼，只在红包上撕个口、折个角，或者别上一个印有"多谢光临，厚礼心领"的红片子再当面奉还客人。本来嘛，来了就是喜，来了就是给面子，情意值千金。有道是："家中有喜事，宾客拥门庭。酒香情更浓，乡风暖心灵。"党的十九大提出乡村振兴战略，我是举双手赞成的，但愿乡村振兴不仅是经济的振兴、环境的振兴，也是文化的振兴、优秀乡风民俗的振兴。我觉得优秀的乡风民俗是一道搬不走的、惠及子孙后代的亮丽风景，但同样也是千千万万游子的乡愁。

借此，我愿为故乡赋诗一首：

> 那条乡路，
> 离我很遥远了，
> 却是我长长的思念。

像母亲一样温柔，

每走一次，

都是一串一行行的脚印。

是妈衲的鞋底，

任凭风儿怎么扫描，

也抹不掉那匀密的针距儿。

雨过天晴，

乡间亮丽起来，

连鸭子的掌窝里都蓄满天上的风景。

思念是幸福，

思念是享受，

我常沿着思念的路走回童年。

采访者：您对家乡温州真是情真意切！想必您对母校也有许多话要说。温州师范学校在 1971 年被改组为温州地区师范专科学校，后相继发展为温州师范专科学校、温州师范学院，最终在 2004 年，与温州大学合并为新温州大学。明年是温州大学办学九十周年，您对温大未来的发展有哪些期许与展望呢？

张美鑫：我想对温师速师班的老师们说："您辛苦了！"在温师速师班一年的学习生活中，我遇到的那些在教育这片芳草地上默默耕耘的老师从不求回报，只是默默付出，希望我们通过学习长大成人、有出息。老师们为我们勾画着梦想的蓝图，放飞着未来的希望。是老师让我们明白了就算前进道路上充满荆棘，遇到艰难险阻，也绝不可以轻言放弃；是老师让我明白了要珍惜人生的每一段经历，要让每一分、每一秒过得有意义；是老师让我明白了太多太多的人生哲理，让我懂得了太多需要珍惜的东西……我都记在心里，至今仍对老师充满感激。

作为 1953 级校友，谨以一首《难忘树人堂——献给母校建校九十周年》的诗歌送上我的祝福：

七十年前，

我怀着依依惜别之情，

从您身边走过。
没有鲜花，没有掌声。
您是那样的从容，那样的宁静。
一年的学生生活，
是那样的短暂，
岁月留下的，
是我们的足迹。

回想当年，
多姿多彩的校园生活，
空气中飞扬的琅琅读书声，
至今我们都记忆犹新。
是您教导我们怎样读书，
如何做人，
让我们受益终身。

啊！树人堂啊！
您那博大的胸怀，
哺育了无数的优秀学子。
无论走到哪里，
无论在哪个工作岗位，
都会带着您的嘱托，
去服务社会，
去追求梦想。
在祖国辽阔的大地上，
努力奋斗，辛勤耕耘。
树人堂啊！树人堂！
今天，我们回来了。
犹忆当年，
我们轻轻地走。
转瞬今日，
我们轻轻地来。
历经近百年的风雨沧桑，

如今，您变得更加美丽，
更加生机盎然。
您与时俱进，不断创新。
您走过的每一个脚步，
都印着时代的步伐，
像瓯江的水，奔流不息。

啊！树人堂，
您是母校的象征，
您是恒久的精神。
我们为您骄傲！
为您歌唱！

茶山辟新基，并校促融合

——陈艾华口述

采访者：王鹏   整理者：王鹏、叶晨晨

采访时间：2023 年 2 月 22 日   采访地点：温州大学学院路校区

口述者简介

陈艾华，1947 年生，浙江温州人。历任瓯海县（区）长、书记，温州市委常委、市纪委书记、市委政法委书记、市委副书记、温州市高教园区建设委员会党组书记，2006 年 4 月至 2008 年 3 月任温州大学党委书记。陈艾华

在职期间，领导了温州市高教园区的高速高质建设，促成了两校合并与七校融合的新温大的建立，推动了温州大学向综合性教学科研型大学发展。

一　担责力行，创业高教

采访者： 陈书记，您好！温州市委、市政府 1999 年做出决策，将温州大学的发展统一纳入高教园区建设规划。2003 年 8 月做出合并温州师范学院与温州大学组建新温州大学的决策，2004 年 5 月教育部同意在温州师范学院与温州大学合并的基础上筹建温州大学，2006 年 2 月教育部正式同意设立温州大学。您担任温大党委书记前，曾承担茶山高教园区的建设工作，您能回忆一下当年茶山高教园区的规划与建设情况吗？

陈艾华： 1998 年，温州市委、市政府开始酝酿在温州组建一所综合性大学，按照"大学城"的理念规划建设高教园区。1999 年 2 月 24 日完成了"大学城"的选址，2000 年 6 月 13 日温州市高教园区建设委员会成立，具体工作主要由五位同志负责，除了我担任书记外，陈光天担任委员会主任，王延伸负责征地工作，王忠立负责建筑工程，张平和李学军负责办公室工作，其他相关工作缺人时再临聘人员。有三件事比较着急。

一是高起点编制高教园区概念性规划。秉承瓯越文化底蕴，以融合共享、创新发展为目标，以现代化大学城的理念进行规划，重视融合和生态环境营造，强调共建共享和要素资源的优化配置。2000 年 7 月 30 日，概念性规划设计方案通过专家评审。2000 年 8 月底历经精雕细琢后定稿。大学城规划区域面积 8 平方公里，其中园区建设用地 5 平方公里，包含温州大学、温州医科大学、温州师范大学、温州职业技术学院四个教学区以及五个学生公寓、两个公建中心（原温大图书中心与温师院艺术中心）和教工住宅区与附属配套区。房屋建筑面积约 180 万平方米，市政道路桥梁面积约 30 万平方米，公共园林绿地面积约 35 万平方米。

二是快节奏推进统一征地、建设工作。我们协同瓯海区委、区政府，2000 年 7 月 11 日召开高教园区征地工作会议并组建强有力的工作组进驻茶山镇，全面开展相关工作，茶山镇政府及下辖各村全力以赴支持高教园区建设，2000 年 9 月底完成高教园区建设一期征地工作。2000 年 10 月始，省政府陆续批准同意高教园区建设二期征地范围及面积，协同当地党委和政府，紧跟工作计划节奏，按时完成各项工作，确保高教园区建设顺利进展。

2000 年 12 月 2 日,在茶山举行高教园区基础设施暨温大、温职院新校区工程建设开工仪式,省市领导参加开工仪式,社会广泛关注,这标志着温州高教园区工程建设正式拉开了序幕。我们督导院校成立新校区建设专班、制订建设计划,推行院校领导月末工作例会制度和现场办公,共同推进建设进度、协调解决共性问题,仅现场办公会议就举办了 24 次。通过只争朝夕、环环相扣的工作,工期很快进入倒计时,至 2002 年 12 月,四所高校及图书中心、艺术中心、商务中心、学子广场、大型绿地等公共设施全部建成。2003 年各院校全部顺利搬迁。

建成后的大学城,以其先进的理念和恢宏凝重、别具个性化的建筑语言,演绎着温州高等教育发展的隽永华章,铸就了一座功垂千秋的历史丰碑。

三是实打实解决建设资金严重缺乏的问题。巧妇难为无米之炊,真正难倒我们的是财力问题。市里向省里报告的建设高教园区的资金是 4.2 亿元,因市里财政困难,实际陆续拨款仅 1 亿元,第一笔 5000 万元在 2000 年底拨予,第二笔 5000 万元在 2002 年 3 月落实,此后再无财政拨款。启动资金 50 万元,还是打欠条向财政局借的。若干年后,财政局在审计时发现我们还欠了启动资金 50 万元。

创业维艰,建设进程中的"三通一平"、"五通一平"及后续的"七通一平"都需资金源源不断投入,我们千方百计通过以下主要途径来解决。第一,寻求商业金融机构的支持。与建设银行、农业银行和工商银行商谈,将高教园区建设的存款和贷款业务作为条件,以换取各家银行无偿提供办公场所、交通工具与资金的支持。第二,出让商务地块。经批准,出让了茶山商务中心的几亩土地,筹措了垫底资金。第三,争取缓缴规费。争取了市里部门的支持,自来水安装费、人防易地建设费、环境保护费、白蚁防治费、地下管道费等允许暂缓缴纳。第四,争取各界捐款。向企事业单位、企业家和华侨寻求帮助,它(他)们纷纷慷慨解囊,积极捐资支持。

在高教园区总体项目建设完成后,我们本着勤俭办事业的精神,为高教园区后续的绿化建设、公路建设、生态园区建设以及相关部门办公用房建设提供了 1.17 亿元的经费保障。

在高教园区的建设过程中,各级领导十分关心、关注,浙江省委原书记习近平、全国政协原副主席李瑞环、全国人大常委会原委员长张德江、国务院原副秘书长陈进玉、温州市委原书记李强等领导,在此期间视察了温州高教园区并做重要指示，为高教园区今后的发展指明了方向。

二 临阵受命，齐心兴业

采访者：2006 年 4 月 27 日，浙江省委任命您为温州大学党委书记，当时的温州大学面临的一是棘手的债务问题，截至 2006 年 6 月，学校基建银行贷款高达 10.8 亿元，仅银行利息一年要拿出 7000 余万元。您能回忆一下当时学校层面是如何解决债务问题的吗？二是温大的人心向齐问题，在两校合并七校融合的磨合期，您能回忆一下当时采取了哪些应对措施吗？

陈艾华：我是 2006 年 4 月底到任，6 月温州大学正式挂牌成立，两校合并七校融合，万象更新，挑战诸多。

2006 年 6 月 23 日，陈艾华主持温州大学揭牌庆典大会

当时学校确实存在严重的债务问题，是我任内必须解决的一大难题。我们主要采取了四项措施。一是向政府要经费要政策。要求市政府如期划拨教育经费，加大政策倾斜力度，以减轻学校债务负担。二是商量降低贷款利率。银行将利息由原来的 6.2% 下调到 4%，减轻了一定程度的利息负担。三是盘活资产。调整学校出租房价格，并将拆迁房、闲置房与部分房产变现。四是出让学院路部分土地。出让金为 37 亿元，其中温州大学 22 亿元，15 亿元用于建设肯恩大学。温大用这笔资金还清了银行 11 亿元的债务，余留 11 亿元为温大进一步发展提供了财力保障。

我任内需要解决的另一大难题是温大的人心向齐问题。在两校合并七校融合的磨合期，客观上需要凝心聚力的工作。我与温州大学领导班子中的同志一起广开言路、集思广益、奋力作为，主要强化了两方面的工作。一是培育温大精神。2017 年广泛、深入开展了温州大学校训、校歌、校史、校徽的厘定活动，把历史渊源与理想追求的承接过程化为凝人心、聚力量的过程，把"求学问是、敢为人先"作为温大人共同的价值追求，持之以恒培育温大人情怀。二是以创业凝心聚力。温州大学是一所涵盖社会科学、人文科学、理科、工科、商科五大学科门类的综合性大学，立身之本的首要任务是达到教育部本科教育评估优秀的目标。我们当时遵循"服务温州发展，培育服务温州特色优势产业的高素质人才"的办学宗旨，探索办学特色，建立了校地互动平台和载体，启动了"双百"人才联动工程，探索融合"创业教育—专业教育"的以岗位创业为导向的创业教育新体系。以追求目标凝聚人心、凝聚干事创业力量，2008 年，在大家的共同努力下，温州大学通过了教育部本科教学水平评估，并获得"优秀"等级。

三　温大情怀，退休感悟

采访者：您能谈谈任温州大学书记期间，有哪些工作感悟吗？今年是温州大学校庆九十周年，您对温大未来的发展又有哪些期许与展望呢？

陈艾华：在其位，谋其政。我在温大任职期间，聊以自慰的有两件事。一是推动两校合并七校融合，凝聚人心和力量；二是推进温大真正成为综合性的教学科研型大学。完成了组织赋予的使命后，考虑应该为继任领导多留干事创业空间，申请提前卸任并于 2009 年退休了。

今年是温州大学办学九十周年，日拱一卒、功不唐捐，相信全体温大人能继续团结和谐、守正创新、踔厉奋发、勇毅前行，把温州大学建设成具有地方特色的综合性大学，具有较强科研和社会服务能力的教学科研型大学，力争走在全省乃至全国同类大学的前列。

忆峥嵘岁月，叙母校情缘

——陈莲莲口述

采访者：孙碧燕、郑重

采访时间：2022 年 7 月 28 日　　　　采访地点：温州市鹿城区中瑞曼哈屯

口述者简介

　　陈莲莲，1946 年出生，浙江温州人。1963 年毕业于温州师范学校。1963 年 8 月至 1984 年 4 月，任温州市区小学、市教师进修学院教师，市教育局教研室教研员，市小学数学教研会副会长，浙江省小学数学教研会副秘书长。系小学高级教师，温州市"三八红旗手"。1984 年 5 月至 2007 年 3 月，历任鹿城区副区长，温州市政府市长助理、副市长，市人大常委会副主任。

一　温师求学经历

　　采访者：陈主任，您好！首先请简单介绍一下您的个人情况。

陈莲莲：我出生于 1946 年 4 月 13 日，浙江温州人。1963 年 7 月，于温州师范学校毕业，此后 20 多年，从事学校教学、教研工作；1984～2007 年，选任温州市鹿城区副区长、温州市副市长、温州市人大常委会副主任，均分管教育、文化、卫生、体育工作。

采访者：陈主任，请您谈谈到温州师范学校求学的经历（1960 年 9 月至 1963 年 7 月），以及在校期间，您有哪些印象深刻的事情。

陈莲莲：温州师范学校创办于 1933 年 7 月，温州师范专科学校创办于 1956 年 6 月，1958 年 8 月升格为温师院。这三所师范院校虽然创办于不同时期，但三者的关系密不可分。因为温师院的前身是温师专，温师专的前身是温州师范学校，人们通称为温师。2006 年，温师院和温大合并为新温州大学。

我的母校是温州师范学校，1971 年停办后，几经变迁融入了温州大学，于是我成了温州大学的校友。明年是温州师范学校即温州大学办学九十周年华诞，在欣喜之余，难免回忆起我与温师点点滴滴的温馨往事，可以说我的人生芳华与温师有着密不可分的联系，它伴随着我度过青葱岁月，陪伴着我成长、进步……让我感恩不尽！

1960 年 9 月至 1963 年 7 月，我进入温师就读；1978 年 5 月至 1984 年 4 月，我调入温州市教师进修学院任教（后更名为温州教育学院，1992 年并入温师）；1991 年 9 月起，我担任了温州市副市长，在 12 年任期里，又有机会为助推温师改革与发展出力。我与温师确实有缘！

接着，我来说说在校期间记忆深刻的事。

第一，保送入学，免费读书。1960 年初夏的一天，温师分管招生工作的领导来温州二中，向初中毕业生作报考师范专业的动员报告。他在讲话中强调：学制 4 年，大专文凭，毕业后分配当中学教师；学费、住宿费全免，还补贴伙食费。我听了后，第一志愿立马报考温师。之所以选报温师，与我的家庭境况有关。当时，我父母每月工资只有 54 元，要维持一家八口人的生活，我和姐姐两人每学期的学费就要 40 多元。初二上学期（1958 年 9 月），因缴不起学费，我和姐姐辍学在家。后来经表舅介绍，18 岁的姐姐到温州制药厂当学徒工。我呢，准备到温州中药厂水心纸盒车间做童工。班主任程爱华老师得知后，来我家动员。她对我爸说："你女儿还是小孩子，学习成绩好，不让她读书前途会受影响。"她又说："先上学，我帮你把学费垫了。"这样一来，我又重新上学了。我非常感谢恩师程爱华，如果没有她无微不至的关怀，我早已辍学当童工了。

我在期盼中收到了温师的录取通知书，高兴得跳起来，可以继续上高中了！父母亲也露出了久违的笑容。1960 年 9 月，秋高气爽，开学的那天，我三步并作两步前往学校报到，顺利地分到 605 班（数理班）。

1960 年，与我同时入学的有 6 个班 300 多位同学，大多数是贫困生，全部同学都享受国家助学金。三年师范求学期间，我们虽然学习艰难、生活艰苦、劳动艰辛，但有了党和政府的关爱、老师的鼓励、同学的帮助，我感到苦中有乐、精神愉快，即使是"三年困难时期"，国家对师范生的助学政策也没有变，使我顺利完成了学业。

第二，教师严谨，学生刻苦。温州师范学校是小学教师的培养基地。老师常说："给学生一杯水，教师就要有一桶水。"学校以培养德智体全面发展的合格小学教师为目标，开设了与小学教学专业有关的课程，有政治、语文（语音）、数学、物理、化学、音乐、美术、体育以及教育心理学、教育实习、生产劳动等。如果主课、教育实习不及格便不能毕业；身体不健康的，毕业之后不分配去公办学校。

1961 年 7 月，国家因经济困难，提出了"调整、巩固、充实、提高"的八字方针。学校执行上级决定，缩小温师办学规模，原定 1960 级四年制的大专班，调整为三年制的中专班，学生数精简 1/3。我所在的 605 班（数理班）及 606 班（生化班）被裁撤了，同学的去留听从学校安排。学期结束时，班主任蒋焕敏老师拿着学生本学期成绩报告单，分别找每个学生谈话。他对我说："本学期你八门学科成绩全部 5 分，本班全优的学生只有 2 位，根据你的表现，学校决定让你继续留校读书。希望你保持优异的成绩，以团员的标准衡量自己，争取更大进步。"此刻，我像吃了颗定心丸，更加珍惜在师范学校学习的时光。据了解，我们年级段有近 100 名同学退学，学习成绩不佳的占大多数。

温师除了重视学生基础知识学习，还特别强调学生普通话技能的训练，这是教师必备的基本功。我的班主任、语文老师徐少华是本校普师专业毕业留校工作的高才生，曾是校学生艺术团话剧演员。她上语文课时，音色优美，普通话纯正，声音婉转动听，为我们口头表达能力的培养做了很好的示范。

开学不久，徐老师指派我和杨企真同学做学校广播室的播音员，这可难住我了！虽然我的音色和普通话比一般同学好，但我却是个胆小如鼠、不敢在众人面前大声讲话的女孩（当时才 14 岁），常常是未开口脸先红。我想：播音员是徐老师提供给我训练的机会，当人民教师也必须天天面对众人讲话呀！于是，我壮着胆子上岗。每轮到我俩值班就可忙了！清晨起床铃声一响，便穿好衣服，飞速向操场边的广播室跑去，连忙开机播放晨曲，待放完广播操的曲子，才回宿舍洗脸刷牙。中饭时段，在大餐厅旁边的广播室里，我播放着同学们喜爱的歌曲：《十送红军》《革命熔炉火最红》《洪湖水浪打浪》等。大家听着优美的歌声，有滋有味地吃饭。而我顾不上吃饭，拿着刚到手的通讯稿准备播音，遇到冷僻字便慌忙翻字典、查读音。初次播音时，面对话筒，虽然身边没有别人，可墙外毕竟有 700 多名同学在收听，对我来讲，紧张的心情是可想而知的。当读完通讯稿时，已是上气不接下气，即使是冬天，额头也会冒出热汗。等到门外餐厅吃饭的人所剩无几，我和搭档才安心用餐。

通过一段时间的强化训练，我对朗读产生了兴趣。之后，学校开设了语音课，任课的蔡秀英老师在北京深造后回校教学，发音非常准确，她特地指出某些温州方言对普通话发音的影响，我一丝不苟地认真记录，力求自己发音准确、口齿清楚、声音响亮、语气自然。功夫不负有心人！毕业后，我刚参加工作便在温州市实验小学教师普通话比赛中获奖，并代表学校参加全市小学教师普通话比赛。比赛那天，在评委席上发现两张熟悉的面孔，他们是温师语音任课教师蔡秀英、姜象城。我的班主任徐少华老师代表温师附小参加比赛，并获得一等奖，我为之骄傲。

温师在普通话上下功夫，使我终身受益。半个世纪以来，对于课堂教学、指导学生朗诵、开展教学讲座以及在政府机关大小会议讲话，甚至是在体育场馆内面向成千上万观众发言，我都无所畏惧，发挥自如。有一次，我在浙江省大学生体育运动会组委会上致欢迎词，温州市广播电视台台长沈惠国听了，连声称赞说："你今天的讲话，可与市广播电台播音员媲美！"这一切进步都要归功于精心教学的诸位温师语文、语音老师啊！

第三，吃苦耐劳，磨炼意志。温师不仅是师范生学习知识与训练教师基本功的阵地，也是我们经受困苦、磨炼意志的考场。

在 20 世纪 60 年代初的"三年困难时期"，我国粮食、农副产品不断减产，粮油、鱼肉等食品按计划定量供应。学校食堂三餐基本吃素，早餐是豆腐乳、咸菜、虾皮，中晚餐大多是瓜、菜、豆，偶尔吃一点蛋、肉和鱼……部分同学因营养不良出现浮肿。为了改善师生伙食，自力更生解决温饱问题，学校领导想方设法发动师生动手改善伙食。于是，将学校花园改为菜园；将师生的淋浴室改为"人造肉"培育房；在近郊新桥办起了学校农场，每周安排各班学生轮流劳动。当我们班去农场劳动时，劳动委员要求同学们早起步行前往，当天来回需要两个多小时。我们在学校办农场，种水稻与各种瓜菜，还养了许多猪、鸡、鸭……同学们在劳动中一不怕脏，二不怕累。夏天，我们顶着烈日，尝到了"锄禾日当午，汗滴禾下土"的滋味；冬日，同学们劳动的热情驱赶了冰霜严寒，田头响起了劳动号子、笑声，谁也没有叹一声辛苦。

1960 年，中共中央发出《关于农村人民公社当前政策问题的紧急指示信》。学校根据上级领导的要求，规定在春、秋两季放农忙假。自带粮的学生回家乡务农，其他同学由学校统一组织下乡参加支农劳动。1960 年秋收季节，学校组织师生到藤桥山根儿参加劳动。半个月来，每天清晨，同学们要到山高路远的地里干农活，上山要两个半小时，下山快一些，但也要一个半小时。劳动时，带队的农民手把手地教我们刨番薯丝、晒番薯干，中午在山上煮番薯吃。农民说："番薯是好东西，番薯藤也可以吃。"下山的时候，男同学挑着番薯，女同学挑着番薯藤，运送到生产队的仓库里。然后，农民把它连夜打包捆好，不日运送到山东，给灾区人民当口粮。

1963 年 4 月，学校安排我班去潘桥小学实习一个多月，同学的吃住均由该校总务主任负责，由我配合工作。一天，总务主任告诉我，当地买不到咸菜，需要派人去市区购买。我是负责膳食工作的班干部，买菜的任务当仁不让。第二天回到市区，在父亲的帮助下买到了二三十斤咸菜，坐河轮返回潘桥。上岸后，我直奔潘桥小学（约 2 公里），到学校食堂时，同学们正在用晚餐，看到我满头大汗、满脸通红地挑着一担咸菜一晃一晃地走进来，竟用热烈的掌声表示慰问！同学们的关怀使我很快消除了疲劳。现在有谁知道 20世纪 60 年代，吃咸菜也不容易？而当时的事实是农民盐票不够，甚至腌不成咸菜啊！

在温师读书期间，虽然办学条件差，温饱成问题，但艰苦的生活环境和重体力的务农劳动，磨炼了我们艰苦奋斗、奋发图强的意志，培养了我们吃苦耐劳、勤俭节约的美德。

第四，知行合一，如雷贯耳。"教师是人类灵魂的工程师"，"教育者先受教育"，"教书育人为人师表"……历任班主任的教诲言犹在耳，铭记在每个同学的脑海里。

　　1962 年 9 月,政治老师谢普奎兼任班主任。他五官端正,举止大方,眼睛炯炯有神,戴着眼镜,颇有书生意气。上课时,他用通俗易懂的事例,深入浅出地讲解抽象的哲学理论,为我们形成正确的世界观与方法论奠定基础。谢老师不愧为政治老师,他十分注重对学生进行政治思想教育和工作能力的培养。在谢老师的引导下,班团干部和同学们打成一片,一对一交朋友,一起学习团章。是谢老师鼓励我争取加入中国共产主义青年团,他在充分肯定我优点的同时,希望我进一步提高政治觉悟和认识水平,坚持原则,开展思想斗争,密切联系同学,加强与同学在思想上的交流和生活上的互相关心,争取更大进步。老师的教导,大大增强了我的自信心,让我决心克服弱点。

　　1962 年 10 月 1 日,我送上了一份充满希望的入团申请书。不久,在第六十届团总支会上,我宣读了入团申请书,介绍人周玲弟讲述了我的具体表现,表决顺利地通过了。当时我热血沸腾,脸上火辣辣的状态至今记忆犹新。

　　1963 年 3 月 5 日,《人民日报》刊发了毛主席"向雷锋同志学习"的题词,雷锋成为全国人民学习的楷模。同学们激情燃烧、闻风而动,在学校里掀起学雷锋日记、背雷锋语录、讲雷锋故事、唱雷锋歌曲的热潮,全校师生学雷锋、做好事蔚然成风。雷锋"对待同志要像春天般的温暖,对工作要像夏天一样的火热"的话语,我铭记在心,并付诸行动。在工作中,我发现班上有些自带粮的同学每月从家里带来的粮食(或粮票)不到 20 斤,他们经常饿肚子,有时三餐就吃稀饭。而对于户粮关系在城市的高中生,每月国家定量 32 斤粮食。班主任看在眼里、记在心上,于是动员饭量不大的女同学,自愿节约粮食帮助他们。我是班干部,助人为乐应起带头作用,立即响应并表态:每天我再省一口饭,每月节约的粮食追加到 8 斤。其他女同学也纷纷表态,伸出了援助之手。在 50 年后的一次同学会上,林正松(老班长)同学说:"阿莲,读书时你每月节省 8 斤粮食送我,非常感谢,终生难忘!"而我却早已忘了。

　　在党和国家对教育的重视与支持下,我们少小离家来温师读书,老师像父母般地关心教育我,同学如兄弟姐妹般地热心帮助我,使我从幼稚少年成长为合格教师。我感恩党政领导对温师教育的重视与支持,感恩母校老师对学生的谆谆教导与厚爱!

　　1963 年 8 月至 1978 年 5 月,我分别在温州市实验小学、瓦市小学任数

1963 年 4 月，陈莲莲（右三）在潘桥小学实习时，参加宣传演出

学教师和校少先队大队辅导员。1978 年 5 月至 1984 年 2 月，因工作需要被温州市教育局调入温州教师红专学校、温州市教师进修学院任教，工作了 5 年多。1984 年，该校更名为温州教育学院。

二 温州市教师进修学院工作经历

采访者：请您谈谈返回母校工作的经历。

陈莲莲：我刚去温州教师红专学校报到，便遇见了原温师函授部的金品芳老师，他满面笑容、和蔼可亲地迎接我，经介绍得知原来金品芳老师是该校的校长，他来迎接我回母校工作了，真是受宠若惊！我主要的工作任务一是担任中师进修班数学教学法的任课教师，二是负责组织在职小学数学教师的业务培训与教研工作。

当时我 33 岁，虽然已有 15 年教龄，但只有中专学历的我去指导小学老师，显得学识浅、经验少。以前，我面对的是小学生，现在面对的却是老师，感到压力很大。金品芳老师深知我的难处，决定组织我去上海第四师范学校进修两个月。我跟班听该校数学教学法的名师讲课，他全面阐述了教育部颁定的小学数学教学大纲、教材内容、目的要求及教材教法。我除了认真做听课笔记，还带着录音机把讲课内容全部录下来，以便回温复习。此外，通过上海市教育局领导的介绍，我利用课余时间，到上海实验小学、虹口区第三中心小学听数学特级教师上公开课。我们为了争好位子，自带干粮作中饭。当时，上海教育比较先进，师资水平很高，小学教师的学历已经大专化了，重点小学的特级教师都是研究生学历。此后，学院领导坚持每年安排我去上海、杭州、厦门、常州等先进地区学习、取经，使我的业务水平迅速提高，我还把学到的先进教学方法带到了温州，传授给其他教师。

平时，我在教师进修学院四楼上大课，教室里来了100多位前来进修中师学历的在职教师，他们学习热情高。虽然是下午的课，中午就有人来争第一排的座位。学员们听课非常认真，我很受鼓舞。为了方便老师学习，我经常上山下乡，到各县市区不遗余力地举办教学专题讲座。有一次，在永嘉县电影院做小学数学教学法讲座，全县来了五六百名教师，其中有几十年教龄的老教师，也有刚上岗的新教师，上课难度大。但一天下来，老师们专心听讲，认真记录，我很感动。我想只要自己奋发学习，刻苦钻研业务，一定能胜任新岗位。此外，我常去市区基层小学随堂听课、现场指导……在我的帮助下，新教师逐步掌握了科学的教学方法，有的脱颖而出，成为教坛新秀。同时，我组织重点小学数学骨干教师开展课堂教学观摩活动，开展"小学数学应用题教学"等课题的专题研究。六年中，我撰写了20多种小学数学教学辅导资料，在全国、省、市相关的专业刊物和数学教学研讨会上，发表专业论文十多篇。1982年10月，我出席了在西安市召开的由北师大承办的全国小学数学教学学术交流会，浙江省参会的仅3位，我在会上宣读了专题论文。

当年，我被选为浙江省小学数学教学研究会常务理事兼副秘书长，并获得温州市"三八红旗手"的荣誉称号。

三 助推温州师范学院改革发展

采访者：请您谈谈在担任区、市领导期间，助推温师院改革发展的情况。

陈莲莲：随着我国改革开放的不断深入，温州政治、经济、文化得以快速发展，我的人生也发生了不以个人意志为转移的变化。1984年2月，正当我致力于数学教学之际，温州市委突然选调我去温州市鹿城区政府担任副区长。1991年4月，我调任为温州市市长助理，同年当选为副市长，从此走上从政道路。在12年任期里，我能有机会为母校师生服务，为助推温师院改革发展出一份力，是我一生最大的荣幸！

20世纪90年代初，温师院办学遇到许多困难：一是缺钱，市财政每年给学校拨款数大大低于全国、全省水平，造成学校经费严重不足；二是缺房，教学用房、师生宿舍建设滞后，供不应求；三是缺人，教师待遇低，高职称老师和学科带头人匮乏等，都是发展中遇到的新问题。十多年来，温师院党政领导班子积极向省、市领导提出许多改革创新的意见与建议，主要有：深化学校办学体制改革，迅速扩大温师院办学规模；创新招生办法，提高学校办学效益；增加政府投入，改善办学条件；提高教师待遇，稳定师资队伍；盘活校产资源，筹集校园建设资金；加强学校管理，提高办学水平等等。在省、市党政领导和教育等有关部门的重视与支持下，温师院全体教工团结奋进、迎难而上、群策群力、努力工作，使学校实现了飞跃式发展。

第一，深化改革，学校越办越大。20世纪90年代末至21世纪初，温师院的办学体制发生重大变革。

1992年4月26日至5月8日，国家教委检查组来浙江省复查验收教育学院师范教育，温州教育学院由于办学条件差（校园太小，校舍不足）而未通过复查验收。根据浙江省政府、浙江省教育厅领导的意见，7月16日，温州市委、市政府决定：温州教育学院与温州师范学院联合办学，实行"一套班子，两块牌子"的管理体制。

1999年3月，教育部颁发《关于师范院校布局结构调整的几点意见》的通知，提出师范教育结构层次应由三级师范（高师本科、高师专科、中师）向二级师范过渡（即撤销中师）。2000年4月，根据浙江省教委意见，温州市政府常务会议决定将温州幼儿师范学校、瑞安师范学校、平阳师范学校3所中师撤销，后并入温州师范学院。

2000年1月5日，经市政府积极争取，省政府批复同意温州师范学院设立二级学院，即瓯江学院，由温师院马大康院长兼任瓯江学院董事长，具有独立法人资格，实行相对独立办学、财务独立核算。学院要深化人事、分配、教学、科研和后勤服务社会化等方面的内部管理体制改革。

在联合办学、合并办学、新型模式办学的改革过程中，温师院得到了市委、市政府、市有关部门、师范院校新老党政领导、教职员工、学生家长以及社会各界的大力支持，但也有一些不同的声音在耳边出现。反应比较强烈的是市教育学院的领导，他们上访并写了几十页诉求报告。报告全面总结了开办教育学院以来师训工作的业绩；分析了学院验收不合格的原因是市政府投入不足造成校舍、校园面积不达标；强烈要求市政府不要撤校，"保牌办学"；列举了省内绍兴地区撤销教育学院带来的弊端。面对温州市教育局副局长施振声、温州教育学院院长林沂等德高望重的老领导的忠告，我非常理解他们的苦衷和委屈的心态，因为教育学院分明是替市政府背黑锅呀！同时，我也佩服他们老一辈教育工作者对师训工作的热爱，以无私无畏的精神，敢于实名写信向市委、市政府领导进言"唱反调"。事后，我也将自己认同该院领导的意见一五一十地向市委书记、市长汇报。后经市委、市政府领导集体讨论，决定不摘牌子，温师院与教育学院联合办学，实行"一套班子，两块牌子"的管理模式。1992年暑假，我出席了温州教育学院最后一次全体教职员工大会。会上，市教委领导宣读了《有关温州教育学院与温州师范学院联合办学的决定》，市委组织部领导宣布市教育学院合并后的新班子成员名单，由我代表市领导发言。首先，我充分肯定了市教育学院在校舍少、经费缺、任务重的情况下，办学取得的显著成果。1981~1990年，市教育学院培训高师、中师函授毕业生达4359人；组织中小学教师参加备课班、讲座、教研会、观摩教学等活动不下2万人次；对于全市教育人才的培养、教育事业的发展，市教育学院功不可没！接着，我明确指出两院联合办学有利于整合高师职前、职后的教育资源，使两院人、财、物优势互补，设施、设备共建共享，减少政府重复投入。最后，希望大家顾全大局，服从决定。

温师院经历了三次办学体制变革，十多年来，五院校的领导、教职员工，不分你我，团结一致，为学院改革创新做出了非凡的努力并获得成功。《温州教育志》公布的数据显示，1991年，温师院设有17个本、专科专业，在校生1644人，专任教师236人（教授2人，副教授35人），校园占地面积约15.9万平方米，校舍5.95万平方米。2004年，学校下属18个二级学院，设有48个本、专科专业，在校生8822人，教职工946人（教授66人，副教授185人），校园占地面积约75.3万平方米，校舍27.55万平方米，教学仪器设备价值18290万元，纸质图书82.2万册。通过前后数据对比，充分显现温师院办学体制改革促发展的显著成果。

1999年8月，谷超豪院士应邀任温州大学校长。原温大因办学条件达不到部颁标准，面临困境。为此，2002年5月，谷超豪等10位中科院院士联名致信市委、市政府，建议在温州师范学院、温州大学的基础上组建地方综合性大学。根据市委、市政府领导的指示，我积极参与了两院校合并办学的协商及可行性研究；同时寻找途径拜访省教育厅、教育部领导进行沟通，争取省、部级教育主管部门的支持和帮助。经市四套班子集体努力，温师院党政领导表示理解和支持，他们站在全局的高度，以温州办综合性大学为重，同意上级的决定，忍痛割爱，撤了"温州师范学院"这块金字招牌。2004 年 5 月，教育部批准筹建新温州大学。

第二，易地新建，校园越变越美。20 世纪 90 年代至 21 世纪初，温师院新、老校园工程建设热火朝天。九山校区新建琴房，拆建育师楼危房，改建操场，修建下水道；学院路校区续建文科楼、学生宿舍、教工住宅，新建育英大礼堂、逸夫艺术馆、温师院图书馆、运动场、体操房等。我积极参与了其中需要市政府出面协调解决的问题，如文科大楼工程质量监督、育英大礼堂设计会审、育师楼危房拆建、农民工安置遗留问题，以及温师院茶山校区的选址、规划、征地、筹资和解决瑞安师范、温师专老校园出让变现等问题。我作为市政府分管教育的领导，急学院之所急、解学院之所困，应义不容辞、责无旁贷。但说实在话，要解决温师院发展中遇到的一揽子"老大难"问题，我个人的能力是有限的，必须紧紧依靠市委、市政府领导班子集体的力量才能奏效。为此，我经常与温师院领导会同市委、市政府及有关部门的领导进行沟通，商议对策，解决学院办学中遇到的困难问题。三任老院长谷亨杰、李日增、马大康便成了我办公室里的常客。在他们的眼里，我是副市长；他们在我的心目中，是德高望重、可敬可亲的母校校长，我是他们的学生、学校的后勤兵、师生的服务员。

1994 年 8 月下旬，17 日的特大台风过后，我带领教育局、城建等有关部门领导视察、检查市区学校危房。那一天，我安排的第一站是去母校胜昔桥校园。进校后，我首先去看了育师楼（自己曾学习的地方），然后检查了教师办公楼和学生宿舍。其间遇见了久别重逢的教育学院的老同事，与他们亲切交谈。离开校园后，特意去普觉巷视察教工宿舍，拜访了陈炳源等几位母校老教师，耐心地听取了他们提出的建议和诉求。听了，看了，我十分内疚。30 年前美丽的温师校园，现在除了树木茂盛，校舍破烂不堪，排水道堵塞，虽然大雨过后已有两日晴天，但在校园里还得穿雨鞋；育师楼已成了危房，经不起风吹雨打；学生宿舍多处漏雨、阴暗、通风差；教师住房紧张，教职工福利差，意见满腹。

"老大难老大难，老大出来就不难!"对于大家的呼声，请市党政一把手出面解决问题，是个好主意。于是，我召集了市有关部门领导就急需处理的问题进行调查研究，提出解决方案，交给党政一把手决策参考。此外，还精心组织市委、市政府领导利用教师节期间走访学校、慰问教师的机会，召开现场办公会议。

1994 年 9 月 9 日下午，我与温师院领导在学院路新校区大门口欢迎陈文宪市长一行到来。温师院党委书记金礼义带领大家参观了校园，汇报了学校办学情况，提出招收捐资助教生、解决教工住房、治理校园周边河水污染等要求。会上，经各部门领导热烈讨论，陈市长做出三项决定。一是将学院教工住房按温州市政府规定的福利房、微利房、商品房分配条件，纳入市教工住宅建设规划，统一解决。二是同意温师院招收捐资助教生，期限暂定 3 年，由学院向省教育厅争取招生计划，市里给予新生"农转非"、毕业包分配的优惠政策，收取的捐资款全额返回学校，作为改善办学条件经费（每年约 700 多万元）。三是同意在校园周边沿街地带进行商业性开发，以增加学校预算外收入等。这次现场办公会议，确定了高校教工住房的优惠政策，还使学校摆脱了多年来办学经费收不抵支的困境。

1995 年 9 月 8 日上午，省委常委、市委书记张友余率我及市委、市政府有关部门领导到老校区视察。先看了危房育师楼，又去普觉巷教工住宅慰问了部分离退休教师，张书记向忠诚教育事业辛勤工作的老教师表示节日祝贺，然后到学院路新校区召开教师座谈会。温师院金礼义书记汇报了学院的近况，并提出了新的问题。张书记有备而来，明确指示：（1）"育师楼"拆、扩建经费由市财政、教委、温师院三家分摊；（2）学校东边田径场（易地重建）由车站大道建设指挥部负责建设，竣工后交付学校使用；（3）市政府在"高知房"计划中安排 100 套（共 300 套）住房为温师院教师解困；（4）实施温师院教师教龄补贴政策，与中小学教师同等待遇。会议充分体现了市委、市政府领导对师范教育的重视和对教师的厚爱，全校师生倍受鼓舞。

世纪之交，温州市委、市政府提出建设现代化新温州的发展目标，而发展高等教育是建设现代化新温州的重要任务之一。1997 年 10 月 13 日，温州市委、市政府召开"学习党的十五大精神暨全市经济社会发展战略研讨会"，市教委主任潘龙俊在会上发表"建设若干个高等教育、中等教育和特殊教育发展园区"的意见，引起了市委、市政府领导的高度关注。会后，市规划局、市教委积极行动，建议在新城区建设 6 个教育发展园区，其中包括在瓯海茶山镇、龙湾瑶溪镇各建一个高等教育发展园区。1998 年 6 月，市政府组织市、区教委等有关部门领导、专家 27 人，评审并通过了《温州市城市教育设施（学校）规划》。

我国颁发的《高等教育法》于 1999 年 1 月 1 日开始实施，根据《高等教育法》的要求，温师院等高校校园面积均存在差距，而又不能在学院路周边扩建，为此，市四套班子的领导提出加快建设大学城的意见。

1998 年 9 月，市委书记蒋巨峰约我和温州市教委副主任张致光一起去龙湾瑶溪镇、瓯海茶山镇、永嘉平顶山等地考察大学城的用地。跑了一天，我们认为茶山风景秀丽、交通方便，初步确定其为首选用地。

1999 年 1 月 2 日上午，市委书记蒋巨峰、市长钱兴中召集副市长阮晖和我以及市政府有关部门等 20 多位领导，去大罗山察看茶山镇地形，登高望远，一目了然，大家一致认为山脚北面是一大片农田，无其他建筑物，启动快。钱市长高兴地挥着手说："凡是看到的平地，全划归高教园区！"这一挥手，规划面积达 8 平方千米、建设用地 4 平方千米的大片区域，就将作为温大、温师院、温州医学院、温州高职院四所高校用地。

2000 年，瑞安师范、平阳师范、温州幼儿师范学校将并入温师院，分为四个校园，总校（学院路）太小，分校（平阳、瑞安、九山河畔）太远，不利于学院管理，故易地新建成了温师院发展的当务之急。经市委、市政府、省教育厅领导多次协调，确定将茶山大学城的 56.5 万平方米用地划给温师院，易地新建的序幕就此拉开。温师院根据市委、市政府提出的生态园林化大学城的理念，把高教园区建设成为具有共享性公建设施、智能化信息系统、开放性校园环境、多元化投资机制、社会化后勤服务的园区，2001 年 9 月进场施工。为了解决温师院茶山新校园建设资金缺口问题，温师院领导根据市长的意见，顾全大局、忍痛割爱，同意将九山校园（原师范学校）、瑞安师范学校校园有偿转让给温州市旧城改造指挥部和瑞安市政府。经温州市政府领导多次协调，双方达成协议，最终温师院获得出让金近 1.5 亿元，大大加快了茶山校区建设的步伐。2002 年 9 月，第一期工程 4.3 万平方米的校舍建成，新校区正式启用，4000 名学生迁入新校园学习。

2006 年 2 月，经教育部批准，温师院和温州大学合并成新温州大学，属市政府主办、省政府领导管理的地方综合性大学。

2023 年，母校办学历时九十个春秋。学校校名从温州师范学校、温州师范专科学校、温州师范学院到温州大学，学校校址从平阳郑楼、九山河畔、学院东路到茶山大学城，一路如诗如歌。随着我国改革开放、经济繁荣、社会进步、教育振兴，学校越办越大，校园越变越美，我为之欢呼！我为之自豪！

四 原温州大学发展历程

采访者： 请谈谈您所经历的原温州大学发展历程。

陈莲莲： 1984 年，温州成为全国首批沿海开放城市，但没有一所大学作为支撑，人才资源比较稀少。因此，在外的温籍学者向温州市委、市政府领导建言献策，要求创办温州大学。时任书记袁芳烈、市长卢声亮采纳了这个意见。可是创办温州大学，钱哪里来？温州市委、市政府决定通过三条渠道筹措经费：一是省市政府投入，二是"三胞"捐资，三是群众集资（发行"三元券"）。1985 年 1 月 25 日，我任副区长，参加了市政府召开的关于温州大学基本建设基金工作会议。会上，市政府要求鹿城区政府动员市民购买 90 万元"三元券"。

采访者： 您能跟我们谈谈这个大会的情况吗？

陈莲莲： 这个大会非常感人。市长动员讲话之后，离休老干部陈辉同志带头响应，他说："自己这一代人冒着生命危险打天下，目的就是要把家乡建设好，让子孙后代过上和平幸福的生活。温州对外开放，却没有一所大学是不行的，我们砸锅卖铁也要填补这个空白！"于是他捐了自己多年的积蓄，华侨也纷纷认购捐资。

采访者： 会后，您筹到钱了吗？

陈莲莲： 会后，我闻风而动，费了九牛二虎之力只筹到了 26 万元。把任务分给各街道乡镇时，有的基层干群产生了抵触情绪。一位领导当场就跟我说："我们街道办事处只有这么多钱，你把我抓去关在牢房里，我也只有这么多。我是没办法，工作做不下来！"为什么群众会有这么大的抵触情绪呢？他们的理由是：小学升学率只有95%，初中升学率还不到40%，也就是说部分小学生和大部分初中生毕业以后就失学了，而未成年无法就业。老百姓考虑的是眼前的利益，怎么解决我家孩子上学的问题。把未成年人留在家里，他们也没心思在单位工作。所以群众不是没有钱，而是希望政府首先把初中、高中办好，大学是遥远的事情。希望当地政府先把初、高中办好，办大学不是当务之急，这是多数基层干部的想法。可多数知识分子，特别是华侨还是支持办温大。温大的爱国楼、爱乡楼都是华侨捐的，共筹款 400 多万元，启动了一期工程，你不要小看这 400 多万元，当时万元户是很富裕的，所以筹到这个数目也是很不容易的事。

采访者：请您谈谈何朝育夫妇为温州大学建设所做的贡献。

陈莲莲：何朝育先生是温州著名的爱国人士，他对家乡始终保持着一腔赤子情怀。何朝育夫妇捐建温州大学图书馆的协议，是在 1991 年 5 月委托其外甥——黄美英女士三姐黄美玉的儿子郑新华代签的。

协议签订之后，这笔资金先从台湾汇到香港，再从香港转到温州，在这个曲折的过程中，何朝育又得知温州大学的办公条件非常艰苦，用于接待的车辆非常紧张，夫妻俩就在电话里对校长魏萼清说："先把眼前的小困难解决了吧！"当即，他又通过郑新华，给温州大学送去一辆皇冠轿车，以便尽快改善学校的办公用车。

1992 年 11 月 11 日，温州市区学院路温州大学新址彩旗飘扬，何朝育先生和著名数学家、温州大学名誉校长苏步青在年轻人的搀扶下，缓步踏上工地，一起为温州大学图书馆奠基。两位老人饱含深情、满怀美好憧憬地为图书馆培上了第一锹泥土。

在建设图书馆的过程中，方案被一再调整，何先生知道后诚恳地对魏萼清以及温州大学的负责人说："要有超前的意识和眼光啊，不要担心资金不够，我可以想办法再增加捐款。"

果然他兑现了承诺，从原先预算捐款 400 万元港币追加至 628 万元港币，捐赠款是分期汇给温州大学的。鲜为人知的是，当何先生将最后一笔捐助款汇给温州大学之前，夫妻二人名下其实并没有多少可周转的资金。于是，何先生夫妇便将二人所持有的股份出让给了正大公司。而正大公司因款项被大片地皮套牢，运营处于瓶颈之中，正苦苦支撑着。在公司的账户上，也没有可挪用的款项暂借给何先生调用，何先生便与儿子何纪豪商量，向银行申请贷款。

对于父亲这样的举动，何纪豪一开始实在无法理解。但是何朝育先生对家乡的承诺与责任就如他所做的决定，不容分说，毋庸置疑！他对何纪豪说："温州大学更需要这笔钱！虽然我们要支付银行很多利息，但是我们手头可以紧一紧，克服一下眼前的困难，先帮助温州大学把图书馆建起来再说！"此时，黄美英女士默默地站在何先生的身后，一如既往地给他以有力的支持。

两年后，正大公司非常意外地以优厚的价格回笼了登辉大道地皮出售的款项。何先生冷静地思考后，再次做出了一个让所有人都吃惊的决定："这笔款项一次性还清所有银行贷款后，还有足够的盈余来分配股金，那么我和太太的股金就继续用于捐助支持家乡建设吧！"1993年3月13日，图书馆顺利落成。图书馆的单体设计大气而漂亮，总共有四层，由馆务、书库、阅览、报告厅及大厅五大部分组成。建筑面积达6299平方米，预计总藏书量可达40万册，是当时浙南地区建筑格调最新颖、面积最大的图书馆。设计者按何先生"具有超前意识和眼光"的要求，使图书馆成为温州建设史上可圈可点的建筑范例。

图书馆正式投入使用后，1994年1月15日，何朝育夫妇特向这所崭新的图书馆无偿赠送图书498册，折合人民币6400元；1997年4月15日，在图书馆落成四周年之际，他再次慷慨解囊，为图书馆捐资10万元人民币，以进一步充实、丰富图书馆的藏书。

此后八年里，何朝育夫妇不断地雪中送炭、无私捐献。初期，在香港帮助何朝育夫妇把巨额个人存款兑换成港币，再转捐到内地的侄女婿杨仲文对何纪豪说："按照法律程序，现在捐献的善款都已经到位了，但必须要有一个捐款人的名字登记在册，这个名字要由你家里的人来定。"可是，何先生做公益事业很低调、不扬名，包括温州方面的宣传报道，他从来没有向当地政府提出任何回报的要求。何纪豪也深知父母亲的脾气，捐建温大图书馆项目的命名绝对不能挂上他们的名字，那可怎么办呢？何纪豪绞尽脑汁，他无意中发现二老名字的最后两个字"育英"排在一起倒是非常巧妙，也很有纪念性意义，于是，他干脆就取"育英"二字为名登记上报。温州大学图书馆也正式命名为"温州大学育英图书馆"。从此，何先生在温州的10多个捐建项目都以"育英"命名，无私奉献的"育英"事业就这样在温州开启了。

1991年，温州师范学院院长谷亨杰力邀发绣大师魏敬先到学校任教，后来成立了温州市人像绣研究所，展开"发绣外交"。1992年，谷亨杰院长和魏敬先教授到香港进行学术访问。这期间，他们通过杨仲文先生的联络和安排，在香港与何朝育夫妇会面。在这次会面中，谷亨杰院长向何朝育夫妇介绍了学校的发展情况和在建设中面临的困难问题，何朝育夫妇当即表示愿意再度捐献1200万元港币，为学院援建大学生活动中心演艺厅，同时又赠送了一辆价值58万元港币的皇冠轿车。

在聊天过程中，何朝育听说因经费有限，发绣这门古老的技艺绝活陷入了难以为继的困境，虽然已经成立了温州市人像绣研究所，但科研经费却需要自己筹集，只执着于发绣艺术研究并不善于经营的魏敬先老师为此寝食难安。于是，何朝育先生再掏腰包资助 15 万元港币。温州市人像绣研究所后来正式迁入温州大学，改名为温州大学发绣研究所，魏敬先诚挚地邀请何朝育担任温州大学发绣研究所名誉所长。为感谢何朝育夫妇再度为温州大学慷慨解囊，并使古老的发绣艺术有了新的发展机遇，魏敬先将深深的谢意和敬意凝结在一根根纤细、柔韧的头发丝上，绣出了两幅何朝育伉俪的发绣头像，敬献给他们。

1993 年春天，大学生活动中心演艺厅在温州市学院路奠基，于 1994 年 3 月 14 日落成。在这一年多的时间里，何朝育夫妇三度亲临工地视察建设进度。当看到配套中央空调和音响设备还没有落实时，夫妇俩又追赠了 200 万元港币。

新建的大学生活动中心演艺厅是当时浙南地区最大的多功能礼堂，设计者匠心独具，礼堂的建筑主体刚刚显露，就成了温州家喻户晓的景观和著名建筑。有着"歌舞之乡"美誉的温州，从此有了一方较高档次的演艺舞台，有许许多多的孩子、艺术追梦者和艺术爱好者享用过这里的舞台。在这里，他们开启了自己最初的艺术之旅，放飞了他们的艺术梦想。

图书馆和大学生活动中心演艺厅大礼堂投入使用后，不仅极大地改善了温州大学和温师院的办学条件，而且为活跃和繁荣温州的公共文化事业发挥了重要作用。为铭记何朝育夫妇兴学育才的高尚精神和爱国爱乡的赤子情怀，温师院将大学生活动中心演艺厅命名为"育英大礼堂"，以永续"育英"嘉名，永记何先生和黄女士的善举，让"育英"成为大爱的象征，成为无私奉献的标志，将"育英精神"延续下去。

采访者：20 世纪 90 年代中后期，温州大学面临着是改制办学还是合并办学的难题，议论纷纷。民办教育的机制要不要引到高校去？高校能不能通过社会力量办好？

陈莲莲：这在当时来讲，争议很大。特别是温州大学，面临着改制办学还是合并办学的难题，议论纷纷。在国家教委副主任周远清来温州考察高等教育时，我就与他商讨，如何解决温州大学面临摘牌的问题。根据国家已经颁发的《高等教育法》，2000 年，如果硬件投入和师资达不到具体标准的话，温州大学就要摘掉牌子，改成温州专科学校了。我作为副市长，如果没把这个大学的牌子保住，怎么向世人交代，怎么向前任领导交代！要解决这一问题，就算动用市政府全部的财力也不够，于是就考虑能否改制为社会力量办学。

1998 年 1 月，陈莲莲（前排右二）陪同国家教委副主任
周远清（前排中）考察温州高教体制

采访者：周副主任是怎么看待这个问题的？

陈莲莲：我们一路上都在探讨，周副主任提出了不同看法。他说在国外，民办大学都是名校。在一所学校里面只能有一种体制，不能有两种，否则会带来混乱。他说得也对，当时我市的大学里，既有公费生，又有自费生，两个在一起的话，矛盾重重。如温州师范学院，公费生包分配并享受国家助学金待遇，而自费生不包分配学费又高。比如张三是公费生，李四是自费生，他们在一个班级上学。结果毕业的时候呢，张三的成绩不如李四，但李四不包分配，成绩不好的张三反而包分配，这就闹矛盾了。所以周副主任提出："学生待遇可以因校而异，但不能在一所学校里因人而异。"他又说："温州大学，原来是公办的你就公办，如果改制的话，你就变为民办，公私合营不行。"一些企业家听说要把温州大学改为民办，热情很高，纷纷到市政府要求投资办学。

采访者：那后来情况怎样了呢？

陈莲莲：后来，市委张友余书记提出温大能否试一试"一校两制"，过渡两年。我们用民办机制去运作，成功的话改成民办，不行的话就回到公办。我认为这个办法稳妥，就去做周副主任的思想工作。我说邓小平同志提出"一国两制"，让我们温大也试一试"一校两制"，然后再作决定吧！他同意了。

1999 年秋，温州市委书记蒋巨峰一到任就找我谈话。他说："陈莲莲，很多大学的领导、老师找我了，温州大学怎么办，关键时刻一定要突破这个难题。我想了一个办法，即温大总校由市政府公办，下属部分二级学院允许民办。"蒋书记的思路经市四套领导班子集体讨论，终于定下来了。

2000 年，温大一共筹建了 5 个民办性质的二级学院，有管理学院、国际关系学院、应用工程学院、艺术学院、建筑工程学院，每一个学院都由一位企业家出资。二级学院的师资，来自四面八方，有东南大学、同济大学、浙江大学、中国美术大学、解放军关系学院的专家、学者、教授等。市政府特请复旦大学温籍院士谷超豪（苏步青教授的得意门生）出任温州大学校长，他本人十分乐意。

1999 年，《温州大学改革与发展规划》论证会，谷超豪院士（前排右五）、蒋巨峰书记（前排右六）、陈莲莲副市长（前排左三）

2001 年，温大争取到 600 名自费生的招生计划。自费生按国家高考招生的分数线适当降分录取，并按统一价格收费。每生 3 年共收 5 万元，第一年收 3 万元（其中捐资 2 万元），第二年、第三年各收 1 万元。这样一来，学校建设和公用经费就有着落了，它来自学生捐资的钱、企业家的钱和财政的钱。后来温大易地新建，占地面积达 100 万平方米，建立了温大教育产业集团。将大部分老校舍置换变现，价值二三十亿元。原来温大只有一名教授，第二年成立了 5 个民办二级学院以后，从复旦、浙大等引进了 20 多名教授，其中有三位博士生导师。所以，改制以后的温州大学充满了生机活力。

五 未来展望

采访者：2023 年是温州大学办学九十周年，您对温大未来的发展有哪些期许与展望？

陈莲莲：我希望温州大学成为温州的模范学校、人才库、智囊团。学校要"面向现代化、面向世界、面向未来"，培养一批为温州当地的经济建设与社会发展服务的德智体美劳全面发展的社会主义事业的建设者和接班人。为什么叫温州大学？办学初衷就是要为温州的改革开放与经济建设服务。所以，温大要加强对学生的爱国爱乡教育，特别要引导拔尖人才留在温州从业，为建设我们的家乡出力。

我希望温大更加重视师范教育，为培养更多出色的教育人才出力。虽然温州大学是综合性大学，但不能忽视原来师范学院的办学宗旨，承担着现有的温州高中、初中、小学、幼儿园教师培养的重任。温大现有很多二级学院，但教育学院是温州教育的工作母机，影响着温州的整体教育水平。所以我希望温州大学一定要把教育学院作为学校教育教学的重中之重。

2023 年是温州大学办学九十周年，也是我毕业离校六十周年。为纪念母校办学九十周年，我将自己在母校学习、生活、工作中那些难以忘怀的所见所闻和那一代人的所作所为记录下来，好让子孙后代了解先辈艰苦办学的历程，更好地学习和传承母校优良的校风、教风和学风，立志成才、报效祖国。

求学问是育人才，敢为人先创新业

——陈福生口述

采访者：潘立川   整理者：潘立川、李婷

采访时间：2022 年 7 月 19 日   采访地点：温州市鹿城区金色尚品小区

口述者简介

陈福生，1956 年生，浙江龙游人，二级教授。先后担任温州医学院党委副书记，温州师范学院党委副书记、书记，温州大学校长、党委书记等职务，兼任浙江省社会科学界联合会第六届常务理事、温州市决策咨询委员会副主任、浙江省哲学社会科学重点研究基地温州人经济研究中心主任。主编著作多部，发表核心期刊论文 10 余篇。曾获第六届国家教学成果奖二等奖、浙江省教学成果奖一等奖、浙江省高校思想政治教育优秀成果奖等多个教学、学术奖项。

一 刻苦努力争上游

采访者：陈书记，您好！感谢您接受我们的口述访谈。首先请简单介绍下您的个人情况，包括籍贯、家庭、学习经历和工作履历等。

陈福生：我是 1956 年 7 月 16 日出生在浙江省龙游县，在我出生的时候龙游还是个小镇。我在家里排第五，上面有四个姐姐，下面有两个弟弟，奶奶也健在，全家十口人。因为家里人多，生活比较艰苦。我父亲在乡下供销社工作，月薪是 38 块钱，但要养活十口之家，可想而知，我的少年生活还是很艰苦的。正因为生活艰苦，也在某些方面锻炼了我的体魄，磨炼了意志，学会了担当。我从 9 岁就开始协助家里做一些家务，甚至上街卖过菜，做过童工。初中时还去建筑工地抬五孔水泥板，在木材厂扛木头。当然不仅仅是我，那一代人几乎都经历过这样的磨炼过程，这对一个人的成长有很大意义，所以我给同学上课时讲过，尽管那个时候我们很艰苦，但是我们的精神生活很丰富，因为经历了社会方方面面的磨炼。1974 年我高中毕业，刚好年满 18 岁，就去农村插队做知青。两年半以后我得到了去杭州大学读书的机会，1979 年大学毕业后，我留在杭大担任教师。很有趣的是我当教师的时候，我的学生中年龄最大的是 32 岁，孩子都有两个了。从小学一直到大学毕业，我每年都是"三好学生"，是班级的主要学生干部，学生干部经历对我以后的工作有很大的影响。

我一直在杭大工作到 1983 年 10 月，因为妻子在温州工作，所以我向学校申请调到温州，便来到温州医学院担任教师。由于我工作比较优秀又是党员，温州医学院的领导就让我担任班主任。1984 年底，在评选浙江省优秀思想政治工作者时，大家也比较认可我的班主任工作，一致推荐我为浙江省优秀思想政治工作者。恰逢温州医学院团代会换届，所以 1985 年 1 月，我走上了管理岗位，担任学校团委书记，后又担任学生处处长。1992 年学校为了培养我，把我送到刚刚撤县设区不久的瓯海区挂职锻炼，担任瓯海区区长助理。1993 年 7 月，温州医学院召开党代会，组织选我担任学校党委副书记，因此本来是两年的挂职锻炼，我提前半年回到了温州医学院。我在温州医学院担任党委副书记共 8 年，2000 年 3 月，由于组织工作的需要，调到温州师范学院担任党委副书记。2001 年 12 月，省委任命我为温州师范学院党委书记。2003 年 7 月，温州市委提出温州师范学院与温州大学两校合并，我主要负责两校合并与新温州大学筹建工作。2006 年 2 月，教育部批准成立新温州大学，2006 年 5 月，省委任命陈艾华同志为新温州大学党委书记，我为新温州大学首任校长。2008 年学校党委书记陈艾华退休，我从校长转为党委书记，一直到 2016 年 6 月离任，继而正式退休。

二 奋发有为谱新篇

采访者： 2000 年 3 月，组织安排您到温州师范学院担任党委副书记。您能否谈谈在两所高校工作的不同体验？同时请您介绍一下 21 世纪初温州师范学院的发展情况。

陈福生： 温州师范学院与温州医学院各具特色，前者是以培养教师为特点的本科院校，专业性强，学生的思想活跃，政治敏锐性强；后者主要是培养医生，专业性也强，学风校风非常严谨，学生学习热情高涨，深夜教室都是灯火通明。

2000 年 3 月，我开始担任温州师范学院党委副书记，党委书记是金礼义同志，校长是马大康同志，党政班子团结，学校管理规范有序，发展得相当不错。随着高等教育的发展与变革，学校已经认识到师范学院的发展不能完全按照师范专业的路径来办学。首先，随着国家对人才培养的需求以及社会就业的需求的变化，再加上学校办学本身的发展要求，学校积极倡导转型发展，走保留师范特色、多学科发展的路子。所以在两校合并之前，学校已经在朝着多学科发展的目标推进，并比较早地认识到多学科办学定位的重要性。其次，学校在 2003 年成功获批硕士授予权单位，这让温州师范学院的学科实力、人才培养能力上升了一个新台阶。最后，平阳师范、瑞安师范和温州幼儿师范三所学校并入温州师范学院，进一步完善了温州师范学院教师教育的培养体系，形成了从学前教育到义务教育和高中阶段教师的完整培养体系。

采访者： 担任温州师范学院党委副书记期间，您主要负责哪块工作？多岗历练使您有怎样的收获？

陈福生： 学校党委副书记的工作内容主要是负责意识形态、学生思想教育和管理以及共青团工作等。我当副书记一年多，在学生管理方面，特别是思想政治工作队伍建设方面，成绩较明显。虽然温州师范学院原来的学生思政工作队伍工作热情很高，实践经验很丰富，但是缺少对思想政治工作的经验总结和理论研究。从辅导员到学院党总支书记，没有一个高级职称人员，很多人连中级职称都没有。经过调研，我专门提出了加强温州师范学院思想政治队伍建设的一系列举措，对思想政治工作编制的干部教师提出了明确的发展方向要求。经过几年的努力，温师院包括后来的温大的学生思想政治工作队伍进一步优化，教师纷纷取得了中高级职称，甚至涌现了一批教授级思政人才，实现了从经验型到理论研究与经验结合型的转变。

采访者：2001 年，瑞安师范学校、平阳师范学校、温州幼儿师范学校并入温州师范学院。当时为何要将三所师范学校并入温师院？四校合并对温师院的发展带来哪些影响？

陈福生：这三所中师的并入不是当地政府的要求，而是全国中师布局的大调整。当时温州有四所中师，除上述三所之外还有一所乐清师范。市政府和市教育局考虑到乐清师范的特殊性，以及温州教育局也需要有一所教师教育学院，所以保留了乐清师范，把瑞安师范、平阳师范和温州幼儿师范并入温州师范学院。这三所学校的并入，从师范教育的角度来讲，意义重大，完善了温州师范学院全方位培养教师的完整体系，形成了从学前教育到义务教育阶段的基础教育教师培养体系。

采访者：2001 年，您被任命为温州师范学院党委书记。担任学校党委书记之后，您对 21 世纪温州师范学院的办学发展有哪些新的思考？

陈福生：2001 年底，我开始担任温州师范学院的党委书记。这一阶段，我跟马大康院长共事合作。马大康院长是我非常尊敬的一位学者，他的学者风范让人敬仰，他的治学思路开阔、管理经验丰富。我担任党委书记以后，第一就是要强化领导班子的建设，同时充分地尊重校长在办学治校中的地位以及作用。通过强化班子建设，加强统领全局的领导力和战斗力建设，形成既有亲和力又有战斗力的团结和谐的班子。第二是积极推动教育思想大讨论。全省的师范教育院校不少，从学生就业和教师培养的角度来说，师范教育面临着转型发展的客观需要。在全校积极开展教育思想大讨论，使学校办学方向由单一的教师教育模式，向以教师教育为特色、多学科并举、加快培养应用型人才的方向转变。第三是提升学科的发展水平和整合学科资源。为此，我们积极组织申报各类项目，整合优势学科，培养优势学科点，积极申报硕士授予权，一直到 2003 年，获批硕士授权点。第四是担任党委书记时，恰逢教育部本科教学工作水平评估，因此我们就紧紧地抓住教学评估这个契机，来全面地提升教学的中心地位和人才培养的质量与教学水平，从而进一步地明确学校的办学定位和人才培养目标。第五是根据办学定位与学校发展目标，加快人才队伍建设步伐，以增强优势学科为切入点，大量引进高层次人才。第六是进一步扩大办学规模，多渠道筹集资金，加速推进茶山新校区建设。

采访者： 2003 年，温州师范学院成为硕士学位授予单位。请您讲讲学校筹备、获批硕士学位授予单位的过程，成功获批对学校的发展有哪些重大意义。

陈福生： 2003 年 8 月 8 日，学校顺利通过了国务院学位委员会对硕士学位授予单位整体条件的评估，获得了硕士学位授予权，新增文艺学、民俗学、汉语言文字学、应用数学、凝聚态物理、有机化学等 6 个专业硕士学位点。取得硕士学位授予权的过程很艰难，首先是学校自身要有实力，其次是国家需要根据整个硕士教育情况来合理布局，最后是学科的影响力，所以我们经过了多年的努力才成功拿下。2002 年底，我跟马大康院长一起去杭州参加答辩，竞争激烈的场面，至今还历历在目。但是那一年的情况还好，我记得全省共有 5 个学校成功得到授权。

有了硕士点，对温州师范学院的办学意义重大、影响深远。第一，提升了学科建设的水平，以此形成优势学科统领、带动其他学科发展的局面。第二，提升了人才培养的层次。2004 年，应用数学、有机化学、凝聚态物理、文艺学、民俗学、汉语言文字学 6 个硕士学位授权学科开始招收硕士研究生。第三，为后来取得博士学位授予权打下了很好的基础。第四，提升了温州师范学院服务地方的能力，因为人才培养的层次高了，服务地方的能力也得以大大提升。

2003 年，温州师范学院获得硕士学位授予权，陈福生（左一）出席新闻发布会

采访者：温州师范学院搬入新校区对增强办学实力、提高人才培养质量有至关重要的意义。请您说说新校区校址选定、规划和基建、搬迁等工作的来龙去脉。

陈福生：原来温州高校的占地面积都很小，温州师范学院有200多亩地，温州医学院才100多亩地，原温州大学也就几十亩地。随着高等教育的快速发展，特别是因为浙江高等教育规模还不够大，校园相对都比较小，所以时任浙江省委书记张德江首先在杭州启动大学城建设。根据温州高校办学的实际情况，我刚才讲的三所学校加起来还不到500亩，而学生数量大规模增长，可想而知，要想发展温州高等教育，市委、市政府必须考虑扩建校园的可能。同时各个高校的呼声也很强烈，特别是原温州大学，几十亩地根本无法适应快速发展的要求。因此温州市委书记蒋巨峰亲自选址确定，在茶山规划了4000多亩地扩建三所学校，这样就很好地解决了招生规模扩大后给高校带来的办学压力。

公办学校都是由政府财政来投入支持的，虽然温州整体经济发展比较好，但财政资源比较紧张，所以对高校的经费支持只能每年按一定的比例增长。温州师范学院选址确定后，我们考虑到办学经费紧张，就实行分批建设。解决建设资金问题主要是依靠银行贷款和既有资产置换，把三所中师并入后的校址进行置换，虽然置换的资金也不多。幼师校址和老温师院旧址由市政府收回后划拨了1亿元。对于平阳师范学校，我们直接跟地方政府对接协商，因为它是地方政府的资产，经过了多次谈判，花费不少力气才谈妥。我记得平阳师范的校址好像是7000多万元，瑞安师范是4000多万元，加起来有了两三亿元，再加上银行贷款，按照分期建设的要求，终于建成了温州师范学院茶山校区，也就是现在的温州大学北校区。新校区建成后，有效满足了学校扩大办学规模的需求，对稳定教学秩序、引进人才，以及扩大对外影响力和宣传招生都产生了良好的效应。

采访者：2005年，正值两校合并筹建时期，在已有温州师范学院瓯江学院的情况下，为何还要再设置一个城市学院？请您和我们说说筹建城市学院的前后经过。

陈福生：合并前，温州大学广泛动员、吸纳社会力量参与办学，曾有一批企业家积极参与。两校合并筹建期间，原先参与社会力量办学的一些企业家相继退出，这些都是我亲身经历并要面对和解决的问题。城市学院离不开它的举办者张汉鸣先生，我认为张汉鸣先生对温州高等教育发展有重要贡献。当时两校合并，从学校布局来说，新的温州大学有一所独立学院瓯江学院就足够了。作为历史问题，原温州大学下面有一批社会力量办学参与者，原温州大学国际政治学院的举办者要退出，在他的资产处置上面，我们开展了多轮谈判，花了一年多的时间，才妥善解决。唯独张汉鸣先生对参与高等教育办学的热情始终非常高，这也是一种情怀。他觉得企业办得好，就要回报社会，其中一个念想就是要办高等教育。在两校合并筹建之初，城市学院的前身就是信息学院，只有两个专业，几百名学生。张汉鸣先生积极倡议成立城市学院，当时，我们认为他有这么高的热情，这又是一个历史问题，便向浙江省教育厅请示，教育厅也积极支持，所以浙江省高校只有温州大学有两所独立学院，一所是国有民办的瓯江学院，一所是社会力量创办的城市学院。如果没有张汉鸣先生的执着坚持和学校的正确决策，就没有现在的温州商学院。城市学院的发展，为温州大学增添了活力和实力，也为后来完全独立成温州商学院奠定了很好的基础，为温州增设了一所本科院校。

三 运筹帷幄促融合

采访者：2004 年，国家同意将温州师范学院与温州大学合并，筹建新的温州大学。您能说说两校合并的时代背景和现实原因吗？国家和社会对成立新的温州大学有怎样的使命与期待？

陈福生：两校合并是温州市委对温州高等教育发展做出的一个非常慎重且具有前瞻性的决策。历史以及温州大学当前的发展已经完全证明市委决定合并两校成立新温州大学的决策是非常英明的，也是非常成功的。这既是市委对高等教育的一个慎重决策，也有客观原因推动。原温州大学成立于1984年，2003 年学校向教育部提出申报本科层次办学的申请，教育部的专家评估了原温州大学的办学情况，认为如果升本科的话，就不能保留温州大学四个字。因为原温州大学是由浙江省人民政府批准设立的，但真正的本科院校全部要经过教育部批准。所以，教育部说可以上报本科，但要更名为温州学院，像台州学院、湖州学院一样，暂时还达不到大学的办学层次标准。对于温州市委、市政府来说，办了近20 年的温州大学是温州的象征，是以城市名称命名的大学，突然变成温州学院是难以接受的。

在这样的背景下，市委做出了慎重的考虑。我记得是在2003 年暑假的一天，接到市委办的通知后，我跟马大康院长到温州市委书记李强的办公室。

李强书记提出了市委对合并两所学校建立新温州大学的设想，征求我们的态度和意见。我们赞同市委、市政府的决定，而且认为这对温州高等教育的提升发展意义重大。虽然我跟马院长谈了一些其他方面的问题和顾虑，但是总体上，从大局出发，从温州高等教育发展的实际出发，我们积极服从响应市委对两校合并的决定，并进行筹建。

当时温州有 700 多万人口，但只有温州医学院和温州师范学院两所本科院校，市领导也希望提升温州高等教育的办学层次，适度扩大温州高等教育的规模。两校成功合并，扩大了温州高等教育的规模，特别是后来温州大学与美国肯恩大学合作培育了温州肯恩大学，又培育了温州商学院和温州理工学院三所本科院校。如果没有新温州大学的建立，整个温州高等教育的发展速度便没那么快，整个温州高等教育的发展水平也达不到现在的高度。所以说，新温州大学历届领导以及学校教职工没有辜负温州人民的期待。

采访者：对于合并成立新温州大学，学校在融合两校的组织人事、学院设立、专业设置、学科建设等方面，做了哪些努力？在筹备期间，您是如何带领学校成功克服艰难险阻的？

陈福生：自从市委做出两校合并这个决定，我们就积极行动。市委为了保障两校能在合并期间顺利开展各项工作，决定由市政府来牵头，成立了新温州大学筹建领导小组，由分管教育工作的副市长钱成良担任组长，我、马大康还有原温大的党委书记和常务副校长担任副组长。作为第一副组长我主要负责办学过程中的工作协调、筹建工作以及主持两校合并过程中的日常工作。2003 年，我们开始积极组织材料上报。全国高校设置委员会的专家认为两校合并以后，暂时还达不到大学办学的要求，只能批准筹建新温州大学。经过一年多的筹建，直到 2005 年底，全国高校设置委员会几十位专家以高票通过同意建立新的温州大学。2006 年 2 月，教育部正式发文同意成立新温州大学。2006 年 5 月，浙江省委任命陈艾华同志为新温州大学党委书记，任命我为首任校长，一直到 6 月 22 日，其他班子成员配备到齐。

温州大学从 2003 年开始谋划筹建到 2006 年正式建立，各方都付出了许多努力。首先，温州大学虽然是本科教育学历但是专科专业很多，因为原温州大学是专科院校，再加上三所中师并入以后，专科专业占比很高。其次，虽然取得了硕士授予权，但是学科体系在总体上比较松散，实力也相对薄弱。最后，人才匮乏，三所中师并入再加上两校合并，导致原有师资力量难以满足学校发展需要。怎样融合，特别是两校合并以后，怎样组建新的学院，怎样培养优势学科，怎样提升人才层次，怎样以坚持本科为主积极发展研究生教育，对新温州大学来说，这些都是要面对并解决的难题。我们学习借鉴了全国多所大学的办学经验和大学框架，从温州大学实际出发，结合在组织人事、学院设置、专业设置、学科建设方面的经验，在教育部批准之前，学校领导班子在筹建过程中就已经开始积极调研，形成了框架方案。温州大学正式成立之后，就经过教代会层面来推动，特别是组织人事方面，两校一个是公办体制，一个是民办体制，合并之后，干部职级不一样，人事编制不一样，分配制度也不一样。怎样才能有效地融合？所有这些问题对领导班子来说都是一个重大的考验。这就要感谢省委和市委，在温州大学发展最关键的时候，派了市委副书记陈艾华来担任温州大学党委书记。在学校党委领导下，全体教职工从大局出发，在诸多复杂问题前，能够逐步地统一思想，共同为建设温州大学做出卓越贡献。所以在这里我非常感谢陈艾华书记，在复杂的环境下推动了温州大学的和谐建设。

新成立的温州大学党政领导班子集体

采访者：学校的领导班子和办学体系框架确定后，又是如何建设温州大学的校园文化，比如校训、校歌的呢？

陈福生：校园文化是大学文化的重要组成部分，温州大学校园文化建设应充分体现温州时代精神和温州传统文化精华，并吸取学校悠久的办学历史精髓。当时我们通过在全校甚至在全国征集，形成了"求学问是，敢为人先"的校训，并经过教代会讨论通过。王蒙先生来温州大学讲学时，我们邀请他当场题写了校训。"求学问是，敢为人先"这八个字我认为非常符合温州大学的文化，同时也契合温州精神。"求学问是"是高校的特点，尊重科学规律和教育规律，体现了办学宗旨和人才培养的要求；"敢为人先"是温州精神的核心。

温州大学的校歌源自 1933 年成立的温州师范学校的校歌，写得非常好，词、曲作者都是我们的优秀校友，所以就把温师校歌改成了温大校歌，将歌词中的温师改为温大，这也是办学文化的传承。"厚培德本、深濬智源"，是温大校歌中的两句话，体现了学校办学宗旨与悠久的办学经验与理念。这些学校文化标识都经过了一定层面的征集，经过专家评审，由党委会提出建议，最后提交教代会通过确定。校史传承的话，新温州大学是一所七校融合、两校合并的新型大学办学主体。从办学历史来说，大致分成几个阶段，一个是 1933 年创办的温州师范学校，一个是 1956 年创办的温州师范专科学校，再一个就是 2006 年由温州师范学院与温州大学两校合并而来的新温州大学。当时，在温州师范学院校史的确认上有不同意见，但在新温州大学成立以后，我们决定把学校办学时间追溯到 1933 年。这既有历史原因，也有基于客观现实的考虑，同时也有新温州大学办学传承、文化延续的原因，所以学校教代会同意把办学历史追溯到 1933 年。

采访者：2006 年，新温州大学正式成立，您被任命为温州大学首任校长。请您给我们说说成立当天的盛况。

陈福生：一所新的大学成立肯定要举行挂牌仪式。当时，挂牌仪式活动的筹备时间很仓促，5 月才任命党委书记、校长，学校党政副职领导都还没到位，我们只能紧张而忙碌地准备各项工作。经过一个多月的积极筹备，2006 年 6 月 23 日，在温州大学城的学子广场举行了盛大的温州大学挂牌仪式。国务院副秘书长陈进玉、教育部领导、浙江省教育厅领导、温州市四套班子领导，还有几位院士以及历届校友代表、社会各界代表、企业家代表和全校师生齐聚学子广场，同时还设立了分会场。我作为校长在大会上致辞。现场花团锦簇，红旗飘扬，人山人海，气氛热烈。从此，开启了温州大学建设的新征程。这里补充一个非常有趣的巧合，2006 年 6 月 23 日是新温州大学举行挂牌仪式的日子，10 年后的同一天，2016 年 6 月 23 日，是我离任温州大学党委书记的日子。

采访者：在两校合并、融合共生的过程中，您有哪些印象深刻的人与事？

陈福生：我认为两校合并是一个非常艰难的过程，因为两所学校规模不小，再说温州师范学院之前还并入了温州教育学院和三所中等师范学校。对

2006 年 6 月 23 日，温州大学举行揭牌庆典大会，陈福生致欢迎词

于这样一所新型学校，我和陈艾华书记一致认为在合并融合过程中首先要做到人心融合。两校合并，融合得好，事事顺利，前景广阔；融合得不好，矛盾丛生，隐患无穷。经过十多年的发展，温州大学取得的成绩已经证明了两校合并得非常成功。温州大学党委在陈艾华书记的领导下，非常重视人心的融合，开展了一系列的工程，包括凝聚力建设工程、和谐校园建设工程、校史馆建设工程，都是促进人心融合的重要措施和途径。在筹建校史馆时，我们就怀揣着这个想法，即把七所学校的历史写在一起，同时高高举起温州大学这面旗帜，使七所学校的教职工都能够紧密团结在这面旗帜下。通过在党内开展凝聚力建设工程，在校内开展和谐校园建设工程，包括校规校训等一系列的文化建设、校史馆的建设，使大家心往一处想，劲往一处使，把推动温州大学的发展作为每一个温大成员的自觉行动。在干部人事方面，我认为当时的情况比较复杂，两个学校，一个是公办的，一个是民办的，一个是本科的，一个是专科的，所以学校党委决定将干部选拔工作全部推倒重来，实行全面聘任制度，能者居之。根据学校的总体布局，公布新温州大学领导管理岗位设置，以及各个岗位的条件要求，大家自愿报名，最后公开竞聘。这样就有效地、公正客观地解决了干部人事问题。干部工作是学校办学工作的重中之重，这个问题解决好了，那在两校融合过程中就抓住了"牛鼻子"。

此外，关于人事制度、管理制度、分配制度，我们进行了全方位的充分调研，学习其他学校的先进经验，从温州大学的实际出发重新制定，最后提交教代会审定，整个推进过程都非常顺利。再一个就是通过制定"十一五"发展规划来凝聚人心，使大家的心思都放在新温州大学的发展上来。

第二件印象深刻的事情就是成功解决了校区建设的资金问题。温州大学和温州师范学院两个新校区的建设总资金需要近30亿元，而在两校合并过程中，校园建设也还在继续，建设资金还是很短缺。怎样有效地解决校园建设特别是由新校区建设带来的债务问题，是学校领导班子必须考虑的现实问题。为了建设新校区，我们向银行贷款达到10亿元，每年有五六千万元用于偿还银行贷款的利息，所以学校的办学条件非常艰难。当时我跟陈艾华书记便一起商量怎样才能有效解决资金紧张问题，除了置换原温大校区存留的部分土地，最后决定把温师院的操场拿出来进行土地置换。非常感谢市政府能够同意我们的要求，以及温州市财政在温州大学解决校园建设和教学运行资金困难时给予的有力支持。温师院操场这块地出让以后换来了37亿元，市委、市政府十分了解温大建设过程中面临的困难，所以也给予了全方位的支持。跟市委、市政府协商时，我们积极争取，想拿回所有资金，但土地资源是政府资源，按照杭州的经验是三七开，70%用于新校区建设，30%用于当地政府的财政收入。那时我们的新校区建设已基本完成，只是欠了十几亿元的银行债务，所以不能套用杭州的做法。在和政府协商的过程中，我们争取到60%的比例，即22亿元。这笔资金非常有效地缓解了温州大学办学时面临的经费困难，解了学校的燃眉之急。有了这22亿元的资金，首先偿还了十几亿元的银行贷款，剩余的主要是用于人才引进、学科建设、实验室建设，不仅解决了温州大学的资金问题，还通过引进人才让学科水平得到提升。所以这些年温州大学发展得好，跟土地置换收回的资金有很大的关系。

第三件印象深刻的事，就是教工宿舍高教博园的建设。当时的学校党委，特别是陈艾华书记非常重视并积极推动这项工作，我们在这件事情上达成了共识。当时如果没有温州大学牵头出面，高教博园的建设可能遥遥无期。因为项目虽早有规划，但是建设需要资金，需要方方面面的支持。所以我和陈艾华书记与高教园区管委会商量，委托他们建设，然后按照各个高校建设的进度，由教师和学校以先行垫付的形式，建设了1200套左右的宿舍，三所高校共享。我们学校分得700多套，有效地缓解了人才引进时的住房困难，也比较好地解决了教职工，特别是新进高层次人才的安居问题。这是当时的温州大学党委为我们温州大学教职工，为我们茶山的几所高校办的一件实实在在的大好事。

采访者： 对于新温州大学的办学方向与发展路径，您有哪些新的思考与探索？

陈福生： 新温州大学怎么发展，通过怎样的途径来发展，是我们应该思考，尤其是学校主要领导必须思考的重大难题。为了回答好这个问题，我们当时做了几个方面的努力。第一，汇集全体教职工的智慧、领导班子的智慧，这里当然也有一些我个人的思考，提出了办学理念——"以人为本，服务地方，质量立校，特色取胜，追求卓越"。这个办学理念一直延续到现在，这五句话也是征集了方方面面的意见。办学理念也是我对新温州大学的发展方向以及路径的思考。第二，明确了建设特色鲜明、水平较高的地方综合性大学的办学定位。因为新温州大学刚刚成立，首先要明确办学定位，再根据办学定位解决办学中人才培养、教学建设、学科建设、人才队伍建设等方面的问题。第三，积极推进人才强校、特色本科、学科提升、校地互动工程，大力引进高层次人才，同时整合两校学科，积极发展应用型学科和专业。因此，新温州大学成立三年后就全面消除了专科专业，形成了以本科教育为主，积极发展研究生教育的办学格局。第四，提出了坚持有所为、有所不为的发展战略，坚持以服务求支持、以贡献求发展、主动融入地方、为地方服务的发展方向。

采访者： 从师范院校到综合性大学，新温州大学是如何在保持师范教育优势的同时，进一步挖掘、发挥其他学科和专业特点的？

陈福生： 一所综合性的大学，其学科门类应齐全。一方面，新温州大学充分考虑了办学历史，坚持体现教师教育的办学特色。这里我们保持了一定的比例，到后期基本上把师范教育的招生人数保持在 700 ~ 800 人，在整个学校的招生名额中的占比不算很高。另一方面，我们积极开设地方经济社会发展所需要的专业，包括各类应用型专业，比如机械、化工、建筑类、环境工程、网络工程等。社会需要什么人才，我们就积极发展什么专业，比较好地实现了既保持着一定比例的师范教育，又满足了温州经济社会发展所需要的应用型专业的要求。

采访者： 2006 年，温州大学参与举办温州肯恩大学。请您谈谈当时温州大学在谋划筹建温州肯恩大学中做了哪些工作？

陈福生： 此前，温州师范学院和肯恩大学在联合办学中有过合作。2006

年，浙江省在美国新泽西州举行了浙江省与新泽西州建立州省友好关系二十五周年活动。双方领导在新泽西州肯恩大学校内举行了温州大学与肯恩大学合作签约仪式，决定在温州建立一所肯恩大学。当时正值两校合并，学校派师范学院副院长林娟娟代表新温州大学在肯恩大学签订了合作协议。

虽然中美双方合作非常愉快，但温州肯恩大学的建立经历了一个非常艰难的过程。2006 年以后，我们与肯恩大学进行了广泛交流和深入沟通，成立了专门班子，积极向教育部申报。温州市委、市政府非常重视这项合作。经过一段时间的筹建，最后还是没有批准，主要原因是教育部考虑到了意识形态方面的问题，以及考虑到肯恩大学办学的影响力还没有达到教育部引进优质教育资源的要求。

又过了 5 年，2010 年，教育部原副部长、高教协会会长章新胜要去访问肯恩大学，同时邀请肯恩大学校长到北京参加大学校长论坛。他在去美国访问前来温大调研，了解温大与肯恩大学的合作情况，想积极推进这项工作。章新胜会长在访问肯恩大学后，又邀请了肯恩大学校长访问中国。

肯恩大学校长到温州访问时，温州市委书记陈德荣接待了他，并承诺当年 12 月动工，市里给 5 亿元和 1000 亩土地用于校区建设。由于省委、省政府与市委、市政府的重视支持，特别是陈德荣同志的推动，这项合作工程得以启动。陈德荣同志带着分管市领导，包括市教育局和温大领导亲赴教育部，希望教育部能够同意该项目建设。在市委、市政府的高度重视和温大的积极努力下，教育部最终同意筹建温州肯恩大学。

2010 年 10 月 21 日，陈福生（右）与来访的肯恩大学校长
达伍德·法拉希（左）进行会谈

　　所以，温州肯恩大学从筹建到成立是非常漫长曲折的过程，也是主要领导重视关心的结果。温州肯恩大学筹建工作领导小组组长由陈德荣书记担任，我和温州分管教育工作的仇杨均副市长为副组长。陈书记、仇副市长，还有温州市教育局局长林卫平，在温州肯恩大学筹建过程中做出了重要努力。温州大学专门派遣了一批优秀干部和管理人员帮助解决、协调筹建过程中的教学、管理、学生工作等问题，为温州肯恩大学的正式建立做出了积极努力。所以说，温州肯恩大学来之不易。

四　乘风破浪展新姿

　　采访者：2008 年，您卸任温州大学校长职务，转任温州大学党委书记。从大学校长到党委书记，您的工作内容有了哪些新变化？您是如何做好学校党建引领工作的？

　　陈福生：2008 年，随着陈艾华书记到龄退休，省委任命我为温州大学党委书记。从校长到党委书记，工作内容确实发生了很大变化。党委书记是学校各项工作的第一责任人，我认为首要任务是要把握中国特色社会主义大学的办学方向，推进学校更好、更快、更健康地发展。第二项任务就是落实好党委领导下的校长负责制，带好班子，带好队伍。第三项任务就是确保稳定，保证校园各方面稳定。事业发展、干部安全、教职工安居乐业、学生健康成长，我是抱着这样的理念履行党委书记职责的。2014 年，在全省加强党建推动内涵发展的座谈会上，我以"党建引领发展，创新彰显特色"为题发言。虽然是座谈会，但实际上是对全省高校党建工作的考核与测评。参会对象包括省委组织部、省委宣传部、省纪委以及教育厅中层以上干部，全省高校党委书记、校长，由他们对全省各高校党委书记的大会发言当场打分评价。经过演讲投票，温州大学获得了全省高校党委书记抓党建年度测评总分第一名的成绩。这是对我们领导班子和全体党员干部在温州大学党建工作中所做成绩的充分肯定。

　　担任党委书记还要认真履行职责，坚持党委领导下的校长负责制。在担任党委书记期间，我充分尊重蔡袁强校长，保证校长依法行政的执行权，同时支持发挥领导班子全体成员的积极性，坚持民主集中制，坚持"三重一大"的决策机制，坚持学校重大事情经过党委会集体研究。另外，坚持公开公正选拔干部的原则，在新温州大学形成了很好的用人风气，公开每一个干部岗位的聘任，可以自荐也可以组织推荐，最后经过专家评定，让能人有机会上来。所以在 2016 年，省委巡视组在温州大学巡视期间，对学校干部工作方面给予了很高的评价。

此外，我们推出了一系列的创新制度，在学生教育管理方面形成了不少创新名片。比如说创业教育、责任教育、学区制改革、寝室导师制的建立，这些在全省学生思想政治工作领域，甚至在全国都产生了一定影响。像创业教育，教育部曾邀请我参加电视电话会议，面向全国高校介绍创业教育的工作经验。像责任教育，50 小时的义工制度，党员预备期到正式转正要有 50 小时的义工时长，这得到了时任国务委员刘延东的充分肯定。学区制改革是在温州大学办学规模不断扩大后，为了对学区进行有效管理，特别是为了把辅导员推到一线，贴近学生、及时了解学生而做出的改革。我们投入了大量的精力财力来推进学区制改革，在全国范围内形成了很好的影响，有三四百所高校来温州大学取经。在多年管理过程中，学生反响也非常好。从学校角度来说能第一时间了解、掌握学生的诉求、困难和不稳定因素，及时发现和解决学生遇到的问题。比如学生出现突发情况时，能够第一时间上报，辅导员能第一时间到场处理。学生党员发展也放在学区，能够非常有效地做好学生的思想政治工作。这些都为全省全国提供了可供借鉴的经验。

采访者： 2009 年，由您带领团队主持完成的"依托区域优势，构建具有温州特色的创业教育模式"获国家级教学成果奖二等奖。这是自温州大学办学 76 年以来，首次获得国家级教学成果奖，充分体现了温州大学教育教学改革所取得的显著成绩和重大突破。请您介绍一下此项教学成果的具体内容，以及获奖对学校教育教学改革的推动意义。

陈福生： 国家级教学成果奖二等奖是温州大学办学以来在教学成果方面取得的最高奖项，也是对温州大学创业教育和创业人才培养的充分肯定。

第一，温州大学是全国最早开展创业教育的高校之一，早在 2001 年，温州师范学院就已经推动了这项工作。第二，我们也是全国最早成立创业教育人才培养学院的高校之一，而且是实体性的。第三，把创业教育列入人才培养的综合体系中，设立了创业教育课程与学分。第四，聘任优秀企业家到温州大学担任创业导师。第五，我们通过创业教育培养了一批成功的创业人才，在社会上具有很大的影响力。通过创业教育，学校荣获"全国创业教育示范高校"等一大批国家级荣誉称号。温州大学的创业教育已经在全国颇具影响力，对推动全国高校的创业教育起到了很好的示范引领作用。

国家级教学成果奖获奖证书

采访者：2008 年，温州大学顺利通过本科教学工作水平评估。请您介绍一下温州大学为迎接评估所做的准备工作，以及通过本科教学工作水平评估对温州大学的办学发展有何重要意义？

陈福生：通过本科教学工作水平评估意义重大。我担任学校党委书记以后面临的第一项任务，就是迎接教育部的本科教学工作水平评估。这是对新温州大学人才培养和办学水平的重要评估，也是一次重大检验，所以学校党委在这一次大考中全面谋划、积极准备，努力推动各项工作。评估专家对我校的教学水平给予了高度评价。

顺利通过评估的意义是多方面的。首先，通过评估工作，我们进一步厘清了学校的办学定位与办学思路。因为教学工作水平评估，主要评估办学定位与人才培养的契合度。其次，进一步明确了具有温大特质的人才培养目标，提出了培养德智体美全面发展，具有创新精神、创业能力和社会责任感的应用型高级专门人才的培养目标。评估专家对我们人才培养的目标定位非常赞赏。最后，通过评估树立了学校本科教学的中心地位，加强了教学的基本建设，对温州大学提高教育教学功能和水平起到了积极推动作用。

采访者：在担任温州大学领导职务的十余年里，您带领温州大学劈波斩浪、砥砺前行，见证了两校合并后新温州大学从新苗出圃到苗壮成长的发展历程。请总结这十多年来您在办学治校上的体验感悟，能否举几个例子来说说您在温州大学工作期间最引以为豪的事？

陈福生：在温州大学担任主要领导的十几年中，有以下几件事情我自认为比较满意。

首先，在温州大学发展最关键的时期，我有幸得到组织的信任，亲身经历、见证并主持领导新温州大学从合并筹建到顺利建立和快速发展的全过程。特别是新温州大学建立后，组织任命我为首任校长，2008年，担任党委书记，和领导班子的同志以及全体干部教师职工一起在温州大学发展的关键时期挑起担子，在大家的共同努力下，温州大学各项事业取得长足进步和发展，没有辜负组织对我的信任。

其次，为温州高等教育事业的发展做出了积极努力。在我担任主要领导工作期间，学校完成了三所中师的并入，完成了温州肯恩大学的筹建，完成了城市学院从只有几个专业到独立建成的本科高校温州商学院的转变。瓯江学院是从温州师范学院时期培育起来的，现也已经转设为温州理工学院。再加上我最早在温州医学院工作，可以说温州的几所本科院校都与我有不解之缘。在过去几十年的生涯中，我能为温州的高等教育发展贡献自己的力量，令我引以为豪。

再次，很好地践行了担任校长和党委书记的初心。刚才讲到我的管理理念是事业发展、干部安全、教职工安居乐业、学生健康成长，我自认为还是很好地践行了这个理念。第一，从事业发展来说，经过大家的努力，温大从两校合并初期的基础薄弱的学校，到2015年成为全国大学中的第183名，特别是经过大力招引人才，推进人才队伍建设的一些重要措施，使温大教师平均学术水平在 2015 年排在全国第 78 位。尤其是文科，被浙江省社科联领导誉为"北有浙大，南有温大"，因为在申报、完成国家各类重大社科项目方面，温州大学在浙江省高校里面基本上都位列前几。更不必说引进了人文学院的王小盾和俞为民两位大家，对人文学院的学科建设、人才培养和提升全国影响力都具有重要意义。第二，从干部安全来说，从新温州大学建立到我 2016 年退休，几乎没有一名干部因违法违纪受到法律的追究或者是党纪政纪的处罚，因为书记就要考虑干部安全，所以这一点我也引以为豪。在 2016 年省委巡视以及对党委书记的离任审计中，学校和我个人的审计评价是全优，这个结果也来之不易，说明我们重视党风廉政建设，坚持通过制度来管人管事。第三，教职工安居乐业，这也是我引以为豪的。新温州大学建立之后，党委高度重视对教职工的人文关怀，建设的教工宿舍高教博园，很好地解决了人才和一批青年教师的安居问题。投入 500 万元在茶山建成附属幼儿园，解决了教师子女的入幼问题。此外，积极争取政府和教育部门支持，建成温州大学城附属小学，使教职工子女在初中阶段可以到温州市第二外国语学校就读，所以温州大学的教职工是很幸福的，不仅有房子，而且子女从幼儿园到小学、初中的优质教育资源需求都得到了有效满足。教职工只有安居乐业才能全身心地投入学校各项工作，这是我在温州大学担任主要领导期间为教职工做的一项深感欣慰的事情。第四，学生健康成长，我们在党建引领、学生管理和教育改革一系列的措施中，都很好地体现了以人为本的管理服务理念，学生确确实实在温大的校园中得到了非常好的教育培养。

最后，在党建引领方面，除了 2014 年我们在全省高校党建引领工作考核中获得总分第一，温州大学党委在 2008 年、2012 年、2016 年三次被浙江省委授予先进基层党组织称号，能多次获得省委授予的荣誉称号也是非常难的，都是学校领导班子和全校党员干部努力的成果。

采访者：作为一所地方综合性高校，温州大学立足温州大地，为温州社会发展做出了卓越贡献。在服务地方发展大局上，温州大学有哪些特色举措，请您举例给我们讲一讲这方面内容。

陈福生：在新温州大学成立之初，我们就明确了以人为本、质量立校、服务地方、特色取胜、追求卓越的理念。这些年来我们一直坚持、遵循这个办学理念，坚持以服务求支持，以贡献求发展。

具体涉及很多方面，我想举几个例子说明。第一个是我们针对温州的产业结构发展优化了温州大学的专业体系，来培养高质量的应用型人才。因为原来温州师范学院的本科特点是师范教育，而原温州大学属于专科层次，所以我们重视提升温州大学的学科和专业，针对温州经济社会发展需要以及人才需求来不断设置新专业。第二个是以温州发展为目标，开展系统性的学术研究。比如软土地基研究就是蔡袁强校长领衔的，现在在全省还有很强的影响力，其研究成果获得国家科技进步奖二等奖，这就是针对温州大批填海以后形成的用地与建设情况开展研究的成果。还有低压电器产业是温州的传统优势产业，为此，我们成立了智能电器研究平台。此外，在温州被确定为国家激光产业基地以后，我们积极推动激光领域研究，成果丰硕。所以温州需要什么，温州大学就办什么，在人才培养和研究方面就提升什么。第三个是弘扬温州文化，我们利用温州大学学科门类齐全、人才集聚的优势，对温州的经济社会发展研究起到了积极作用。我们建立了浙江省人文社科基地——温州人经济研究中心，我曾担任中心主任，中心有相当一批专家是温州市决策咨询委员会的专家，我当时是市决咨委副主任。又比如南戏研究，很好地弘扬了温州的传统文化。为了服务地方，温州大学有很多的思考，有很多的实践，以上仅仅是我选取的几个例子。

采访者：温州大学的快速发展也离不开温州市的大力支持。您能否结合具体案例，说说温州市和温州人民为温州大学的办学发展提供了哪些方面的支持？

陈福生：温州大学是温州市人民政府创办的大学，所以温州市委、市政府高度重视温州大学的建设和发展。第一，温州市委将两校合并建立新温州大学，是一项重要、英明的决策，加快了温州大学的发展步伐，提升了温州大学的办学水平。我认为这是温州市对温州大学办学发展支持的重要方面。第二，在新温州大学领导班子配备中，浙江省委和温州市委派陈艾华担任温州大学的党委书记，这是省委、市委对温州大学领导班子建设以及温州大学建设发展的重要支持。第三，在温州大学建设最困难的时期，市政府支持温州大学置换原温州师范学院的操场，并返回 22 亿元用于建设发展温州大学，有效解决了温州大学在办学经费方面的困难，推动了温州大学的快速发展。第四，在温州财政相对吃紧的情况下，为温州大学建设提供了比较好的资金保障，每年按照一定比例提升对温州大学办学经费的投入。温州市委、市政府十分关心支持温州大学发展，温州大学这些年的进步发展也离不开他们所给予的高度重视和关怀。

采访者：温州是干事创业、奋发有为的热土，温州大学师生是求学问是、

**2010 年 9 月 9 日，陈福生（左二）陪同浙江省副省长、温州市委书记
陈德荣（左三）来校视察**

敢为人先的创业人。您如何理解温州大学与温州人民和温州这座城市的联系？
您个人来到温州工作生活近 40 年，也请谈谈您对温州这座城市的情感。

陈福生：我从 1983 年到温州工作，到现在已经 39 年。温州是一座创新
创业、自立自强、包容开放、具有竞争力又充满活力的城市。温州这座城市
以及温州 900 多万人民孕育了温州大学，温州大学也为这座城市增添了一张
张"金名片"。"温州大学"四个字是温州的城市象征。特别高兴的是，在我
离任以后，学校几任党委班子在推进温州大学建设发展过程中做出了不懈努
力，取得了重大成果，特别是加入了浙江省重点高校建设行列，成为博士授
权单位，这是温州市 900 多万人民的期待，也是温州大学办学 90 年历程中历
任领导和历代温大人的期盼，载入了温州大学的发展史册，也是温州大学发
展的重要里程碑，证明温州大学的建设发展没有辜负温州和温州人民的期
盼。温州大学的校训和办学理念、人才培养理念也来自温州这座充满创业、
创新和活力的城市，根植于温州深厚的传统文化。

采访者：2023 年是温州大学办学九十周年，您对温州大学 90 年来的
"厚培德本，深濬智源，学成致用"的办学历程有哪些感想？

陈福生："厚培德本，深濬智源，学成致用"是温州大学从开始办学到
现在，在不同时代和社会环境中，始终坚持的办学传统与理念宗旨。在经历

了不同历史时期，吸收了时代精神后，它依然是我们办好大学和培养人才的魂与根本，将始终指引和推动温州大学的进步与成长。在新时期我们更应遵循和发扬我们的办学文化，要坚持立德树人、务实创新、全面发展，培育具有高度社会责任感和使命感的人才，推进温州大学进一步发展壮大。

我也期盼温州大学能以办学九十周年为新的里程碑，在新的起点上审视新的发展目标，推动温州大学实现更好、更快发展，也祝愿温州大学办学水平继续提升，让温州大学培养的各类人才得到社会的积极欢迎和高度评价。同时也感谢你们在高温天气来到我家进行专访活动，谢谢！

建言合并促发展，从文从教桑梓情
——林坚强口述

采访者：张闻捷　　　　　整理者：李莹婧、常梦月

采访时间：2022 年 7 月 13 日　　采访地点：温州大学学院路校区行政楼 410 室

口述者简介

　　林坚强，1954 年生，浙江瑞安人，副教授。浙江省委党校政治经济专业本科毕业，杭州大学（现浙江大学）政治学专业硕士班结业。1976 年 9 月参加工作，1984 年 2 月加入中国共产党。历任温州大学马列教研室教师，温州大学社科部（马列教研室）党支部书记、副主任，温州大学党委办公室、校长办公室主任，温州市人大常委会办公室副主任，温州市人大常委会委员、副秘书长、办公室主任、秘书长。2012 年 3 月以来，任温州市经济学会执行会长，温州大学金融研究院副院长、兼职教授，温州大学商学院校外研究生导师，温州大学金融研究院特聘教授，温州大学温州校友会顾问，温州市政

协文史特邀研究员。出版著作多部，在国家、省级刊物发表论文30余篇。

一 治学立教的情怀

采访者：1984年1月，为适应改革开放新形势的需要，浙江省政府、省教育厅决定创办温州高等专科学校（原温州大学）。7月19日，温州市委公布〔1984〕180号文，批准建立温州大学筹备领导小组，魏萼清任组长。12月25日，浙江省政府发布浙政发〔1984〕283号文正式批准建立温州大学，暂定规模为2000人。1987年4月，您从温州市委宣传部调入温州大学任教，是什么契机让您调离原来的工作，加入初创的温州大学？当时的心情如何？

林坚强：温州大学的创办是非常艰难的。当时我调入温大，主要有三个方面的因素。一是我自己也想当教师。因为在我求学过程中，老师给我树立了很好的榜样，我觉得教书育人能更好地实现自己的人生价值。二是我到底能不能胜任教师职业呢？自己也有所考虑。温大刚创办的时候正缺教师，当时我和温大的一些校领导比较熟，他们就叫我去试教。1987年初，我先去温大兼职讲授政治经济学，一上课就被学生的求知欲感动。三是当时温大很重视人才，学校答应如果我过去，就给我一套小房子。

采访者：初入温州大学时，您任马列教研室教师，您教授哪些课程？当时马列教研室师资力量强吗？

林坚强：我调入温大后，从助教到讲师，1998年被评为副教授。刚调入时，马列教研室师资力量很薄弱，只有三位教师，一位是教研室主任，一位是教法律基础的老师，另外一位是我。我主要承担政治经济学和中国社会主义建设两门课的教学任务。1989年11月，主任退休，我担任马列教研室副主任，主持马列教研室工作。1994年，马列教研室改为社会科学部，我的主要任务是在做好教学工作的同时充实教师队伍。

采访者：改革开放以来，我国社会经济发展取得了巨大成就，您很早就致力于经济金融领域的相关研究，著作颇丰。您能否结合个人经历和时代背景，谈谈为什么会对这个领域产生浓厚的兴趣？

林坚强：我写的书和一些学术科研论文，主要是在经济学方面，围绕我国及温州改革发展的实践，我把它上升为理论方面的内容。对我来说，到学校就考虑两个方面，一个是要搞好学术研究，另外一个就是当好教师，教学和学术研究应该是互相促进的。学术研究搞好以后把成果融入教学当中，能够提高教学质量。我之所以重视学术研究，是因为一批经济学家的研究让我感触特别深。1986 年，我大学本科毕业的时候，中国社科院经济研究所所长董辅礽在毕业前夕给我们班专门写了一封信，他是中国著名经济学家，也是改革开放时期的一代人。董辅礽在信中写道："我国经济处在整个大变革的时期，需要研究的问题很多，正是施展才华的大好时机……在我国这片肥沃的研究经济学的土地上，只要人们勤劳耕耘，善于耕耘，不仅会结出丰硕的理论之果，而且会造就一批优秀的马克思主义经济学家。"这些话对我们有很大的启迪和鼓励。

采访者：不难看出，您的研究有着强烈的现实关怀，有着明显的时代和地域烙印，这也决定着您研究的侧重点在不同时期会有不同变化，能否总结一下您研究的阶段性及其侧重点和其间的重要论著？

林坚强：1986 年，我针对温州的改革实践开始学术研究，第一篇论文就是《劳动力市场在温州的实践》。当时我还在党校读书，这篇论文一写出来，就被党校校刊刊登了，增强了我的信心。后来寄给《经济学周报》，当时《经济学周报》在全国来说是比较权威的，也是经济学界的一个顶级报刊，编辑审阅这篇论文时，打电话问我稿子里面的数据是不是真实的，我说是真实的。1986 年初，我随省委政策研究室调研组到乐清调研，看到了劳动力流动带来的经济繁荣。但是当时在我们中国这个"禁区"还没突破，因为在《资本论》中，"劳动"和"劳动力"差了一个字，这就是关键的一个字，体现出马克思主义和其他经济学家的一个重大区别，所以当时我们都不敢提劳动力市场，你一提劳动力市场，那劳动力是不是就是商品？社会主义制度下，劳动者是主人，这样一来就和社会主义原则相违背了，所以这方面的理论还突破不了，但是我从温州的实践中论证了中国开放劳动力市场的必要性，《经济学周报》便予以刊登了。实际上，这个问题在当时的理论界争论很大，1992 年，中共中央把劳动力市场写入党的决议中。我的学术研究成果主要体现在自己写的 11 本书（包括合著、合编）中，有 2 本是内部的，正式出版了 9 本书，其中主要有三类。

第一类是温州经济发展方面的，如《论语温州》《温州模式再研究》《中国社会主义建设理论和实践》，特别是《论语温州》，在改革开放三十年之际，我把 30 篇论文、讲稿汇集成这本书，由新华出版社出版。时任省人大常委会副主任刘奇为这本书作序。序中说："坚强将自己的书稿分成'经济理论与实践的探索、股份制及证券市场的分析和工作实践的思考'三个部分，这'三段式'其实也正是他近三十年来的研究、探索轨迹……在与坚强同志的接触过程中，我认为不管在哪个工作岗位上，坚强同志爱思考，爱研究。在高校，他潜心搞科研，从事行政工作后，他依然一如既往。"

2010 年，林坚强（右）向《人民日报》原副总编辑周瑞金先生（左）赠送其著作《论语温州》

第二类是金融方面的，如《温州证券志》《股份企业使用知识》《股份企业与股票债券》《钱生钱的密码》《温州民间借贷风暴》《温州指数：中国民间融资风向标》，特别是《温州证券志》，2016 年，受相关部门委托整理《温州金融志》所需的证券方面的相关资料时，我萌生了把温州证券发展史单独整理成"志"的想法。但我深知，编撰一本无现成资料可参考的"地方证券志"的难度非常大。不过，我的想法得到了温州市证券期货行业协会的大力支持，协会认为编写《温州证券志》是一件总结过去启发未来的公益之事，遂委托我作为主编去编撰，这本书于 2020 年 9 月由光明日报出版社出版。我国著名金融学家谢平教授在本书序中写道："《温州证券志》内容丰富，门类篇目齐全，结构层次清晰，行业、时代、地域特色突出，不失为一部有益当代、惠及子孙的地方金融文献。《温州证券志》作为系统、全面记录温州证券行业发展历程的地情资料，是国情和地情的载体，是改革、开放、发展的宝贵信息库，是有关领导科学决策的资料依据，在经济结构转型升级与高质量发展进程中，必将发挥其重要作用。"

第三类是名人传记，如《郭心崧传》。郭心崧是民国时期一位有抱负、有才华、有自由思想与独立精神的进步学者，他参与创办了两所大学，一所是国立中山大学，他任经济系主任、教授，另外一所是国立中央大学。1930年，他担任国立中央大学秘书长，后来兼任法学院代理院长。1932年初，郭心崧调任为民国教育部高教司司长，参与制定师范教育法、职业教育法等。《郭心崧传》由中华书局出版，《人民日报》原副总编周瑞金在《郭心崧传》序中写道："历史会为郭心崧这样的民国人物作出公正的评价，人民也会为郭心崧这样的民族精英予以真诚的赞赏。……林坚强先生带头勇为民国人物郭心崧立传，是一件很有意义、很有价值的事。"

采访者：您的研究体现着拳拳赤子之心、殷殷桑梓之情，在这突出成绩的背后浸透着汗水与艰辛。请问学术研究道路上您是否遇到过曲折与困难，是如何克服的？有没有您印象深刻的例子？

林坚强：我在学术研究上遇到的最大的困难是《温州模式再研究》的出版。2014年秋，应温州大学浙江温州人研究中心之约撰写一本有关温州模式的书，我联系了《温州晚报》总编胡方松，拟好提纲撰写。三年笔耕，拿下初稿。2017年6月，由温州大学陈老师邮传某大学出版社。9月6日，该出版社却回复了一封退稿信：关于你推荐过来打算放入"温州人经济研究丛书"出版的书稿《温州模式再研究》，经初审，不符合丛书的主题，且书稿中有许多根据国家新闻出版广电总局的有关规定不宜出版的内容，建议退稿。信中说让作者理解，怎么能理解呢？我随即与编辑电话联系，认为在改革开放四十周年到来之际，出版此书是为了让更多人了解温州、了解温州改革的艰难，从而坚定改革方向，不会有什么政治问题的，自己曾担任温州市人大常委会秘书长，坚守政治关。希望修改后，准予出版，但仍遭拒绝。同为作者的胡方松悉知，想与之理论。考虑到太费时费精力，我决定还是换个出版社为好。在温州市社会科学联合会主席潘忠强的重视和支持下，2018年初，邮寄给社会科学文献出版社。该社编辑认真审阅，在改革开放四十周年之际，准予正式出版。更难能可贵的是，光明日报社主办的《书摘》于2019年第2期予以摘录推荐。

采访者：2012年后，您还教授哪些课程？

林坚强：2012年以来，主要讲授政治经济学、证券投资学，开办一些关于温州金融改革探索和发展的讲座。

采访者：在教学科研工作中，您深受学生欢迎，您在《书味》中记载了一些学生的"小微信"，他们经常说通过您结合知识与事例的讲解，对所学专业越来越有兴趣。可否向我们传授些您的教学理念、方法？

林坚强：我不是正式的师范毕业生，只能在教学实践中逐步去摸索怎样教好自己的课程，使学生满意。我在教学中有三个观点。一是要立德树人，要让学生学会怎么做人、诚信，树立正确的人生观、价值观、世界观。所以从我的讲课方法来说，就是用自己的亲身经历引导学生，特别是搞经济学的，要有诚信。二是把学术研究成果融入教学，使学生感兴趣，比如说政治经济学，我就把整个改革开放和经济发展的实践结合起来，拓宽学生的视野。三是在教学中学会换位思考，站在学生角度，希望在这门课学到哪些知识，需要哪些资料等。

2019 年，与温州大学商学院研究生合影

二　两校合并的建言

采访者：1999 年 3 月 16 日，温州市委成立了新温州大学筹建小组，统一领导和组织实施原温州大学改制改建工作。4 月 21 日，温州市委决定对原温州大学进行国有民办的办学体制改革和易地改建。这个政策出台的背景是什么？您是否参与了相关工作？

林坚强：作为学校的党委办公室、校长办公室主任，我感到既矛盾又困惑。易地改建我觉得是比较好的，不仅利于温州大学的发展，而且还有利于建立高教园区，加快温州高等教育发展。但是也有些茫然，因为已经错过了改制的机会。改制需要得到教育部和省教育厅的支持，特别是大学体制改革，如果没有教育部支持的话，是很难成功的。

在这样的情况下，温州市人大常委会需要一个负责文字工作的办公室副主任，一位老同事推荐我去，因为我本身就是机关出来的。2000年初，市委研究同意调我去市人大常委会工作。虽然离开了温大，但我仍非常关注温大的发展，对温大有一种特别的情怀。

采访者：2001年初，您在市人大常委会办公室副主任任上撰写了《温州高等教育发展总体思路的思考》，蕴含着您对温州高等教育事业的浓浓深情。您在分析后，建议温大与温师院合并，这与后来的事实相合。请问这个问题是您在原温大期间就开始思考的吗？您能谈谈该问题提出的机缘和背景吗？

林坚强：从1997年组织调任我当温大办公室主任时，我就在思考温大的发展问题。在其位谋其政，对我自身来说，在一个新的岗位总想做一点事。2001年初，温大面临着既要保住牌子又要转为本科的困难，高教园区建设中也出现了一些资金等方面的矛盾和问题。当时市人大常委会教科文委开展高等教育执法检查，因为我是高校出来的，所以就叫我一起去绍兴、宁波各地调研。绍兴文理学院是1996年由绍兴师范专科学校与绍兴高等专科学校等合并建立的，规模、档次各方面有了很大的进步。更值得关注的是宁波大学，比我们温大还迟一年建立，但在1996年宁波大学与宁波师范学院、浙江水产学院宁波分院合并组建后，发展很快，成为省重点大学，而温州大学还是专科学校。在这种背景下，我写了《温州高等教育发展总体思路的思考》一文。

采访者：据您的调研，自1995年以来，温州市对于建设一所综合性大学有三种意见，分别是：温师院、温医、温大三校合并；建设温大成为综合性大学；温师院、温大两校合并。在您的意见提出前，哪种意见更占上风？您的意见如何？

林坚强：主流观点是改制。我写的《温州高等教育发展总体思路的思考》调研报告明白阐释了温州高等教育发展的三种思路，最佳选择是温师院与温州大学合并。

第一种思路是温州医学院、温州师范学院、温州大学合并。大约在1997

调 查 与 研 究

第 1 期

温州市人大常委会研究室　　　　　　　　　　2001 年 6 月 11 日

温州高等教育发展总体思路的思考

温州市人大常委会办公室副主任　林坚强

　　人的素质提高是现代化新温州建设的关键。如何培养更多的适用性人才，提高人的整体素质，我们要做的工作很多，其中一项重要工作是加快发展高等教育。这一问题在今年我市九届人大四次会议中已成为一大热点。最近，笔者又去宁波、绍兴等地考察，宁波高等教育发展态势值得我们深思。

　　八十年代初，我市高等教育与宁波不相上下，甚至略胜一筹。1985 年自宁波大学创办以来，特别是在九十年代，宁波高等教育迅速发展，已成为我省高等教育副中心之一。而我市从纵向上比，高

-1-

林坚强：《温州高等教育发展总体思路的思考》，温州市人大常委会研究室编《调查与研究》2001 年第 1 期

年 12 月，国家教育委员会发展规划司戴井岗同志来温州调研，我陪同戴井岗考察了温州大学、温州医学院、温州师范学院。在交谈中，他随口提出："三所高校同在一条学院路上，合并成一所综合性大学，不好吗？"温州也有一些类似的想法。我在调研报告中指出，该思路在当时条件尚不成熟，因为

温州医学院是省属学院，作为医科学院，其实力和声誉已辐射浙南地区乃至全省及全国，如果与其他两所高校合并在一起，磨合成本太大，很多问题难以解决。

第二种思路是温州大学通过改制，从民办大学向名牌综合性大学发展。1996年国家教育委员会分管高校工作的周远清副主任来温州视察，提议温州大学实行民办体制改革试点。1997年，校主要领导前往国家教育委员会专题请示改革试点中将涉及的相关政策问题，周副主任亲自接待并答复了有关问题。1998年1月，周副主任和省教育厅副主任郑继伟来温参加全国高校招生改革研讨会，并安排时间与温州市政府商讨温大改制工作，后因校内外未形成广泛的共识而搁置。1999年下半年，市里重新启动温州大学改制方案，但已错失良机，难以靠自身力量从专科学校发展为综合性大学。

第三种思路是温州师范学院和温州大学合并，实现教育资源共享、学科优势互补，以此建成综合性大学。一是有利于加快建设综合性大学，提高我市高等教育的地位和声誉。温师院是省、市共管的院校，已有比较丰富的办学经验，综合实力较强，2000年还通过了教育部本科院校的评估。但因其学科结构的制约，向非师范学科发展难度较大。温州大学虽然仅创办十几年，但已形成多学科近十个学院的规模，急需向本科层次发展。如果在高教园区建设中，实施两校合并重组，将会为我市建设综合性大学奠定良好的基础，促进高等教育向更广范围、更深层次、更高水平发展。二是有利于扩大办学规模，增强综合竞争力，两校合并不仅可以提高其总体地位，而且可以增强其办学实力。其一，通过建立一种有效的经费运行机制，在较大范围内进行经费分配，使各种资源得到更合理的使用，特别是新校区的建设及昂贵、精密的仪器设备能得到最佳资金支持，形成实力较强的教学研究基地，为教学研究人员申请重大教科研项目提供有力保障。其二，加强专业之间的联系，促进学科之间的交流，营造学术氛围和丰富科研内容，为教师提供方向更多、内容更广的教学科研机会。其三，学生能够根据自己的兴趣、特长选择范围广、类别多的专业课程，优化知识结构，更好地适应现代市场经济及知识经济发展的需要。其四，有利于理顺管理体制，加快高教园区的建设。高教园区是我市高教发展的有效载体。在市委、市政府的重视下，高教园区建设有了一个良好的开端，但是，与宁波高教园区相比其建设速度却显得缓慢。宁波高教园区占地6000多亩，第一期工程已于2000年完成，部分学生已进入园区就读，整体工程于2002年建成。宁波高教园区建设的提出比我市迟，而过程却非常顺利，其中一个重要因素就是发展思路明确、管理有序。而我市在高教发展思路欠成熟的情况下进行高教园区建设，在管理及经费使用上难免出现这样或那样的问题，是影响高教园区建设进度的一个不可忽视的因素。另外，就温州大学内部管理来看，当时有新温州大学筹建小组、党委、董事会、校长、教育产业集团、工程指挥部等多套班子。这样的管理怎能使高等教育迅速发展呢？如果实施两校合并，明确办学主体和思路，在市委、市政府的重视下，高教园区建设将会加快步伐，整体推进。

这一调研报告经市人大常委会领导的同意，刊发在市人大内部刊物《调查与研究》第 1 期，并于 2001 年 6 月将此专题报告呈送市委书记、市长等领导和市教委等部门。随后，该报告所阐述的思路引起了市委、市政府主要领导的重视，但推进改革所面临的压力很大。

2001 年 11 月下旬，市人大常委会调查组听取温州高教园区建设委员会和温州大学、温州医学院、温州师范学院、温州职业技术学院的汇报，并到茶山高校园区进行视察。调查组针对存在的问题，提出了一些意见，如继续加强领导，尽快组建管理机构；采取各种措施，筹措建设资金；完善规划，加强基础设施建设；深入研究，明确温州高教发展的路子。建议市政府从温州的实际出发，深入调查，多方论证，科学地选择温州高等教育发展的体制、机制和方向，为几所高校明确定位。

2002 年 5 月，谷超豪院士邀集孙义燧、陈式刚、戴金星、贺贤土、胡和生、姜伯驹、李邦河、林群、伍荣生等 10 位中国科学院院士向温州市委、市政府提出了"联合温州师范学院和温州大学组建新温州大学的建议"。温州市委书记李强、市长钱兴中高度重视，经专家论证，上报浙江省教育厅。2003 年 8 月 10 日，省教育厅通过了两校合并组建新温州大学的可行性报告。2003 年 8 月 17 日，温州市委召开常委会，同意两校合并组建新温州大学，同意成立新温州大学筹建领导小组。2004 年 5 月 19 日，教育部办公厅制发了教育厅函〔2004〕23 号文件，同意温州师范学院和温州大学合并筹建新温州大学。2006 年 2 月，经教育部批准，新温州大学正式成立。

采访者：两校合并后，温州大学从此开始了一个新纪元，您当时的心情是怎样的？能否评价一下此事对温州高等教育事业的影响？

林坚强：当时两校合并后，我感到非常高兴，因为我的设想得到了实现，但是也感到很大压力，市里组建新温州大学时，面临着组织班子和学科建设等方面的问题。调研报告特地写到我们要站在时代和全局的高度去

1999 年，林坚强（左一）陪同谷超豪（左四）、胡和生（左五）、孙义燧（左六）三位院士考察历史文化名城瑞安

认识问题，但时代在发展，温州大学能否取得良好发展关系到整个温州的高等教育。就全局来看，不仅影响温大和温师院，还有整个温州高等教育，所以我特地提了一句话：要将增强危机感、使命感提高到温州人整体素质的高度。

三　温大发展的期许

采访者： 2021 年，国务院学位委员会下发《国务院学位委员会关于下达 2020 年审核增列的博士、硕士学位授予单位及其学位授权点名单的通知》，温州大学成功增列为博士学位授予单位，化学学科获批为一级学科博士学位授权点。您始终关心温州高等教育事业的发展，能否结合自身经历，谈谈成功获批博士点对温大办学发展，乃至浙南高等教育的发展有怎样的意义？

林坚强： 温大这次能够成功申请为博士学位授予单位，我感到特别高兴和欣慰。成为省重点高校，对温大发展的意义特别重大。因为这是温大合并以后的一次飞跃，不仅是量的扩张，更是质的提升。尽管目前只有一个博士学位授予点，但是会从一个点逐步发展到多个点。所以这次成功，对温州大学及温州高等教育发展具有深远意义，我感到特别欣慰。

采访者：苏步青院士、谷超豪院士对温大的发展有重要影响，您能否结合自身经历，谈谈对二位先生的认识？

林坚强：我很敬仰两位院士。苏步青先生是我国著名数学家，对家乡的情谊特别重，为温州争取到温州大学这个"金字招牌"，是我很敬仰的一位院士。1987年我到温大时，听了他的一场讲座。当年9月在开学典礼上，他对教师和新生做了两个小时左右的报告，他发自内心地对教师、对学生寄予厚望，甚至提出大家艰苦奋斗30年，把温大办成全国一流大学的目标，他的站位比较高。30年过去了，温大的博士点上去了，进入了一个更高的层次，也在朝着苏先生的目标一步步前进。

谷超豪院士我接触得多一点。他在担任温州大学校长之前，就来温大考察过。1999年5月，我接待谷超豪院士来校参观教研室、实验室。谷院士和蔼可亲，没有架子，一心扑在温州及我国的教育事业上。后来我又陪同他和夫人胡和生、孙义燧院士到瑞安考察。1999年8月，他正式接受温州大学校长的聘任，我也很为他高兴，同时这也是温州大学的荣耀。他曾是复旦大学副校长、中国科学技术大学校长，能够到温大兼任校长，源于对家乡的热爱，所以我特别敬佩他。后来他诚邀十位院士向市委领导提建议，对推动温大发展起到关键性的作用！

**1999年5月，谷超豪院士（右一）到原温州大学
参观访问，林坚强（左一）陪同**

采访者： 明年是温州大学办学九十周年，您对温大未来的发展有哪些期许与展望？

林坚强： 温大的发展前景是很好的，但是任务还是相当艰巨的。为此我提三点肤浅的建议。

一是建议争取市委、市政府的更大支持，并且通过市委、市政府领导争取省委、省政府和教育部的支持。因为温州大学不仅仅是温州的大学，还是浙南闽北赣东区域唯一一所综合性大学。

二是建议积极联系在外的温籍名师、名家和名校领导。温州的文化底蕴很深，在国内外有好多名师、名校长和院士，我们应该进一步与他们加强联系。温州大学发展到今天，苏步青、谷超豪等一批温籍的名师、校长做出了重大贡献。

三是建议加强与优秀温州及温籍控股上市公司的联系，特别是由我们温大校友控股的上市公司，一方面使科研成果通过上市公司转化为生产成果；另一方面为学生实习提供便利，同时为学生就业创造条件。

破解"瓶颈"问题，助推温大发展

——林选青口述

采访者：李永刚、刘才　　　　　　　整理者：梁列列

采访时间：2022 年 7 月 13 日　　　　采访地点：江滨中路万盛锦园

口述者简介

　　林选青，1932 年生，浙江平阳人。曾任温州市税务局驻厂员、科员，市委组织部、市监委秘书，市委办公室负责人，市粮食局局长、党组书记，温州市委宣传部副部长。温州地市合并后，历任东城区委书记、鹿城区委副书记、市委宣传部副部长（主持工作）兼市社科联主席、原温州大学党委书记。另先后兼任市纪委委员、市政协常委、市社科研究人员中级职务评审委员会主任委员、浙江省社科联理事。退休后，仍积极从事社会活动。

一　踏遍青山，任职温大

　　采访者：林书记，您好！首先请您简单介绍下您的个人情况，包括籍贯、出生日期、工作履历等。

林选青：1932 年 12 月 27 日（农历十二月初一），我出生在平阳县昆阳镇一个贫困家庭。高小毕业以后，父亲将我送到平阳县私塾里读了半年书，学习内容为打算盘、写家书、读古文等。1946 年 1 月，在药店工作的父亲安排我去温州市叶三宝药店①当学徒。

采访者：根据您儿子林肃的回忆，您小时候在药店当学徒时习过书法，有童子功。能否讲述一下您早年的成长经历？

林选青：温州叶三宝药店作为当时温州市名药店之一，拥有 20 多名职工。我们当学徒的时候是非常艰苦的，基本上从早干到晚，什么事情都要听老板安排，但是这一时期药店老板对我工作上的两项安排让我受益匪浅。其中一个安排是让我练字，因为我们会接触很多中药处方，所以自己必须看得懂药方上的字，只有这样才能根据处方抓药。晚上有空的时候，老板会提供纸张和笔墨，要我们学习书法。

少年时期的林选青

我的书法就是在此时打下了基础。另一个安排是学记账，在我当了三年学徒后，药店老板安排我来记账，这就需要我懂一点会计方面的知识。所以这个时候（新中国成立前）我又去业余会计学校读了半年书，懂得了一点记账方面的知识。总的来说，我在药店工作的五六年里，这两个方面的能力在无形之中得到了锻炼，对我后来的帮助较大。

采访者：您书写过一条横幅，抄录自您妻子作的一首诗《示儿辈》，诗中提及"清廉正直最风流"，该诗创作的背景是什么呢？长期以来，您一直坚守清廉简朴的生活方式，能否谈谈您对这种生活方式的理解与感悟呢？

林选青：我有三个儿子，他们先后都在行政机关或者事业单位里工作，因此，我对他们提出了三点要求：第一，遵纪守法，不搞特权；第二，自己要努力，热爱工作；第三，多多学习，增长知识。考虑到现在反腐败的任务

---

① 温州旧时药店，由宁波药商叶子渐于清嘉庆八年（1803）创立，距今已有 200 多年的历史。

仍然任重道远，很多人在这个问题上犯了错误，所以我就和夫人商议，写首诗，留个字，好让我们的儿孙记得长辈对他们在这方面的教导。之后，我夫人就写了那么一首诗。因为我会书法，就写了横幅。把横幅裱起来后放在那里，希望时刻给儿孙一个督促和念想。

采访者：您在 1951 年 6 月就参加工作了，先后在温州市税务局、温州市委组织部、市委监察委、市委办公室、市委宣传部等单位工作。能否简单谈一谈您的工作经历，在哪个单位的任职经历让您印象比较深刻？

林选青：1951 年 6 月，市工会推荐我到温州市税务局工作，此后我基本上都是在党委部门工作，如在组织部、纪委、市委办公室、宣传部等单位内调转。工作了 40 多年，在宣传部的工作让我印象最深刻。我有过三个不同时期进入宣传部的经历，我自己总结为"三进三出"。

一进是在 1969 年的时候，从五七干校学习班毕业后，我先被分配到市公社办公室工作了一段时间，然后我被分配到温州市革委会政工组宣传办公室工作。工作内容主要是抄抄标语，写写大字报，因为我的文字还可以。但时间不长，1971 年之后，组织上就把我调到市委材料组做相关清查工作。

"四人帮"倒台以后，组织上本来准备把我安排到温州市粮食局担任局长，因为当时粮食局在工作上存在相当严重的问题，必须有人去整顿。但是，我对粮食工作也不甚了解，加之手头上正在进行的清查工作还没结束，所以就拖了很久。过了一段时间之后，组织上就没让我去粮食局了，我就又回到了宣传部当副部长。这时候也就是 1978 年，称作我的二进宣传部。

1992 年，林选青在中共一大史料陈列馆留影

几年之后，温州地市合并。当时，温州市有三个区，分别是东城区、南城区、西城区。组织上把我分配到东城区当书记，我就又离开了宣传部，至此已经是二进二出。到了 1984 年，地市进一步合并，也就是东城区、南城区、西城区进行合并，这时候我就到了鹿城区当副书记。在鹿城区工作了两年之后，当时市委宣传部的领导班子有点情况，导致工作开展遇到了困难。由于我有在宣传部工作的经历，组织上又决定把我调回市委宣传部当主持工作的副部长，这便是第三次进入宣传部。这时的宣传部没有部长，但有好几位副部长，我们就一起努力工作。1989 年 9 月，我被调到温州大学主持党委工作，一直干到 1995 年 1 月退休。

以上就是我"三进三出"宣传部的经历。从 1969 年到 1989 年的 20 年中，我在宣传部先后干了 10 年。宣传部主要是搞意识形态方面的工作，比如党员教育、理论研究、内外宣传、精神文明建设等。同时，还有文教卫体和新闻广电的一些工作。我们国家 1978 年改革开放以后，经济快速发展，人的精神素质也需要抓紧跟上。这就要求大家从理论上、思想上对物质文明和精神文明之间的关系进行思考。所以在这段时间里，我和大家围绕"两个文明一起抓"这个主题，为精神文明和物质文明建设出谋划策。概括起来讲，一方面是教育人，一方面是建组织，还有一方面是抓典型，以此来促进精神文明建设不断深入地开展。建组织、抓典型等工作就是我来负责的。之后，我就在《温州日报》上发表了关于"两个文明建设"的三篇文章，并在全市组织工作会议上介绍了《温州精神文明建设现状》，以期引起全市对两个文明建设一起抓的重要性、必要性的认识。接着，市委建立了温州市精神文明建设领导小组，时任市委副书记的刘锡荣当组长，我当副组长。此外，我还组织了四十几个研究会成立了温州市社科联，我当主席，市长卢声亮当名誉主席。再后来，我又把各县的正副部长都找来，让他们互相介绍精神文明建设工作状况，一起交流经验，学习上级指示，安排下步工作，并对"两个文明一起抓"中实践较好的基层单位进行考察。这样的会议我每年都会开五六次。当时全市有 100 多个乡镇，现在可能更多了。

采访者：1989 年，温州市委根据中央指示，安排您到温州大学主持党委工作，能回忆下当时的情景和您的心情吗？

林选青：1989 年 4～6 月，全国范围内刮起了一阵风波，波及的重点地区就是高校。温大也发生了一些情况。根据我的了解，温大部分学生上街游行、罢课、静坐也得有七八次，闹得动静比较大，影响也是蛮大的。

党中央考虑到这是一个全国性的问题，连续发了两个文件，指示要加强高校党的领导。温州大学同其他高校一样，也要响应并进行这方面的工作。当时，市委副书记张友余来找我谈话，要我到温州大学主持党委工作。我当时已经58岁了，正式的学历也就是小学。我在私塾里读了半年，在会计学校读了半年，我到组织部工作以后，还在机关业余学校读了5年。因为这些都不是正式的系统性的学习，因此实事求是地讲，我的学历不高。此外，我也没有搞过学校相关的工作，特别是高校工作，所以我当时是不愿意去高校的。后来市委副书记张友余又来给我做工作，最后实在没办法了，我就提出了三个条件：第一，我在宣传部副部长的职位要保留；第二，我去把工作整顿好后，还要回到宣传部继续工作；第三，给我一年的时间做整顿工作。他回去之后，开了常委会。第二天他又来找我，告知常委会已经同意我的三个要求。作为一名老党员，组织上又再三做出决定，所以我就同意了党的安排，兼任温州大学党委副书记，主持温州大学党委工作。

二　因势而谋，应势而动

采访者：1984年4月27日，国务院把温州列为进一步对外开放的14个沿海城市之一，提出要把温州建设成为我国东南沿海重要的工业、外贸港口城市和开展对外经济联系的窗口。后经专家、学者讨论，大家一致认为温州的改革开放和经济振兴需要人才的支撑，温州应办一所大学。这是当时筹建温州大学的大背景。对于80年代初温州的教育发展状况您是否了解，能否结合您的经历谈谈？1984年您还在鹿城区委任职，对于筹建温州大学的事情是否有了解呢？

林选青：因为我并没有参与温大筹建这个事情，所以对相关情况并不是太了解。当时我是在三个城区合并以后的鹿城区当副书记。因为三个区刚刚合并，书记和区长都是新上任的，他们不了解以前的工作。而我做东城区的工作已经两年了，对区里的一些事情基本上有所了解，所以好多事情都交给我负责，比如班子建设、人才调动等。所以说，那段时间我就忙于本职工作了，对此期间内温大筹建的情况不是很了解，没有过多关注此事。

我只记得最初是在1984年提议要创办温大，当时他们确立了学校的办学指导思想、培养人才的目标等。可以说温大是一所在改革开放当中崛起的社

1989 年，温州大学基金会大会结束留影（第一排左五为林选青）

会主义新型大学。虽然对相关情况知之甚少，但是我知道发行"三元券"这个事情。因为当时我在区里工作，需要我出面发动大家进行募捐。我负责组织大家把这件事情办好，但是具体的工作我也没有参与。

采访者：在温州大学筹建过程中，著名数学家，全国政协副主席苏步青院士着眼全局，高瞻远瞩，发挥了重要作用，后担任温州大学名誉校长。1987 年秋，苏老回到家乡温州，来温州大学指导；1991 年，90 岁高龄的苏老第二次来校。对于苏老的两次来访，您是否还有印象？您印象中的苏步青院士是怎样的呢？

林选青：苏老这个人是很好的，平易近人，待人诚恳，特别是对家乡的发展状况比较关心。学校成立以后，苏老第一次来的时间比较早，大概是1987 年，那次的具体情况我不太清楚。但是他第二次来温大，已经是 90 岁高龄了，苏老带着两个儿子于 1991 年 10 月 6 日到达温州，打算 11 月 15 日来温大指导。这次接待是我负责的。当时他是全国政协副主席，是国宝级教授，同时也是温大的名誉校长，所以我们很重视。他到达温州后，先在华侨饭店接见了我们学校的相关领导成员，然后就回平阳老家了。

到了 11 月 15 日，学校举行了育英图书馆奠基仪式，苏步青教授和几位省市级领导出席了奠基仪式。11 月 16 日，苏老又在温大礼堂——任岩松礼堂，给我们全体师生做报告。报告的主题是 12 个字"爱国爱党，多做奉献，

1991 年，苏步青院士在任岩松礼堂做报告
（左一为林选青，中间为苏步青）

振兴中华"。这个报告的具体内容我记不清楚了，苏老讲的大致内容就是希望大家在各自的岗位上取得更大的成绩，希望师生要为振兴中华而学习和工作。那次会议是我组织的，还留下了一些当时的照片。报告会上，学校还委托我送给苏老一幅《百寿图》，苏老收到之后很高兴。

采访者： 1994 年，作为校党委书记的您赴沪拜访苏步青先生，汇报建校十周年纪念活动等有关情况，苏老当场挥笔题词"百年树人"以志庆贺。能否谈谈当时的一些细节？苏老对于温州大学的发展状况是否满意？是否又提出了新的发展建议？

林选青： 1994 年 12 月 25 日是温州大学建校十周年，这对一个高校来讲是一件大事，所以学校就决定举办一次纪念活动。因为苏老是名誉校长，而且他对学校发展很关心，所以一定要向他汇报学校发展状况，并且请他来参加校庆活动。11 月 30 日，我专程去上海拜访苏教授，向他汇报了学校建校十周年纪念活动的有关情况。苏老听后十分高兴，此时的他已经 93 岁高龄了，不适宜长途奔波，所以不能参加校庆活动了，但是他对这个活动非常上心。我当时请求苏老给温大题几个字，苏老当即爽快答应，他说："好嘞，我写几个字让你们带回去。"他当场写下"百年树人"四个字，嘱咐我把这幅字带回来。直到现在，这幅字还留在温大校园里。

1994 年，苏步青院士在上海为校庆题字"百年树人"（左为苏步青，右为林选青）

采访者：1990 年 8 月，温州市委任命您为温州大学党委书记，瞿纪凯为党委副书记兼纪委书记。担任书记一职之后，您的工作量是否增加很多？您又是如何结合学校实际，开展党的建设和思想政治工作的呢？

林选青：作为党委书记，我在学校全面主持工作时，对党的建设、思想政治工作、精神文明建设等方面都提出了一些要求。例如，我们每年都要组织开展"教学育人、管理育人、服务育人"的"三育人"活动；每年 9 月新生入学的时候，都要开展一次军训，一期 10 天左右，军训由驻温部队派人来指导；我们还成立业余党校，每年举办两期以上培训班，培训新党员和入党积极分子。这些工作分别由党委组织部、宣传部、学生处、团委以及各系党支部分工负责。一般就是我把任务确定好，布置下去，然后这些部门分头去落实。

据统计，在 4 年多的时间里，"三育人经验交流会"开了 5 次，军训进行了 6 次，业余党校举办了 8 期。除了这些，1991 年 5 ~ 6 月，我们在全校党员当中开展了两个月的党纪教育。1992 年 5 月，我们在全校学生当中开展了"树温大形象，创文明校风"活动。1993 年 2 月，我们在全校党员当中开展了民主评议活动。我认为，这些活动对于加强党的建设、加强思想政治工作、加强政治文明建设都是有好处的。作为当时学校党委副书记，在开展的党建、军训、"三育人"等活动当中，瞿纪凯同志做了不少具体的工作。

采访者：据了解，温州大学在成立之初也面临基础设施不足、资金短缺等情况，还好得到了来自社会各界的支持与帮助，才使得温州大学一步一步发展起来，例如，旅荷华侨潘娟妹捐建的春晖楼、上海师大美术系刘旦宅教授捐建的温故楼、台胞何朝育先生偕夫人黄美英女士捐建的育英图书馆、台胞姚宏影捐资 9.6 万元设立的"姚宏影奖学金"等。对于海内外同胞的慷慨相助，您当时有怎样的感想？他们的帮助对于温州大学的建设有着怎样的意义呢？

林选青：温大的资金来源于三个方面：国家拨款、群众捐资和华侨贡献。华侨的捐赠绝大部分是在 1984 年前后捐的，比如爱国楼、爱乡楼、星洲楼、勤思楼、春晖楼、任岩松礼堂和林昌横教学楼等。我们对他们深表谢意，他们对温州的教育事业这么关心是非常难得的。

我到学校主持工作之后，接待了台胞何朝育及妻子黄美英，现在温州大学的育英图书馆就是他们捐建的，捐资的数额巨大。据说在 1991 年的时候，何朝育先生与太太黄美英在台北温州同乡会会刊上，看到温州大学为建图书馆恳求各方解囊相助的文章。夫妻俩感叹："这样一点点募集，要到什么时候才能把图书馆建好啊！"于是，他们决定承担建设图书馆的全部预算费用：400 万元港币。建设标准提高后，他们又将捐款追加至 628 万元港币。育英图书馆建筑面积一共是 6300 平方米。1991 年 5 月，我们专门举行了捐赠仪式，同年 11 月举行了奠基仪式，1993 年 3 月举行了落成仪式，图书馆建设用时总共三年。因为何朝育和黄美英夫妻俩捐赠的数额特别大，造成的影响力也很大。在这三个仪式举行的时候，省市多位领导人非常重视，都过来参加仪式，比如省政协副主席邱清华也过来了，并且三次仪式他都参加了。

在建设过程当中，关于图书馆的命名问题，我们也多次商讨。后来几经讨论，我们觉得何朝育中的"育"字和黄美英中的"英"字可以单独拿出来，作为图书馆的名字。另外，"育英"又有培育英才之意，对学校来讲也是一个很好的名字，所以大家都同意将其命名为"育英图书馆"。我们讨论结束之后，我就把这个名字告诉了何朝育和黄美英夫妇，他们也很高兴。所以温大的图书馆名称就最终确定为"育英图书馆"。之后他们夫妇继续在温州捐建其他公益项目，例如育英儿童医院、育英小学、育英大礼堂等，形成"育英"系列公益项目。

1993 年，台胞何朝育和黄美英夫妇（第一排左三为何朝育，左四为黄美英）
赴温州参加图书馆落成仪式

三　凝心聚力，务实笃行

采访者：您到学校后，指导开展"四整顿"，建立十二项制度，加强精神文明培育，逐步解决了当时学校发展中面临的各项困难和问题，完善了各方面建设。能否给我们讲一讲"四整顿"和十二项制度的相关内容，以及这些工作都取得了哪些成效？

林选青：从 1989 年开始，全国高校进入调整时期。这一时期的高校调整，是在响应国家"压缩本科，扩大专科，发展职业教育，限制招生规模"的要求。在这种背景下，我们温大出现办学经费极度紧张、教研人员严重缺乏、办学水平不高等问题，因此出现了办学规模萎缩，招生连续四年减少的情况。1989 年温大招生 274 名，1990 年是 270 名，1991 年是 250 名。1992 年招生名额有所增加，一共招收 330 名学生。

学校里的很多领导和教职工都很着急，学校要继续向前发展，却没有经费进行相关方面的建设。然而在困难面前，我们也并没有消极悲观，因为大家一致认为只有改革才会发展，只有发展才能生存。所以在 1989 年底，我在参加省委扩大会议回来之后，就在校党委会上提出了"四整顿"这样一个要求。

"四整顿"就是整顿教学秩序，提高教学质量；整顿校风校貌，治理学校环境；整顿组织纪律，健全各项制度；整顿财政开支，厉行增产节约。根据"四整顿"这个要求，我们先后制定和完善了十二项制度。十二项制度包括：教工学习、党员教育、环境卫生、公寓管理、劳动纪律、义务劳动、培训管理、治安保卫、人事调动、学籍管理、廉政建设、有偿服务。从1989年到1994年，为了落实十二项制度，根据"四整顿"工作要求和十二个方面的制度建设要求，学校有关部门先后出台了近40项具体的规章细则，并且逐一认真落实。通过三年左右的整顿，我们取得了一些成效。一方面纠正了校园当中的一些不良风气，另一方面全校师生员工接受了理想信念的洗礼，从而维护了校园的政治稳定。

与此同时，我们还千方百计地解决学校发展当中的一些问题。首先，我们向省教委积极争取计划内的自费生名额。原来我们的教职工有300多人，招生只有200多名，这种情况导致人才严重浪费、资金不足，所以我们就向省教委提出增加计划内的自费生人数这个办法。其次，针对教师多、学生少的状况，我们申请在政策允许范围内，安排少量的寄宿生和旁听生，不过数量不多。最后，和兄弟院校、有关单位联合办班，以此来增加经费收入。比如说我们和市教委联合办了个电子技术师资班，招收计划内学生45人；与浙江省经济管理干部学院联合设置外贸经济管理专业和企业管理专业，招收计划内学生185人；1992年与温州市电大联合举办中文师资班，招收计划内学生39人；1994年与温州市教委联合举办理化师资班，招收计划内学生41人；与北方交通大学联合设置铁路运输专业和无线电通讯专业，招收计划内学生78人；1995年继续与温州市教委、北方交通大学联合办学，招收计划内学生115人。因为需要筹备资金，所以大力推行联合办班，一直到我退休之后办班才停止。当时通过联合办班这种方式增加了温大的办学经费，扩大了温大的办学规模，发展了成人教育，也帮学校解决了一些困难。

在此阶段中，学校在教代会上通过了几个改革方案：第一个是奖学金发放办法，第二个是年终目标考核评定办法，第三个是教师教学工作量计算、奖酬金支付有关规定，第四个是教师教学工作量计算办法。这些办法包括上面讲到的所有整顿制度，都是为了解决温大在当时遇到的问题。1993年12月9日，《温州日报》发表了一篇文章《温州大学改革开放，迈出新步子》。这篇文章从"四整顿"开始讲起，一直讲到这几个改革方案。

为了积极推进德育工作和精神文明建设，学校还大力开展创建文明校园

1991 年，第二届教职工合影（第一排右七为林选青）

活动，认真组织各项校园文化活动。校园文化活动长年不断，精彩纷呈。一系列的校园文明创建活动和校园文化活动，丰富了师生的精神生活，提升了学校的文化品位，对外树立起了良好的形象。校园文明创建活动不断向前推进，取得了显著成效，1994 年 8 月，学校被温州市人民政府评为市级先进文明单位。

采访者：为解决学校教职工的一些具体困难，增强凝聚力，调动广大教职工的积极性、创造性，建设和谐校园，您曾想办法努力提高教职员工的福利待遇，改善其住房条件。能否谈谈这方面内容？

林选青：这个方面我了解的不是很多，我把我知道的几件事来分享一下。在我去温大以前，我们的教工宿舍已经有 4000 多平方米。后来，学校为了解决教工住房问题，在 1988 年 11 月又开工建造教授楼、教工楼，总共 3000 平方米。

1990 年竣工以后，按规定分配给教工住，这是第一件事情。第二件事情就是对教工住宅的使用做了一个较为详细的规划，例如针对电话怎么装，煤气怎么供应等这些问题，学校里做了一个规定。第三件事情与教工福利相关，1993 年 3 月，经过市计委、市规划局以及市工商局同意，我们把温大西墙拆除，拆除以后开辟了一个市场，叫作温州市化工原料市场。原来的建筑拆掉之后，新建了一栋两层楼的房子，由教工投资，年终分红，以此来提高教职工的福利待遇。我了解到的学校为教工谋福利的事情，主要就是我刚刚提到的解决住房问题、开辟化工原料市场、改善员工宿舍条件等。工资待遇还是完全按照国家的标准来进行的。

四 行而不辍，未来可期

采访者：邮票，被誉为"国家名片"，方寸之间，铭记历史。据了解，您在 1995 年正式退休后，在省市多次邮展上展示了自己收藏的邮品。您从什么时候开始和邮票结缘的？能否谈谈您集邮的经历？主要收集哪些类型的邮票？

林选青：1954 年 10 月，我从温州市税务局调任中共温州市委组织部秘书，因为工作当中接触到的信件比较多，所以从那个时候我就开始收集信封上的邮票。后来随着工作岗位的变化和其他情况的改变，我收集的邮票种类也不一样了。

到了 1995 年退休之后，我就把收藏的邮品组编成内容不一样的 33 部 80 框邮集。这些邮集先后分期分批，参与了 160 多个单位的邮展。这些单位包括机关、部队、学校、企业还有社区。我所组编的这些邮集，有的是传统类，有的是极限类，有的是明信片类，有的是现代类，但大部分是专题类。专题类的重点在于主题内容是否有思想性、知识性和故事性。因为专题类邮集特别像在讲故事，所以这类邮集人们在看的时候就好像在回顾历史，特别是学生看了以后，会从中懂得一些知识。

我组编的邮集有《中国共产党大事记》《红军长征》《抗日战争的光辉业绩》《解放战争的三大战役》《抗美援朝》《伟人毛泽东》《毛泽东诗词》《孙中山》《孔子》《弘扬雷锋精神》《五十六个民族是一家》，还有《白衣天使大爱人间》《改革开放成就辉煌》《八荣八耻》《盛世国典大阅兵》《中华孝道》《欢乐童年》《世界遗产在中国》《京剧艺术》《书法艺术》等，这都是专题性的东西，可以从中看到祖国的悠久历史、灿烂文化、科学发明、锦绣河山、名胜古迹、优秀儿女、丰富物产等，大家看到后会有所收获。

林选青组编的邮集

采访者： 2021 年 6 月，温州大学档案馆孙碧燕馆长、杨兴林老师特意登门拜访了您，您向档案馆无偿捐赠了一批珍贵史料及邮品。这批史料及邮品主要是哪方面的？对于温州大学校史研究方面有着怎样的意义呢？

林选青： 去年温大档案馆的工作人员过来拜访，我向温大档案馆捐赠了一批史料及邮品。其中，中国纪特信销票 250 枚，外国邮票 250 枚，中国贺年邮资片 500 张，普通邮资片 140 张，纪念邮资封 60 个。

我还在考虑，如有可能，再整理一部分邮品捐赠给学校。如果学校以后能够继续收藏邮品，使得邮品的数量和种类扩大，那么这些邮品还是会派上用场的。当然，学校将来还可以利用这些邮品为集邮爱好者提供相关服务，这样做的话还可以进一步弘扬集邮文化。

此外，我还捐出复制的两本旧相册。这两本相册都是我在温大工作期间所拍的照片，其中有我与苏步青、何朝育、马骅等人的合影。我觉得这些东西应该也有一定的史料价值，比如在校史研究方面具有一定的意义。

采访者： 2021 年 5 月，在喜迎建党百年和全校深入开展党史学习教育之际，温州大学"庆祝建党百年"老干部专题集邮巡展在温州大学育英图书馆拉开帷幕。此次邮展涉及的邮集作品有哪些主题？举办此次邮展的主要目的是什么？

林选青： 去年 5 月，学校举办了"庆祝建党百年"老干部专题集邮巡展。我和周瑾每人提供了 30 框邮集，一共是 24 部 60 框，包括《中国共产党大事记》《光辉百年》《壮丽七十年》《红军长征》《抗日战争的光辉业绩》

《抗战在二战中的地位》《解放战争的三大战役》《抗美援朝》《伟人毛泽东》
《盛世国典大阅兵》《五十六个民族是一家》《弘扬雷锋精神》《改革开放成
就辉煌》《核心价值观》《圆梦航天》《北京奥运史记》《上海世博史记》《白
衣天使大爱人间》等。据我了解，国家网、浙江网、温州网，还有《浙江老
年报》、《温州日报》、《温州都市报》、温州电视台等，大概有十几家媒体都
做了相关新闻报道。展出以后效果还是蛮好的，我记得有学生在接受采访的
时候讲道："邮票展有创意、新意、引人入胜。我们会永远铭记革命烈士，
赓续红色革命，认真学习，练好本领。"我们听了之后也非常感动，希望他
们能从党史知识中汲取智慧和力量，以先辈为榜样，以实际行动传承红色基
因、追寻红色足迹，真正做到知史爱党、知史爱国。

邮票被称为"国家名片"，因为它反映了一个国家的政治、经济、文化、
科技、历史、地理、民俗风情、自然风光等各方面的状况。小小的方寸当中浓
缩了文化精髓，显示了文明进步，传递了正能量。所以我个人认为通过集邮展
览，可以加强爱国主义、集体主义、社会主义教育，引导人们树立正确的历史
观、民族观、国家观、文化观。虽然我今年 91 岁了，但是只要条件允许，今
后还可以为弘扬集邮文化做一点事情，这也是我们老党员的责任。

2021 年，温州市老干部集邮协会举办集邮展览时会员的合影（第二排右四为林选青）

采访者： 2020 年温州大学离退休党委第十一支部于"七一"前夕在线上举办了"不忘初心，砥砺前行"庆祝中国共产党诞生九十九周年的主题党日活动。您率先在微信群上传了当年获奖的书法作品——毛主席诗词《七律·长征》，缅怀我们党 99 年坎坷奋斗历程。能否具体谈谈这次主题党会的开展情况？

林选青： 2020 年"七一"的时候，我所在的党支部也开展了一次主题党日活动。因为当时疫情比较严重，大家不可能集中在一起，所以党支部提出要我们把有意义的作品、照片发到微信群里，来庆祝"七一"这个日子。于是我就把毛主席的《七律·长征》这个书法作品的照片传到支部微信群里，一方面是想缅怀一下党的 99 年奋斗历程，另一方面则是勉励大家不忘初心，牢记使命，走好我们这一代人的长征路。

其他老党员们也有表示，有的传了诗词照片，有的传了邮品照片，有的传了鲜花照片。所以我认为，在当时那种无法集中在一起的特殊情况下，用这种特殊的方式来为党庆生，也有一定的意义。

采访者： 2021 年 6 月，温州大学举行庄重而简朴的"光荣在党 50 年"纪念章颁发仪式，您当时也是作为老党员代表发言，回顾党史，回顾您的入党历程，您有哪些感想？

林选青： 我是 1953 年 12 月加入中国共产党的，当时是在温州市税务局工作，算起来也是局里第一批入党的党员。我是主动提出要加入党的，过了半年的候补期之后，第二年 6 月就转正了。一直到 2021 年建党一百周年的时候，我参加了学校举行的"光荣在党 50 年"纪念章颁发仪式，党龄也有 68 年了。

举行纪念章颁发仪式的时候，现任温大校长、党委副书记赵敏主持会议，他代表学校对我们这些纪念章获得者表示了祝贺。他说："老党员是我们党宝贵的财富，是鼓舞年轻党员干部奋斗的灯塔。""光荣在党 50 年"纪念章是学校党委书记谢树华亲自给我挂在身上的，学校把这次活动搞得很隆重，这是对老党员的最高礼赞。我对能够参会并获得纪念章感到很高兴，并对此深表感谢。"不忘初心，牢记使命"，永葆党员先进本色，应该是所有党员都必须做到的。

我从 1951 年 6 月参加工作，然后一直到 1995 年 1 月结束了在温大的任职，这样算下来我在机关单位工作了 45 年。如果加上我在药店干的几年，我的工龄就有 50 年了。现在回想起来，我非常感谢组织对我的教育和培养，感

林选青与其书法作品

谢同志们的支持与帮助。

采访者：明年是温州大学办学九十周年，您对温州大学未来的发展有哪些期待与展望？

林选青：温大现在办学规模逐步扩大，教学设施改善，师资力量充实，学校声望提高，这些都是值得大家庆贺的。我们更要珍惜来之不易的成果，同时也要抓住关键发展期，积极主动地适应发展的需求，在服务、发展、引领未来中展现新担当，实现新作为，为国家、为社会、为人民培养更多更好的人才，努力向"双一流"方向迈进。

温州大学对温州市经济社会发展做出了突出的贡献。经过多年的发展，温州大学在科学研究、学科建设、服务地方上的实力越来越强劲。就在最近几年，温州大学成为浙江省第三批重点建设的高校。2021年，温州大学经教育部批准正式成为博士学位授权单位。我们接下来的目标，那就是力争成为国家"双一流"高校。其实温州大学和宁波大学是在差不多时间里建立起来的，都在沿海开放城市，但是宁波大学已经入选"双一流"建设高校名单。因此，我们应该向宁波大学看齐，努力向"双一流"大学迈进！

双肩挑责领航向，爱校如家守初心

——林娟娟口述

采访者：刘子玉　　　　　　　整理者：何柠西、常梦月
采访时间：2022 年 7 月 31 日　　采访地点：温州大学校友之家

口述者简介

　　林娟娟，1960 年生，浙江玉环人，教授。1978 年 9 月考入杭州大学化学系，1982 年 8 月毕业并进入温州师范学院工作。曾任温州师范学院副院长，温州大学副校长、副书记、党委书记。多年来教书育人、管理育人、服务育人，勤勤恳恳工作在教学、管理第一线，曾荣获温州市"551 人才工程"培养人选和浙江省巾帼建功标兵称号。

一　求学杭州，任职温州

　　采访者：林书记，您好！首先请您简单介绍下您的个人情况，包括籍贯、出生年月、工作履历等。

林娟娟： 我叫林娟娟，1960 年 4 月出生于浙江省台州玉环县。1977 年，我高中毕业于玉环县玉成中学。当时正赶上最后一批知识青年上山下乡，所以我和那个年代的许多年轻人一样下乡插队务农过。可就在我下乡不久就传来了恢复高考的喜讯。1978 年，我考入杭州大学化学系。在高考制度刚恢复的 1977 年、1978 年，大学的录取率是很低的，只有 5%～6%，所以在那个年代能考上大学的人的确是时代的幸运儿。1978 年正是我国改革开放之时，可以说我们这一批同学是迎着改革开放的春风踏进了大学校门。1982 年，我大学毕业，被分配到温州师范学院任教。2004 年，温州师范学院与温州大学合并，成为今天新的温州大学，此后，我便一直都在温大工作，直到 2020 年退休。可见我的工作履历很简单！38 年的职业生涯都在同一个单位度过。但在此期间，我换过不少工作岗位。起初，我担任专职教师，后又兼做行政工作，从化学系副主任到温州师范学院党校办副主任，再到人事处处长、院长助理、副院长，两校合并后，我担任副校长、副书记直至学校的党委书记。当然，随着行政管理工作的担子不断加重，教学工作相对来讲变成了我的"兼职"。但我始终没有离开过讲台，一直坚持给本科生上"物理化学"这门化学专业的基础课。我也非常享受站在讲台上，被学生们一双双认真的眼睛注视着的感觉。在学校里，我也特别爱听学生叫我"林老师"，其实叫我"林书记"，我反而不太习惯。

采访者： 能给我们讲一讲您的求学经历，特别是您在杭州大学攻读化学专业的经历吗？比如您为何报考杭州大学，为何选择攻读化学专业，以及求学中对您影响较大的老师、实践活动，等等。

林娟娟： 我在读初高中时，在那个不读书的年代，我算是老师眼里的好学生，1977 年，我参加了恢复高考制度后的首届高考，由于我们高中的教材与高考大纲出入太大，特别是物理这门课，像光学、力学、电学内容很少，光学更是连最基本的概念都没学过。可想而知，我的第一次高考是没有希望的，所以考试一结束，我就买了一套十卷本的"数理化自学丛书"开始自学。第二年，也就是 1978 年，我再次参加高考，我印象特别深刻的有两件事：一是我的化学考了 98 分，当时是百分制；二是物理试卷最后有一道 20 分的力学题，对我来说有点难，由于时间关系我来不及深入思考如何解题，便果断放弃，把剩下不多的时间用来复查已做的题目，最后我的物理成绩是 80 分，也就是说我前面答上的那些题目全做对了！"数理化自学丛书"还是帮了大忙，我想那个年代参加过高考的许多人都会对这套丛书印象深刻。

至于我是怎么被杭州大学化学系录取的，说实在的，我自己都稀里糊涂，那个年代不比现在，考生们可以通过许多渠道或资料去选择大学与专业。我实际上也没有太多选择，也许当时自认为化学考得不错，就填了化学专业，后来就刚好被杭大化学系录取了，缘分吧！在填报专业志愿时，我至今还记得，我没有填报任何一个与"医"相关的专业，现在想想也挺可笑的。因为那时候我觉得在医院工作，每天要面对很多痛苦的脸庞，我不喜欢这样的职业环境。但我填了很多与师范相关的专业，我觉得当教师见到的都是青春活力的面孔。后来真的如愿了，今生无悔！

刚恢复高考，考生年龄跨度很大，我们班上年纪最小的同学的父亲和班上年龄最大的同学在高中是同学，所以同学也是两代人。我 1977 年高中毕业，1978 年考上大学，并不是应届生，但相对来说，我的年纪还是算小的。那些年龄很大的同学，他们一路走来尤其不易。无论年纪大小，大家的共同点是非常珍惜这来之不易的读书机会。那时的学习氛围非常浓，大家都非常努力，每天晚自习，我们都要去抢教室、抢座位。我们化学楼的座位很紧张，旁边体育楼的教室会宽裕一点，所以我们经常还会去别的教学楼抢占座位。有时遇到家里来人，去陪同而没去教室上晚自习，心里都会忐忑不安，总觉得其他同学此时都在学习，而我却没有，事后我都会想办法把这些"浪费掉的"学习时间补回来。

化学是门实验学科。我们的老师对实验很重视，对学生的要求也非常严格，特别是要有严谨的科学精神，绝不允许出现不完成实验或者篡改实验数据的情况。如果我们没做出成果或未达到要求，就要一直做，所以我们经常会做实验做到很晚才去吃饭。那时候大家真的非常努力，学习氛围也异常浓厚，老师也十分关爱我们这批学生，恨不得把所知所能都倒给学生，这大概是因为老师们也很久没遇到这么好学的学生了吧！我印象很深的是我们的专业基础课"物理化学""有机化学"，老师上课非常吸引人。我们 78 级化学有 4 个班级，共 128 位同学，专业基础课我们是全年级一起在大阶梯教室上，老师的课上得很精彩，四块上下推动的大黑板，嚓嚓嚓，大家听得全神贯注，甚至可以说是屏息凝神，生怕漏掉了什么，常常直到下课大家才喘了口大气。记得毕业十几年后的一个暑假，我到杭州开会，快中午时我去了一趟杭州大学。巧的是，我在大门口刚好碰到原来给我们上"物理化学"课的李本乐老师！他正骑着自行车从校园里出来，看到我，他惊奇地问："林娟娟，你今天怎么来这儿了？"听到这话，我真的很激动，对他说："李老师，您真的太厉害了，十几年了，您还能叫出我的名字！"李老师不是我们的班主任，也不是辅导员，他只是一名普通的任课老师，而且他的课当时是 120 多位同学一起上的大课！李老师还很谦虚地说："哦不不，我就对你们这两届（1977 级、1978 级）印象特别深刻。"可见，老师们对我们这两届学生确实特别认可。那时整个学校的老师都很投入，校方也竭尽所能为我们提供学习条件。回想起来，我们真是时代的幸运儿，真心感恩有这样的机会在杭大求学。

采访者：1982 年 8 月，您到温州师范学院参加工作，您方便给我们讲讲这段教学与科研经历吗？比如您当时的收获与感想，以及这段经历对您日后从事教育、科研工作等产生了哪些积极影响，其中有哪些事令您难忘？

林娟娟：1982 年，我被分配到温州师范学院工作。当时温师院的校园就在大士门，如今的九山湖畔、松台山下，环境宜人。那时候校园很小，设施也很简陋。大学毕业后，我和另外两位被分配到温师院的同学一起来报到。其中一位便是后来历任我们化材学院院长、书记的程亚倩老师，现在也已退休。办完报到手续后，我们就在校园里逛，去找找教学楼什么的。其实当时校园里就只有天桥边上的那栋教学楼和两栋学生宿舍楼比较新，像化学科、物理科、数学科都设在一个两层高的旧房子里。过了天桥就是操场，边上就是九山湖。校园很小，初来乍到的我们还是有点失望，觉得这里不太像大学。

不过开学后没多久，我就喜欢上了化学科这个集体。那时候我刚毕业，也就 22 岁，老教师们后来回忆起来都说："当时你和程亚倩老师，两个小姑娘刚进来时辫子一甩一甩的！"那时候学校里教师的年龄断层还是蛮厉害的，除了 77 级、78 级毕业分配来的新教师，其他老教师的年龄比我们大许多。老教师们把我们当作自己的孩子一样来关心，无论是在生活上，还是在工作上，给了我们家的感觉。

老教师们对学生也是非常关爱和严格的。我刚参加工作时，刚好是 82 级化学班进校，80 级化学班也还在读，当时学风都非常好。老师们对学生既仁爱又严格，比如学生做实验的时候，一些基本操作他们会非常耐心地手把手教，但如果实验没做完就别想离开实验室，老师会陪着你直到实验完成，

1982 年温师院第五届运动会，化学科教工夺得 10×60 米接力赛冠军
（第一排左三为林娟娟）

那时我担任助教，也跟着带学生做实验，我们经常做实验到很晚才离开实验室。

另外，温师院当时严格的助教制度也令我印象特别深刻。当年我们刚毕业的新教师可是老老实实地当了两到三年的助教，受益匪浅。那时候化学科给我安排了一对一的老教师担任导师，我的第一位导师是夏雅琴老师，她后来担任过物化教研室主任、化学科主任。当年，我踏踏实实地跟着听她的每一节课，帮助批改作业、带实验，定时给学生答疑。在指导学生实验的过程中，我也可以很快地认识学生。再过一段时间，我开始给学生上习题课、辅导课，偶尔导师也会让我讲一到两个章节的理论课。大概两年后，才允许我独立承担"物理化学"这门专业基础课的全部理论课教学，可见那个时候要想走上讲台是很不容易的。通过担任老教师的助教，潜移默化、耳濡目染，从老教师平时的言行、工作中学到了很多。比如，怎样上好一节课，怎样做一名称职的老师，怎样爱学生，怎样用严谨的科学精神对待我们这个学科。这对我日后的教学工作和行政工作都产生了很大影响。

不过后来随着学校扩招，教师数量也显得日渐不足，不少学科的新教师一来就上讲台授课，"赶鸭子上架"似的，而且授课的班级与课时还不少，根本来不及深入备课，像一些非师范毕业的新教师更是如此。不难想象，当一位新教师还不知道该如何当教师时就接到大量教学任务，给学生留下的印象可能也不会太好，一些新教师也有可能因此失去站在讲台上的自信。

1994 年 5 月 18 日，林娟娟（中）代表"物理化学"课程规范化
建设小组在温师院第二届教学科研大会上做经验交流

我的体会是，年轻教师一毕业就立马站上讲台授课，即便是博士研究生也是不合适的。从专业知识角度来说，他们很优秀，但要成为一名称职的教师是需要一个过程的，如果学校一上来就给他们大量教学任务，并不利于青年教师的成长。严格的助教制度可以为年轻教师的发展打下坚实基础，包括端正教学态度、树立良好的师德师风、磨炼教学技能等。一位优秀的毕业生要成长为一名优秀的教师是需要许多历练的。

因此，2007 年我担任学校副校长后，就力推助教制度。由于受到各种客观条件限制，开始比较难，但我并没有放弃，学校也大力支持，后来逐渐出台了助教制度，要求各学院为新教师一对一搭配老教师，进行"传帮带"。不过据我了解，各学院的执行度参差不齐，效果也各不相同。当然这有各种原因，比如师资紧张或者老教师投入不够等等。

此外，当年温师院的答疑制度也令我印象深刻。我做助教时，包括后来独立任课，每周都有固定 1～2 次给学生答疑的时间。大学普遍存在的一个现象是，由于没有严格的坐班制度，再加上工作需要，老师们会忙于科研或外出参加各种学术会议，那时也没有线上答疑的条件，那么，学生课后有疑问怎么去请教老师呢？为此，当时学校规定，任课老师必须为学生确定课后答疑时间，时间地点可以由老师和学生商定。我觉得这个制度也很好，因为它能够保证教师及时解决学生遇到的专业问题。虽然后来答疑制度被取消了，但我仍在日后 30 余年的工作中坚持实行自己的答疑制度。尤其是我后来身负"双肩挑"的重任，往往因为忙于行政工作而无法及时接待来求问的学生，因此我更加需要答疑制度。直到现在，我还是非常建议建立答疑制度，"双肩挑"老师更有必要。有人说现在通信便利，线上答疑也未尝不可，但我认为线上交流和人与人面对面的线下交流效果是完全不一样的，特别是理工科。

总之，类似这些在我担任助教时学到的行之有效的做法对我影响很大。无论是对我个人的成长，还是我走上管理岗位后的行政管理工作都产生了很大的积极影响。

采访者： 1996 年，您开始担任化学系副主任，成了一边肩负行政工作，一边肩负教学的"双肩挑"干部。能给我们讲讲您是如何平衡繁重的行政工作与教学工作的呢？

林娟娟： 其实人的精力是有限的，但"在其位，谋其政"，只能有所取舍。我觉得，要么就不做行政，专心教学，既然走到管理岗位上，有些管理工作很刚性，拖不得，也容不得我偷懒，否则影响很不好，还不如不做。有些人说"双肩挑，两手抓，两手都要硬"，其实我是做不到的，只能牺牲一头。

我担任人事处处长时，每天在办公室里就像医生坐诊一样，来办事的人很多，我总不能推托要去备课、进实验室做实验什么的，这是不现实的，那么只能牺牲科研时间。起初我还能争取在假期里做点科研，后来就全放弃了，我选择把有限的时间用在了行政管理和做好理论课教学上，尽可能让学生对课堂教学满意。实际上，一个教师如果长期不做科研，没有将最前沿的知识贯穿到教学内容中，其教学内容在创新度上是会大打折扣的。因此，大学老师要想教好书，同样需要做好科研，以便更好地充实教学，才能成为一名优秀的教师。好在我承担的"物理化学"是门基础课，受科研影响相对较少（给自己找点理由吧）。其实很多事情都是相对的，有得必有失。如果你一边做着行政管理工作，一边又在纠结要不要牺牲专业之类的问题，无疑会影响你的心态和工作，可能到头来什么都做不好。所以我觉得做好取舍后，就无怨无悔地去做吧！精力有限，一个人很难什么都不耽误。

采访者：2003 年以来，您作为温州师范学院副院长进入领导班子，您当时主管哪部分工作呢？步入 21 世纪，当时温州师范学院的发展情况是怎样的？

林娟娟：2003 年，我作为副院长进入了领导班子，负责分管学校后勤和基建工作。自 2000 年起，温州师范学院的发展进入了"快车道"。从办学规模上来看，1998 年我刚接任人事处处长时，学校正在向市里申报 3000 人的办学指标，只有这个指标得到批准，才会给我们相应的教师编制数。记得当时我接过这项工作后，还为此专门跑过市人事局，请他们早点批复我们这个 3000 人的指标问题。实际上，后来正赶上高校扩招，我们也不用等批复了，办学规模很快就扩大到了近万人，学校很快就发展起来了。此外，也是在这一时期，为了申报硕士学位授权点，学校引进了不少人才，教师队伍也在不断扩大，2003 年学校申硕成功。

为了缓解教学、科研用房紧张，自 2000 年起，学校启动了茶山新校区建设，也就是现在的北校区。当时的分管校长就是我们现在的谢树华书记，他当时是温师院分管后勤基建的副院长。2003 年我担任副院长时，便是从他手里接过学校后勤以及新校区基建工作的。他当时非常详细地跟我介绍与基建相关的项目，我非常感谢他。

其实对我来讲，分管基建工作确实是一个很大的挑战，此前我的工作从来没有涉足过基建这个领域。但是，既然学校安排给我这项工作，就得接下，并且要努力做好。当时，我一想到每天要跟包工头们打交道，夜里都睡不着觉。况且当年茶山新校区建设的每一个项目基本上都要赶工期，这给我带来了很大压力。因为一赶工期，工程质量就可能会受到影响，施工队也可能会趁机做点小动作。除了质量压力外，人员安全、廉政安全也是大问题。当时我就给自己定下三点一定要遵守的原则。一是自己绝不带私活，在工程建设、工程招投标过程中，全部按照规定来。如果亲戚朋友或者有工作关系的朋友来找我，那我只能委婉但又坚定地回绝，绝不"拎篮子"。我相信大家也能理解，真不理解的话，那也只能得罪了。亲戚朋友问我分管哪一方面的工作时，我一般都不愿意说自己分管基建，担心会找我"拎篮子"什么的。这一点是绝不能跨越的严格的底线。二是定好各项规章制度，有规有矩，一切按规定来。三是我时刻给自己和管理团队敲警钟。那时候有不少兄弟学校在工程廉政上出了问题，一旦有这些"教材"，我就立刻借此提醒我们的团队，我们自己千万不要给别人提供那样的"教材"。我们运用身边熟悉的例子来进行廉政教育是最有效的，同时也是给自己敲警钟。

茶山新校区建设是整整几十亿元的大工程，庆幸的是，我们这支基建管理队伍最终安全"着陆"。在这里我真的要特别感谢时任学校基建处处长徐玉聪。他既内行，又正直，是他帮我带好了这支队伍，把握住了质量关，也把握住了大家的安全关。我也非常感谢在分管基建的四年中，所有支持我工作的人，真心感谢大家。

采访者：2004年5月，新温州大学开始了筹备组建工作，作为两校合并的亲历者和见证人之一，又曾任我们的党委书记，您当时有哪些印象深刻的经历呢？您是如何看待新温州大学的组建工作的呢？您认为温州大学的创办产生了哪些积极影响呢？

林娟娟：两校合并可以说是当时温州市委、市政府站在温州以及学校长远发展的角度做出的非常正确的决定！从今天温州大学的发展来看，更是证明了这一点。但在两校合并之初，两校的班子、教师、学生或多或少都有各自的一些想法。据我所知，市委、市政府是在做出这个决定后才召集温州师范学院当时的党政一把手开会的，我们知道得就更晚了，说实在的没有心理准备。所以一开始大家难免都会站在各自的角度评论合校这件事，当然这样也是正常的。好在学校为了长远发展，之后开展了一系列的讨论、分析，从而统一了思想，形成共识——两校合并是有利的。

关于合并后新学校的校名，我认为，温州师范学院在合并之前，非师范专业占比已达到了60%。如果合并后的校名包含"师范"两字，对非师范专业的发展也是不利的。而温州大学在当时还是一个专科学校，如果不合并，即便升本，也不能称为"大学"，只能叫"学院"，只有两校合并才有可能保住"温州大学"这个校名。我想，保住"温州大学"是温州市委、市政府的决策重点。事实也是，两校合并后，根据有关大学设置的规定，还要满足许多指标要求，包括本科生数、研究生数等，才能授予"大学"的牌子。由于合并时还有不少专科生，后经过一年的筹建，"温州大学"才正式揭牌。如今20年不到，社会已对新温大刮目相看。所以很欣慰大家当时能形成共识，致使两校顺利合并，才有今天学校的良好发展，今天的温大对温州的高等教育、温州城市的发展做出了积极的贡献。

二 国际联合，创办肯恩

采访者：2006 年，您参与温州肯恩大学的筹建准备工作。温州肯恩大学是浙江省和美国新泽西州友好省州合作项目，是一所具有独立法人资格的中美合作大学。您能给我们详细讲讲温州肯恩大学建立的来龙去脉吗？

林娟娟：温州肯恩大学是温州大学和美国肯恩大学联合创办的具有独立法人资格的大学。其实，很多高校都有中外合作项目，但温州肯恩大学不同于一般的中外合作项目，而是一所具有独立法人和独立学位授予权的大学。浙江省和美国新泽西州长期以来都是友好省州关系，温州市和肯恩大学所在的尤宁郡也是友好市郡关系，因此双方经常有一些交流项目。我记得大概是 2006 年 5 月 8 日，刚好是浙江省与新泽西州建立友好省州关系二十五周年。双方计划在美国新泽西州举办一些庆祝活动，并现场签约几项合作项目，合作创办温州肯恩大学就是当时现场签订的项目之一。当时浙江省和温州市都派出了代表团。作为合校以后新温州大学的副校长，我很荣幸代表学校参加了这场盛大活动，并作为中方签字人签署了合作办学协议。当时，上海纽约大学等中美合办的大学都还没有诞生，温州肯恩大学是第一家，所以中美双方都高度重视这个合作项目。时任浙江省委书记习近平出席了签字仪式，并发表了重要讲话。习近平书记充满激情的讲话令我印象特别深刻，他说，"温州人遍天下，一直以敢为天下先的创新精神而闻名"。他在讲话中对温州和温州人都给予了充分的肯定，对这所大学的创办也寄予厚望。

当时，中国和其他国家联合办学是有先例的，比如，中英联合创办的宁波诺丁汉大学等，而温州肯恩大学是美国第一次和中国联合创办的独立大学，因此美方也非常重视此次合作办学。签字仪式当天，美国肯恩大学的校园里高朋满座，热情的肯恩人以鸡尾酒会的形式宴请各位宾客，肯恩大学的达伍德·法拉希（Dawood Farahi）校长也显得非常兴奋。我们在参观校园时，陪同人员告诉我们，法拉希校长为了营造校园里鲜花盛开的美景，前几天还拿着吹风机用热风吹玫瑰花蕾，盼望它们能克服新泽西州 5 月的凉爽天气提前绽放，非常可爱！

签约完成后，温州大学和美国肯恩大学都高度重视，温州市也立马成立了工作组，启动征地工作，抽调人员筹建新学校。温州大学就抽调了好几位同志参与了项目筹备工作。虽然后来我没有分管这项工作，但我见证了温州肯恩大学在筹办过程中的诸多不易和如今的良好发展。虽然合作办学的协议签订了，但按照当时中外合作办学的有关规定，还有很多程序要走。由于种种原因，5 年后，我们才得到教育部的正式批复，直到 2011 年，温州肯恩大学才正式获批筹建。在等待批复的这 5 年里，我们学校和美国肯恩大学一直保持合作关系，以其他各种方式开展合作交流。此外，在征用土地、建设校园的过程中，也有许多酸甜苦辣。首先征地就是件很不容易的事情，加之校园建设的资金都来自中方，温州市的财力有限。总的来讲，要办好一所具有独立法人资格的中外合作大学是真的很不容易，所幸它今天发展得很好，也得到了我们总书记的亲切关怀，温州和温州人民没有辜负总书记的厚望。

三 本科评估，温大"闯关"

采访者： 2008 年，您带领学校团队，帮助学校顺利通过教育部本科教学水平评估，并获得"优秀"评级；2015 年，您再次领导相关团队，通过学校本科教学工作审核性评估。能给我们讲一讲温大在本科评估取得可喜成绩的原因和经过吗？

林娟娟： 2006 年，温州大学一"去筹"，马上就要迎接 2008 年的教育部本科教学水平评估。这是一次高规格严要求的办学水平评估，每所高校都是十二分重视。今天回过头来看，这真的是一次加快两校融合的好契机。两校合并后，当时学校机构臃肿，实际上同时存在两套管理体系，再加上师生存在的一些"活思想"，当时学校总体工作效率低下，而迎接评估这项工作的开展使整个学校的氛围为之一变。

那时，每个要接受评估的学校仿佛都如临大敌，我们也不例外。2006 年，我刚好开始分管教学，正好就赶上了"迎评"！虽然这项工作确实非常累人，但我还是非常感谢这次"评估"，不少老师也都这么认为。事实证明，一旦开始准备"迎评"，大家都有很多工作要做，而且时间不等人，也就容不得我们内耗。对于一所刚刚合并的学校，需要调整、整合、规范的工作特别多，那时候大家都以学校发展为重，每天加班加点，也都不分"你我"了，也就是说，大家不再计较彼此是来自温师院还是温大，都一心一意，一致"对外"。当时都说"迎评促建"，我认为对新温大来讲，更是"迎评促和""迎评促融"。如果没有"迎评"这件事，也许新温州大学的融合没那么快。

2008 年，我们温大最终以"优秀"的成绩通过了教育部本科教学水平评估，开始步入现代大学的办学轨道，这为日后温大的发展打下了良好基础。2015 年，学校又要迎接审核性评估。虽然这两次评估的侧重点不一样：之前是水平评估，这次是审核性评估，注重专业定位以及办学目标的达成度。但这两次评估在许多方面是相通的，比如学校的目标定位、教学的规范管理、人才培养的质量、师资队伍等，都是评估对象。所以我认为，2008 年温大以"优秀"的成绩通过本科教学水平评估，为 2015 年顺利通过审核性评估奠定了良好的基础。

特别值得欣慰的是，我们把 2008 年"迎评"时的许多好做法都保留了下来，而不是一评估完又回到原点。那时为了"迎评"，我们非常看重学生的各项技能，如师范技能、计算机技能等，而且还给毕业生加了"小灶"。实际上，虽然名为"教学水平评估"，但实际上是教育部对学校整个办学体系的全方位评估，评估内容既包括师资队伍的数量、学历比例、职称比例、校园面积、教学用房等硬件，更包括人才培养的质量，评估的落脚点在人才培养上。评估专家不只是听课，还要随机抽选学生进行各项技能的测试。事后我们发现，我们在"迎评"中的不少做法让学生们很是受益，毕业生更受用人单位的欢迎。面向师范生的师范技能强化培训就是一个很好的例子。强化培训卓有成效，那届受训的学生都表示，非常感谢本科教学水平评估，让他们从学校得到了更多的滋养，促进了自身发展。因此，学校在教学水平评估结束后，仍然延续了师范技能强化培训，制定了师范生师范技能各项考核制度。制度规定，师范生在实习之前，必须通过师范技能考核，未能通过的就要延迟实习，甚至延迟毕业。这促使学生一进校就会非常注重自己的表达、书法等与师范技能相关的素质养成，以免无法通过师范技能考核。实际上，这才是我们"迎评促建"的真正意义。

此外，2008 年"迎评"时，为了展示学校的办学成果和师生的风采，我们还借评估之机建设了温大校史博物馆，并将校史馆作为评估的展示点。我们邀请评估专家们参观校史馆，向专家们集中展示了我校办学历史与办学特色，专家们对我们的校史馆也给予了充分肯定。如果不借助校史馆，单纯依靠我们的口述来展示学校的办学历史、办学成果等，有时候会很难表达，而校史馆里的陈列展品及文字解说，更加直观形象地将温大校史呈现出来。其实，温大校史馆在评估工作开始前就已经对全校师生开放。同时，建设校史馆也有助于及时梳理两校合并以及合并前两校发展的历史，另外，许多重要历史文物得以妥善收集和保存。现在每年我们也都对展馆的内容与陈列品加以补充，并日臻完善。

2014 年 5 月 8 日，林娟娟（左五）陪同访客参观校史博物馆

四　积极进取，砥砺前行

采访者：在您的领导下，温州大学开始以"改革创新"主导学校建设发展且成效显著。能给我们讲讲您的这一改革理念是如何形成的吗？

林娟娟：其实也不能说是在我主政温大期间才开始以"改革创新"的理念来指导学校发展的。我觉得历届温大领导都是以"改革创新"来指导学校的发展，这才有了今天的温州大学。把学校办成浙南闽北综合性名校是大家共同的目标，一代又一代的温大人坚持一张蓝图绘到底，接续奋斗才有了今天。非常荣幸的是，我从一名普通的助教到温大中层主管，再进入领导班子，最后成为学校党委书记，亲身参与和见证了温州大学近 40 年快速发展的全过程。

改革并非一蹴而就，其理念也是慢慢形成的。我一直在温大工作，容易看到它的优点与不足。当我只是一名普通教师的时候，我会从教师的角度去理解学校的管理制度：哪些应该保留，哪些应该改革，哪些应该强化。印象深刻的是在我分管教学时，有一次我们教务处编制了一份需要教师填写的表格，当时我作为任课教师也需要填写，但当我拿起笔来时，就发现有些地方无从下笔，不知如何填写。这时候我发现可能是因为教务处的工作人员没当过教师，没做过教学，不知道教学实际。所以很多时候，行政管理人员只有站在教师的角度去理解教师，才能制定出更为人性化、更行之有效的管理制度。因此，在我担任人事处处长之时，有教学经历的我便具备了一些按照教师的诉求去实施某些改革的条件。当然有些事情也不是我想做就能做的。哪怕后来我成为学校党委书记，有些制度限制仍然没法突破，有些无奈，我只能尽我所能全力推动改革。目前看来，我们有许多好的做法，但也有不少不尽如人意之处，需要我们再去努力改革创新。有时候我在食堂吃饭碰到老师们，他们也会向我吐槽一些令他们不满意的地方。其实我很愿意听他们吐槽，甚至鼓励他们多提，喊多了总会促使我们的相关部门去改变，学校的管理才能越来越先进。如果大家都不声不响，学校可能就以为大家都挺满意的，也就不知道哪里需要改变，或者说改革的动力和压力就没那么大。

时代在发展，我们面对的学生、老师都在进步，那学校就必须改革创新。比如，我们的大学坐落在一座城市里，那么今天的大学如何进行校城互动就非常重要，当今的学生不像当年我们做学生时那样，好像被关在了校园这座象牙塔里，今天的学生是完全不一样的。我们需要更多地思考怎么适应这个社会，怎么为这个城市的经济社会文化发展服务。为此，学校进行了一系列"产教融合""校地合作"改革，将学校的科研与企业对接，推动科研成果转化成生产力，从而促进经济发展。在人才培养上，同样需要不断缩短学校和社会的距离。如果故步自封，不改革创新，温州大学的存在就缺少了意义；如果温大的毕业生缺乏实际能力，难以就业，难以被社会接纳，温州的老百姓也会看不起温大的学生。因此，也正是时代迫使我们去改革。我们要在工作中发现问题，并不断地去改革。历届温大领导和温大人一直以这种状态去推动学校的发展，改革创新，让学校变得更好，未来也应该如此。

采访者： 2021 年，国务院学位委员会下发《国务院学位委员会关于下达2020 年审核增列的博士、硕士学位授予单位及其学位授权点名单的通知》，温州大学成功增列为博士学位授予单位，化学学科获批为一级学科博士学位授权点，对化学与材料工程学院来说也是件可喜的大事。请问您如何看待温大这一重大的历史性突破？

林娟娟： 现在我们已经拥有了博士学位授予权，对于一所大学，这是一个重大的历史性突破，说明学校拥有了学士、硕士、博士完整的人才培养体

2017 年 6 月 10 日，林娟娟（右二）出席温州大学与温州市文化广电新闻
出版局校地合作框架协议签约仪式，为"温州文化人才培育基地"揭牌

系。这是一个很好的起点，但目前只有化学一个学科获批一级学科博士学位
授权点，这还远远不够。所以我觉得我们应该进一步加强人才培养和师资队
伍建设，引进更多优秀人才，培养出更多优秀的学生，让更多优秀学科，最
好是所有学科都拥有博士点，只有这样，温州大学才能真正成为"浙南闽北
综合性的名校"。温大未来学科建设和学校发展的路还很长。

采访者：温州大学近些年人才引进成绩斐然，据称"每一个工作日就有
一个博士报到"。您也经常强调"人才是第一资源"，大力推行"人才强校"
战略。请问您如何看待温大近年人才队伍的迅速壮大呢？

林娟娟：实际上，这几年温州大学有这样的发展，特别是去年我们申博
成功，包括 2003 年申硕成功，跟我们大力引进人才、加强师资队伍的建设是
分不开的。一个学校办得好不好关键在"人"，"人才是第一资源"。有好老
师才能有好学生，才能办好高质量的大学，这是最基本的常识。当然，温州
相对偏僻，财力不够充裕，学校平台又不高，要想大量引进人才的确很不
容易。

记得 1998 年我担任人事处处长那阵儿，温州师范学院还只有计算机系有
一位有博士学位的教师，因为过于"珍贵"，大家戏称他为本校的"大熊
猫"。后来我们为了申请硕士学位授权点，开始大力引进人才。那时候真的
是求才心切啊！我们经常主动出击。比如，有人向我们引荐某某老师，很适

合做某个学科的带头人，于是我们就会主动去打听了解，跑去见面、沟通、邀请。我就曾经和人文学院的张靖龙老师一起跑到江西师大，想把邱国珍老师"挖"过来。那时学校正在建设民俗学学科，以便申请民俗学硕士点，而邱老师正是这方面难得的专才。那时我们专程跑到她家请她来，甚至去找过她的分管校长。挖人挖到人家分管校长那里去，想来我们的胆子也是挺大的！最终，我们成功了。还有一个例子是，当时温师院筹备成立音乐学院，我们也是用这样的方式引进了阜阳师范学院音乐系主任陈其射。他爱人也是音乐方面的专家，于是我们就干脆把他们俩都引进来。报到那天，我们学校派了专车去阜阳帮他们搬家，据说这件事震动了整个阜阳师范学院。新引进的人才一般都会在暑假过来，当时马大康院长不顾烈日炎炎，还亲自陪同他们看房子，为他们介绍温州、介绍学校。那时候学校引进的人才相对较少，后来大量引进人才，我们也就忙不过来了。有时碰到我当人事处处长时引进的教师，会经常跟他们开玩笑："怎么样？有没有感觉是被我骗过来的？"他们都说没有，真的觉得很好。我们清楚在温州引人留人都难，我们只能用真诚、用感情引人留人，就这样学校不断引进人才。

特别是在两校合并后，学校规模进一步扩大，我们就更需要加强师资队伍建设。只有引进数量充足、品质优秀的老师，学校才能办好。为了引进人才，我们要克服很多困难，跑市里去争取政策、争取资金。温州市也觉得温大挺"费钱"的，毕竟市里财力有限，我们也能理解，但是没办法。从长远发展的角度来看，只有温大发展好了，才能给温州带来更多的人才和更好的经济，俗话说"先把鸡喂饱才能下蛋"嘛。

像这次我们申博，学科建设的每个点都是有要求的，必须大量引进人才。最近，我也听说温大"每一个工作日就有一个博士报到"。我前两天还问了分管人事的王舜副校长："我们现在有多少博士学位的教师？"他说有903位，占所有教师比例的66%。回想1998年我当人事处处长的时候，只有1位博士。可见温大这几年的发展与拥有这样一支优秀的教师队伍分不开。而且我们现在只有一个博士点，还要为后面两年"增点"继续努力，最好能让更多的学科申请到博士点，因此就要继续引进人才，壮大师资队伍。

采访者：您见证了温州改革开放后高等教育的发展过程，您认为温州教育形成了哪些自身的优势与特点？您对自己30多年来的教育工作经历有哪些感想与体悟？

林娟娟：温州这几年无论是基础教育还是高等教育都发展很快。1982年我刚来温州时，只有温州医学院一所本科院校，温州师范学院当时还是专科，温州大学还未成立，所以称得上"高校"的也就这么两所学校。今天温州高等教育的发展与当年比，无论数量还是层次都有了巨大变化。现在我们有 5 所本科院校，还有多所专科院校，以及中外合作大学，这在本省其他城市里也是不多见的。这次温大"申博"成功，温州就拥有了两所具有博士点的学校。在浙江省，从拥有博士点的高校数量来看，温州仅次于杭州。在"杭宁温"三角中，温州在高等教育领域已经占据了强有力的一角，温大和温大人为这一"角"付出了许多努力，也做出了巨大贡献。

采访者： 明年是温州大学办学九十周年，您对温大未来的发展有哪些期许与展望？

林娟娟： 一路走来，我看着它不断成长壮大，并希望它发展得更好。我们的目标是使温大成为具有鲜明地域特色的、国内知名的综合性大学。现在我们申博成功了，可以说为实现这个目标奠定了良好基础。我希望未来温大有更多学科能够拥有博士学位授予权，温州大学能够成为真正的浙南闽北的综合性名校。这是我期待看到的，我也相信自己肯定能看到！

从军从政多历练，缘结师院续新篇

——金礼义口述

采访者：张闻捷   整理者：林如慧、常梦月

采访时间：2022年7月19日   采访地点：浙江省温州市南塘二组团

口述者简介

金礼义，1942年生，浙江平阳（现苍南）人。高中毕业后保送空军地空导弹学院（现空军工程大学）制导雷达系。毕业后，先后担任地空导弹训练基地教员、地空导弹营参谋、地空导弹团作战股长、地空导弹团副参谋长、地空导弹团副团长、兰州军区空军军械处处长（副师）等职。1986年底转业回温州，先后担任温州市交通委员会副主任、温州市物资局局长兼党委书记、温州市城乡建设委员会主任兼党组书记、温州师范学院党委书记等职。

一　农家子弟，军中历练

采访者：金书记，您好！首先请您简单介绍下您的个人情况。

金礼义：我 1942 年 1 月 7 日出生在浙江省平阳县钱库镇金家垟村（今属苍南县）的一个农民家庭。从小家里生活比较困难，可以说是饥寒交迫，而且 8 岁时母亲因病去世，所以我的童年是比较苦的。

我 6 岁开始上学，18 岁高中毕业，毕业后于 1960 年 7 月保送军校，1967 年 11 月从军校毕业，之后一直在部队工作，1986 年底转业回温州。先后在市交通、物资、建设等部门任职，1993 年 9 月到温州师范学院任党委书记，2002 年 4 月退休。

采访者：您生在新中国成立前，长在红旗下，能谈谈大学前的求学经历吗？

金礼义：1948 年春节后，我刚满 6 岁，父亲领着我，还提了一袋大米作为学费，到本村一地主家办的小学，由校长先生领着我到孙中山先生挂像前行了跪拜礼，我就算上学了。在那里读了两年。后来因为解放了，地主被打倒，学校就停办了。村里临时在祠堂里隔了一间房，一边是二年级，一边是三年级，聘了一位老先生来教。我在那里又读了一个学期。后来又转到钱库镇中心小学读了三年半。1954 年夏，我小学毕业，并考上平阳第一中学。因为学校离家远，有 50 多里路，只能住校。那时有助学金，学杂费基本全免了。但是每月 5 元钱的伙食费必须自己解决，这给我和家庭带来很大的困难。每到月末的星期六下午，上完两节课后，我就和几位钱库籍的同学结伴回家拿伙食费。50 多里路全部步行，为了省鞋还脱了鞋光脚走，脚指头经常踢破，流血了也不管它。走得口渴了，就进路边农家，讨碗水喝。到家时都已经很晚了，又饿又累，第二天又得赶回学校。父亲为筹措这 5 元钱只得东挪西借，非常艰难。后来父亲为了给我交学费，租了一只小木船，划船载客，风里来雨里去，日夜吃住在小船上，赚些辛苦钱，才使我读完高中。我学习很努力，成绩也很好，一心想考大学，想当科学家。

1960 年 7 月，我高中毕业，参加了高考，但没等到录取，学校就通知我保送上军校。但因保密，是什么军校，在哪里，都没有告诉，只要求三天后到温州军分区报到。而后又到省军区，再由军校来的首长，带着我们坐汽车坐火车，几经辗转，终于到了位于陕西省三原县的空军地空导弹学院。就这样我开始了长达 26 年半的军旅生涯。

采访者：1960 年 7 月，您被空军地空导弹学院（现为空军工程大学）提前录取。大学期间的学习，为您打下了专业基础，将您培养为一位拥有专业技术的高级人才，您能具体谈谈大学对您为人处世、工作学习的塑造吗？有没有令您印象深刻的事例？

青年时期的金礼义

金礼义：在军校主要是学习地空导弹制导雷达专业知识，并训练养成军人的素质和作风。这对我后来在部队的工作和发展，乃至转业到地方都产生了直接而重要的影响。

我们学习的专业知识实际上就是大学本科无线电专业知识，再加上地空导弹制导雷达专业知识，学制 5 年，另加两年下放当兵锻炼，培养目标是地空导弹工程师。学习很紧张，每天 8 节课，还有早晚自习。大家都很用功，因为大家都清楚，学习的好坏将直接关系到将来到部队能否正确熟练地使用兵器装备，能否取得对空作战的胜利，责任重大，不敢懈怠马虎。另外，我们学校是全军教改先行单位，采取启发式教学方法，就是把每门课程内容分成若干单元，而每个单元的内容都按照教师提示、学生阅读教材、组织讨论、老师进行总结讲评的步骤进行。这种教学法对调动学生学习的积极性、主动性有较好的作用。所以 1965 年，军委在我们学校召开全军院校教学改革现场会，叶剑英元帅和总参、空军首长都到会，影响比较大。这种教学方法给我的印象很深刻，后来我到部队组织训练或者从事教学活动，都比较注重采用启发式教学。

军校非常注重对学员军人素质和作风的塑造和培养，严格按照军队的三大条令（纪律条令、内务条令、队列条令）进行训练和管理，目的是让学员养成良好的军人素质和作风，如坚决服从命令、严格的组织纪律性、高度的原则性、做事认真负责、作风雷厉风行等。

这些专业知识和军人素质、作风，不但使我军校毕业后到部队工作时，能很好地胜任工作任务，各方面都感到很适应，而且转业回地方后也深受影响，我工作过的几个单位，同事们都反映我身上还有军人作风，如比较正直、认真负责、处事果断，但有时过于严格，有点简单生硬。

采访者：您在军队 26 年，经历丰富，能谈谈您在军队的历程吗？

金礼义：1967 年 11 月，我从军校毕业，分配到甘肃山丹空军第三训练基地下属的地空导弹第十一营当参谋。在这期间我熟悉掌握了地空导弹兵器装备的战术技术性能和地空导弹营对空作战的全过程，为后来研究地空导弹战术和组织指挥打下了实践的基础。

两年后，我调到基地教研室当战术教员。由于基地刚成立不久，还没有正式的战术教材，我就边上课边写讲义，并在教学中不断地充实修改，最后由教研室审定付印，作为基地通用的战术教材。

在教研室待了两年，我于 1971 年 10 月调到兰州军区空军司令部地空导弹处当参谋。这期间除了完成正常性的工作任务，还负责操办教导队。这是因为那时军校都停办了，只得采用红军时期培养干部的方式——教导队，也就是短期训练班来培训干部。我在甘肃山丹空军第三训练基地共办了三期地空导弹干部训练班，一期三个月，每期 50 来人。

在兰空机关待了 4 年，1975 年，我调到地空导弹独立第十七团（在陕西咸阳地区），先后担任作战股长、副参谋长、副团长等职。在此期间，1979年、1980 年空军司令部两次抽我去编写条令，给空军师团干部训练班讲课。

1983 年 6 月，我被任命为兰州军区空军军械处处长。上任前，组织安排我率领地空导弹独立第十七团下属的四十营赴广西中越边境轮战。在那里待了半年，于 1983 年底到兰州空军机关上任，干了三年军械处处长，于 1986年底转业回到温州。

采访者：您接受了军校正规教育，到部队后，还坚持学习，经常讲课，又到基地教研室当教员，还编写了战术教材，可见您是一位业务能力很强的军官。您又在军队多个岗位历练，您能谈谈军队的学习和工作经历，促成了您哪些方面的成长吗？这对您后来在高等教育领域的工作有什么积极作用？

金礼义：我在军队的经历是比较丰富的：在军校当过学员，在连队当过战士，在机关当过参谋、处长，也担任过营团领导、军事指挥员，还当过教员。这些经历使我增长了知识、才干，培养了学习能力和适应能力，积累了工作经验。尤其是部队长期艰苦的锻炼，使我养成了吃苦耐劳、不怕困难、艰苦奋斗的精神。我 26 年的军旅生涯，大部分时间是在祖国的大西北度过的，自然环境比较恶劣，可以说是"与戈壁沙漠为邻，与风沙为伴"，住的是"干打垒"（土坯墙），大半年吃不上新鲜蔬菜。在中越边境轮战的半年中，不但战备任务异常繁重，而且生活非常艰苦。阵地设在一个山头上，用水靠水车拉，用电靠油机发电。住的是钢架房，上头铺牛毛毡，夏天炎热，房内像蒸笼，根本没法午睡，上半夜也基本上睡不成。而且阵地里有很多蛇和蜈蚣，经常跑到房间里。有一次我在打电话，一条蛇突然从房梁上窜下来抓老鼠，吓我一跳。蜈蚣长得特别鲜艳肥硕，有时会钻进被窝，咬伤人。但我们经受住了考验，出色地完成了任务，荣立集体二等功。这些艰苦的经历，锻炼了我的意志，培养了我的吃苦耐劳精神，为我转业后多次服从组织安排、频繁变动工作岗位、不怕困难、迎难而上、努力做好工作打下了基础。但遗憾的是我所掌握的专业知识，转业后就用不上了。我在部队是公认的业务骨干、尖子，而转业后却成了外行。好在我毕竟受过高等教育，所掌握的科学文化知识和学习能力在任何时候都会发挥作用，我能较快地适应新的工作。

1983 年 12 月 1 日，金礼义（左四）在广西友谊关

二　游子归乡，转行教育

采访者：您 1983 年任兰州军区空军后勤部军械处处长（副师），管理兰州军区（陕、甘、宁、青、新）的空军武器装备，责任重大，表明您得到了组织的高度认可。但 1986 年，您还是决定转业回到温州，您能谈谈原因吗？

金礼义：最主要的原因是夫妻两地分居，家庭生活困难难以解决。由于那时国家的战略方针是准备"早打、大打、打核战争"，所以军队高级指挥机关和重要军工单位，大多设在山区或偏僻的地方。当时兰州空军机关就设在甘肃省榆中县夏官营公社，前不着村，后不着店，家属工作、小孩上学的问题根本没办法解决。我爱人只好留在咸阳工作，并照顾两个小孩上学。夫妻长期两地分居，家庭生活面临许多困难，而我不转业就解决不了这个问题。加上大女儿很快要高中毕业考大学，往哪里考？将来家庭会是个什么状况？这些问题促使我考虑转业。

另一个原因是我的家乡情结比较重。走南闯北，去了很多地方，还是觉得家乡好：气候好，自然环境好，生活条件好。另外，那时正值温州被列为14个沿海开放城市之一，我想家乡的发展前景肯定好，因此想转业回温州。而当时正好军委主席邓小平决定裁军 100 万人，师级干部也可以转业了。之前规定师级干部不转业，因为职位高，到地方不好安排，现在可以了。所以我下决心要求转业，并且如愿以偿。

采访者：您能谈谈回温州后、赴任温州师范学院前的工作经历吗？这些经历对您融入地方直至进入高等教育领域帮助大吗？

金礼义：我先是在市交通委员会当副主任，干了一年半，组织上把我调到物资总公司，也就是物资局，任局长兼党委书记。干了三年半，又调到温州市城乡建设委员会当主任、党组书记。虽说委员会也是正县级，但工作范围比局大，它要归口管理几个局。干了一年半，最后调我到温州师范学院任党委书记。

我转业回温州头 6 年多时间里，换了 4 个工作单位。这些调动可以说是受命于困难之时，如调到物资局是因为前一任负责人辞职下海了，让我去；调建委是因为前一任建委主任经济上出了问题，让我到建委接摊子。可想而知，像这样的单位，一般来说都比较乱，人心不齐，纪律松懈，所以去了以后，都要重新收拾和整顿。在交通委员会的一年半主要还是过渡期，因为我从小是个农村的小孩，在学校里上学，出去当兵后，对社会上的事情，尤其是地方上的一些事情不是很了解，所以这一年半实际上是让我了解和熟悉地方情况，让我适应从军队干部到地方干部的转变，这对我很重要。我离开交委时，对我的评价是比较勤奋、谦虚谨慎、平易近人，我觉得这很好了。每到一个新岗位，一切都得从头开始，业务跨度都很大，而且后三个单位又都是"一把手"岗位，责任重，压力大，所以干得很辛苦。但我知道这是组织上对自己的信任，而且多岗位锻炼，增加了我的知识和经验，提高了我的工作能力，还积累了更多的人脉资源。这些对我后来到师院工作是很有帮助的。最明显的一个例子是，我刚到师院就碰到一个难题：两栋学生宿舍楼因工程款不到位而停工，新生不能按时报到，真是火烧眉毛！我立即找建筑公司的经理，他是我任建委主任时的老部下。我要求他马上复工，还要加班加点，尽快完工。至于工程款，我向他承诺一定会兑现。就这样解了这燃眉之急。

采访者：温州师范学院是温州高等教育的一块招牌，1993 年 7 月 31 日温州市委任命您为温州师范学院党委书记。您能谈谈获任命后的感受吗?

金礼义: 我当时感到很突然。从内心来说,开始是不大愿意的。因为建委的工作我花了很多的精力刚理顺,自我感觉良好。但是任命已经下来了,我也必须服从。而且自己一向比较尊重知识和人才,崇尚教育事业,转业填志愿时也曾填教育系统,现在组织上让自己去主持温州最高学府的工作,也不是凭空来的,虽然我知道高校工作难度大,学校基础差、困难多,但这也说明组织上对自己还是信任的,必须迎难而上!

采访者: 您担任书记后,主要负责哪些工作?

金礼义: 那时候高校的领导体制是党委领导的校长负责制。党委统一领导,班子成员分工负责,重大问题经党委会集体讨论决定。我作为党委书记主持党委工作,研究决定重大事项,并负责师生政治思想教育、干部调配、党组织建设等方面工作。另外,我还花了很大的精力抓了校园文明建设,使校园环境大大改善,师生文明素质、校风有了明显提升。

1996 年 3 月 1 日,国家教委主任朱开轩(左五)在省教委主任陈文韶(左四)的陪同下视察温州师范学院。学校党委书记金礼义(左三)、院长李日增(左六)等学校领导接待

采访者: 当时的温州师范学院虽然历史悠久,有深厚的历史积淀,但仍会面对地方院校常见的诸如师资缺乏、科研低效、办学条件有限等问题。您能否谈谈当时温师院主要面临哪些问题?您是如何解决的呢?

金礼义: 我到学校后经调查了解,发现问题和困难比较多,归纳起来是缺钱、缺房子、缺人。

第一，缺钱。当时温州经济比较差，温州拨款的数额低于杭州、宁波，另外每年增幅其他地市是 15%，温州政府定的是 8%。因政府投入不足，学校又没有什么生财之道，所以学校财政非常困难。我去那年（1993），学校整个教学设备购置费只有 81 万元，科研经费居然是 0 元。教师除了基本工资没有什么其他福利待遇，上一节课的课时费只有 5 块钱，但如果到校外培训机构上课，一节课有 10~20 块钱。所以不少老师就到校外兼课，这影响学校的教学和科研工作。系（室）为了创收，在校内办职高班，学生素质很差，严重影响校园秩序和氛围。

第二，缺房子。学院路校区规划是在校生 3000 人，那时候学生人数已经超过规划数，但是还有很多基建项目没有完成，如行政楼、图书馆、教工食堂等。所以办公用房非常紧张，学校领导和机关都挤在教学楼，书记和校长几个人在一个房间办公，很不方便。领导班子开会要借用数学系的会议室，各系也没有办公室和教师休息室。教工住房没有着落，青年教师来了以后没房子。我记得当时教育教研室就有 4 个青年教师等房子要结婚，有的因没房子对象也"吹"了。

第三，缺人，就是缺高层次、高学历的学科带头人。当时学校总共只有 3 位教授，20 来位副教授，而且年龄在 50 岁以上的超过半数，后继乏人。师资严重断档，青黄不接。

由于上述问题，许多老师对学校缺乏信心，自找门路往外调，尤其是几个水平高的老师走了，影响很大。学校缺乏凝聚力。

面对这些问题，我从两个方面着手。一方面积极寻求市政府支持，多次向市领导和有关部门汇报、反映，并提出解决这些困难的具体建议，引起市领导的重视。1994 年 9 月教师节前夕，陈文宪市长带领市政府有关部门负责人到学校现场办公，我汇报学校的情况和困难。陈市长当场拍板决定：第一，同意我校从 1995 年开始招收捐资助教生，每年 200 名，连续试行三年；第二，允许学校周边房舍进行商业性开发；第三，把师院教工住房纳入全市教育系统的住房规划，统一分配。这三个决定解决了我们的大问题。特别是捐资生，我们每年实际招收近 250 人，每人收捐资费 2 万元，另外每个学生每年按民办标准收学费 3000 元，这样一年就增收七八百万元，连续三年就是 2000 多万元，学校财政状况大为好转。1995 年教师节前夕，市委书记张友余和副市长陈莲莲等来校慰问，进一步明确在校园东侧征地 65 亩，由市车站大道建设指挥部建成标准操场后交给学校，提供 100 个教工住房指标，解决育师楼拆建经费等问题。市委、市政府的关心和支持，不仅有效地解决了学校的实际困难，而且增强了教职员工的信心和学校的凝聚力。

另外，我们在学校内部推出一系列改革措施，如增设非师范专业，实行全员聘任制，改革分配制度，后勤经费切块包干，对系（室）和机关部门实行年度考评奖励，等等，有效地调动大家的积极性。尤其是对系（室）和机关部门实行年度考评奖励后，各系（室）各部门之间你追我赶，学校发展上了快车道。

在师资队伍建设方面，我们采取大力引进和积极培养两条腿走路的方针。比如，当时我们很重视人才引进，虽然住房困难、经费紧张，但是在引进上我们舍得下本钱，大量登广告，并且我们还为找人到处跑。只要你是教授、博士，就如获至宝，一挂上钩，就经常联系，投入感情，来了以后我们都热情接待，解决住房和家属子女工作上学等问题。通过几年努力，教师队伍的数量和总体水平得到了很大的提高，为后来本科教学水平评估打下基础。

采访者：迁入新校区意味着一个学校有了更大的发展空间，1994年9月温州师范学院八个系全部迁入学院路新校区办学。您能结合自身经历，谈谈迁入新校区后学校的新气象吗？

1995年12月23日，金礼仪在温师院三届二次教代会上致开幕词

金礼义：所有系都迁入新校区，图书馆也从老校搬过来了，办学条件好了，管理也方便了。但是那个时候校园整个环境还比较差：行政楼还没有建，校领导和机关还挤在数学楼办公；南校区还是一块荒地，杂乱无章；校园整个南边是围墙，没有大门，人员进出只能走北门；校园绿化和环境都比较差。

校区的新气象要到 1997 年建成文明校园以后才真正形成。那时规划中的基建工程项目已全部完工，办公和教学条件得到较大改善。对于南校区建设，我专门请了市建委的环境专家来设计，高档次高质量地修建，建成后大气美观，获得一致好评。还全面调整提高校园绿化档次，增加了休读点、宣传栏、自行车棚、文化小品等，校园面貌大为改观，被省教委授予文明校园的称号，一度成了市区中小学组织学生参观的景点。记得当时有的老师说："在这样的环境中工作，就是工资低一点也是值得的。"

采访者：2000 年 1 月 5 日经浙江省政府批准，温州师范学院创办二级民办学院——瓯江学院。能否结合您自身见闻，谈谈瓯江学院成立的背景、经过及其意义？

金礼义：因为高校扩招，规模扩大得很快。上级为了适应发展，同时也是想让学校搞得活些，增加一些收入，所以决定高校可以划出一部分教学资源，包括场地、教学设施、教师，成立一个以民办学校标准收费并且独立核算的学院。我们抓住机遇，主要是马大康院长抓得很紧，办了瓯江学院。现在看来，瓯江学院办得还是不错的，培养了很多人才，现在成功转设为温州理工学院，这也是我们学校为温州高等教育做出的贡献。

采访者：2001 年 1 月 1 日根据浙教师〔2000〕101 号文，瑞安师范学校、平阳师范学校、温州幼儿师范学校正式并入温州师范学院。三校并入温师院，无疑会大大加强温师院的办学力量。您能否结合自身经历，谈谈四校合并的背景、经过及意义？这中间是否有您印象深刻的事例？

金礼义：因为当时国家规定将来小学教师、幼儿园教师都需要大专学历，那么中师就不适应了。而靠这些学校自身升格又不具备条件，所以市里决定把它们并入师范学院。

当时我们认为这有利有弊。一方面学校规模大了，学生数接近 1 万人，成了万人大学。但弊端是教师的学历结构、职称结构水平都要下降，学生平均水准也要下降。当时对这一点是有顾虑的。但市里已经定了，我们也只能接受。

这个事情我参与不多，因为 1999 年夏，我因患病住院治疗。出院后打报告请求从书记岗位上退下来。但组织上没有同意，说看身体恢复情况再说，并让我注意休息。从那以后我在工作上就比较超脱，不像以前管得那么具体。所以瓯江学院筹建、三所中师并入、茶山新校区建设等工作，我都管得不多，有关情况了解掌握得不够全面。

金礼义在温州师范学院办公室

采访者：2000 年，温师院成立茶山新校区建设办公室。2002 年 9 月 16 日温师院茶山校区正式启用。政史系、中文系、外语系、教育系、美术学院、音乐学院和第一初等教育学院 7 个院系共 4000 名学生迁入茶山校区。搬迁新校区，是温师院发展史上的大事，您能从温师院的视角，谈谈背景、经过及意义吗？

金礼义：学院路校区规划容纳 3000 名学生，但到 1999 年学生数已达 4000 名，再发展就容纳不下了。所以建设新校区，扩大规模，在当时是非常急迫的。我曾带学校班子成员到茶山看地形。当时市里负责此项工作的是陈艾华书记，她把村干部和村民代表叫来开会，做征地拆迁动员工作，我们高校领导也参加。在会上我也发了言，跟村主任和村民讲温州高等教育的情况和发展高等教育的必要性。另外我说你们不要因为被我们占了一些地，不能种瓯柑和杨梅，而觉得有损失，以后随着大学城落成，这个地方肯定就成为宝地，经济效益肯定会大幅度提高的，你们眼光要看远一点。

茶山校区的建设确实解了我们的燃眉之急，使我们学校的发展有了一个大的、好的空间。但是我当时也担心这么大的工程会给学校带来沉重的经济负担。我和省教育厅侯厅长探讨过这个问题，他对我讲："我不考虑这个问题，我只担心上面政策生变，不让搞这么大的园区，那就错过机会了，所以要抓紧。"看来他是有远见的。但是后来学校因建设茶山校区而负债累累，也的确成了沉重负担，幸好学院路校区东边 65 亩地成功以高价出让，才解决了这个大难题。

2000 年 6 月 19 日，金礼义书记（前排正中）
与温师院 2000 届省优秀毕业生合影

采访者：温师院与温大合并，是温大发展史上的大事。大约自 1995 年以来，温州市对于建设一所综合性大学，主流意见有三种，分别是：温师院、温医、温大三校合并；建设温大成为综合性大学；温师院、温大二校合并。在您任职期间，当时哪种意见比较主流？

金礼义：市里是这三种方案。而我们师院原先是想独自升格为师范大学的，因为具备这样的条件。但是我们得服从市里要建一所综合性大学的要求。而要实现这个目标，我们希望三校联合，把医学院也拉进来，这样办综合性大学，实力才比较强。但医学院是省管的，它们不同意。而让温大自行升格，一时是不具备条件的。所以只能采用两校合并这个方案，而且合并后的综合性大学的校名只能叫温州大学。温州师范学院这个校名成了历史，这对师院人来说是有些遗憾的。但是，被温州人称作温州的黄埔军校、有着 70 多年的光荣历史、培养了大批优秀人才的温州师范学院，功绩是永存的！

采访者：能否评价一下此事对温州高等教育事业的影响？

金礼义：两校联合起来以后力量加强了：温师院是老牌本科院校，以文理科见长，并且当时已开始招收硕士研究生；原温大也有多年的办学历史，在理工科方面有较好的基础，当时也正积极创造条件升本科。两校合并后优势互补，办学资源得到更充分利用。现在学校发展得很好，实践证明两校合并的做法是正确的，温州很快有了一所像样的综合性大学，温州的高等教育上了一个新台阶。

采访者：2002 年您退休，温师院是您回地方后任职时间最长的单位，您经历了温师院的一段重要发展时期，当时温师院的发展情况如何，与您入职时相比，变化大吗？

金礼义：我在温师院前后共待了 8 年半时间，是我转业以后工作时间最长的一个单位。在这 8 年半中，学校的变化是很大的：校园面积由 207 亩增加到 1000 多亩；在校学生数由 2099 人增加到近万人；有高级职称的教师由 20 多人（其中正高 3 人）增加到 280 人（其中正高 60 人）；办学层次由本专科并存上升为全部本科，并开始招收硕士研究生；非师范专业由 0 个增加到 24 个。可以说学校规模、档次水平、综合性等方面都得到大的提升。2000 年，学校以优异的成绩通过教育部的本科教学水平评估。学校在领导班子建设、机关作风建设方面也取得良好的效果。1998 年，省教育工委来校检查工作，在所发的 30 份具有代表性的师生问卷中，对学校领导的满意度达到 100%，对学校机关部门的满意度达到 80%。对此，他们给予很高的评价。

应该说当时我们一班人确实比较团结和谐，风气比较正，能以身作则。比如，后勤在搬到行政楼时给我们定了老板桌，我不同意，要他们退掉。我说企业用老板桌讲阔气，但学校是不能讲阔气的，要讲艰苦奋斗。后来重新买了 500 块一张的长桌子。行政楼盖好以后，关于房间安排，他们提出来校长、书记一人一间，副职一间，我说现在用房比较紧张，都在一间房就行。还有的提议在机关安空调，我说学校教室和老师工作的地方都没有空调，机关不要先安，等有条件了，大家一起安装空调。

机关当时实行持卡考勤，所有的学校领导和机关行政人员每天上下班都要持卡考勤。我现在想想，作为大学这样做，好像过头了一点，但是从当时来说，对于整顿机关秩序、提高工作效率、凝聚人心还是很有必要的，大家执行得也很好。省高校工委书记来看后也很感动，他说能这样做的，全省高校就你这里了。学校领导都在教工食堂一起吃饭。现在想想当时确实比较艰苦，但是学校的凝聚力强，师生信任我们，这让我觉得很欣慰。

2000 年 10 月 22 日，金礼义在本科教学工作合格评估汇报会上致辞

三　期待温大，再创辉煌

采访者：您退休后，还经常回到温大讲座，比如 2022 年 5 月，您特为温大师生开展"党员的红色信仰"专题讲座，反响热烈。您始终关心温大发展，能否谈谈您退休后和温大还有哪些交集？有没有您印象深刻的事例？

金礼义：我很享受退休生活，同时认同"不在其位，不谋其政"的古训，退休后就不主动到学校去，怕干扰现领导的工作。除非学校一些比较重大的会议，叫我参加，那我肯定去，看看老同事们，了解了解学校的发展和变化。

这次专题讲座，开始我是推辞的，心想自己退休 20 年了，都"80 后"了，思想落后了，讲不了党课。但是陈慧和全力两同志诚恳邀请，我作为一个老党员，硬推就不合适了，所以才接受下来。这方面我做得不好，但我对学校还是很关心的，有很深的温大情结和师院情结。我每次到学校去，都有一种非常亲切的感觉。

采访者：您所取得的成就，既离不开您在温大的拼搏奋斗，也离不开温大发展为您提供的平台与机遇，能否举一两个事例谈谈温大之于您的意义？

金礼义：温大，主要指温师院，是我转业回家乡后工作时间最长的单位，并在这里退休，是自己的归宿。所以我对温大有一种"家"的感觉。我在这里结交了一批情投意合的同事和朋友，这是我宝贵的精神财富。

采访者： 2021 年，国务院学位委员会下发《国务院学位委员会关于下达 2020 年审核增列的博士、硕士学位授予单位及其学位授权点名单的通知》，温州大学成功增列为博士学位授予单位，化学学科获批一级学科博士学位授权点。您始终关心温州高等教育事业的发展，能结合自身经历，给我们谈谈成功获批博士点对温大办学发展，乃至浙南高等教育的发展有怎样的意义呢？

金礼义： 申博成功是我们全体温大人的共同心愿，也可以说是近千万温州人的共同期盼。对温大来说，升博后，办学档次高了，层次全了，学校地位也高了，名气也大了，吸引力和凝聚力更强了。这些对于学校今后的发展是非常有利的。一是有利于招才，就是有利于引进和留住高层次人才；二是有利于招生，就是对优秀学生的吸引力更大了；三是有利于招财，即增加了学校请求政府加大投入的理由和底气以及加大了校友、社会人士对学校捐赠的力度。学校的发展肯定更快更好。

采访者： 您见证了改革开放后温州教育界的发展，您认为温州教育形成了哪些自身的优势与特点？您对多年来自己的教育工作经历有哪些感想与体悟？

金礼义： 我觉得温州的教育和经济建设一样富有特色。政府投入不足，教育资源远不能满足需求。但老百姓重视教育并愿意投入。这一点我感受很深，当年温师院招捐资生，名额有限但报名的人很多，录取分数和高考录取分数线只差一两分，所以我感受到温州人对增加当地高等教育资源的迫切性。

另外，温州义务教育水平应该说是比较高的，但由于本地高等教育资源不足，尤其是没有名牌大学，所以绝大部分优秀学生都考到外地去了，这对温州来说是很可惜的。

采访者： 明年是温州大学办学九十周年，您对温大未来的发展有哪些期许与展望？

金礼义： 当前学校发展势头很好，进入了省重点建设高校行列，获得了博士学位授予权，为学校今后更好更快发展创造了条件，这是令人欢欣鼓舞的。但是，也必须清醒地认识到学校面临的困难和挑战是非常严峻的。逆水行舟，不进则退。全体温大人一定要继续齐心协力，按照厚培德本、深濬智源的方向，弘扬求学问是、敢为人先的精神，奋力拼搏，争取早日成为双一流大学！

初心如磐，使命在肩
——周湘浙口述

采访者：李永刚、刘才　　　　　整理者：夏诗晴

采访时间：2022年8月21日　　　采访地点：温州商学院北校区一号楼401室

口述者简介

　　周湘浙，1959年生，湖南醴陵人，教授。1978年9月考入杭州大学教育系。1982年7月毕业后被分配到温州师范专科学校任教；1995年1月调任温州大学副校长，分管教学、学生工作。1999年9月起主持温州大学行政工作，兼任新温州大学筹建组副组长。2001年12月调任温州师范学院副院长。2002年12月当选为温师院党委副书记。2006年5月担任温州大学党委副书记。2010年4月调任丽水学院院长。2015年7月担任丽水学院党委书记。2017年11月调回温州大学工作，保留本科高校正职待遇。2018年1月，担任温州商学院党委第一书记。2019年5月至今，担任温州商学院执行校长、党委书记。

一　扶我上马，又送一程

采访者：您在 1982 年 7 月大学毕业之后，便成为温州师范专科学校的一名教师，您为什么会选择来到温州这座城市呢？

周湘浙：我祖籍是湖南醴陵，但我出生于温州，大学毕业前夕，我一门心思要回温州工作。其实我是很不愿意到学校工作的，但是当时温师专非常需要杭州大学教育系的毕业生。那时候杭大让我留校，因我既不想在学校工作，又很想回温州，所以我拒绝了系里的好意，还因此挨了班主任的批评。

现在想起来，毕业分配的时候，学校叫我们填表格。当填写理由时，我说我患鼻炎很重，不适宜当老师。由于我执意要回温州，有同学说我是"小市民意识"，居然连省城都不愿意留。当时系里对我说："以你的成绩，是必须被分配到高校的。如果你要回温州，那你就回温州师范专科学校吧。"现在说实话，我并非主动选择到温州师范专科学校的，而是被分配来的。我本来是准备去法院或新闻单位工作的。

其实高考填报志愿时，我并没有填报杭州大学教育系，因为根本不知道有这个专业，也不想去干教育工作。但收到录取通知书后，我还是去读了这个专业，几年下来，感觉也还不错。后来到温师专当老师，虽然不是很情愿，但是一路走来，觉得还是蛮有成就感的，也和学校结下了不解之缘，否则，也不会几次调离学校又几次调回学校，最后还回到这所学校退休。

从我个人的经历来看，我认为人都是有可塑性的，不管是选专业还是找工作都一样。联想到现在一些大学生，他们在填志愿和找工作的时候，还是比较迷茫的。学校应加强对学生的生涯规划指导，我觉得这是非常必要的。

采访者：在温师专任教之前，您对这所学校是否有所了解？

周湘浙：那个时候温师专位于窦妇桥（胜昔桥），是一个很小的地方。我和钱建民小时候是邻居，他带我来这个地方玩过。钱建民是我们温师院的老领导，曾任温师院党委副书记，后来任绍兴市委书记、省建设厅厅长。之前有一所学校名为温州师范学校，钱建民好像就是在温州师范学校附中读的初中。后来梳理温州大学的历史，追溯其前身，就是温州师范学校。从 1933 年一直到 1971 年，温州师范学校与温师院（1964 年撤销）、温师专在一个校园同时办学，直至合并。

总之，在温师专任教之前，我去过这所学校，对于这所学校的直观感觉就是占地面积很小。后来我是在这所学校进行的高考体检，这个地方是温州人很熟悉的地方。但是我对这所学校的办学情况是不太了解的。

采访者： 1982 年至 1987 年这 5 年时间，您不仅担任温州师范专科学校的教师，还是直属教研室副主任，主持教研室工作。直属教研室是怎样的一个机构？

周湘浙： 到温师专报到后，我被分配到政治科。当时我们的教研组在政治科，还不是直属教研室。那个时候温师专是专科学校，下面的教学单位叫科不叫系，当时设置政治科、中文科、英语科、数学科、物理科、化学科，其他科暂时还没有。我所在的政治科，有一个教研组负责教育学和心理学等公共课教学，虽然不是一个独立的机构，但它和体育教研室性质一样。体育教研室就是一个直属教研室。

到 1983 年下半年的时候，学校为了加强教育学科教学，就把这个教研组拉出来，成立了直属教研室。学校后来又成立了美术科、生物科。这样一来，学校共有 8 个科，两个直属教研室。一个是体育教研室，一个是教育教研室。

无论是教研组，还是教研室，组长、主任一直是刘好兰老师。1985 年 4 月，刘老师主动让位，极力推荐我担任主任。我时常感慨，现在像刘老师这样高风亮节的老同志真的不多了。虽然她还没到退休年龄，但是为了培养年轻人，主动把自己的位置让出来，让我来接替她主持工作。虽然她不再是教研室负责人，但她每天都来上班，帮着我解决一些工作中的问题和难事。1985 年的时候，我才 26 岁，教研室有很多老师年纪比我大很多，而且学校里有很多工作关系我还没法摆平。幸亏有刘好兰老师帮衬着我，用现在比较流行的讲法就是"扶上马，送一程"。

刘好兰老师的先生是符丕盛①老师，他是一位心理学教授，现在已经 97 岁了。他们两人原来在上海师范学院工作，1958 年过来支援温师院。夫妻俩到了温师院后，一直在学校工作到退休。符丕盛老师是黄埔军校温州校友会会长，也是我们的重要统战对象。他们夫妻俩都是学校里德高望重的老同志。在他们两个人的帮助之下，我在 1985 年 4 月就当了教研室副主任（主持

---

① 符丕盛，1925 年 8 月生，辽宁盖州人。1953 年 7 月，大学毕业于北京师范大学教育系；1955 年 7 月，研究生毕业于北京师范大学心理学；1955 年 8 月，赴上海师范学院任教；1958 年 8 月至 1998 年 3 月，任教于温州师范学院。

工作），也算是学校的中层干部了。记得那年的年底学校给中层干部发红包，我也拿到了30块钱。30块钱在那个时候算是不小的一笔钱了，因为当时我们的工资也才五十几块钱。我当了教研室副主任，工资提高到了七十几块钱。

周湘浙在温州师范学院某次会议上聆听符丕盛先生教诲
（左为符丕盛，右为周湘浙）

正是因为遇上了这样德高望重的老同志，我才有较快成长的机会。现如今刘老师已经去世了，但符丕盛老师还健在。每年我都会到他家拜年，已经三十几年了。前几年符老师精神状态还不错，有时候还骑自行车。今年去的时候，他已经有点耳背了，但身体状态还很好。

采访者：能否谈谈您在担任教研室副主任前后期间，有哪些让您印象比较深刻的事情？

周湘浙：1984年12月底，我参加了浙江省第一届教育学术交流会。当时温州市推荐了几篇论文，我的论文排在第一，所以我一个青年教师才有机会参加这个省级会议。在会议期间，浙江省教育厅副厅长邵宗杰要我留下来，他找到一起参加会议的学校党委书记李方华，告诉他："我们省教科所①

———————————

① 即现在的浙江省教育科学研究院。

有 40 个编制，现在才 5 个人，你们这位小青年要留下来，我们很需要。"邵宗杰副厅长当时兼任教科所所长。我大学毕业论文的指导老师——王炳仁老师，他是教科所常务副所长。实际上他们两个人都看上了我，叫我调过来工作，但我都婉言谢绝了。我前面已经讲过，我毕业的时候都没有想留校，现在肯定也不会留，而且我如果要留校，当时肯定去考研究生了，因为那个时候考研究生还是有把握的。

那时刘好兰老师等人也参加了会议，这件事就给他们留下了一个印象：看来这个小伙子还不错，厅长都出面要留下他。刘老师担心我真的被调走，便赶紧找李书记商量，李书记说："好，我去跟厅长说，叫他不要挖我们的墙脚。"这件事情发生在 1984 年 12 月底。1985 年初的时候，刘老师一有机会，就跟学校讲："这个年轻人很能干，你们一定要把他留住啊。"于是 1985 年 4 月，学校就任命我为教研室副主任，主持教研室工作。

主持教研室工作后，在老同志的大力支持下，我们积极进行教学改革探索，当时在全校做得比较好。那个时候我在学校青年教师当中表现得也比较突出，原来的温师专校报上时有我的报道，在全校的教学改革大会上我也有机会发言。1989 年第一次评选教学成果，我主持的一个项目获得浙江省二等奖。当时全校只有两个项目获奖，另一个获奖的是化学系叶芳尘老师，她也是二等奖。这可能是温师院第一次获省级优秀教学成果奖。

我主持的这个项目是对教育实习中的班主任实习改革的探索，而且效果不错。在这期间，浙江省和其他几个省一起编写了一本书，叫《高等师范专科教育概论》。参与编写这本书的都是一些老同志。这些老前辈非常厉害，他们来自浙江、福建、广西三个地方。这个书名是当时的教育部部长何东昌①题写的，他当时题了两次。因为这本书最初的书名是《论高等师范专科教育》，大家讨论之后，觉得这听起来像一本论文集。我们就把书名改为《高等师范专科教育概论》，这样就像专著了。决定改书名之后，他们请何东昌部长重新题写，结果何部长同意了，可见这些老同志确实很厉害。后来也是为了这本书的事情，我到杭州开会。当时我还是一个小青年，这本书的主要策划者之一省教育厅高教处处长周启明老先生看到我，很惊讶地说"你怎么这么年轻？"很明显他以为这本书的编写者都是一些老前辈，想不到我也

---

① 何东昌（1923 年 4 月至 2014 年 1 月 23 日），浙江诸暨人，教育部原党组书记、部长，国家教育委员会党组书记、副主任。

是作者之一。我当时写的就是教育实习这一章。

采访者： 1987～1995 年，您一直在温州师范学院教务处工作，担任副处长、处长等职位。能否谈谈这一时期您的经历与感受？

周湘浙： 1987 年 6 月，温州师范学院已经建立了。当时的校长叫谷亨杰，谷校长是一个很了不起的人，他会千方百计地为学校发展争取机会，当时他为学校争到了一个职称改革试点。那个时候职称评定是不正常的，争取这个试点意味着什么呢？意味着我们这些人就有机会提前评职称，这在当时可不是一件小事。

按常规来讲，我 1982 年毕业，应在 1987 年底才有机会评讲师职称，但是我在 1987 年上半年就参加评定了，所以我的讲师聘书是 1987 年 6 月份的。那个时候能评上讲师的老师很少，副教授也没几个。我记得当时学校里比较尊重教师。如果你是讲师，学校还会给你发一张藤椅。那时候学校很有趣，有一次给每个老师发了一个书架，但是给讲师发两个书架。

1987 年 6 月我评上讲师以后，同年暑假学校就把我调到了教务处，任命我为教务处副处长，兼教学科科长。所以我现在常常开玩笑说我是温师院历史上第一任教学科科长。因为当时教务处副处长任职必须有讲师职称，一直没有合适的人选，所以我的职称一评上去以后，学校很快就把我调过去了。

我到教务处之后，詹振权①老师担任教研室主任。詹老师是民主党派人士，教学水平很高，他之前还是平阳师范学校的校长。他是在我任职期间被调过来当老师的，但后来他担任了学院的副院长，成了我的顶头上司。我在教务处干了整整 8 年，当了 7 年的副处长，1994 年初，我担任教务处处长。在教务处工作期间，我真实地感受到，正如当时的流行说法——"教务处是天下第一大处"，当时教务处的职能包括教学、师资、科研、招生、教务、教材、电教、设备、实践、文印等。我记得当时我起草教学工作量改革办法，改变烦琐的计算办法，把权力下放给系里，使教务处得以解脱。我还筹划并推动了课程规范化建设，在 1994 年接受省里开展的本科教学评估时得到专家组肯定。但是我只当了一年的处长。

1995 年 1 月，我被市里调到温州大学当副校长。我到温州大学当副校长的时候，还未满 36 周岁，这在当时来讲还算是比较年轻的。当时校长和另一

---

① 詹振权，1938 年 5 月生，平阳县人。1960 年毕业于杭州大学教育系。历任平阳师范学校教师、校长，温师院副院长。

位副校长都是 1938 年出生的，他们俩都比我大了 21 岁，由于我的加入，等于把学校行政班子的平均年龄下降了 14 岁。由于我刚去的时候年龄特别小，当时温大的个别老师对此就颇有怨言，现在有时候开玩笑说，我算是出道比较早，但后来进步比较慢，在好长一段时间内基本上都担任副职。不过，我始终认为当好副职是很锻炼人的。

采访者：在温州师范学院创建与发展过程中，您觉得有哪些比较重要的领导人？他们为学院的发展做了哪些贡献？

周湘浙：如果要讲一些当时学校的大事或者重要的领导人，我觉得谷亨杰校长的贡献是比较大的。在他担任校长期间，在他的不懈努力之下，一个原来在胜昔桥只有几十亩地的专科学校，后来变成了一所本科高校。同时，他还把学校迁到了蒋家桥（现在的学院路校区）。在那个时代，把一个小小的专科学校升格为本科学校，而且还建立新校园，是一件非常困难的事情。学校部分迁过去以后，就在蒋家桥设立了一个分部，我就代表教务处先过去办公了。当时那里也只有几幢楼，先是数学楼、物理楼两幢楼，后来又有了化学楼、生物楼两幢楼。

李方华书记来校迟一点。李书记是从地方上上来的，他原来担任过招办主任、教育局局长，后来到温师专当书记。当时谷亨杰当校长，李方华当书记，他们两个人配合得非常好，因此学校发展得很快。那个时候浙江省有 10 所师范院校，我们的学校算是一所不错的本科学校。总的来说，那是一段值得怀念的时光。

后来，学校经历了一段比较乱的时期，这个说起来很糟糕了。1993 年的时候，学校来了一位很重要的领导，就是金礼义书记。金书记来了以后，他改变了学校停滞不前、内部不团结的局面。所以他来了之后，学校又迎来了一个新的发展阶段。当时金书记成立了一个学校改革小组，小组成员一共 7 个人。我十分荣幸也是成员之一，现在的浙江省农业农村厅厅长王通林[①]，以及后来调到温州医科大学担任党委书记的仇毅[②]，都是这个改革小组的成员。那时候我们改革小组去其他学校考察调研，做了很多方案，温师院在这个阶段又有了很好的发展。

---

① 王通林，研究生学历。1965 年 11 月生，浙江温州人。1986 年 4 月加入中国共产党，1986 年 7 月参加工作。现任浙江省农业农村厅党组书记、厅长，浙江省乡村振兴局局长。
② 仇毅，浙江温州人。曾任温州师范学院人事处处长、党委委员、组织部部长、党委副书记、纪委书记。2014 年 12 月至 2018 年 3 月，任温州医科大学党委书记。

金书记到任之后，他将学校里曾出现的乱象予以整顿，这是一件很不容易的事情，对温师院后来的发展意义重大。金书记后来身体欠佳，就主动提出辞职。以前很多老同志在一般情况下是不愿意主动退下来的，而金书记为学校事业着想，他主动要求退下来。金书记为人真的很好，他现在已经80多岁了，但是身体还很好。

记得1995年1月我调离温师院，学校领导班子破天荒地在现学院路校区对面酒店（之前的中联大酒店）摆了一桌酒，送我和王通林。王通林调到了团市委当副书记，我调到了温州大学当副校长。我为什么说是"破天荒"呢？因为有一段时间学校离开的人也不少，经常闹得不太高兴，也不可能出现学校摆酒送你离开的情况。摆酒这个事情是从我和王通林开始的，当时就是金书记等领导专门摆了桌酒送我们，对此我们都还有很深刻的印象。

令人想不到的是，我于2002年1月又调回温师院担任副院长，分管科研和申硕相关工作，同时分管学生工作。那个时候刚好赶上温师院要申硕，我觉得这是一件非常有意义的事情，我和有关部门的同志一直在忙于申硕工作。到2003年6月，我的同学郑继伟给我发了个短信。他当时是省教育厅分管副厅长，后来当了副省长。短信内容是"祝贺申硕成功"。当时我正在开会，我当场激动地告诉大家："好了，成功了！"

二　中流砥柱，力挽狂澜

采访者：1999年七八月，温州的相关领导和温州大学领导前往上海拜访谷超豪院士，邀请他出任校长。当时您是否参与了上海之行呢？您在和谷超豪院士接触之后，他给您留下怎样的印象呢？

周湘浙：谷先生是我跟薛振安①部长一起去复旦大学请的。当时复旦大学的王生洪校长和秦绍德书记都接见了我们，我们也给他们做了很多工作。他们倒不是不同意，而是十分尊重谷先生本人的意愿。谷先生当时推说"此一步不要这么急"，他的意思是"等你们新校园盖好了我再来"。但是我们那个时候很迫切，希望他马上来当校长。所以在我们的殷切恳求下，谷先生同意早点过来。当时我们还拿苏步青先生说过的话来做谷先生的工作，苏老于

---

① 薛振安，1951年生，浙江乐清人。1992年4月任温州市委常委、宣传部部长。2001年9月至2008年7月任浙江省交通厅副厅长、党组成员。

80年代在温大说"用30年把温州大学办成一流大学"，还说"应该让谷超豪来当校长"。

谷先生第一次来温州的时候，我们在王朝大酒店接待他。那天晚上吃饭的时候，他还喝了啤酒，身体还是不错的。谷先生工作很忙，他过来当校长之后，我是副校长，主要由我主持学校行政工作，担任法人代表，当时名义上我还分管教学工作和学生工作。有人说谷先生是"飞机校长"，说谷先生最多坐飞机来一下就坐飞机飞回去了。这还真是冤枉谷先生了，他来温州从来不坐飞机，都是坐火车，而且都是坐夜车。他往往是坐一夜的车，第二天早上6点左右到温州，然后我们到老火车站把他接过来。

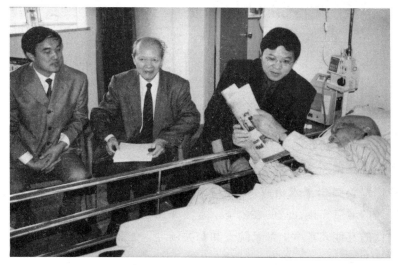

2000年，谷超豪校长等人在华东医院看望苏步青先生
（左二为谷超豪，左三为周湘浙）

谷先生是革命家，他在1940年，也就是14岁的时候就入党了。有人这样评价他，说他"一是做革命者，救国救民；二是做科学家，改变世界"。苏步青先生是他的老师，但是苏先生不知道谷先生是党员。苏老后来在回忆录里讲："这个人，在我家里走来走去，原来是共产党！"解放初，谷先生在杭州曾策反国民党的雷达研究所，最后取得成功，这是杭州党地下组织的一个重要成就。

谷先生又是教育家。他担任过复旦大学副校长，中国科技大学校长等职。1989年之后，中国科技大学很混乱，只有他可以稳住局面。谷先生是科学家，而且他培养了好几位院士。他平易近人，跟大家关系都非常好，我在回忆往事的时候，时常会感慨：我这一辈子觉得很荣幸、很自豪的一件事情，就是跟谷先生当过同事。那个时候我也会开玩笑说"他是校长，我是副校长，那么他是院士，我也就是副院士"。

2010 年，周湘浙接受中央电视台采访

谷先生获得了国家最高科学技术奖，为此中央电视台要做一个专题节目，他们要到温州来采访我，但被我委婉拒绝了。后来谷先生让我接受采访，采访的地点安排在我的办公室，就是现在谢树华书记的办公室。中央电视台采访的其他人基本上都是院士和相关领导，能和他们一起接受采访，我觉得非常荣幸。

采访者： 谷先生出任温州大学校长后，为学校发展带来了哪些新的机遇？

周湘浙： 谷先生能够出任温州大学校长，这对温州大学的发展以及对温州高等教育的发展起到了很大的作用。我们当时在雁荡山有一个学校发展规划的论证会议，参加的人有市委书记蒋巨峰以及各领域专家、高校领导等，是谷先生亲自主持的。谷先生作为一个极具影响力的温州人，和很多科学家、院士的关系都很好，可以说是一呼百应。谷先生曾跟我说，为了学校发展的事情，他可以去寻求中央领导的支持。

谷先生担任校长之后，会经常到温州来，来了以后在学校待上一个星期左右。在那段时间，我们会把一些重要工作、决策事项等集中起来，通过开会研究决定，尤其是和市里沟通的一些工作。实际上，在学校发展过程中，

2004 年，温州市政府与浙江大学共同扶持温州大学建设签约仪式

谷先生起了非常大的作用。当时如果没有谷先生的话，我们是做不了什么事情的，尤其是涉及改制中各种关系和体制不顺等问题。在温州大学发展过程中，谷先生多次力挽狂澜，发挥了中流砥柱等作用。谷先生对我很信任，他很放权，所以经常委托我主持校长办公会议。在校长办公会议上要做决定的时候，他有时候参加，有时候不参加，他不参加的话我会跟他电话沟通，他对我们的工作都很支持。

采访者：为了实现温州师范学院和温州大学两校合并，促进温州经济社会发展和高等教育发展，谷先生也做了很大的努力，他甚至给教育部、省厅领导写亲笔信，亲自到教育部拜访主要领导。能否谈谈谷先生促成两校合并过程中的一些事件或细节？

周湘浙：谷先生确实呼吁过两校合并，并对两校合并起到了较大作用。但实际上谷先生在两校合并上并没有起决定性作用。真正起决定性作用的人是李强书记，他当时是温州市委书记，现在是上海市委书记。为什么这样说呢？1999 年温州大学改制以后发展很快，它的新校园已经基本建成，在谷先生的旗帜下也聚集了很多人才，所以那时候其实已经具备了升格本科的条件。2001 年 11 月省里派专家组来学校进行升本评估之后，他们一致认为我们完全可以升格本科了。于是省里准备向教育部报送温州大学升格本科的材料。但是根据教育部的规定，温州大学可以升本，但是不能再叫"温州大学"了，而要改为"学院"。学校之前的名称不是教育部批的，而是我们自己这样叫的，并且请苏老题了校名，按照严格规定的话，应该叫"学院"。

2000 年，谷超豪校长主持《温州大学改革与发展规划》论证会

关于"大学"改"学院"这件事，李强书记是坚决不同意的。他的意思是说，温州一定要有一所大学。其实温州的大部分老百姓并不了解本科和专科的区别，他们只知道温州原来已有大学，叫温州大学，但现在要变成温州学院了。李强书记认为这样就不好交代了，所以他为了这个事情亲自跑教育部。他找到了当时教育部的二把手，教育部原副部长张保庆。张保庆副部长跟李书记说："你可以保温州大学的牌子，但是要温医、温师、温大三所学校合并。"温州医学院是省属高校，李强没有这个权力，而且他们也不愿意合并。侯厅长曾说："三个牌子去换一个牌子也不合算。"

温师院和温大属于温州市管，李强有这个权力进行调整。他把温师院和温大进行合并，但教育部认为还不具备大学条件。为了保牌，先争取批了一个"温州大学（筹）"。后来的任务就是怎么去掉这个"筹"。于是，那个筹建的"筹"，变成了忧愁的"愁"，那个时候我们是真的愁。后来谷超豪先生亲自去拜访教育部副部长吴启迪，虽然说谷先生作用不小，但并不起决定性作用。

合并也带来了另外一个问题。由于这两所学校的文化观念不一样，合并的时候也出现了不和谐问题。我先是在温师院工作了 13 年，后来我又在温州大学干了整整 7 年，因此我可以听到它们两边不同的声音。一开始，两边是相互不买账的，但唯独有一点，它们居然相互买账，那就是对方的食堂。老温大的人偶然到 B 区食堂吃饭，他们夸温师院食堂不错；温师院的人有时到温大食堂吃饭，他们夸温大食堂办得好。

前面说筹建的"筹"变成忧愁的"愁"，是指两校合并的一段时间比较乱。2006 年省委决定由陈艾华同志担任温州大学党委书记。陈书记来了之后，改变了这个混乱局面，学校迎来新的发展机会，学校又一度欣欣向荣了。由此可见，两校合并也并不是一件容易的事情。

三　温大改制，新建大学

采访者：为了推进温州大学的建设和发展，为温州经济社会发展提供强有力的人才支撑，1999 年 4 月，温州市委、市政府决定对温州大学进行改制和易地改建。能否谈谈温州大学改制的背景？

2000 年，温州大学城市学院发展研讨会

周湘浙：1995 年 1 月，我被调到温州大学担任副校长。那个时候的温州大学就像是一所党校，政治氛围比较浓厚。当时林选青书记刚刚退下来，接任他的是刘万伦书记。由于长期以来，在温州大学做事情的多是一些地方干部，他们的行事风格与高校管理不太一样。我过去之后努力把局面扭转过

来，真正按教学规律来办学。我们后来做了很多工作，比如建章立制，强化学科专业建设、师资队伍建设等等。当时我提出要搞"重点专业建设"，后来经过努力，我们的服装设计入选了浙江省重点学科。在当时入选浙江省重点学科的高校中，专科学校只有两所。可见我们当时所做的学科专业建设、教学改革还是很有成效的。但是，这些成效远远不能使学校尽快升格。当时我们日思夜想的就是如何使学校尽快升格为本科，升格本科成为学校领导班子莫大的精神压力。

实际上，1984 年温州市政府创办温州大学的时候，有些领导还不明白本科和专科的区别。我前不久看到这样一则信息，当时的一位市领导在回忆文章里提到"我们当时以为温州大学就是本科大学，想不到搞了老半天，还只是个专科学校"，可见有些领导当时并不知道本科和专科的区别，他们以为请苏老题了"温州大学"四个字之后，学校就是大学（本科）了。

1984 年，国务院确定进一步开放 14 个沿海城市。这些沿海开放城市中都有大学，包括宁波大学、烟台大学、汕头大学等。这些学校都是本科学校，唯独温州大学还是专科学校。应该说，当时温州想方设法要办大学，是一件很了不起的事情，政府下决心要办大学，老百姓出钱出力，华侨都来捐助。学院路上的老温大，现在变成十三中了，它的门口有三堵墙，三堵墙中间有一个像铜钱一样的圆圈。这三堵墙，代表着筹办温州大学的时候，政府、华侨和老百姓三方的贡献。遗憾的是，当时创办的温州大学并不是本科高校，在招生计划分类中被教育部列为短期职业院校。

刘万伦书记担任过泰顺县委书记和永嘉县委书记，他也是市委常委候选人。他到温州大学当党委书记的时候，真是一腔热血，绞尽脑汁，很想干出一番大事业，所以他常说"小天地大事业"，后来温大改制中有些做法也是他早就提出过的。当时学校发展建设需要争取市领导支持，他带领我们到市里求助市长。记得市长当时说："老刘，你们这个温州大学我看不办还好，我还可以省几百万元。我如果直接拿这几百万元去引进人才，效率效益还更高。"聆听了市长一番话，刘书记的一腔热情仿佛被浇了一盆冷水。试想，我们一所公办学校，除了找政府还能找谁呢？当时的情况大概就是这样，可见我们的处境很尴尬，我们很伤悲。

采访者：正式改制之前，相关部门提出过哪些改制的构想呢？又做了哪些前期的准备工作？

周湘浙：那段时间我们也在积极探索改革，主要目标是升格，要由专科变成本科。为此我们做了很多工作，比如校长带队北上，我带队南下，面包车一直开到佛山大学。我们一路上考察了汕头大学、深圳大学、深圳职业技术学院、广州大学等。回来以后，我们提出了一些改革方案。但是我们其实做不了什么大事情。

1998 年前后，温州曾在酝酿四校合并。四校就是温州医学院、温师院、温州大学和温州商校。温州医学院就是现在的温州医科大学，温州商校就是现在的温州职业技术学院。我受市领导委托曾为四校合并做了几个方案，这些方案都是我写的，现在还保存着手稿。当时市长和书记的意见是不一样的。钱兴中市长提出"拆围墙打地洞"，因为当时温州大学与温州商校只有一墙之隔，把墙一拆，就连在一起了。另外，温州商校和温师院只隔着马路，如果在马路下面打一个隧道，这些学校之间就连通了。温州大学在民航路，在民航路下面打个隧道，就可以通到温州医学院。这样"拆围墙打地洞"，就把四个学校并起来了。蒋巨峰书记则主张选址建新校园。经过讨论，我们更倾向于建新校园，进行异地迁建。当时我还做了一个方案，计划分两个阶段实施。第一阶段在原地"拆围墙打地洞"，第二阶段建新的校园。但是后来这些方案没能实施，四校合并也没有实现。

四校合并不成，我们学校怎么办？温州大学由公办改制为民办，是当时温州的发展格局和温州高等教育体制改革下的产物。那个时候我在学校改制动员大会上讲话，认为学校发展不仅要靠省里和市里支持，更重要的是要发挥主观能动性，要靠我们自己改革创新。学校改制迁建意见提出来以后，市里非常支持，决定由市委常委、宣传部部长薛振安担任新温州大学筹建组组长，我和董辉担任新温州大学筹建组副组长。其他成员都是温州市各部委办局的负责人，包括瓯海区的负责人。

改制改建工作开始之后，影响很大，甚至可以说轰动全国。我们当时提出的指导思想是"遵循教育规律、引入市场机制、借鉴国际经验、体现温州特色"。那段时间我们接待了很多人来校考察，比如全国人大常委会副委员长许嘉璐，他是北师大教授，他去瑞安参观玉海楼时听说温州大学要改制成民办，特地过来调研。他非常肯定我们的改革决策，我们至今还保留着他的讲话资料。

之前有一个赞赏温州高教园区建设思路的函，就是浙教高教 1998 年 411 号关于温州市高教布局调整意见的函，当时是省教委回复温州市委、市政府的，至今我还保留着。函件的大概意思是说"你们设想要搞这样的高教园

2000 年，全国人大常委会副委员长许嘉璐视察改制后的温州大学

区，这个想法很好"。但可能限于建设资金问题，这个设想一直没有具体
实施。

原温州大学改制实现了校园迁建，促进了高教园区的建设。如果没有改
制，原温州大学要迁到茶山，要规划 2000 亩土地，领导会同意吗？显然不
会。因为改制了，我们在报告上写得很清楚：经费自筹。因为我们是民办学
校了，我们可以引进民间资本办学。

1999 年，新温大建设银企（校）合作协议签字仪式（右三为周湘浙）

1999 年初温州大学正式提出改制后不久，4 月 21 日，温州市人民政府发

文同意温州大学改制。1999 年 7 月 21 日，浙江省人民政府批复同意温州大学改制迁建。关于地址，实际上我们在 1999 年初就已经选好了。三个地方作为备选：茶山、瑶溪和珠岙。我们当时主张在茶山。那个时候我们来茶山看地，老百姓跟在我们身后，要求我们征他们的地。当时这里没有房子，全部是柑橘园。只有鹅颈头这里有一座四层的旅馆，当时还没建好，是个烂尾楼。我们爬到它的顶上，可以看遍整个茶山。我们也可以上大罗山，从上面鸟瞰茶山全镇。

原来的温州大学民航路校园只有 146 亩地，现在我们要征 2000 亩，这是件很了不得的事情。这件事情后来影响了省内外。当时浙江省教育厅侯厅长，带着教育厅计财处的干部褚子育同志过来考察，我们在小南门天一角招待他们，4 个人一起吃饭。后来聊得比较酣畅，侯厅长说："小褚，你把下午活动全部取消，我今天就跟他们喝酒。"实际上，他是要向我们全面深入了解温州大学改制、迁建、选地、筹措经费等方面的事情。后来侯厅长很快就在杭州的下沙、小和山和滨江搞了三个高教园区。

侯厅长来后不久，宁波当时的市委副书记徐福宁和副市长盛昌黎来温州考察，我们在老华侨饭店接待了他们。我和董辉向他们介绍了我们温州大学如何改制、如何股份制办学、如何迁建校园、如何规划建设大学城等。宁波人很厉害，他们回去以后，后来居上，如万里学院改制和宁波高教园区建设得到李岚清副总理的高度肯定。现在万里学院的大事记里边还有一条记录，大概内容是新温州大学筹建组组长薛振安、副组长周湘浙一行到过那里（当时还是浙江农技师专）考察交流。万里学院的前身叫农技师专，担心被徐亚芬的万里集团吞并。我们与农技师专领导交流时，还以我们的改制例子"开导"他们怎么改制好。

后来浙江省委决定在浙江省大规模兴建大学城。张德江同志调任广东省委书记后，就把浙江的大学城建设模式带过去了，此后广东的大学城就遍地开花。广东的高校当时都到浙江来考察学习，我们接待了不少人。我在这里想起了一个真实的笑话，广东有一所著名高校（不提其校名了），据说，当时张德江去广东之后，大家都搞大学城，每一个学校都通过贷款到外面征地办新校。可这所学校的校长却坚决不同意这么干，他说"我们学校是不能这样干的，贷款这么多钱不行"。但是张德江在即将离开广东，要到中央任职的时候，他做出了一个决定，使得广东这么多高校这些年因扩建而花掉的几百亿元的贷款一笔勾销，全部由政府来买单，因此这所学校错失了一个好机

1999 年，温州大学召开新校园总体规划建筑方案设计评标会（右二为周湘浙）

会。后来他们再去征地的时候，既没有好地址，也没有好政策。真是过了这个村就没有这个店了，机遇多么重要啊！

我们当时为了让原温州大学升本保牌，走了改制、迁建这条路，在无意中探索出了一个高校建设新模式。后来温州医学院、温师院也跟着来了，想想我们开始在茶山征地的时候，温师院和温医的老朋友遇见时会说"你们怎么到那么远的地方去呢？"但是后来省里批复的文件下来后，他们也要来了，使得我们重新调整了高教园区的整个建设规划，因此开工时间也被延迟了。我感觉当时的温师院和温州医学院，不是想把学校整体搬过来，而是想把原来的学院路校区作为自己的大本营，只是在这里划一块地建校区，所以校园面积都不大。现在温州大学南校区和图书馆就是原温州大学建的。

原温州大学的改制无疑是成功的，它催生了温州大学城，推动了全国部分省市的大学城建设。并且在短短几年中，原温大的办学条件就具备了教育部认可的本科高校条件，实际上也为后来两校合并打下了基础。如果我们没有在 1999 年进行改制，就可能不会有这个结果。

采访者： 积极吸引社会资金举办二级民办学院，是温州大学改革办学体制的又一重大举措。1999 年前后，有哪些民办学院进入筹建计划之中呢？您觉得社会力量参与办学，对学校未来发展的好处有哪些呢？后来结果如何？

周湘浙： 1999 年，温州大学改制"不找市长找市场"的时候，吸引了一批企业家过来办学。我们当时是什么模式呢？温州大学下面是 7 个系，我们就把这 7 个系改成 10 个学院，我们把这个事情叫作"撤系建院"。例如，温

温州市人民政府办公室

温政办提[1999]21 号

对市九届人大二次会议
第 153 号建议的答复

周湘浙等代表：

你们提出的易地扩建温州大学刻不容缓议案悉。现答复如下：

把温州大学办成适应温州经济社会发展、适应现代化新温州需要的新型综合性大学，市委、市政府已摆上了重要工作议程，决定对温州大学进行国有民办的办学体制改革和易地改建。按国家规定的大学设置标准，结合温州现代化建设的需要，提出了温州大学的近期、中期、远期的发展目标，并制定一套支持、促进温州大学改制、改建的特殊优惠政策。包括多渠道筹资的政策，广纳优秀人才的政策，高校园区产业化经营和土地征用、开发的政策，学校办学自主权的政策等等。同时市政府还专门致函省教委，汇报我市关于温州大学改制问题，积极争取省教委和国家

1

1999 年，温州市人民政府办公室对市九届人大二次会议第 153 号建议的答复

州大学经管系建成了经济学院和管理学院，所以一夜之间冒出了一批院长。

我们搞了十大学院，其中大部分的学院有企业家来投资办学。例如，我们现在温州商学院的董事长张汉鸣先生，他当年先后投资创办信息科学与工程学院、经济学院。现在和温州大学行政楼离得最近的继续教育学院，也就是 8 号楼，当时就是他建的信息科学与工程学院。他聘请浙江大学孔繁胜教

授担任院长，当时浙江大学是非常支持的。经济学院就是建在温州大学南校区东大门边上的 9 号楼，现在是教师教育学院。经济学院得到厦门大学的支持，聘请庄宗明教授担任院长，他后来担任厦门大学校长助理。

当时投资建设艺术学院（现在的温州大学美术学院）的是陈伟志先生。陈伟志创办了新纪元教育集团，集团的总部在上海。还有一位叫应树德的是天雄房地产的老板，他办了一所国际关系学院。还有一个管理学院，是现在的上海建桥学院董事长周星增先生办的，还有台湾老板也来投资，等等。

那个时候的企业家背靠的都是很厉害的学校，如浙大、中国美院、解放军南京国际关系学院、复旦大学、厦门大学、同济大学等。所以当时是"一个学院、一个老板、背后一所大学"这样的模式。而且那个时候我们还高薪聘请了一批教授，1999 年给教授的年薪是税后 10 万元，所以学校办学水平在这一段时间就提升上来了。当时还获得国家自然科学基金立项。

因为温师院是本科，而且已经是硕士学位授权单位，在两校合并中自然起着主导作用。于是温州大学从民办体制，一夜之间又回到了公办体制。回到公办体制就意味着民办二级学院的终结。由于体制不顺，民办二级学院投资者纷纷退出，投资办学陷入了半途而废的境地。但温州商学院的创办人张汉鸣先生矢志不渝，不懈努力，在夹缝中求生存，积极争取各级政府有力支持，终于在 2005 年经教育部批准，他所创办的两所民办二级学院合并组建温州大学城市学院，获得了独立办学主体地位。这可以说是温大 1999 年改制，引入民间资本创办民办二级学院的最后成果。

采访者：2005 年 1 月 25 日，教育部下发〔2005〕12 号文件，设立温州大学城市学院。能否谈谈城市学院创办的背景？该学院的创办方式与其他普通高校有何不同？

周湘浙：城市学院肇始于 1999 年创办的温州大学信息科学与工程学院、经济学院。2005 年合并成立独立学院——温州大学城市学院。我刚才讲到的经济学院和信工学院，也就是温大 9 号楼和 8 号楼所在的那两个学院，投资主体很清楚，产权结构也很清楚。

城市学院的老师都是原来温州大学的老师。那个时候有些老师情绪有点波动，他们抱怨说："其他学院老师都变成公办学校老师了，我们现在还是民办学校老师。"这些人后来闹起来了，闹得比较厉害。2004 年 11 月和 12 月我在省委党校学习，还不知道这个事情。党校学习结束，2005 年元旦过后，我回来上班了。回来之后，温州大学（筹）党委书记钱成良把我叫了过去，他说："现在那边两个学院在闹，你能不能去摆平？"他既然这样说，那我就只好过去了。结果我跟这两个学院的教师一交流，问题马上就解决了。实际上，他们就是纠结一个问题，他们的公办教师身份是否会变。我当场表态：不会变！

虽然风波暂时平息了，但这个事情并没有结束。我后来提议把信息科学与工程学院和经济学院合并成一所独立学院，大家讨论之后也都同意这个提议。后来我们经过商讨，决定把这所独立学院命名为"城市学院"。为什么叫城市学院呢？因为当时学校创办人与浙江大学以及浙江大学城市学院关系非常好，有意继续争取它们的支持，以后有可能与浙江大学城市学院结成姊妹学校。否则浙大是会反对也叫这个名的。这期间，校党委决定，由我担任温州大学城市学院工作组组长，戴海东同志担任副组长，成员还有钱强、王向红、冯中生等人。我们负责信息科学与工程学院、经济学院合并的具体工作，并重新构建城市学院的办学格局以及加强师资队伍建设、做好职能部门和干部人事安排工作。这期间由钱强与谷先生联系，请谷超豪先生为温州大学城市学院题名，谷先生欣然答应。谷先生在温大工作期间，钱强担任秘书。2005 年 3 月 24 日，我主持了温州大学城市学院揭牌仪式，在 2005 届城市学院毕业典礼上，还是我代表校领导讲话的。

城市学院建立之后，发展还是比较快的，曾被誉为"中国高水平独立学院"。我作为温大党委副书记，面对的是两个独立学院，一个是城市学院，另一个是瓯江学院。我当时还是瓯江学院副董事长。我把城市学院组建好以后，薛伟副校长代表校方担任副董事长。两个学院的发展，显然是城市学院发展得较快，因为它独立性较强，机制比较灵活。而瓯江学院则更多地依赖母体学校，当然也更受母体学校的制约，办学主动权不够。

值得一提的是，温州大学城市学院在短短几年发展中也锻炼了一批本土年轻干部，如戴海东、王定福、胡伟国、周东、叶育登、叶朝阳等。

采访者：2016 年 5 月 9 日，经教育部批准，温州大学城市学院转设为独立设置民办本科学校——温州商学院。您现在是温州商学院执行校长、党委书记。回顾学校发展历史，您有怎样的感受呢？

周湘浙：2010 年的时候，我被调到丽水学院担任校长，后来担任党委书记，其间我一直关注城市学院的发展。2016 年温州大学城市学院审时度势，适时而为，在浙江省 22 所独立学院中率先成功转设为民办普通本科高校，更名为温州商学院。从近年来浙江省独立学院转设所面临的困难来看，当时转设无疑又抓住了一次先机，学校提前跨入了自强自立、转型发展的新阶段。

2022 年，周湘浙（右二）参加中国共产党温州商学院党员代表大会

2017 年 11 月，省委尊重我个人意愿，同意我调回温州大学工作。回来之后，我还没有退休，但是也没什么事情干。李校堃校长跟我讲了很多瓯江学院的事情，想让我分管一些具体事务，但是学校里一直没有对我的工作做出安排，所以我回来之后比较清闲。后来经过协调，经温州大学党委同意，省委教育工委正式发了一个文件，任命我为温州商学院党委第一书记，这个职务就像党建指导员一样。现在回想一下，从 1999 年改制引进企业家办二级学院，到城市学院成立，再到现在的温州商学院，我对这个学校有很深的情结。有人戏说我早在 20 多年前就已经把自己现在的岗位安排好了，如果是下棋的话，那真是深谋远虑啊！

四　回首往昔，展望未来

采访者：您到过多个高校任职，担任过很多不同的职务。能否结合您的工作经历，谈谈您的一些心得体会？

周湘浙：我的专业是教育学，长期从事高等教育管理工作。我在公办学校当过党委书记和校长，做过学校几乎所有领域的分管领导，可以说在高校没有什么工作是我没有接触过的。

我的体会是，在公办学校当书记、当校长，办事常常会受到限制，难以施展拳脚。然而在公办学校里不可能的事情，在民办学校里却完全有可能。从教育管理体制机制的改革探索来讲，我觉得民办高校有其独特优势。因此，我相信在多少年以后，中国应该有一批高水平民办高校与高水平公办高校，从而形成新的办学格局。

采访者：能否谈谈您在温州大学工作期间总结了哪些工作经验？又有哪些反思与教训呢？

周湘浙：当年两校合并的时候，冲突很大，其中有一个冲突是文化冲突。因为我在两个高校都工作过，感受比较深。温师院的人自信，往往自我感觉很好，而温大的人则有着很强的忧患意识和危机感。因为原来师范院校是相对封闭办学的，学生毕业之后是包分配的；而温州大学则不同，它一直面临着市场的竞争。因此，两校合并之后，它们之间的观念冲突就在所难免了。

对于新的温州大学，我们在校园文化方面应该既要继承又要创新，永远要有危机感和忧患意识。我最担心的地方，就是有时候我们自我感觉太好了，关起门来吹牛，自我吹嘘。我们应跳出温大看温大，站位高远，视野宽广，还要兼容并包。

习近平总书记经常强调，我们要坚持底线思维。去年温州大学成功增列为博士学位授予单位，拿到了一个博士点，这是一个重大突破，也是一件很值得庆贺的事情。但我们也要意识到，温州大学未来还有很漫长的道路，比如争创"双一流"高校的任务。双一流高校的名单不是一成不变的，每隔若干年国家就会对高校进行一轮新的洗牌。等过几年洗牌的时候，如果我们没有准备好，就永远轮不到。

采访者：您在温州大学已工作了30多年时间。您一步一个脚印，扎实苦干，尽心尽责，见证了温州教育的发展历程，也建立了与温州大学的深厚感情。请您谈一谈您这30多年来在学习工作岗位上的感想与感悟。

周湘浙：我1982年到温师院工作，2019年4月从温州大学退休，基本上都是在温州师范学院、原温州大学、温州大学工作。虽然其间我在丽水干了7年半，但其他时间都在温州大学这边。所以那天在学校的座谈会上，我开玩笑讲，"我生是温大人，死是温大鬼"，就是这个意思。我在温州大学挥洒过汗水，也收获了果实，所以我对它充满深厚的感情。

温州大学的发展历程是曲折的。不同的时代，不同的人当领导，它的情况完全不一样。我刚才讲的谷亨杰、李方华、金礼义还有后来的陈艾华书记，他们对温州大学的贡献是有目共睹的。没有陈艾华书记，新温州大学的发展谈何容易。其实温州大学早就应该成为省重点大学了。当时合并为温州大学以后，浙江省只有七八所学校称"大学"，我们一直排在前十名，很多大学包括杭师大等改名大学都排在我们后面。

浙江省政府先后选了两批省重点大学，温州大学都没有极力争取。虽然温州大学现在也是浙江省重点建设大学，但严格地讲还是有区别的。本来温州大学应该发展得更早、更快，但后来突然要搞什么"一流应用大学"，这说明温州大学的顶层设计曾出现问题。我一直密切地关注着学校的动态，看到这样的情况，内心其实很焦急。

组织上把谢树华派过来担任书记，情况立马就不一样了。作为学校的主要领导，一定要努力去争取各方面的支持。如果没有整合资源的能力，怎么可能把大学办好呢？谢树华书记是一个作风踏实、胸怀宽广的人，他有着丰富的地方工作经验。他和省市有关方面关系很不错，能够获取广泛的资源。此外，他曾经还是温师院的副院长，对学校有着很浓的情结。他来了之后，对两校办学历史，尤其是对原温大历史很包容。

在这里，我想起我觉得温州大学校史上很遗憾的一件事情。2006年，温州大学成立以后，学校没有聘请谷超豪院士担任名誉校长。侯厅长明确讲过，"你们新温大成立后要让谷先生当名誉校长"。原温州大学的名誉校长是苏步青，那么新温州大学的名誉校长由谷超豪先生担任是十分合适的。但是为什么没有聘请他呢？其中的原因我就不展开说了。

苏步青先生和谷超豪先生作为温州大学的燃灯者和提灯人，他们浓厚的家国情怀和无私付出的精神，至今仍照耀着每一位温州大学师生。但是围绕着谷超豪先生到底是"原温州大学校长"还是"温州大学原校长"这个问题的不同解释，这里面好像是有讲究的。两校合并也是一件很复杂的事情，如果我们没有统战的意识、没有包容心，那肯定是管理不好学校的。谢树华书记过来以后，学校建了苏步青、谷超豪纪念馆，这是十分难得的。

采访者：明年是温州大学办学九十周年，您对温州大学未来的发展有哪些期许与展望？

周湘浙：谢树华书记过来之后，提出了三大建设发展目标——创建浙江

温 州 大 学 文 件

温大〔2000〕7号　　　　签发人：周湘浙

关于要求批准《温州大学跨世纪改革与发展规划》的
请　　　　示

新温州大学筹建小组：

　　为贯彻执行《中共温州市委温州市人民政府关于加快温州大学改制改建的意见》文件精神，我们组织有关人员，制定了《温州大学跨世纪改革与发展规划》（以下简称规划），在广泛征求意见的基础上，反复修改，数易其稿，并于 1999 年 10 月、11 月两次召开论证会，邀请国家、省市有关专家及有关部门负责人对《规划》的客观性、可行性和前瞻性进行了认真论证。现已最后定稿，请审批。

　　附件：《温州大学跨世纪改革与发展规划》。

主题词：发展规划　审批　请示

抄报：新温州大学筹建小组

温州大学校长办公室　　　　　　　二〇〇〇年一月十四日印发

2000 年，关于要求批准《温州大学跨世纪改革与发展规划》的请示

省重点高校、增列博士学位授予单位和创建以侨为特色的高校。其中两大目标已经实现了，2020 年 3 月，温州大学迈进浙江省重点建设高校行列；2021 年，温州大学增列为博士学位授予单位。这两大目标是实质性的，很重要！至于第三个目标，我认为不能与前两个目标相提并论。但如果能够争取下来，也算是"锦上添花"。

　　我觉得温州大学要明确自己的定位，要有更高的志向和发展目标。之前我们把杭州、宁波和温州称为浙江"铁三角"，时过境迁，如今温州可能

"铁"不起来了，现在改称为"第三极"。这是就地方定位来说的，但高校不应受其局限，虽然宁波大学已入选国家"双一流"建设高校，但是温州大学要有高远的追求目标，要不甘于"第三极"，要敢于争取在浙江省构建起"北有浙大，南有温大"的格局。这就是我对温州大学未来发展的期许和展望。

三尺讲台存日月，一蓑烟雨任平生

——郑征庄口述

采访者：潘立川　　　　　　　整理者：潘立川、蔡超颖

采访时间：2022 年 9 月　　　　采访地点：温州市鹿城区水心芙蓉组团

口述者简介

郑征庄，1928 年生，浙江乐清人。1956 年 9 月至 1964 年 11 月先后在温州师范专科学校、温州师范学院中文科任教。1964 年 12 月至 1971 年 2 月在温州地区教研函授站工作。1971 年 2 月至 1978 年 4 月先后在温州地区五七师范学校、温州地区师范学校工作。1978 年 4 月至 1988 年 4 月先后在温州师范专科学校、温州师范学院工作。1988 年 4 月退休。

一　栉风沐雨

采访者：郑老师，您好！感谢您接受我们的口述历史访谈。首先请您简单介绍自己的基本情况。

郑征庄：本人郑征庄，1928 年 3 月 4 日出生于乐清县北白象镇瑞里村。我的祖父虽然年轻时读过书，但是没有功名，土改时，他已无一寸土地，只有"祠堂众"（农村中的互助会）每年给他几百斤稻谷，聊以度日。我的父亲在我出生 3 个月后，即患病去世，幸赖母亲有"随嫁田"20 余亩，收点地租，养家度日。我的启蒙教师是族伯郑孟平，这位孟平先生极有学问，诗词、书法皆称绝顶，我在他手下读了 4 年书（初小），受益不少。

采访者：1941 年，您高小毕业后为什么会想到去考温州中学？抗日战争时期，温州中学的办学情况怎么样？请您给我们说说您在温州中学的学习生活，您有哪些印象深刻的事情？

郑征庄：1940～1941 年，我考入乐清柳市小学，并在那里读了高小（小学五年级和六年级），毕业后我考入温州中学。由于当时是抗日战争时期，因此温州中学迁校到青田，高中部办在青田村头，初中部办在青田水南栖霞寺中。温州中学的校长是朱一青先生，杭县人。当时和我同时考进温中的柳市小学同学有林家泂、朱观煦、胡择宣、黄松舫等，从白象小学毕业的有杨景行、李亦纲等人，其中杨景行年龄最大，是我们的老大哥。那时我们几个人租了一只蚱蜢船，从乐清出发，沿着瓯江，逆流向西，到达青田，开始了我们的中学生活。我记得当时的语文教师是赵文祥先生，历史教师是李天民先生，数学教师是虞明素先生。我们的教材是由山海出版社印刷的，纸张粗糙。同学们虽然生活得很艰苦，但很安心。我在这里只读了一个学期，第二

1945 年 6 月，温州中学初中部第三十五届毕业生合影（第二排右二为郑征庄）

学期温州中学就迁回温州了。1944 年，时局又至紧张，温中又迁校至泰顺江口村，我也随校就读，直至 1945 年抗战胜利，才又迁回温州。

采访者： 高中毕业后，您去了哪里工作？在新中国成立后，您由金嵘轩先生介绍参加温州地委干校培训。请您和我说说在地委干部学校学习的经历。

郑征庄： 1948 年，在高中的最后一个学期，我因生病休了学，只好在家自修，没有毕业。1948 年下半年，我到上海，以同等学力的身份，考取了"中国新闻专科学校"，在那里读了一个学期，第二学期因国共斗争尖锐化，温州至上海水陆交通受阻，所以不可能再去新专就读了。正在无计可施之际，听说温州地委干校要办小学教师培训班，我想这也是一条出路，就请金嵘轩先生（他当时已担任温州市副市长）为我介绍，让我参加培训。在这个培训班中，我结识了瑞安西北小学教师伍志伟。伍志伟受训后转回瑞安，晋升为西北小学校长，他邀请我到瑞安西北小学当教师。从此，我正式成为教育工作者。

采访者： 完成干校学习后，您去哪些学校工作过？请您介绍下新中国成立初期的小学教育情况。对于这段小学教师经历，您有哪些印象深刻的人与事。

郑征庄： 当时的瑞安城区有县小、东南、西南、西北、东北、永丰、永胜等几所小学，都颇有规模。西北小学教师有陈根廉、陈瑛、陈永林、李梦楼、蒋杏东、赵同庚、林国光等十数人，大家通力合作，关系融洽，曾在学生中开展"创模"活动，培养出的模范学生林淑华，日后成为瑞安师专教师，周韶华后来成为瑞安百货公司营业员，还有一个男生，之后当了二轻局干部。

次年，我调任瑞安永丰小学校长。半年后，我被调至杭州，去参加速成中学师训班，但速成中学没办成，我又回瑞安任塘下区中心小学校长。1954 年，我请求去读大学，蒙组织批准，报送我投考浙江师范学院。

采访者： 在小学工作几年后，您在 1954 年考入浙江师范学院中文系，您给我们说说当时考入浙江师范学院的情况以及在校期间的学习生活。

郑征庄： 1954 年，我被报送投考浙江师范学院，该学院是 1952 年从浙江大学分离出来的，并结合外国人经办的之江大学、俄语专科学校等单位重新组合而成的新型学校，当时校舍在杭州六和塔边的秦望山上，面对钱塘江，风景优美。校舍宽敞，学院师资力量雄厚。名师有夏承焘、姜亮夫、王驾吾、胡士莹、陈立、陈书等。我在中文科第二班，在我班任教的教师

1950 年瑞安西北小学教职员工合影，前排右三为郑征庄

如下：

1. 马列主义基础：王玉玺老师

2. 中国现代革命史：王琦老师

3. 心理学：陈书教授

4. 教育学：赵冕教授

5. 中国通史：倪士毅老师

6. 体育：吕昭伟老师

7. 现代汉语：张同光、童致和、蒋礼鸿等老师

8. 现代文选及习作：周槐庭、马骅、王荣初、汪玉岑、文心慧等老师

9. 中国古典文学：刘操南老师

10. 中国现代文学：张仲浦老师

11. 儿童文学：徐朔方老师

12. 文学概论：蒋祖怡、陈继生老师

13. 苏联文学：蒋炳贤老师

14. 中学语文教学法：吕漠野老师

次年，学校迁入市区体育场路。

1955 年 10 月的浙江师范学院（体育场路校园）

郑征庄（前排左一）在浙江师范学院研读期间与同学游西湖

　　我班同学共 22 人，其中女同学 6 人，我的同桌厉守瑜是班里的体育干事。毕业前我曾与厉守瑜、周荣显、陈加凤在西湖边合影留念。同学中的蒋纪法是个老干部，毕业后曾任嘉兴、湖州等处教育局领导；金钦良曾任美术学院附中教师；周荣显曾任安徽教育出版社编辑；王人威毕业后成为东阳县文坛名人。我与其他人缺少联系，因此情况不详。女同学中徐雷、黄报英、阮凤美和我时有书信往来。

二 春风化雨

采访者：1956 年，您被分配到温州师范专科学校工作。能否和我们说说1956 年刚刚创办的温州师范专科学校的基本办学情况。

郑征庄：1956 年，我被分配到刚创办的温师专。同时来到师专的同事有两方面人：一是从各中学提拔上来的骨干教学人员，比如马锡鉴、管希雄、汪远涵、陈逸人、叶肇增，二是从各学校毕业分配过来的青年助教，我属于后者。当时温师专刚开办，学科只有中文科、数学科，学生只有 200 多人。校舍是借用或租用的机关旧房。

采访者：因教育部批文未及时下达，学校当年没有被列入国家统一招生计划，所以由学生补填志愿。据说当年刚成立的温师专在招第一批学生时学生人数不够，学校后续是如何解决的？

郑征庄：师专开学后，一部分学生认为师专的条件太差，要求师专停办，并把他们重新分配到条件较好的高校就读。当时他们闹得很凶，上街游行宣传，到省府请愿，最后闹到北京，向毛主席上书请愿。但全体教师和大部分学生则安心学习，反对停办，从而保住了师专。到了 1958 年，师专升格为师范学院，上级又派朱大成来任党委书记，贾业鹄被调到渔业公司去当领导。

当时的温州师范学院校舍，师院撤销后，移交温州中学，现已拆除

采访者：到温师专工作后，您主要承担哪方面的工作，负责教授哪些课程？

郑征庄：我到师专后，第一学期只是听了古典文学课，主讲教师是中文科主任马锡鉴老师。第二学期，由我开讲"西厢记"，一周6节课，教学质量尚好，获得主讲老师好评，从此我一直讲与古典文学相关的课。业余时间，我会做些工会工作。

采访者：在温师专几年的教学工作中，您有哪些印象深刻的前辈、同事？

郑征庄：在那之后的教学工作中，我最钦佩的前辈有游任逑老师（中国文学史）和陈逸人老师。他们二人都是我在中学时代的老师。游老师博学多才，读书常通宵达旦。陈老师则专攻古汉语，对古代文献极有研究，但他谦虚地说自己没有写过文章。他仙逝后，我才发现他有遗墨存世，只是深藏尘封，无人知晓而已。我在2021年10月16日《温州日报》上刊登了一篇《陈逸人及其遗墨》一文，才点破了这个谜。

陈逸人先生是我1946～1948年在温州中学读高中时的语文教师。温州师范专科学校成立后，陈先生和我都在中文科任教，我们成了同事，但他是老前辈，所以我仍以老师之礼敬他，遇有学业上疑难之处，向他请教。每年春节都到他家中向他拜年，有时还带几个学生在他家做些清理卫生工作，把他家的桌椅板凳清洗干净。

陈先生家道清贫，生活简朴，但家中藏书很多。他毕生从事教学工作，学识渊博，所以我常问他有什么著作传世，好让我们后辈人阅读请教，但他总是回答说"没有"。几年后，陈先生仙逝了，那时我正在整理温中老教师的遗墨资料，甚至把一些老师青年时代在浙江省立十中（温中的前身）读书时所写的文章都找到了，但就是找不到陈先生的遗墨。我心中颇为怀疑，于是访问陈先生的儿子陈念祖和女儿陈申吾，因为他们兄妹二人都是我高中时代的同班同学。但他们都说陈先生一生淡泊名利，只是教书，没有写过什么文章。

偶读赵瑞蕻的文集《离乱弦歌忆旧游》，书中的《我与比较文学》《瓯海在呼唤》两篇文章都提到他30年代在温中求学时，与几位爱好文学的同学组织了一个"中国文学研究会"，并出版过两期《中国文学》大型刊物，以陈逸人先生为指导师，并说陈先生曾以"伊任"（谐音"逸人"）、"鲁君"等笔名在这个刊物上发表过《中国古代的图腾崇拜》和《说傩》等文章。

得到了这条线索，我在温州市图书馆找到了第二期《中国文学》。这是尘封了70年的旧刊物，纸色发黄，破损严重，有些褶缝之处，稍一移动，可能粉碎脱落。我小心翼翼地阅读一遍，确有陈先生的《说傩》和《傩与戏剧》这两篇文章。我心中大喜，如获至宝，立即着手复印，凡有字迹模糊或破损之处，均按陈先生所指引的出于《左传》及《史记》的引文，逐条核对补正。

先说这篇《说傩》。"傩"是什么，陈先生在开头即说："初民巫术的遗刑，周代打鬼的礼式，汉朝逐疫的把戏，宋元戏剧的发端，现代蛮俗的残余。"这5句话，是用历史发展的观点，概括地说明了"傩"是什么。其实，傩就是活人戴上恐怖的面具，扮成妖魔鬼怪的模样，载歌载舞，用来祭祀神灵、驱除恶鬼的一种原始歌舞（戏剧）形式。在古代，人们处于智识蒙昧时代，对生老病死的自然规律不能正确理解，以为这是恶鬼作怪，只有通过傩祭的方式，才能驱除恶鬼，以求福佑。恶鬼总是凶恶的，于是人们就戴上恐怖的面具，扮成比恶鬼更可怕的形象，用以惊吓、驱除恶鬼，这就是傩祭产生的思想根源。至于傩祭的活动是怎样的呢，陈先生在文中引《周礼·夏官》说"狂夫四人，掌蒙熊皮，黄金四目，玄衣朱裳，执戈扬盾，帅百隶而时难，以索室驱疫"，这就是说，由4个莽狂大汉，扮作方相（一种非常恐怖的神像），披着熊皮，戴着黄金四目的假面具，穿着黑色的上衣，红色的下裳，手舞戈盾，带着许多人入堂驱鬼，把恶鬼惊跑。

陈先生又说，汉朝张衡的《东京赋》里也述及傩事，并说被驱除的群鬼共有13种。可见到了汉代，傩的仪式更加复杂了。现在虽然进入新时代，但生活中仍然存留着许多古代傩制的残余习俗。古代的傩是为了驱鬼求福，而现代少数民族社会中残留的傩制，已逐渐演变为民间文娱活动，由傩制变成戏曲演出，这是文化的进步与发展。陈先生在文章的末尾，写着"一九三四·十一·廿一。天惨云凄，鬼哭神号之夜，写于温中一院西楼"，这一行字当然是有所指，可惜陈先生早已仙逝，无从查证了。

另一篇《傩与戏剧》，文字较简约，可能是前文的补充。

至于《中国文学》第一期，市图书馆没有收藏，我知道赵瑞蕻生前曾在南京大学任教，于是2011年，我便托南京的友人代为查询，总算找到《中国文学》创刊号的复印本。这一期的刊物上登载了陈先生以"伊任"为笔名的遗文《中国古代的"波尔打吃"》和作为补白的短论《中国古代的图腾崇拜》。陈先生在文章的开头即把"波尔打吃"的制度概括为三条：第一，争取政权的必经手续；第二，经济上的交换行为；第三，杀人以祭的宗教仪式。接着，又解释"波尔打吃"的含义，文章说"波尔打吃"是社会学上一个名词。它是古代一种意义很复杂的社会建设，可以说是一种经济上的交换行为，也可以说是一种夺取政权的政治手段。

至此，陈先生当年刊登于《中国文学》上的 4 篇遗文，总算再现人世。而《中国文学》到底在何年出版，现有各种资料众说不一，现在看到的复印件与原件，明确记载创刊号出版于民国 23 年 6 月，第二期出版于 12 月。真凭实据，明确无误。

此后，我又想，陈先生一生难道只写过这 4 篇文章吗？再次追踪，后来又在《温师建校七十周年纪念刊》上找到陈先生为温师写的校歌，又在瑞安中学校史馆中找到陈先生为瑞中写的校歌。至于陈先生是否还有未被发现的遗文，那只有等待后人的努力了。

采访者：1958 年，温师专升格为温州师范学院。学校升格以后，在办学条件和办学能力、层次方面也有了不少进步，您能否说说这方面的情况？

郑征庄：1958 年，温师专升格为温师院后条件大有改善，校舍迁至石坦巷底，即原三中校舍，并建造了新的教学大楼、教工宿舍。专业设置方面，增添了物理系、化学系、生物系，还有美术、音乐、体育等专科，拥有学生几千人，温师专成为一所完整的高等院校。

采访者：1958 年，温州师范学校与温州师范学院合署办公，温州师范学校归师院党委统一领导。您能否和我们说说两校合署办公的情况？

郑征庄：因为生产劳动的关系，师院与温师合署办公。当年国家大办钢铁，各校都办起小高炉，即炼钢铁，不管是高校还是中师，都合并劳动，人多力量大。至于教学工作，两校各自授课，并不统一。

采访者：为了改善学校的办学条件，您还曾和学生到龙泉伐木建设校舍？这段故事鲜为人知，您能否和我们详细说说？

郑征庄：学校创办伊始，来不及修建校舍，地区领导决定，先借用地区干校的校舍。后来，温州三中迁至城郊小南门外，领导又决定将九山湖畔温三中原校舍拨给师专，这样，师专总算有了一个立足之地。到了 1958 年，全国形势大有发展，"大跃进""总路线""人民公社"三面红旗迎风招展，全国大办钢铁，大放生产"卫星"。神州大地，到处轰轰烈烈，各地尽是"东风吹，战鼓擂"。温师专也随之乘机升格为温州师范学院。学校规模大了，学生多了，原有的三中校舍实在容纳不下了，于是地区领导决定修建新校舍，但建筑器材如木材、砖瓦、钢筋、水泥等，一时无法到位。修建新校舍，谈何容易！后来，领导想出办法，可以组织一批师生到龙泉山区伐木采竹，木材可做梁柱，茅竹可搭脚手架，至于钢筋、水泥，地区领导总能批一点，这样，建新校舍就不是"无米之炊"了。

师院领导决定于 9 月开学之后，立即派出师生 200 余人，组成劳动大队，远征龙泉，深入山区，伐木采竹，修建校舍。这支队伍由徐恭恕副院长带队，队员则大部分是中文系 58 年级本科和专科生，这些学生大都是从农村保送来的，觉悟高，体力好，能吃苦耐劳，一听去龙泉伐木，人人都豪情满怀。当时，我是中文系 58 年级本科班的班主任，理当随队出征。参加劳动的教师，还有行政人员、体育教师和校医、护士等人。这支 200 多人的劳动大军，肩挑行李，身背包囊，一路浩浩荡荡，人欢马畅，到了龙泉县，住进一个偏僻的小山村——大塞。这里大约只有几十户人家，丁壮男人都出门大炼钢铁去了，村里静悄悄的，只留下老弱妇幼看守家门。一下子来了这么一支劳动大军，吃住都成问题。学生方面早两日已派出若干人组成先头部队，砍来一批毛竹，搭成茅棚，大家可以睡通铺。教师则随着大部队随后到达。学生住进茅棚之后，便要解决教师的住宿问题。借住民房吧，当地农民住房也困难，一时腾不出空房，而且徐恭恕副院长考虑到人马初到，不可扰民，于是便与村中几个老年人商量，老人指点他说："村中只有一处牛棚，几年不养牛了，现在堆放着一些农具什物，可以把农具搬到农家去，清理一下，将就暂住几天，待村干部回来后，再商量解决。"徐副院长认为此计可行，便动手将农具搬了出去，再将什物灰尘清理一番，一间十多平方米，方方整整，清清爽爽的牛棚顿时亮丽起来，棚中地面上铺上一层松软、干净的稻草。徐副院长身先士卒，把自己的行李搬进去，在稻草上铺好草席。接着，中文系党总支书记周朝杰搬进去，中文系副主任颜品仁老师也搬进去。我是第四个搬进去的。我想，前面三位，都是领导，都是党员，他们都不避艰苦，以身作则，尤其是敬爱的徐副院长，无论在什么岗位上，无论在任何工作中，总是"先天下之忧而忧，后天下之乐而乐"。在困难当头时，总是发扬黄牛精神，自觉奋蹄，朴素自持，他能带头住进牛棚，就是为我们树立了好榜样。榜样的力量是无穷的。我只是一介草根小民，应当向领导同志学习。住进牛棚，当然也就心安理得了。于是，四个人躺在牛棚草席上，苦中作乐，谈笑风生。我们躺在草席上，好像睡在弹簧床上一般，然而一转身，稻草即索索作响，初时有点不习惯，但转念一想，这算什么苦！孔夫子的首席学生颜回不是"一箪食，一瓢饮，在陋巷，人不堪其忧，而回也不改其乐"吗！诸葛亮未出山之前，不也是住在茅庐中吗！所以才有刘备三顾茅庐的一段佳话。先贤能做到的，我们怎么做不到。牛棚虽是养牛之处，但我们现在下乡劳动，直面广大劳动人民，也应当"俯首甘为孺子牛"。睡在牛棚里，身体虽是人，但思想应当是"孺子牛"。想着想着，隐约之中，好像人与牛融合为一体了。再因为白天路途劳顿，所以一躺下，便很快合上眼皮、深入梦乡了。这一夜，大家都睡得很香。次日起床，便和同学们一起参加劳动。9 月的天气，在温州城里，正是天高气爽的艳阳天，但在龙泉山区，早晨起床已是满地白霜，寒气逼人，有时更是滴水成冰。我们在出工之前，便在附近取些杂木和枯枝败叶，点燃篝火，大家围着篝火，伸手展足，做些简单的动作，然后进山劳动。

住的问题解决了，吃的问题又凸显出来。"民以食为天"，同学们整天劳动，体力消耗大，饭量也就大了。粮食供应就成为一大难题。因为大塞是个小山村，没处买米，要买米必须到 20 里之外的小镇豫章。可一路崇山峻岭，运粮是个大问题。但天无绝人之路，校领导终于想出办法来，挑选了十多个身体强壮的学生，组成购粮队。但又缺少运粮工具，没有麻袋，没有箩筐，怎么办呢？同学们又想出办法，脱下身上穿的长裤，用绳子将两支裤脚口缚住，装进米粮，再将裤腰缚住，形如山民用的"山马袋"，架在头颈上，一路翻山越岭，把米粮运到宿营地。但是运粮人少，吃粮人多，一天运来的粮食，第二天就吃光了。于是这支运粮队得每天去运粮，几乎成为专业运粮队了。

伐木的劳动是十分艰苦的，先把木头砍下来，删去枝叶，整成木材，运到江边，扎成木排，放入瓯江，由放排工人支撑着，顺流而下，从龙泉到温州。这一个多月的劳动，共采得木材 600 余立方米，作为师院新校舍的建筑材料，已是绰绰有余。采竹的工作也不简单，砍下毛竹后，也要削去竹顶、竹梢，但因为学生不是专业采伐工人，竹枝削不干净，所以扛着毛竹走出竹林时，残留的竹枝往往勾住竹林的活竹，人往前走，竹枝便顶着你往后退，就这样进进退退、退退进进，在竹林里踉踉跄跄，费了不少时间，才把毛竹背下山。有的学生去烧炭，先于山中筑炭窑，然后伐木烧炭，最后挑炭下山。山高路峻，上山时弯腰屈背，提起脚跟，膝盖几乎碰到下巴骨。下岭时，前头的炭篓撞着膝盖，后头的炭篓拍打着屁股。就是这些"两鬓苍苍十指黑"的当代"卖炭翁"，烧出一篓篓木炭，运到城里，供应留在城里劳动的同学，为他们的"小高炉"添一把火，助一股劲，多放一个"卫星"。

经过一个多月的艰苦劳动，几乎把竹林繁盛的林区砍成一片"不毛之地"。此时，我们的劳动任务也完成了，于是，一路凯歌，得胜回城。

第二年，一幢崭新的、雄伟的教学大楼耸立在九山湖畔，师生们坐在明亮的教室里，放歌高吟，脑际间还时时映现出在龙泉劳动时那流过汗、流过血而始终不屈不挠、高歌猛进的硬汉子的身影。如今，徐恭恕副院长、周朝杰同志、颜品仁老师都已远离人间。他们当年那勇猛精进、艰苦奋斗的精神，是值得后人永远敬佩的。劳动是伟大的，是光荣的。既创造了财富，也锻炼了人。但作为高等学校，停下教学工作，全力投入劳动，有得也有失，这是当年政治形势下产生的现象，是非成败，留待后人评说。

温大《黉门影迹》一书第 98 页"教师带头劳动"这一张图片中，走在前头，肩背大刀，腿缠绑腿的人就是我。

绑腿扛镰刀者（右一）为郑征庄

采访者：1959 年 10 月，学校对 1958 年入学的学生进行整顿，您对这次整顿是否有所了解？学校为什么要开展整顿，整顿后学校教学质量有了哪方面的提升？

郑征庄：1958 年"大跃进"时，学生入学也是一个"大跃进"，当时的学生受教育程度参差不齐，有的是高中文化程度，有的是初中文化程度，这给我们的教学带来了许多困难，所以必须进行整顿，以便因材施教。部分有高中学历的学生编入本科，高中以下文化程度的先经预科再升入本科，成绩差的调整出校。

采访者：1964 年，温州师范学院停办。为什么当年浙江省教育厅致函中央教育部撤销温州师范学院？撤销后的温州师范学院的校舍、人员、器材、图书等如何安置？

郑征庄：1964 年温师院奉命停办，这是国家的决定。此前，温州已办了医学院、师范学院、工学院、农学院、水产学院，后来先是砍掉了工、农、水产三所学院，至 1964 年再砍掉师院，只保留了一所医学院。师院撤销后校舍分给了温一中，图书、仪器、桌椅板凳分给了全市各有关单位。好好的一所高校只办了 8 年，留下的两幢房子、50 名教工成立了一个教研函授站。

温州师范学院 1964 年全体教工合影（第四排左四为郑征庄）

采访者：温州师范学院撤销后，又为何成立温州地区教研函授站？您能否给我们详细说说教研函授站时期的教学工作？

郑征庄：师院撤销后留下了 50 名教工，奉命成立了一个温州地区教研函授站。开始时并没有什么任务，大家只是写大字报，按照规定每天写几十张。过了一段时间，则分头到各县了解各中小学校学习毛主席著作的动态。之后，编些讲义，招些函授生来学习。总之，教研函授站是一个临时性的、过渡性的机构，"上无父母做靠山，下无子孙可继承"。等到时代赋予它的任务完成了，函授站也就自然地消失了。函授站结束前夕受支部书记殷惠中同志委托，我做好扫尾工作，负责把函授生的学籍资料整理好，该毕业的同学颁发毕业证书，未及格的同学给予补考，再不及格的则退交各县自行处理。

采访者：1971 年 2 月，温州地区革委会又以温州地区教研函授站为基础成立温州地区五七师范学校，着手培训温州地区的中学师资。同年 12 月，温州地区革委会又决定将温州地区五七师范学校和温州师范学校合并，建立温州地区师范学校。为什么在时隔 7 年之后，又成立师范专科学校？

郑征庄：到了 20 世纪 70 年代，社会经济已经稍有好转，这时省市领导又想到要办师专，先是成立五七师范学校，后成为地区师范学校，校舍没有了，只有教工 50 人，于是又与温师合并，利用温师在大士门胜昔桥的校舍开始招生，真是"天下大势，合久必分，分久必合"。从 20 世纪 50 年代开始，我在师专、师院工作了 8 年。之后的 70 年代，我又从师专到师院，经历了温州高校发展的大起大落，停停办办，历尽坎坷之路。这段历史，值得总结回思。"前事不忘，后事之师也。"

三　一蓑烟雨

采访者：恢复高考后，您还承担函授教学工作吗？作为学校元老，您对学校 90 年办学历程与个人从教经历有哪些感想体会？

郑征庄：在函授站工作结束后，我考虑到自己年事已高，知识陈旧，又无高级职称，恐难胜任教学工作，就知难而退，去管理图书，编点资料，可以尽一点绵薄之力，因此我主动提出要求转入图书馆工作。70 年代，学校提出教学与生产劳动相结合，我们就带学生到乡下去。胡焕光（胡雪冈）老师、郑之光老师和我带着学生到永强普门，吃住在农民家里，一边劳动一边教学，搞了一个学期。郑之光老师教俄语，胡焕光老师教文学概论、现代文学和写作，我则教现代文学和写作。

郑征庄为温州中学校友会所编文刊《风雨人生》

1988 年，我年满 60 岁退休了。退休后，受《温州地方志》的主编章志诚邀请，我曾在地方志办公室搞了几年资料工作。章志诚是我在浙江师院的同学，我读中文，他读历史。此外，我也写了一些纪念旧日师友的文章，又组织了小学、中学、大学三级同学会，与老同学叙叙旧情。至今，老同学多已辞世，同学会便无形解散了，留下我"一蓑烟雨任平生"。闲话至此结束，祝温大健康发展，为温州教育做出更大贡献！

以科学治水之法，行治学治校之道

——赵敏口述

采访者：陈鸿超　　　　　　　　整理者：林如慧

采访时间：2022 年 8 月 24 日　　采访地点：温州大学行政楼

口述者简介

赵敏，浙江温州人，博士，俄罗斯工程院外籍院士，国家二级教授，博士生导师。1989 年研究生毕业后进入温州师范学院工作。历任温师院生物系教师、副主任、主任，生环学院院长，研究生处处长；温州大学（筹）学科建设组副组长；温州大学研究生部部长、校长助理、副校长、党委委员、党委副书记。现任温州大学校长、党委副书记。国家有突出贡献的中青年专家、"百千万人才工程"国家级人选，国家科技重大专项首席科学家，享受国务院政府特殊津贴、"全国先进工作者"、"全国五一劳动奖章"获得者，浙江省"151人才工程"人才。兼任城镇水污染生态治理技术国家地方联合工程研究中心主任、教育部生物科学类专业教指委委员、浙江省"2011协同创新中心"（海涂围垦及其生态保护）主任、浙江省水环境与海洋生物资源保护重点实验室主任、浙江省生态学会副理事长、国际期刊《碳中和》（*Carbon Neutralization*，Wiley出版集团出版）主编等学术职务。另外，是浙江省第十四届人大代表、浙江省第十届政协委员。

一　求学皖省，回温执教

采访者：赵校长，您好！首先请您简单介绍下您的个人情况。

赵敏：我1966年出生在永嘉，长在永嘉，籍贯是浙江省瑞安市。我的父亲是县机关干部，母亲是中学教师，儿时我身处农村，没有幼儿园，于是5岁便开始读小学，初中在上塘中学学习，高中在永嘉中学学习。1982年，考入杭州师范大学生物专业；1986年，成为安徽大学研究生；1989年，我被分配到温州师范学院工作，一直到现在。

采访者：能给我们讲一下您工作前的求学经历吗？这些经历给您日后的教学和科研工作带来哪些积极影响？

赵敏：1982年，我考入杭州师范大学生物系生物专业，一方面是当时我比较喜欢生物，另一方面是我高考的生物分数接近满分，选择生物专业把握会大一点。当时正值改革开放之初，时逢科学的春天，大学生都是朝气蓬勃的，对学习知识如饥似渴。在这样的氛围下，我一进校就下定决心要考研。虽然当时杭师大刚成立不久，但是录取分数线是很高的，老师们来自五湖四海，包括一些从西北、东北等地调过来的。他们不仅工作严谨，而且对学生循循善诱，经常邀请我们去他们家里探讨学术，对待我们就像对自己的孩子一样。我从他们身上切身感受到了学高为师、身正为范的师范精神和严谨治学、追求真理的科研精神，这为我今后的工作树立了正面的导向。

当时百废待兴，全国招收研究生的数量很少，大概只有4万~5万人。但是我十分坚定要做科研，大学毕业时就考上了安徽大学的研究生。当时我有3个导师，每位都是德高望重，才华横溢。我主要是由黄德民教授带的，跟着他学酶动力学，他懂六国语言，曾负责联合国教科文组织很多科技项目的翻译工作。他教学认真严谨，但十分可惜，他在我毕业前一年就去世了。

后来便由从美国留学回来的黄汝多教授带我。在学业上，我的导师们给了我很多指导。在校园生活中，我在研二时担任校研究生会副主席，负责组织活动并争取经费，这段经历对我日后从事行政工作有很大帮助。可以说，读研期间，我在学术和行政能力上都得到了很好的锻炼，这为我以后在工作上"双肩挑"打下了较好的基础。

赵敏（前排右二）在硕士学位论文答辩后与答辩委员会委员及老师同学合影

采访者：1989 年从安徽大学毕业之后，您就来到温师院生物系任教，能给我们讲一讲当时您为何会到温师院任教吗？当时温师院生物系情况是怎样的？您刚到学校的时候教授哪些课程？

赵敏：安徽大学是省属高校，原本是将毕业研究生分配在安徽省内工作的，我一开始被分配到中国科技大学。由于我父母希望我回温州工作，加上那一年政策允许个别毕业生可以离开安徽省，所以我就提出回温州工作的申请。我依旧想从事研究工作，恰好当时温州师范学院在这方面也缺人，所以我就被分配到了温州师范学院生物系。

我刚来温师院时发现，物理、数学、中文、政教等几个专业在 1987 年刚刚转为本科，而生物、美术和外语还只是专科，学校还处于转型的阶段，整体的情况不是太理想。当时生物系职称最高的是副教授，大部分是讲师。比如生物系主任叶正昌老师是南京大学毕业的，师从全国著名动物学专家陈义教授，他原先在南大工作了很长时间，改革开放之前来到温师院教书，但因为职称难评，也只是讲师，实际上他的水平早就达到了教授标准。1989 年我刚进来的时候，由于他身体不好请了一学期假，我就先替他上了一学期动物学的实验课并带学生实习。第二年，生物系一位老先生退休，他曾是解放初全国第一批被送到苏联培训的专家，同时还主编过全国专科教材《生物化学》，我有幸接替他，和贾守菊老师搭档上生物化学的理论课和实验课。此外，由于我研究生时期学的是酶动力学，对于数学涉猎比较多，所以后来由我负责上"生物统计学"课程。2003 年学校升格为硕士点授权单位后，我还开了研究生的"生物数学"课程。

赵敏在温师院生物系开展专题讲座

采访者：1994 年、1996 年，您连续两次荣获"学校青年骨干教师"，1999 年、2000 年又连续两次被评为学校"最受学生爱戴的老师""温州市优秀教师"。能给我们讲一讲您在教学方面的经验与体会吗？

赵敏：我在上学时，考试是很严格的，当时生物专业各门课程的书我全都能背出来。但工作后，作为老师又是不一样的，不仅仅是要自己掌握，还要学会如何将掌握的知识传授给学生，所以备课很重要。我们需要在平时投入很多时间去备课，包括上实验课，都需要我们自己预先做一遍，这样才能更好地指导学生。上课如果敷衍了事，就很难获得学生的认可和喜爱。

当时学校骨干教师的评比是科研和教学结合起来考量，每两年评选一次，全校一共 10 个名额，每个系最多 1 个名额，所以只有每个系最优秀的同志才能入选。1992 年，我将硕士论文修改后成功发表在英国《生物化学》期刊上，当时没有 SCI 的概念，也没有科研奖励，只是想着投出去发表试试看。当时科研条件很差，没有电脑，我就拿着英文打字机一个字一个字地打，打错了只能将正确的字母贴上去，然后再去复印，经保密局审查确认这篇文章不涉及国家机密后，才能寄到国外，最后成功发表了。当时学校中发的 SCI 文章是很少的，我的文章算是同批年轻人里的第一篇。总而言之，荣获"骨干教师奖"对我的激励很大，但同时压力也很大，评上了更要加倍努力。

"最受学生爱戴的老师"是由各个学院的学生会组织推荐，学生投票选举的，这是很难评的，我们不能直接左右学生的意见，但我一直坚持在能力范围内将最好的教学效果呈现给学生，师生互动非常良好。我非常感谢学校对我的培养，感谢许多老领导和老教师对我的帮助和提携，我才能有这样的荣誉。

采访者：2001 年 12 月 26 日，您晋升为教授，成为当时温师院最年轻的教授，能回忆下当时的情景和您的心情吗？

赵敏：我当时有年龄优势，我读书早，从小学开始一直都是班级中年龄最小的。初二时，永嘉县为了避免优秀学生初中毕业后直接就读中专而流失高中好生源，出台了一项特殊政策，办了一个全县重点班，将包括我在内的一批学生从初二跳过初三直接招到高一就读。因此，我 20 岁就大学毕业，23 岁研究生毕业，24 岁就当了现代生物学教研室主任，27 岁当了生物系副主任，32 岁晋升系主任，当时就是副教授了。所以，当我 2001 年 35 岁评上教授时，是按照流程走的，并没有破格申报，只是占了读书早的优势。在我之前，温师院评上教授的老师最小年龄是 45 岁，也就是中文系的马大康教授，并保持了很长时间的纪录，当年教授很难评，名额很少，很多人是在 55 岁甚至退休前才评上的，更多的老师退休时是副教授。之后，我的新纪录也保持了很长时间，后来被国外留学回来的万里博士打破了，我想这是温大一代代年轻人勇于突破、追求奋进的体现。

应该说非常感谢那时候的领导，金礼义书记和马大康院长，他俩非常有魄力，大胆起用 30 岁左右的年轻人才。当时同一批担任系副主任的还有化学系的丁金昌等人，我们这一批年轻人后来都成为各自单位的主要负责领导。现在的话，博士毕业三十几岁都可能当不了学院的院长，所以说当时的领导层在推进各方面工作上还是非常有魄力的。我评上教授时非常高兴，除了自身努力上进外，更要由衷感谢学校提供的良好平台和条件。

二 潜心治学，投身治水

采访者：治水，既是为了实现城市可持续发展，也是为了接续和维持人与水之间的天然联系，在二者间实现一种宝贵的平衡。您是从什么时候开始与水结缘做水的研究的呢？承担的第一个项目您还有印象吗？能和我们讲一讲吗？

赵敏：一开始我并不是研究水生态的，我是生物化学专业毕业的，主要研究酶动力学。刚到学校的时候，学校实验室条件比较差，我就做理论研究，前几年发表的文章还是以酶动力学为主。到了 20 世纪 90 年代，我逐渐转向水生态研究，用酶动力学的理论，结合数学的方法去研究生态动力学问题。

那时候之所以选择研究水体，是因为当时温州的水污染很严重，自来水喝起来有股异味，农村里的生活用水都取自塘河。后来虽然建设了瓯江翻水站，但水质还是不行。所以当时市政府就有人过来找我，说能不能去研究如何改善水质，于是我就逐步转过来做水生态研究。

真正肩负的与水生态研究有关的第一个项目，应该是 2000 年温州市的科技项目，主要研究温州泽雅水库中的蓝藻问题以及温瑞塘河水质的变化问题。此后我又成功申报了有关水体富营养化研究的省自然科学基金项目，然后是国家基金、973 前期专项、国家重大专项，伴随项目规模的扩大，学术成果也在逐步积累。

采访者：2012 年 12 月 26 日由您主持申报的国家科技重大专项——"分散式污水就地处理和利用技术研究与示范"获准立项，课题总经费 3262 万元。这是温州第一个国家科技重大专项，也是当时省属高校第一个国家科技重大专项。请讲一讲该项目的应用价值，以及对于您团队及温大科研建设的意义。

赵敏：当年国家科技重大专项有十几个，包括登月计划、传染病、核电等大项目，同期都作为总理办公室重点项目去推进，均属于科技部重大项目。当时把水环境治理也列进去了，为什么呢？因为当时全国水污染情况非常严重，尤其是饮用水与人体生理健康有密切关系，所以国家很重视水生态环境改善，专门就水生态治理立了一个国家重大专项。

该专项分项目和课题两个级别，项目级别更高，一个项目有时候有几个课题。我们拿到了国家科技重大专项，我们团队应该是当时浙江省除了浙大之外，省属高校里第一个拿到国家重大专项的高校团队。我是项目负责人，参与项目的单位实力也非常雄厚，包括同济大学、重庆大学、中科院生态中心、解放军总装备部等。这是温州大学承担的第一个千万级项目，具有重大意义。

这个项目总共包括 8 处国家级示范工程。我们是总负责人，并直接统领东部地区工程，其他单位也各自负责一块区域。项目的最终验收结果非常好，由 6 个院士组成的专家鉴定团队，认为我们的成果总体上达到国际先进水平，其中有三项技术是国际领先的，这是我们团队共同努力的结果。这个项目在 2020 年也成功获得了浙江省科技进步奖一等奖，真正做到了"光大国族、造福人群"，这不仅是我们团队的荣誉，更是温州大学的荣誉。

赵敏教授（居中）主持承担的国家科技重大专项
获得浙江省科技进步奖一等奖

采访者： 过去几十年来，您先后主持承担国家科技重大专项 1 项、国家"973"计划前期研究专项 1 项、国家自然科学基金面上项目 4 项等 10 多项课题，并取得了一系列高质量成果。在这突出成绩的背后浸透着汗水与艰辛，请问科研道路上您是否遇到过曲折与困难，是如何克服的？有没有您印象深刻的例子，能否给我们讲一讲？

赵敏： 众所周知，做科研是比较辛苦的，总会遇到各种各样的问题和困难。比如，我们承担的这个国家重大项目涉及的分散式污水处理方向是我们团队一个重要的研究方向，同时，我们长期研究的另一个方向是水体富营养化研究，在这个领域，我们获得了很多国家级基金项目，最近还成功申请了国家重点研发计划国际合作项目。其中，水体富营养化专题研究应该说是世界性难题，比如太湖每年都暴发蓝藻，国家投了很多人力、物力、财力，众多高校参与研究，但依旧未彻底解决蓝藻问题。

虽然水体富营养化研究项目很难，但是我们有钻研精神，并持之以恒。最近我们在治理蓝藻问题上，引进了日本技术，带领团队做蓝藻物理喷射船，希望通过物理的办法消灭蓝藻。几十年的蓝藻研究是辛苦的，这是因为生态现象往往是一个连续的过程，需要定期连续观测，比如要定期监测水质情况，看水质变化趋势。比如，有一次我主持承担一个国家级基金项目，当时我在省委党校学习，每周末我都需要回温州去珊溪水库和泽雅水库采集样本，租船带学生到水库里测水体各类指标，看蓝藻是否暴发。只要到了需要监测的时间点，就算是狂风暴雨也要克服困难去完成监测。所以做生态研究，野外工作是比较辛苦的。但面对困难，大家都不会觉得累，因为课题都是需要钻研的，只有努力付出，才会有收获。

采访者：2018 年 10 月 16 日，在瑞安市东山街道渔港码头，一艘装载着温大自主研发的蓝藻喷射处理装备的轮船"温大碧晟号"下水。今年 6 月 24 日上午，温州大学自主研发的第二代蓝藻水华物理喷射分散处理设备"温大碧晟号Ⅱ"也成功下水，将为攻克世界蓝藻水华治理难题贡献温大力量。能给我们讲一讲"温大碧晟号"的研发缘起与研发经过吗？

赵敏：我们的研究团队这几十年来都以研究蓝藻为主。蓝藻水华问题到现在依旧存在，它在水库里的暴发伴随着藻毒素蔓延，危害人体健康。我们主要是通过动力学方法来研究它的暴发机理，再着手治理蓝藻的。这方面日本拥有领先技术，于是我们便引进了井芹宁和郝爱民两位教授来做蓝藻水华治理研究，郝爱民女士是中国人，有意向回国，她的爱人是日本人，也支持她的决定。他们研究的喷射处理技术原本针对日本的浮游藻类，但日本的浮游藻类、浮游动物与中国有地域差异，区域危害也没有中国那么严重。针对这种情况，我们需要把日本的技术和温大本土研究技术相结合。就这样，我们带领团队将第一台蓝藻物理喷射船做出来了，后续的适应性测试，还需要进行几年的实验研究。

于是，由我牵头，申请了一个国家重点研发计划国际合作项目，跟日本合作，专门研究蓝藻物理喷射技术能否用于中国河湖的蓝藻治理，目前项目组正在太湖实验，要经过科学研究才能得出最终结论。但即便解决不了所有问题，我们也提供了宝贵经验，如果成功的话会给温大增光添彩。

"温大碧晟号"是我们团队自行设计开发的，除了生环学院，机电学院也参与了船体机械设计，后面我们还需对此进行动力学分析，科学分析蓝藻处理的过程与效果。

2022 年，经小型化、智能化改良后的"温大碧晟号Ⅱ"竣工上水

采访者： 因卓越的学术成就，2007 年 4 月 30 日，您获得"全国五一劳动奖章"，并荣获"浙江省劳动模范"荣誉称号，2015 年 4 月 28 日又荣获"全国先进工作者"荣誉称号。能给我们讲一讲当时领奖的情况与感想吗？

赵敏： 这些荣誉含金量很高，是根据各方面业绩综合考评的，虽然教育系统每年都参评，但是最终获得者中大学教授很少。这些荣誉的获得，背后其实凝聚着众多人的付出和努力，所以这不仅仅是我个人的荣誉，更是我们温大的一个荣誉。

2003 年温师院成为硕士点单位，在当年 7 月举办的中层干部学习会上，通过全体中层干部投票，推荐一位干部担任研究生处处长，我的票数最多，被委以重任，8 月被任命为温师院首任研究生处处长。当年 9 月，省委、市委决定将温师院和温大合并成立新的温州大学，干部调整随即被冻结，致使我无法卸任生环学院院长。于是，我只能既担任生环学院院长，又兼任研究生处处长。那时候生环学院是在学院路，研究生处在茶山，所以我每天都要两头跑，比较辛苦，但两边都还算管理得比较好。

　　2003 年两校虽然宣布合并，但是相关行政事务的推进需要时间。因为我们当时的研究条件与标准要求尚有差距，关键指标中的省重点实验室或省重点学科至少需要 4 个，可是当时我们不达标，因此 2004 年教育部只批了温州大学（筹）。后来教育部回复说 10 个硕士点也可代替上述关键指标，但当时我们就 6 个硕士点，所以我作为研究生处处长，压力很大。2005 年的时候，靠大家一起努力，我们一举拿下来 14 个硕士点，加上原来的 6 个就是 20 个硕士点，所以 2006 年教育部正式批复成立新的温州大学。

　　由于工作业绩较好，2007 年我获得"全国五一劳动奖章"。但我认为这是大家共同努力的成果，我仅仅是一个代表，所以我觉得这个荣誉更是对温大的一个褒奖。包括 2015 年获得的"全国先进工作者"这个称号，都是基于学校这个平台获得的。两校合并以后，新温州大学的发展非常顺利，整体办学质量有了质的飞跃，办学面貌有了极大改观，这都是我们教职工长期努力的成果。包括温大于 2021 年成功增列为博士授权单位，都是学校在历任老领导、退离休教职员工、全体教职员工的长期努力下经过十几年发展所获得的成就。

赵敏获评"全国先进工作者"

采访者：2022 年俄罗斯工程院官方网站公布了新增院士名单，您当选为俄罗斯工程院外籍院士。您能给我们讲一讲获得此项殊荣的感想吗？

赵敏：我们团队专攻水生态方面的研究，我们始终坚持"以小切口来做大文章"理念，水体富氧化和分散式污水处理就是我们长期聚焦研究的几个"小切口"，的确也做到了在国内外有影响力。如果什么都想做，什么都做一点，往往什么都做不到顶尖。我们的相关项目获得了国家科技重大、重点项目称号，荣获浙江省自然科学奖一等奖、浙江省科技进步奖一等奖、中国产学研创新成果奖一等奖，并且获评国家有突出贡献中青年专家、"百千万人才工程"国家级人选等，由此获得了学界与社会的认可。俄罗斯工程院也是基于这个原因，推荐选举我为俄罗斯工程院外籍院士，当然我们还需要继续努力。

三　治校有方，育才有道

采访者：1994～2003 年您历任温师院生物系副主任、主任，生命与环境科学学院院长，见证了生命与环境科学学院的发展与壮大，能否给我们讲一讲其中您印象深刻的发展数据或是故事？

赵敏：我刚到生物系的时候，生物系还只是专科，基础的确一般，但是通过大家的努力，现在生物系发展得又快又好。

我们学院从原先的 1 个生物专业增加到现在的生物科学、生物技术、生物技术（国际班）、生物制药、环境科学、环境工程 6 个本科专业，学院拥有生物学、化学生物学、资源与环境、药学、学科教学（生物）5 个硕士学位授权点。招生人数从原先的 40 多人增加到现在的 600 多人，教师从原先的 30 余人增加到现在 150 多人，专任教师也从原先以本科为主到现在 86% 以上是博士，并且高级职称比例近 60%。与此同时，我们实验室平台数量较之前也增加了，包括我们国际合作的项目数量也有增加，例如我们与日本东京大学和京都大学合作建立了研究院，这两所世界名校与我们这样一个地方高校合作，也是因为看中我们在水生态领域的研究实力。同时，这也从一个侧面说明我们这几十年研究所取得的成绩得到了认可。

从生命与环境科学学院门口处的那几十个牌子可以看出学院的发展情况，其中包括省重点实验室、国家地方工程中心等。每个牌子背后都有故事，因为我们毕竟是地方高校，竞争很激烈，像国家地方工程中心这一牌子，省内几十个高校参与竞争，但是浙江总共就两个名额，最后温大和浙工大胜出。这说明我们的研究富有特色，靠着长期的坚持得到了大家的认可。

赵敏（右一）向时任浙江省委常委、温州市委书记陈一新（右二）
介绍生环学院标志性成果牌匾

采访者： 2000年9月25日至10月30日您和郑健、魏敬先、田艳、万升平、魏乐文应邀赴美国肯恩大学举办大型发绣、水彩画艺术展。10月2～7日在纽约联合国总部展览。能给我们讲讲此行的情况与收获吗？

赵敏： 美国的新泽西州是浙江省的友好州，所以邀请我们去参加这个文化活动。当时郑健副校长带队，魏敬先、万升平、魏乐文作为发绣艺术的传承人，田艳是外语学院的院长，主要负责翻译工作，我则是从中层干部中被选出，相当于外派学习。这是我第一次出国，并且时间长达一个月，所以印象深刻。

到了那边，我们还利用周末空闲时间到一些国际名校参观，先后去了哈佛大学、波士顿大学、麻省理工学院、普林斯顿大学等世界名校，学习他们的办学经验，从名校的教研成果中吸取营养。除此之外，当时温师院与美国肯恩大学就是友好学校，借此更增进了联系，后来双方建立了更深层次的合作关系，为两校联合创办温州肯恩大学打下了良好基础。

采访者： 2003年7月，您成为温州师范学院首任研究生处处长，请问当时温师院的研究生工作是如何起步与开展的？如何建立有温大特色的研究生培养模式？能否举几个您印象深刻的例子？

赵敏：温师院在申报硕士点的时候，还没有研究生处，是由科技处来承担这个工作的。在拿下硕士点后，就由我去管。我不仅是温师院首任研究生处处长，由于后来两校合并，我也是温师院末任研究生处处长。

当时的研究生处相当于一张白纸，什么规章制度都没有，就我、田秀智和向康文三人。我当时还兼任生环学院院长，要两头跑，刚开始的时候真的很难，关于研究生培养的一整套体系就是那时候建立起来的。

当时我们每条规章制度都会参考几十个高校的同类文件，在各类高校相关规定的基础上进行比较和研判，并结合我们学校的特色，最终建立了一个完善的研究生培养体系。起初温师院毕业生是不留校的，但为了见证温师院研究生教育的起步，马大康校长同意在首届硕士毕业生中留校几人，见证历史，这些学生都非常优秀，例如现任苍南县委常委、副县长的陈久喜，温大第一个在国际顶级科技期刊《自然》（*Nature*）上发表论文的汤日元，都是该批留校的首届硕士生，这说明我们的培养体系还是非常成功。实际上这套管理体系沿用了近十年，现在研究生队伍规模越来越大，但是总体培养思路还是遵循之前的体系。

还有，研究生处分管学科建设工作。原来学校学科建设比较弱，省重点学科我们仅一个，省里评省重中之重学科也没有地方高校的份。于是我们向学校提出要自己投入开展学科建设，否则距离会越拉越大。当时陈艾华书记、陈福生校长、蔡袁强副校长（分管领导）非常重视，于是2017年我们搞了一个"558校重点学科"建设计划（5年），投入巨资对学科进行建设，每个学院都有一个学科纳入建设。五年后，又搞了一个"3582校重点学科"建设计划（5年），学校科学研究、学科建设因此进入了快车道，为学校跻身省重点建设高校、博士学位授予单位打下了良好的基础。

采访者：2009年3月经省政府决定，您就任温州大学副校长。您在副校长岗位上工作了8年，分管科研和学科建设工作。这8年温大科研有哪些新发展？能否讲一两个您印象深刻的事例？

赵敏：2009年，温大的蔡袁强校长来自浙大，他对于科研管理非常有经验。我当时主要是分管科研、学科建设、图书、学报编辑等工作。两校合并后，新温州大学刚开始起步，科研水平也相对落后。具体来说，国家基金项目一年就几个，省里的获评奖项也很少，重点实验室就只有1个，项目论文很少。

赵敏（左一）在温州大学 2008 级研究生开学典礼现场

这8年来，伴随着大家的共同努力，温大的科研发展越来越快。其中令我印象深刻的是有一年，我们同时拿下了两个杰青项目，当时我陪同蔡校长和黄少铭教授去南京答辩。竞争十分激烈，作为地方普通高校，一举拿下两个杰青项目可以说绝无仅有，别人都评价温大是一匹黑马。另一件令我印象深刻的事情是，我们制定出台了系列科研新政策制度，激发了大家的科研积极性，从那时候起，学校的科研就进入了快车道，无论是省奖、基金项目还是重点实验室的数量，我们都在浙江省地方高校中名列前茅，如省级以上重点实验室从1个发展到现在的近40个，国家重大重点项目也从无到有，主持国家重大项目10多个，主持国家重点项目40多个，省级科研一等奖以上奖项也很多。

以上成绩的获得，主要是靠大家的努力以及当时良好科研制度的支持。好的制度才能激发成员的积极性。当时学校的整体奋斗氛围非常浓郁，朝着目标共同前进。现在我们已有更高的奋斗目标了，不仅仅局限于省级重点实验室，还要将三个准国家级的平台继续升格，希望能早日进入国家级科研平台行列。

采访者：2016 年，您担任温州大学党委副书记，请问当时您负责哪方面的工作？多岗历练使您有怎样的收获？

赵敏：我本来是负责行政工作的，对于党务工作不太熟悉。当时组织找我谈话，推荐我当党委副书记。虽然比较突然，但我还是坚决服从组织的安排。之后，我主要负责学生工作。在任职期间，我提出在学生工作上也需要创新、争一流，由此我们改革制度，加大力度做出标志性成绩，当年我校即获得历史上最好成绩，并获得了"挑战杯"发起单位资格，进而把学生竞赛带动起来。我觉得多岗位锻炼是有好处的，让我可以用钻研突破的科研精神去指导学生工作。例如，那时候我们的征兵工作没有显著性成果，连温州市级别的荣誉都没有，但后来在我们的努力下，年年都是全省征兵工作先进单位，包括西部计划我们学校也是名列前茅。

可以说，除了后勤工作外，学校的相关管理工作我多多少少都涉及过。多岗位锻炼让我认识到不同岗位可能有不同的思路，换位思考、用心倾听、融汇经验，是非常有必要的。党委副书记的经历，对我后来全面负责学校行政工作有很大帮助。

采访者：2018 年 9 月 3 日，我校召开全校教师干部大会，宣布省委干部任命决定。省委组织部邓富国同志宣读省委任命文件，决定您来担任温州大学校长。担任校长之后，您对温大的办学发展有哪些新的思考？

赵敏：原先的一段时间，温州大学的定位是应用型大学，在《广州日报》2017 年的排行榜中，学校曾列全国应用型大学首位。随着学校快速发展，我们也需要结合当下情况与现实需求，更新定位，使学校迈上更高的发展平台。在宣布校长任命后的表态发言中，我提出学校的新定位为"教学研究型大学"，并提出了两个目标：争取省重点高校和博士点授权单位。这些想法并非一时兴起，而是我在长期思考中形成的。因为温州不像杭州有很多高校资源，温州大学作为浙南闽北赣东唯一的综合性大学，不能仅仅停留于应用型大学，止步于硕士点高校，要转变为教学研究型大学，走博士点道路。所以当时我就提出了这些想法，现在看来这个提议得到了实践的检验。谢树华书记 2019 年来到温大后也非常支持这些想法，还增加第三个目标"以侨为特色的省部共建高校"。此后我们就是按照这个想法前行的，这两个目标现在也都实现了。虽然过程很艰难，但是我们都会努力去争取，下一步我们会朝着双一流的方向前进！

此外，省委、市委领导对温州大学也寄予厚望，希望我们能够发挥支持温州城市发展的作用，所以我们始终肩负着推动温州发展的社会责任。温大要为温州培养人才、为温州提供智力支持，促进温州区域经济社会发展。我们不会忘记温大的办学初心，努力往这个方向前进。

采访者：2019 年 12 月 27 日，浙江省教育厅和温州市人民政府在杭州举行"省市共建"高校签约仪式，支持温州大学创建浙江省重点建设高校优势特色学科，标志着温州大学成功迈进省重点建设高校行列。能否讲一讲温大成功迈入省重点建设高校的经过，以及给未来温大发展带来的积极影响？

赵敏：虽然高校排名不一定都准确，但是各种排名可以作为一个指标来参考。当时浙江有 12 所重点高校，温大在各类排行榜中大都排在前 10 名以内，这说明当时我们的实力已达到了省重点高校水平，所以我们就进行了多方面的争取。温州市领导对这个提议非常支持，后来也获得了省领导的肯定，最终温大以"省市共建"的新模式进入了省重点建设高校行列。

进入省市共建的重点高校行列对我们学校的发展非常重要。如果不是省重点高校，那便没有好的学生和教师愿意来到温大，这对学校整体发展不利。现在有了这个"帽子"，学校的社会美誉度大幅提升，获得更多的关注，招生分数也屡创新高，学校进入了一个良性循环发展阶段。

采访者：2021 年，国务院学位委员会下发《国务院学位委员会关于下达 2020 年审核增列的博士、硕士学位授予单位及其学位授权点名单的通知》，温州大学成功增列为博士学位授予单位，化学学科获批一级学科博士学位授权点。能否给我们讲一讲成功获批博士点对温大办学发展，乃至浙南高等教育的发展有怎样的意义？

赵敏：这对于学校的发展具有里程碑式的意义。温州大学作为浙南闽北赣东唯一综合性大学，它需要支撑这一区域的学术高地建设与经济社会发展，温大成功获批博士点满足了这一地区的现实发展需要。

我觉得申博之路是水到渠成的，是我们学校十几年长期积累沉淀的结果，这包含了历任领导、全体教职工、离退休教职工的共同努力，经过长期的积累，温大已经达到了博士点的水平。比如近 5 年立项了 40 多个国家重大重点项目，拥有各类国家奖项，荣获教育部人文社科一等奖，拥有 20 多位国家级人才等，各项指标都说明了温大已经达到了博士点的水平。实际上，温大增列为博士学位授予单位，化学学科获批一级学科博士学位授权点，这是两项工作，但是我们同时成功了，这是博士学位点评审专家对温大实力的肯定。

温大成功获批博士点之后，温州在博士点高校数量上跃居全省第二，这对于温州高等教育具有重大意义。温州市委、市政府为此专门召开了新闻发布会来表彰学校，并给予奖励。对学校来说，整体发展进入了快车道，相信会有更多高端人才来到温大，我们也会培养出更多优秀的学生，这对于浙南高等教育的发展具有重大意义。下一步，培养好博士生，并且扩大博士点规模，是我们需要继续努力的方向！

**2021 年 11 月 16 日，赵敏出席温州大学增列为
博士学位授予单位新闻发布会**

采访者：2022 年，首批浙江省高校黄大年式教师团队入选名单出炉，由您领衔的生态环境学科教师团队成功入选。能否给我们讲一讲该团队的人员构成？该团队取得哪些您印象深刻的成果？

赵敏：黄大年式教师团队评比主要侧重于科研水平，并结合师德各方面进行综合考量。我们的生态环境学科教师团队既年轻又努力，具有博士学位的教师比例达 91%。团队坚持教学科研两手抓，用心培养学生，几十年来专注于水生态研究，取得了一些成绩，包括承担国家重大项目，荣获浙江省自然科学奖一等奖、浙江省科技进步奖一等奖，获评全国党建标杆支部，等等。其中，浙江省自然科学奖一等奖的获得实属不易，自首次设立至今，大部分都被浙江大学所包揽，我们团队能获得这个奖项，说明我们团队总体实力还是比较好的。

四　以治水之法，悟教育之道

采访者：您自安徽大学研究生毕业后，在学校已工作和生活了 30 多年。这 30 年里，您从讲师到副教授，再到全校最年轻的教授；从生物系主任到生命与环境科学学院的院长，从学校研究生处处长到分管科研工作和学科建设工作的副校长，再到分管学生工作的党委副书记，一步一个脚印，扎实苦干，尽心尽责，一路走到了校长的位置，与温大有很深的感情，见证了改革开放之后温大的发展历程。请您谈一谈您这30年来在治水、治学、治校上的感想与感悟。

赵敏：我觉得无论是治水、治学还是治校，最重要的便是热爱工作，全身心地投入工作。无论是科研攻关、教学工作，还是行政管理，都需要热爱自己所从事的工作，努力朝着更高的标准去实现目标，为学校发展尽心尽力。我想如果每位温大教职工都有这样的想法，那么，在短时间内可能更容易脱颖而出，我们温大发展也会有源源不断的动力。

采访者：您所取得的突出教学科研成就，既离不开您在温大的拼搏奋斗，也离不开温大发展给您提供的平台与机遇，能否举一两个例子给我们讲一讲温大对您的培养与帮助？

赵敏：在温大，我得到了很多良师益友的帮助，我个人的成长离不开学校和组织的培养。这样的例子很多，比如刚到生物系的时候，我的年纪轻、资历浅，但很多领导都愿意提携后辈。我27岁的时候，马大康副院长找我谈话，希望我来当生物系副主任，当时我不考虑做行政工作，就拒绝了。马院长就劝我回去再想想，说一个优秀的高校教师需要学会用双手"弹钢琴"来化解行政与科研在时间上的矛盾。当时的系主任林贻棉老师和许秀珍书记都来做我的思想工作，最后我明白了领导们的良苦用心，最终同意组织上的安排。这些老领导对我的帮助很大，为我后来的发展给予了很多建议和支持。

再比如，2002年，省委党校中青班的一个名额被分配给温师院。之前地方高校是没有这个名额的，那时候我是学校最年轻的教授，于是学校就推荐我去中青班学习。非常感谢学校当时给我这么好的机会，通过这次学习，我的行政能力有了较大提升。

采访者：明年是温州大学办学九十周年，您对温大未来的发展有哪些期许与展望？

赵敏：温州大学历经89年的发展，现已成为省重点建设高校和博士学位授予单位，"以侨为特色的省部共建高校"目标也必将实现。迈入新阶段，奋进新征程，我们将进一步强化师范教育、创新创业教育、华侨教育，努力将学校打造成为立德树人铸魂高地、科技创新示范高地、高端人才会聚高地、优秀文化传承高地和国际合作交流高地，成为助力长三角一体化发展、粤闽浙沿海城市群高质量发展的强大引擎与重要支撑。立足办学九十周年的历史新阶段，我们要朝着更高的目标迈进，争取早日进入浙江省高水平大学和国家"双一流"高校行列，高质量建成国内一流、国际知名、特色鲜明的高水平大学，努力在以中国式现代化全面推进中华民族伟大复兴的崭新征程上展现更多温大作为，贡献更强温大力量！

一腔热血谋教育，一片丹心怀故乡

——钱成良口述

采访者：张元伟　　　　　　整理者：叶志昂、常梦月

采访时间：2022 年 7 月 15 日　　采访地点：浙江省杭州市口述者家中

口述者简介

钱成良，1951 年生，浙江温州人。曾任温州市副市长、温州市人大常委会副主任，世界温州人联谊总会第二届理事会常务副会长。2004 年 6 月至 2006 年 4 月出任温州大学（筹）党委书记和校务委员会主任。

一　步入仕途的知识青年

采访者：钱老，您好！首先请您简单介绍下您的个人情况，包括籍贯、出生日期、您早年的学习经历等。

钱成良：我 1951 年出生在平阳的一个偏远山区，1958 年入小学读书，1964 年念初中。1966 年我念初三时，学校停课。下半年作为知识青年，我回到父亲在平阳的工作单位，在平阳县良种场插队劳动。

采访者：您后来求学于浙江农业大学农学系。1981 年毕业后进入平阳县委组织部工作，从此开始了从政之路。您能讲讲您当时选择学农，大学毕业后又步入仕途的缘由吗？

钱成良：1973 年，我经基层推荐，被浙江农业大学牧医系录取。因为我曾经在农场里参加了一些农业科研活动，比如浙江农业大学举办的杂交水稻育种培训班等等，有农学基础，所以想继续学习农学。于是，我从牧医专业转到了农学专业。经过三年的学习，我到了平阳县的水头农技站当技术员。1977 年，"四人帮"粉碎后，我参加了揭批查运动，后来又被调到平阳组织部组织科，当时主要从事基层党组织建设的相关工作。

采访者：在 2003 年进入温州市委工作之前，您曾先后在苍南、洞头、永嘉、文成等基层县委和丽水市委工作，有着丰富的基层工作经历。您如何看待这些工作经历？您觉得这对您后来在温州市委以及温州大学的教育管理工作有哪些影响和帮助？

钱成良：我工作的地方确实比较多。1984 年，我被组织部调到苍南马站区当区委书记。区委书记当了两个多月后，我被调到洞头当了三年的县委常委，后来我又到永嘉当县委副书记。20 世纪 90 年代初，我从永嘉到文成当县长。1992 年底，我任文成县委书记，在任直到 1995 年。1995 年 10 月，我被调到市委组织部，担任常务副部长一职。一年不到，我又被调去丽水，担任组织部部长、地委委员，直到 2003 年 2 月回到温州市，担任副市长。换届选举后，我分管科教文卫工作，才与温大结缘。早年在温州各地方的基层工作经历给我带来了很多人生体验，我也始终在思考地方经济社会发展与教育特别是高等教育发展的关系问题。

二　肩负统帅重任的高校书记

采访者：2003 年 4 月，您进入市政府工作，担任温州市副市长，分管文教卫方面的工作。在此期间，温州市的高等教育事业取得了重大发展，其中温州师范学院和温州大学合并成为新温州大学是一件具有里程碑意义的大事。您能给我们讲讲两校合并的缘起吗？当时这两所大学各自发展如何？为什么会有合并的想法？

钱成良：当年从全省范围来看，温州经济发展不错，是走在全国前面的。从社会发展来看，温州卫生医疗资源在全省靠前，但是教育资源比不上杭州和宁波，差距较大。以宁波为例，宁波大学是"宁波帮"出巨资兴办的，起点高、推进快，所以很快就成为本科院校。温州大学当时还是专科，温州财力很有限，又缺乏民间大佬资助，当初为了筹建它，很多市民积极购买"债券"，我也购买过，不过"债券"凭证现在已经找不到了。温州医学院是省属高校，是省卫生厅委主管的，不是地方大学。所以社会各界都觉得温州有必要创办一所相对有规模、有档次的地方本科大学。

采访者：当时市委、市政府对于两校合并一事是如何考虑的？

钱成良：当时有三种方案。第一，老温大怎么样升级为本科大学。第二，温州医学院、温师院、温大合并创办一所规模比较大的、综合性的大学。第三，折中的办法，温大跟温师院合并。这些方案大家都在酝酿，社会也在议论。因为我分管文教卫工作，李强书记单独和我交流过，我也表达了自己的看法。我觉得要想相对比较快速地创办地方高校，折中的方案可行性要更高些。为什么呢？温州医学院是省属的，与其他两校体制不同，沟通很困难。三校合并的办学要求更高，沟通也比较难，起步会慢。当时高校第一波的扩张期已经过了，进入以整顿、提高为主调的轨道，国家对于申报综合性大学的审查把关很严格。如果两校合并，新温州大学在办学水平、学科建设等方面尚有不足，不过办学规模和空间、设施等的物质条件是不错的。虽然校园还在建设当中，但是教学大楼等硬件设施基本建成了。我们申报新温州大学的时候，两校已经搬到高教园区了。最后李强书记赞同折中的方案，市委决定采取这个方案，同意了两校合并的提议。

采访者：市委、市政府随后对两校合并一事都做了哪些安排？具体的申报和筹建工作是如何展开的？

钱成良：市委同意后，由其他同志起草报告，我负责汇报，按照程序经过市长办公会、市委常委会的审议，决定温师院与温大合并，筹建为综合性的新温州大学。市委随后成立了筹备工作领导小组，负责筹备事务。我们随后依次向省教育厅和教育部汇报了两校合并和新温大的筹建方案。

采访者：教育部最终在 2004 年 5 月 19 日制发函件（教发厅函〔2004〕23 号文），同意了温州师范学院与温州大学合并筹建新温州大学，筹建期为

1年。随后在6月15日，温州市委、市政府成立了温州大学（筹）党政领导班子，由您出任温州大学（筹）党委书记和校务委员会主任。担任党政一把手无疑是一项重担，您当时是如何理解这项重任的？

钱成良：组织决定由我兼任筹委会主任和临时党委书记，等于书记、校长一肩挑。但我坚持以市政府的工作为主，温大的筹建工作由原两校的领导干部为主，我只是起一个牵头人的作用。当时的两校领导班子成员，既可完全信任，又有很强的工作能力，只要组织得当，是完全可以胜任筹建任务的。当时的体制，是党委和筹委会设立若干个办事机构，名称叫组，我兼任人事组的组长。

2004年8月21日，钱成良（中）参加温州大学（筹）召开的
党委理论中心学习组扩大会议

采访者：在新温大筹建期内，两个原本独立的学校合并运行，肯定面临很多前所未有的困难。作为学校的党政一把手，当时您觉得最难的事情是什么？您是如何解决这些问题的？

钱成良：除了申报，最难的是原来两校力量的整合与协调。因为两校的班子合并成一套，会牵涉教学、人事的一些安排。在整合与运行中，难免磕磕碰碰。处理不当，会影响两个学校的积极性。如果处理好了，大家可以心往一处想、劲往一处使。我主要是在市政府办公，我代表市政府，我的职位和身份给我提供了做协调工作的有利条件，没有先见之偏向、没有亲疏之恩怨，少了不应有的干扰，处理问题就可以公正。原两校的领导干部对我的工作很支持，确保了筹建工作的有序开展和正常教学任务的顺利进行。

关于学校筹建的重要重大问题，我都会参加会议讨论。筹委会的主要任务有这样几个方面。第一，两校资源整合，这比较难。它既有两校独特的专业，又有一些重复的学科。第二，维持正常的教学秩序，学校也十分重视教学秩序。第三，加强学科建设，这是申报工作中最难的一环。我们师资队伍差距比较大，教育部对教授、专任教师数量都有要求，重点学科较少，教学的水平有待提高。因此我就以引进人才为重点，通过各种渠道千方百计地引进人才，我印象比较深的就是引进黄少铭。黄少铭是温州瑞安人，他有回国报效祖国的意愿（现在他不在学校）。黄少铭曾经在美国研究纳米技术，他在纳米技术领域科研水平很高。为了引进他，学校在科研经费比较紧缺的情况下一次性安排了 2000 万元，可以说是很阔气了。优秀的人才需要研究平台，学校就购置纳米研究设备，并支持他组建了一个专门的研究团队。当时相对财力不丰的温大能够花巨资引进一个专家，大家还是十分有气量的。这是在建设新温大过程中值得称道的一件事。

采访者：在新温大筹建过程中，全国高等学校设置评议委员会专家组曾前来进行实地考察。您还记得考察时的情景吗？专家组当时是如何评价筹建工作的？

钱成良：我还记得，当时我陪同专家组实地考察，并且按照申办大学的规范一条一条汇报工作情况。考察总共两次，第一次是在我们申报后，专家组马上就来考察了。第二次是在筹建过程中，专家组来检查建设新温州大学的进度。第一次考察问题不大，主要是考察两校原来的基础和不足、筹建方向和市里办学的决心，那我们就拍胸脯保证办学决心。第二次考察新温州大学的建设进展。在 2005 年左右，筹建一年以后，新温州大学办学水平距离国家标准还有比较大的差距，时间很紧，工作比较难。因为办学水平问题不是用钱能够解决的，不是简单的工业扩张。以引进人才为例，我们想引人才，到哪引是一个很大的问题，人才不一定愿意来温州，所以说想办好一所大学那是不容易的。大学是一个庞大的综合的体系，不单是传播知识，它还要生产知识、培养人才。当时专家组对建设新温州大学是充分肯定的。

采访者：瓯江学院是 2000 年经浙江省政府批准，温师院创办的二级民办学院。2004 年 12 月 2 日，在教育部公布的全国独立学院名单中，瓯江学院榜上有名，正式成为独立学院。这是您主政新温大筹建期内的重要成就。您能简要讲讲当时申报的情况吗？您如何看待瓯江学院成功转设对于温大发展的重要意义？

**2005 年 8 月 1 日，钱成良（里排右二）向来校考察评估的全国
高等学校设置评议委员会专家组汇报情况**

钱成良：除了我们努力争取以外，教育部和省里对瓯江学院转设是十分
支持的。瓯江学院成功转设可谓是一个大手笔。国内大学都办了一所独立学
院，而新温大被允许以后可以办两所独立学院，现在的商学院是我们原温大
的独立学院，它是民办的一个独立学院，是以张汉鸣为主的温商出资的。对
于申请转设的瓯江学院，我们反复声明瓯江学院的特殊性，瓯江学院是温师
院的一所独立学院。打个比方，男女双方各有一个孩子，他们结婚以后两个
孩子一起带，不能抛弃任何一个。全国的高校规定只有一所独立学院，我们
有两所独立学院。我开玩笑说："原温大和温师院两家结婚了，带孩子过来
不是很正常？"能多一所独立学院是破例的，这是给了"两个户口"。上面破
例支持，所以我们高校发展多了一个机会，瓯江学院成功转设对提高温大办
学实力和影响力也有很大作用。

**2006 年 3 月 30 日，钱成良（左二）陪同团中央书记处一行
视察我校大学生创业创新工作**

采访者：2006 年 2 月 14 日，教育部致函浙江省人民政府（教发函〔2006〕23 号文），同意正式设立温州大学，这标志着新温州大学的筹建工作圆满结束。在为期两年多的筹建工作中，您觉得最满意的工作是什么？有没有令您印象深刻的事？

钱成良：这里要感谢对筹建工作起了很大帮助的两位贵人。一位是谷超豪先生，他是原温大的名誉校长，他对温大建设是非常支持、非常重视的，我们也去拜访过他。钱强同志作为直接联系谷超豪先生的一个专任联络员，类似于谷先生的专任秘书。在筹建当中，钱强同志是办公室副主任，办公室主任是蔡曙光。另一位是国务院的副秘书长陈进玉，是龙港人。他是国务院分管教科文卫的副秘书长，在"前线"跟教育部沟通，对建设新温大有很大的帮助，我们也去拜访过他。刚才说了很多正常的工作，无论是谁在领导，可能都是这样做的。我印象最深的还是引进黄少铭，这应该是一个壮举。

2006 年 11 月 9 日，钱成良参加育英图书馆揭牌仪式

采访者：担任温州大学（筹）党委书记和校务委员会主任是您工作生涯中一段特别的经历。您觉得和您此前在市委的工作相比，高校工作有哪些不同？您能谈谈您的心得体会吗？

钱成良：不同之处是很多的。第一，在地方工作可能存在喊口号的现象。现在口号创新的现象比较普遍。学校靠口号是无法提升教学水平的，甚至有时还会起反作用，让师生产生逆反心理。在高校工作完全不一样，我们不搞套路，而是实实在在地引进人才，支持建设实验室、研究平台、研究团队，一个就一个，少一个不行，钱一块就一块，少一块也不行。不能编谎言说瞎话，必须脚踏实地，一是一，二是二。第二，高校工作更加要求公正。高校知识分子有文人的傲骨，体现着中国文人传统的刚正不阿，他们是中华民族的中坚力量、脊梁骨，在高校里不能容忍拉帮结派。

三　始终牵挂温州大学的睿智长者

采访者：2007 年 5 月，您进入温州市人大工作，担任温州市人大常委会副主任。在此期间，您非常关心和重视温州的人才工作，多次带领调查组调研。您当时和温大的交流多吗？您是如何思考人才工作对于温州发展，尤其是对温州大学发展的意义的？

钱成良：我在人大工作时和温大的交流不是太多。因为人大负责范围比较广的教科文卫事业，同时，地方政府不需要过多地过问大学，大学有自己的一套体系。那么地方政府要为大学做些什么？主要就是小平同志讲的"当好后勤部长"，大学需要地方的资源，地方政府气度要大一点，力度要大一点。当时温州大学筹建的时候，省市委对温州大学相当不错，筹建期间专门安排了 4 亿元支持温州大学筹建。大学需要钱的时候、在人才工作方面需要地方政策支持的时候，地方政府要尽自己最大的努力支持。我们不需要总是去调研，不需要经常到校演讲，要给学校发展的自由。对于温大和温州的发展来说，人才是最重要的。小平同志讲"科学技术是第一生产力"，可以进一步讲，掌握了先进科学技术的人才是第一生产力。科学技术在哪里？掌握在人身上，它不是单独存在的东西。

采访者：2021 年，温州大学成功增列为博士学位授予单位，化学学科获批为一级学科博士学位授权点。您长期关心温州的人才工作和教育事业，也担任过温大的党政领导，您如何看待成功获批博士点对温州大学，乃至温州、浙南高等教育发展的意义？

钱成良：温州大学上了一个档次，上了一个新的台阶，化学学科获批为一级学科博士学位授权点不容易。从 2003 年温大获批硕士学位授予点至今 20 年，温大再一次达到了一个新高度，这对温州大学而言是一个重要的发展标志。学生读大学，温大也在"读大学"，温大从研究生变成了博士生，这对温州大学，乃至温州、浙南高等教育发展的影响很大。这些年温州大学发展很快，博士点都拿下来了，化学学科应该是温大最强的学科，丁金昌、王向红等几位校领导基本上都是化学系出身，温大化学系确实培养了不少人才。

采访者：明年是温州大学办学九十周年，您对温大未来的发展有哪些期许和展望？

钱成良：温大的发展方向还是要好好探讨一下。温州大学应该在不断地提升教学科研水平的基础上，对温州的经济社会发展发挥自己独特的作用。温州大学不仅要服务于温州经济社会发展，也要在引领温州发展上起到应有的作用，光是被动地服务是不够的。

温州前期的发展得益于先发优势。因为先发，较早承接了全球的产业梯度转移。也因为先发，温州的产业结构较传统、低端。这些传统产业惯性很大，挤占了空间，吸纳资本、占有资源，新的产业就很难进入温州。温州最大的缺陷就是空间小，所以温州实际上是放开手笔大，开放格局小，新产业、大产业不"开放"。温州放开了，温州人都走出去到外面抢资源，而外面的产业要进入温州，占温州的资源是很难很难的。

不从历史角度来说，从温州的现状来看，温州发展是有优势的。第一，温州人的商业文化、商业氛围很好，温州已经培育出来全民皆商的优势了。全民皆商是温州特有的。苏南比我们经济发达，但是苏南没有做到全民皆商，老板是老板，员工是员工。温州人今天当员工，明天就很想当老板，一有机会就能当成老板，这是温州的商业精神。第二，温州民间资金的原始积累远远走在全国前面。第三，温州人的商业网络发达，遍及全世界。有人的地方，那就有温商。这三点都是温州的优势。

那么温州的劣势是什么呢？第一，温州空间小，制约非常大，要地没地，交通条件更不必说。第二，温州缺少知识和技术的支撑。很多企业在温州经营不善，而在杭州活得很好。在温州一条"虫"，到杭州一条"龙"。为什么很多企业到杭州变成一条龙？就是杭州有人才和技术的支撑。缺少知识和技术的支撑是温州最大的缺陷，温州如果总是在大型制造业中打转转，可能会是一个死圈。温州要发展人才密集型、空间集聚型产业，这些产业空间要求相对较低，属于轻量型产业。我离开温州后，听说温州要把时尚经济做成一个支柱产业来发展，我认为战略方向不错。温州是讲时尚的城市，跟国际时尚接轨是最快的，但是温州现在时尚产业不够发达。温州人穿着时尚、吃得时尚，那不是生产时尚，那是消费时尚。我们吃得时尚、穿得时尚，那是人家给我们的时尚，这不是生产时尚。时尚产业就是要生产时尚才行。温州原来是以生产轻工产品为主的，而轻工产品是和时尚最接近的产品。重型的机械制造不一定和时尚有关系。温州没有几个衣服、鞋子的品牌能在世界上打响名号。温州如果能生产出最好的产品，能跟上国际时尚，那就是真时尚了。时尚不是光喊口号。温州眼镜产业很大，眼镜品牌较多但较低端，没有一副名牌眼镜，新不能叫时尚。既然温州眼镜产业不小，温州生产眼镜厂家那么多，温医大眼视光技术又是全球名牌专业，我们应该把眼镜做高端，做时尚才好。温州应该和温大、温医大联手，温医大负责研究眼视光技术，温大负责研究眼镜制造。温州引进顶端人才，又有产业基础，我们应该打响温州眼镜品牌。我们老是参考人家的科研成果申报课题，做十几万元或者几十万元的项目，此后我们不能随波逐流。

搞课题报成果的方式对于一般的高校来说是可以的，但是温州大学要真正提升学校的品牌、内涵、底蕴，这个方式是没有帮助的。大学要有大师、大作品才行，有大师却没有大作品也不行。温州是有传统产业的，是有产业基础的，发展不能脱离这些产业。温大离开温州本土产业去研究其他领域，这对温大的发展帮助不大。温州财力有限，要发展特色产业，发展集聚产业。温州要把较少的钱聚焦到某几个点上实现发展。我在温州人大工作时期，我说："温州引人才不能老是跟在杭州后面跑。"杭州花 50 万元引进一个博士生，我温州财力不如杭州，温州花 40 万元就引进不了人才。如果跟着杭州的人才政策，温州很难引进优秀人才。优秀的人才会优先考虑杭州，温州就变成了人才的备用选项。比如，温州有 1000 万元，那么温州可以花 60万元引进优秀人才。就像当年我花 2000 万元引黄少铭一样，温州引进人才的数量可以少些，但是质量一定要好。引准一个人才就能够带动一个学科发展，就能带动一个地方的产业腾飞。我觉得温大在这方面的能力还需要提高，我的建议不一定能给温大带来很大的帮助，但我希望温大走出自己相对独特的一个路子。温州和温大的发展取决于多个因素，一是人才，二是平台，三是扎根。温州的技术需求扎根于基础产业的土壤。这个土壤就是产业的土壤，技术生长的土壤。温大要研究技术应该植根于温州的人才、平台。

我作为一名温州人，虽然现在身在杭州，但心在温州。退休前，除了在丽水工作一段时间，我基本上都住在温州，对温州是有感情的。其他人说温州不好，我心里不是很舒服，而我说温州不好，那是恨铁不成钢的。我期待温大的发展更好！

回首校史三十年，善作善成实惟先

——钱强口述

采访者：王鹏　　　　　　　　整理者：王鹏、肖悦

采访时间：2022 年 7 月 22 日　　采访地点：温州理工学院行政楼办公室

口述者简介

　　钱强，1973 年生，浙江平阳人。毕业于温州师范学院，1995 年参加工作，历任温州大学校办副主任（其间兼任谷超豪院士秘书）、主任（其间曾挂职任乐清市副市长）、党委委员（兼任温州肯恩大学副书记、副校长）、副校长等职务，现任温州理工学院党委书记。钱强曾参与温州商学院、温州肯恩大学筹建，具体负责温州大学瓯江学院转设为温州理工学院等工作。

一　师院学子生涯

　　采访者：钱书记，您好！首先请您简单介绍下您的个人情况，包括籍贯、出生日期、工作履历等。

钱强：温州大学九十周年校庆即将到来，这个喜庆日子对我有着很特殊的意义。从 1991 年我读大学本科，到 2021 年我调到温州理工学院，我在温州大学待了整整 30 年，刚好是母校校龄的 1/3。这 30 年，无论是从学校合并之前或之后的角度来看，还是从办学层次从低到高、规模从小到大、办学水平从低到高的角度来讲，都是最关键的 30 年。当然学校在之前也有发展，特别是 20 世纪 80 年代中后期开始恢复本科，但从 20 世纪 90 年代以后的 30 年，是发展最快、获得标志性成果最多的 30 年。我为母校的发展而振奋，也很高兴。

我是 1973 年 5 月出生，籍贯是温州市平阳县。我的履历很简单，从温州师范学院到温州大学，再到新温州大学，我的人事关系一直在学校里面。在这 30 年间，在 2009～2011 年到乐清市政府挂职副市长两年，回来以后不久，2011 年的下半年至年底，我又去参加温州肯恩大学的筹备工作。但不管是去乐清挂职也好，还是在温州肯恩大学从事筹建工作，我的人事关系始终都在温州大学。

我是 1991 年就读于温州师范学院，在学校期间入党，本科一年级的时候就当了班长，后来先后担任系学生会副主席、学生会主席。学校的社团部，现在叫校团委社团联合会，当时我兼任部长职务，现在叫主席。在大学四年级即 1994 年，成为温州市共青团团代会代表。我毕业以后，就到温州大学学生处工作。工作两年后转到党校办工作，后来担任副主任。我在校办工作时间比较长，即便在地方挂职以及参与温州肯恩大学筹备工作期间，我的办公室职务也还是一直保留着。2020 年 5 月，市委、市政府决定要抓住机遇，推进瓯江学院的转设工作，于是安排我专职负责转设筹备工作。在温州市委、市政府的推动下，转设工作进展顺利，得到了省委、省政府与省教育厅的肯定，并上报教育部，全国高等学校设置评议委员会很快对我们进行了考察。我记得在 2020 年 12 月底专家就来到了温州，专家的层次很高，整个考察下来对我们的评价也很不错。2021 年 1 月，教育部发文同意设立温州理工学院。

2021 年 4 月 23 日，温州理工学院在滨海新校区举行了隆重的揭牌仪式，并宣布了第一届领导班子。我当时还在中央党校中青班学习，所以温州理工学院的挂牌仪式我没参加，但我后来通过视频与其他材料，能感受到现场的氛围以及成功的喜悦，也从温大谢树华书记在挂牌仪式上的讲话中感受到温州大学对温州理工学院转设的莫大支持。谢树华书记经常开玩笑说，我们温州大学诞生了三所大学，叫"吉祥三宝"。这三所大学分别是温州肯恩大学、温州商学院和温州理工学院。教育部发的成立温州肯恩大学的文件是我去拿的，我在肯恩一共干了五年，并带出了第一届毕业生。筹备温州大学城市学院时，我也是五人筹备小组成员之一。温州理工学院转设时，我代表温州大学同时作为市里专班专职的副主任开展工作。所以这三所本科学校的诞生，我都是亲历者和见证者。我们温州大学很了不起，诞生出、分设出、转设出三个各有特色的本科高校，温州肯恩大学是中美合办，温州商学院是民办，温州理工学院是公办，现在三所大学办学质量都很不错。

采访者：1987 年温州师范学院物理系招收第一届本科生，您在 1991 年入学时，温师院物理系才刚有第一届本科毕业生。请回忆一下当时温师院物理系的情况如何，温师院物理系毕业生的就业情况怎么样。当时温师院是包分配吗？

钱强：温师院物理系是从 1987 年开始招生的，中文系和物理系都是在1987 年恢复的本科。当时我是在学院路校区读书，那时叫新校区，当然现在也变成老校区了。当时只有几个专业在新校区办学，大部分文科还在老校区，我记得当时数学系、物理系、化学系、生物系、英语系都在学院路校区，中文、政教后来也跟着过来了。到 1993 年，各院系陆续都搬过来了。当时每个系都很小，我这一届的物理系也就一个本科班，两个专科班，每个班级 40 人左右，一届学生人数不到百人，物理系加起来也只有 200 多人。学校大部分系也就两三百人，像美术系、英语系就更小了，中文系、政教系稍微大一点。当时我们读书的时候，温州师范学院加起来也就 2000 人不到。那时候一定程度开始扩招，但还没有大规模扩招，人数每年都有增加，但毕业的时候也还没超过 3000 人。当时系里的规模虽然小，但是小而精，给我的感觉是系里有着非常好的师资。物理系办学的传统是治学非常严谨，对学生要求很严格。但是从学生活动方面来讲，团的工作、学生工作、学生会的工作都非常活跃。学校年轻人的氛围非常浓，青年教师与青年学生打成一片，有些青年教师年纪和我们相差不大，甚至有的老师比学生年纪还要小。当然老教师也比较多，而且老教师都非常敬业，治学非常严谨，做事情很讲原则，也都很爱护学生。我们物理系的老师告诉我们，我们读的书，物理系选的课本与清华是一样的。所以物理系号称全校最难读的一个专业，甚至我们有一门课，全班 40 多位同学，只有 5 位同学及格。有些课程确实非常难，比如量子力学、电动力学等，但同学们都还比较努力。我当时因为做学生会工作比较多，精力比较分散，学习也只是到中上这么一个档次。现在回头来看，各有所得吧。我参加学生会工作，也得到了很大锻炼，从团委和有关部门老师身上学到了不少东西。

现在回头来看，当年老师们的严格要求是对的。我们当时很多人的自我定位就是回去当一名中学老师，觉得没必要学那么深。现在很多在中学工作的同学告诉我，我们班已经出了好几个名师、名校长了，正因为当年学得深，我们在日后才站得更高。胸中有水三斗，才能倒出一斗，也只有这样才能教出好学生。虽然我一直在行政系统工作，但物理专业教会了我严谨、系统的逻辑思维能力，我在日后的工作中也都带有这样的风格。我开展工作并不急于求成，低调行事，稳步推进工作，扎扎实实，善作善成。我们当时做电动力学、量子力学的物理题，往往需要写半页纸的公式。我后来想我长期从事筹备性工作，也正是像推导物理公式一样，过程会比较长，需要耐心，慢慢推导推进，这样的工作比较适合我，且一般都会取得好结果。

至于包分配的问题，我记得1995年已经不大讲包分配这个词了，讲双向选择，但实际上总体上是有包分配的，成绩好、综合分值高的同学可以留在温州，并选择留校工作。当时如果想要留在温州，需要有"绿卡"，在特殊情况下也可以允许不回原籍，但大部分同学都选择回到原籍。当年中学很缺乏本科生的师资，所以本科生基本上还是包分配的。

采访者：在当时的温师院物理系有您没有印象特别深刻的老师和同学？有没有哪位老师对您影响特别深，请您谈一谈。

钱强：我们当时的党总支书记是吴如才老师，他可以说是爱生如子。他很重视我们这一年级的学生，配的班主任是当时浙大毕业的博士王章野老师，他现在是浙大光学实验室主任。同时还给我们配了一名副班主任，由从清华大学回来的项凤铎老师担任。吴书记说："你们前面没有本科班，因此你们这一届我很重视，我也是你们的班主任。"吴老师的普通话很不标准，夹杂着温州与宁波口音，很多同学都听不懂，我语言能力还可以，他讲的我基本都能听懂。所以有时他来开班会，我就给他当翻译。同学有一点点事情，他就很着急，包括同学生病，他都自己拎着水果、补品去宿舍看望学生，这种爱生如子的氛围是很好的，也给我们留下了深刻印象。现在我们班开同学会，我们都会把吴老师和部分授课老师请来。当时学校分管我们学生工作的是钱建民老师，他很重视对学生干部的培养，学生入党仪式都亲自领誓，在党政工作方面他是我们的榜样。团委王通林、蔡曙光、胡伟国等老师年纪和我们相近，平时打成一片，因此和我们关系非常密切。我们受这些老师潜移默化的影响很多，也在我身上打下了很深的烙印。

当时还有一位徐望枢老师教我们理论力学，老先生现在 90 多岁了，还很健康。徐老师的板书非常工整清晰，到现在我依然能够清晰地记得，他个子很小，写板书得踮起脚来，站在那里写得很吃力，但是他这么吃力，都能写得非常工整。徐老师教学思路非常清晰，他会不厌其烦地一题一题讲，讲到同学们都懂为止，实在是不容易。包括课后的辅导、作业的订正，他都能做到认真负责，我觉得我们现在的青年教师要向他学习。在我毕业的时候，他还送给我一支英雄牌钢笔，我一直留在身边做纪念。

我比较热衷于学生工作，搞对外联络和搞活动很积极。那几年物理系的学生工作风生水起，小小一个物理系，学生人数并不多，但无论是运动会、演讲比赛还是其他活动，我们的名次都是靠前的。"物华杯"就是我在物理系学习时开办的，名字也是我取的，后来成为一项传统的年度盛大活动。当年文化氛围比较浓厚，学校和各系都自办刊物，我们学生会还办了一个刊物《镭射》。当时同学们的情况也很有意思，因为时代的原因，同学们的年纪相差很大，有时相差七八岁也不足为奇。因此有的同学显得比较老成，甚至已经在老家订了娃娃亲，有的同学就显得孩子气，我有个同班同学在新生班会上还唱《我爱北京天安门》，说其他歌不大会唱。总的来讲，那时候的大学生思维比较活跃、比较开放，受那个时代风气的影响比较大。

采访者：1992 年，温籍台胞何朝育先生向温师院捐资 1000 万港元建造温州师范学院育英大礼堂，该礼堂于 1994 年建成，您对这件事有印象吗？

钱强：我是有很深印象的。育英大礼堂的奠基仪式与落成典礼，我都参加了。举行奠基仪式时，我记得市里领导也来了，我们学生站在外围举着气球，彩旗飘飘，锣鼓喧天，很是热闹。举办落成典礼时，我已经是学生会干部了，我当时就站在靠近领导的台阶上，仪式很隆重。育英大礼堂建成后第一次使用，就是我们物理系与驻温海军共同举办的军民共建活动。育英大礼堂是当时全浙南功能最齐全、面积最大、音响设备最好的大礼堂。对于我们师范生来说，有这样的活动场地，让我们感到十分光荣与自豪，从这个舞台也走出去不少优秀人才，例如温州艺术学校的陈筱慧老师，她的歌唱得很好，后来还在温州大剧院开办了个人演唱会，曾拿到"校园卡拉 OK 十大歌手"第一名，但实际上她当年是学政教的。我当时也在多个晚会上担任过主持人，许多同学和我一样都在这里得到了锻炼。我觉得我们今天应该把这个地方维护好，要发挥出它的作用，育英大礼堂是我和同学们共同的大学记忆，承载了很多美好的回忆。

二 工作历练助成长

采访者：1995 年 7 月，您开始到温州大学学生处工作，您当时是被分配过去的吗？您当时在温州大学学生处主要分管什么工作呢？

钱强：到了大四以后，每个人都开始为今后的工作进行谋划。我原本是想留在温师院当一名辅导员，我觉得自己也适合做这份工作。但后来也是凑巧，我听说隔壁的温大要招一名从事学生工作的干部，于是我特地穿上西装，骑上自行车，带上自荐书就去了温大学生处求职。

第一眼见到的老师是主持工作的副处长，现在也与我一直保持着很好关系的黄小萍老师。见到她以后，我首先做了个自我介绍，然后把自己的自荐书递了过去，她说："你是预备党员，既是学生会主席，又是团干部，总体感觉不错。这样吧，我把你带到楼上给领导看一下。"她就把我带到了行政楼的四楼。当时组织部的部长是程肃荷老师，她看了我的自荐书说："钱强同学，我们还是要认组织推荐的，要走组织程序，你回去请组织给你做个推荐。"我回到学校以后，向系里主要领导报告了情况。系里很重视，专门为我做了研究，也向学校党委副书记钱建民做了汇报，最后决定推荐我去温州大学工作。当时也有竞争者，但我还是幸运地顺利通过了。

因为当时温州大学学生处很缺人，我都还没毕业，就要求我先到温州大学开始工作。当时我进去的时候只有三位女同志，她们是黄小萍、严玲红和嵇小怡。没几天就让我去省教育厅出了一次外差。后来学生处如果需要出外差，基本都是我去。当时学生处的办公条件很紧张，四个人挤在一个小办公室。那时候的人员很精简，我除了负责学生就业、纪律管理工作，打开水、擦桌子也都是我的事。温州大学在 1995 年就成立了学生就业指导中心和勤工俭学指导中心，应该说是全国最早成立类似机构的学校。温州大学在就业上很灵活，一部分走读，双向选择，同时开始引入了市场的一些元素，当然后来也有很多人进了国有单位、事业单位，现在温州地方的许多干部都是原温大的毕业生。1997 年我转到办公室工作，人员还是很精简，校办与党办合一，也只有四个人。当时大家都把更多精力投入工作，一个人当两个人用。

现在回头去想，如果一个大学党办与校办只有四个人，学生处也只有四个人，真是不可想象的事情。

1995 年，钱强（第三排右六）参加共青团温州市第十二次代表大会

采访者：1997 年您开始在校办工作，您当时主要分管的工作是什么？当时的校办组织与工作情况是如何的？您曾长期在校办主持工作，您对文秘工作有什么心得？另外有没有让您印象特别深刻的事情，请您谈一谈。

钱强：我在校办一开始负责处理行政事务、外联外事等事项，包括我后来当副主任也是负责这一块，文字机要秘书的工作主要由吴静负责。总的来讲，办公室工作可以说是五味杂陈，一年下来工作总结很难写，不知道写什么。但办公室工作是服务型的核心部门，做的事情很重要，是整个学校承上启下、沟通内外的核心。我不专业从事文秘工作，但我认为对文秘工作者来讲，不仅上面政策精神一定要吃透，领导风格要跟住，对下面的情况也要吃透。你不能只是单纯为领导写东西，很多领导看不到的东西你要能看得到，在办公室要多学习，多接触师生和干部，你要把领导不知道的东西也装进去。因为掌握更多的基础情况，你就是领导的另外一只眼睛、另外一个大脑、另外一只耳朵和另外一张嘴巴。还有一点，大家写材料不要只是埋头苦干，还要和大家多交流碰撞。一篇稿子应该拿出来多征求大家的意见，文字材料，永远没有最好，只有更好。

办公室令人印象深刻的事情太多了，包括别人给我们留下的，自己给自己留下的，领导给我们留下的。我先讲一个自己给自己留下的印象深刻的故事。当时对外联络工作都是我跑，特别是在两校开始合并的筹备期，当时北京和杭州基本都是我去，当然校领导有时候也一起跑。我记得有一次，我需要当面见一位部里很重要的负责人，我跟他不认识，我带着省厅领导写的亲笔信去找他，又通过各种关系得到了他的手机号码，跟他联系后想要见他一面，他开始的态度其实有点模棱两可。但我已经知道了他的住址，所以我从晚上 8 点开始一直在他家屋檐下等，后来开始下雪，那天晚上雪下得很大，我冷得直跺脚，但心想这事一定得办成。等到晚上 11 点多，终于把他等回来了。他看到我后说："小钱啊，你还在这啊？"我说："是啊，我今天一定要见您的。"他有点感动，把我带到楼上，给我泡了杯热茶，我也终于成功地当面给他做了汇报。我觉得我们中国人还是讲感情的，无论上对下，还是下对上都应该以诚相待。因为我们做的事不是为私人，都是为公事，因此年轻人更不应该有什么架子，要敢做、敢坚持，这也是温州人精神的一方面。

采访者：由于各种因素，原温州大学在办学初期规模并不大，招生人数也并不多，在 1995 年以前每年招生人数仅有 500 人左右，之后学校开始采取联合办学的方式扩大招生规模。你能否谈一下当时扩大招生、成人教育与争取办学经费的情况？

钱强：不管是原来的温州大学还是温州师范学院，那时候都抓住机会扩大招生规模。记得 1995 年我刚参加工作时，温州大学招生人数只有 520 人，到 1996 年增长到 680 人。后来通过办全日制成教班、跟其他高校合作以及办职高班逐步扩大招生规模。那时候的办学经费很紧张，政府对高校的支持力度也不是很大，教师待遇还是比较低的，读书期间感觉青年教工都很节俭。记得 1995 年我第一个月工资奖金加起来是 890 元，我还拿了 300 元进行教育扶贫，后来工资提高了一点，也就只有 1000 多元钱。那时候学校买一台计算机都是大事情，是要学校开会研究的。直到 2000 年准备兴建茶山高教园区后，市委、市政府才开始加大支持力度。20 世纪 90 年代，社会进入比较快速的发展期，社会经济比较活跃，大家都"八仙过海"地想办法兼职开公司，学校很多系科面向社会办班搞培训，寻找增加收入的途径和机会。虽然在办学过程当中造成了一些影响，但总的来看也不能全盘否定它，这些办学形式在当年确实给学校教职工增加了收入，也为学校增添了很多设备。每个时代有每个时代的做法，不能用现在的眼光去否定过去的一些事情。

采访者：1996 年温州市房价首次越过 3000 元大关，当年 9 月，为了解决温州大学教师的住房问题，温州市委书记张友余曾宣布将温州大学教师联建住房建筑价由每平方米 1380 元减到每平方米 1100 元。我们知道随着经济的发展，温州房价冠于全国，当时温大老师住房有困难吗？在此之后，我们温州大学老师的住房情况是如何的？温州市和学校还采取了哪些举措来帮助解决温大教职工的住房问题？

钱强：温大的老师情况稍微好一点，青年教职工相对少一些，温大原来也有自己的教职工宿舍，印象当中我在 1997 年已经分到房子了。我的房子是在下吕浦六区，当时 72.8 平方米的房子只要 8 万多元钱。我分到房子后简直高兴坏了，确实感到欢欣鼓舞。没有房子人是不安心的，我觉得自己是在分到房子后，才有一种在温州安家的感觉。相对于温大，温师院的情况要更困难一些。市里对我们温大，在不同阶段都给予了很多支持，包括后来博园的建设，陈艾华书记来了之后为我们解决了这个历史遗留问题。虽然存在阶段性困难，但学校住房问题大体上在 2012 年之前都得到了比较好的解决。

采访者：1999 年对温州大学来讲发生了一件大事，那就是实行了民办体制改革，您当时是怎么看待这件事情的？当时社会的一般舆论是怎样的？会不会有人批评是把学校卖给了企业？

钱强：当年我还是一个办公室的普通工作人员，也没有太多思考过这件事情。但是 2000 年，我当了办公室副主任又兼谷超豪院士秘书以后，对这件事的认识逐渐清晰起来，因为接触的面更广，认识也更深刻一些。这件事从现在去看，也是历史发展阶段当中的一种探索。因为温州是改革开放的前沿，很多东西都走在了全国的前列，温州最大的特色就是敢为天下先，当然实行民办改革也是为了解决办学经费困难的问题，这是一个基础性的原因。

另外是大背景，当时的社会气氛是支持民办教育，从基础教育到高等教育都有这样的呼声。20 世纪 90 年代社会财富已经积累到一定程度，特别是沿海地区一些企业都有这种想法，觉得企业发展到一定程度有条件可以办大学，这种呼声开始普遍起来。国家也看到了这一点，觉得是不是高等教育能走出一条办学的新路子，依靠社会力量来支持办学。教育部的周远清副主任专门来温州跟市委、市政府相关人员谈话，希望温州能够走出一条路子。这是大背景，当时大家对此事的看法是不一致的。不管是市里层面，还是一般干部与教职工，都有不同的顾虑，只能摸着石头过河，没人能预计前景。有些人把民办改制看得很光明，认为这一条路能走出康庄大道。也有人把它看得很暗淡，觉得这条路走不通。有些民办学校一开始就是社会投入，但我们是国有改为国有民办。我们在资产层面还是总体上保持国有，但要利用民办机制来实行混合所有制办学。走出这一步有它的意义，但后来在操作上出现了一些问题，对此我们要客观地看待。也许当时路子走得好，操作得好，也许走出了一条好路，温州商学院就是例子。

当时改制的办学思路，有一个说法叫作"八仙过海，各显神通"，当时温大是把几个学院不同的学科交给了不同的企业，艺术学院、建工学院、应用工程管理学院分别和几个企业合作来办。但是办学的主体还是在学校，这是不能动摇的。当时的招生情况也确实有改善，以前招生名额很少，正因为施行民办改制，上面才给了温大更多的招生名额。那时候温州大学招生可以说是爆满，分数线也逐年提高，可见社会还是有这样的需求的。但也确实出现了一些问题。我们还是坚持尊重教育规律，依法治校，特别是谷超豪校长和主持日常工作的周湘浙副校长（学校法人代表），看清了很多问题，始终牢牢把住了办学自主权和办学方向。

三　忆谷超豪校长

采访者：1999 年温州市聘请谷超豪院士为温州大学校长，您能回忆一下当时温州大学聘任谷超豪担任校长的始末吗？

钱强：这要先提及苏步青先生，他是原温州大学名誉校长，我去探望过两次，当时他已经住在华东医院的病房里。他非常幽默，见到我，知道我是平阳人，就跟我讲闽南话。他还在自己病房的小桌子上放了一块小黑板，上面写了"维护祖国统一，坚决反对台独"这么两句话。苏老书法很好，写了很多诗，我看过他在原温州大学办校十周年一个讲座的报告里边的一些内容，他当时就提出希望他的学生谷超豪能够回来为温州高等教育做点事情，结果他的夙愿实现了。1999 年 9 月谷先生应市委、市政府的邀请来温州大学担任校长。

谷先生是非常重视温州大学的规划和学科建设的，他来了以后就在雁荡山组织了专家恳谈会，当时我们的市委书记蒋巨峰也参加了温州大学建设发展规划会，请了全国一些很知名的专家，北京也来了不少人。谷先生虽然是一个老革命家和一个教育家，但他也是个很开明的人。当时的温州大学改制，是由国有公办改为国有民办，用民办机制来办大学。如果说谷先生这样的大院士、大科学家都愿意来兼职当校长的话，说明他对新理念办学是接受并支持的，当然更是出于他对家乡温州的热爱。他有很多理念，后来我们温州大学也坚持了下来，比如坚持规划引领，以学科为主体，以学生为本，重视科研，现在的温州大学在这些方面都做得很好。谷先生身上一直流露着勇攀科学高峰的执着和为国工作的奉献精神，以及诲人不倦、甘为孺子牛的教育精神。法国的一位著名的数学家肖盖曾评价他，认为他是"站在高山上看到全局的科学家"。他是有政治智慧的，又有坚持真理、坚持正义的风格，在后来温州大学的办学过程当中，他发现一些问题后，也敢于斗争，善于斗争。当时的教育产业集团脱离了办学实际，脱离了教师，脱离了学校的按教学规律办事的原则，谷先生及时纠正过来，始终把学校的办学引领到正确轨道上，始终将办学方向牢牢把握在自己手里，为此他确实很费心思，也操了不少心。

他是时刻关注学校发展的，他的旗帜举起来，很快就会聚了来自各地的知名学者。他很关注学校的一些根本的东西，特别是学生。后来他把所有的年薪拿出来，成立了谷超豪特优奖学金。他题词不多，除了先后不同时期鼓励学校办学的三四条外，倒是专门为在校生、毕业生以及后勤服务和教师教学写了几句勉励的话，如"奉公守法、敬业乐群、奋发进取、不断学习""巩固优秀成果，继续精益求精"等勉励性的语句。谷先生始终希望学校扎扎实实办学，在学科引领、科研方面要非常重视人才的作用，重视学生全方位的成长成才，等等。他给教育部领导、全国人大政协以及省市分管的领导写了不少信，他希望我们温州大学的影响力越来越大，能够得到高层更多支持。他的时间观念很强，从来不会浪费时间，每次都是坐夜车来温州，日常不是在工作，就是在思考。我印象很深，他走路时经常搞不清方向，走路都在想问题。他经常提及受"文革"等的影响，工作时间太少了，要一直工作到最后一刻。他有一首名为《咏太阳花》的诗正是他一生的写照。

在工作方面，他对我还是比较严格的。开始做他秘书时我还不是中层干部，有时去上海出差，我是住在复旦大学的正大楼，他要求我严格按照规定住宿，住的房间是没有卫生间的，只能到公共浴室洗澡。后来我被提拔为办公室副主任，有了一定职级，谷校长告诉我，你可以住带卫生间的房间了。但他不是一个古板的人，他有时候接待客人的时候也会喝一点酒，他开玩笑地跟我说，他年轻时酒量还是可以的。他还告诉我一个小故事，他在浙大读研究生时，有一次和同学在外面小聚，讨论到数学题目时，两个人在教室黑板上推导公式，结果一个教室写满又到下一个教室写，第二天就有一位同学

谷超豪校长与钱强（右）工作合影

问他，你们昨天怎么这么激动，十几个教室的黑板全被你们写满了。谷先生在生活方面很俭朴，他穿的那套浅灰色带点蓝色的西服，其实是 1980 年买的，领带一共就只有两条。但他又很注重仪表，他的外事工作很多，需要接触很多外国科学家，他每晚回来都会把领带解下来，第二天自己重新打上，不像我们很多人一拉就算了。后来温州有一位企业家送给他一套西装，他一看袖口是名牌，就叫我退回去。他说虽然自己和这位企业家关系很好，但这衣服不能要。

可能大家不知道，以为谷校长来得少、管得少，其实谷校长是过问很多很细的事情的。他听汇报很具体，看问题也看得很准很深刻。他来温州时，基本是我全程跟在身边，包括开车、联络、工作以及生活方面都是我负责。他不住宾馆，而是选择住在我们原温大的图书馆里，他睡在一个小房间里，我就在客厅里铺一张折叠床陪他。谷先生针对温州的很多问题，包括古建筑的保留、学校的取名、温州文化的建设也都提过一些建议。他有一次去江心屿的时候在题有文天祥《过零丁洋》的那首诗的碑前面，专门叫我给他拍了一张照片留影，他说这是他最喜欢的一首诗，爱国之情都流露在里面，他也有这样的一种情怀。每次坐火车过青田的时候，谷先生都会走到过道看看青田的山水，因为当时在抗日战争时期温州中学迁到了青田办学，他对那段时光也比较留恋，因此始终看着窗外。他来温州工作以后，还特地去茶山看了一处农民的老宅子，当年的老房子还在，谷先生说抗战时期他曾到茶山避难，他对这一家人还怀着感激之情，谷先生非常高兴见到了当年房东的子女。谷先生都会尽量参加温州籍乡贤在上海的活动，如温州商会换届、温州人书法展等活动。他经常讲我们温州人给人的印象是只会做生意，其实我们温州文化底蕴很深厚，是历史文化名城，同时出了很多科学家，要改变世人对温州人的看法。

四　投身高校筹建

采访者： 2006 年 4 月，美国肯恩大学康奈利副校长来校访问。5 月温州大学与美国肯恩大学合作创办温州肯恩大学签约仪式在美国肯恩大学隆重举行。您从 2012 年开始先后担任过温州肯恩大学校务委员会副主任、副校长、党委副书记的职务，您在肯恩大学筹建和办学过程中主要做了哪些工作？

钱强： 温州肯恩大学的整个筹备期，如果从审批过程的角度来讲是蛮长的，因为签约是在 2006 年 5 月，地点在美国肯恩大学，浙江省委书记习近平出席签约仪式并做了重要讲话。由于前期的准备以及与美方的对接沟通，2012 年初正式批准筹建，从签约算起差不多有六年时间，中外合作能成功办学确实很不容易。

从 2012 年开始，我们进入实质性筹备阶段。2012 年已经开始挂靠温大招生，我记得第一届学生一共招了 204 名。中国的家长特别注重学校的综合排名，肯恩大学的排名，在美国也不高，有说 200 多名的，有说 300 多名的，在中国没有任何名气。当时翻译有叫科恩大学的，也有叫凯恩大学的。这所美国学校以前就和原温州大学和温师院有来往，我们在以前的老照片里看到的都还是翻译成凯恩大学。我当时刚从乐清挂职回来没多久，市里以及学校层面让我去做筹备工作，因为我以前在办公室做过外事工作，有一些经验。我和几位领导去教育部把文件拿回来，再借了我们温州师范学院老校区的 11 号楼开始办公运行。一切都是从零开始，没有土地，没有办公场地，没有教师，也没有工作人员。当时市里要求我们第二年就要招生，要求两年之内就要"去筹"，又要搞基础硬件建设，还要招兵买马开展教学，想办法把"筹"字去掉，很多人还不理解不支持，干得很苦。

我在温州肯恩大学担任党委副书记兼副校长期间，当时领导班子中中方人员就 3 位，我除了分管学生工作也管很多其他事情。其间，我没有找过学生谈话，但每个月都会被学生找去谈话，学生会每个月都会约谈我一次，我们就带着部门负责人，及时听取学生意见。当时很多美方坚持的做法我也很不理解，比如学生要求寝室不熄灯，图书馆24小时也不熄灯。美国的校长告诉我说，学校在任何时候都没理由拒绝一个愿意来学习的学生的需求。现在滨海校区的温州理工学院，在我提倡下图书馆也是局部空间有序实行长明灯制度。宿舍区虽然还是施行熄灯制度，但也开辟出了24小时的学习场所。当然环保节能我们还是要坚持的，美国的一些教育理念我们也要批判性地吸收。

采访者： 2012年《人民日报》发表文章《中外合作办学靠谱吗?》，据您观察，在2012年温州肯恩大学首次招生时，当时社会一般舆论对温州肯恩大学的看法是如何的?

钱强： 那时我们拿着旗帜和横幅，带着喷绘广告牌，到全省的各个中学去宣传，教育局林卫平局长也利用自己的关系，帮我们牵线拉资源出去宣传。当时我们确实担心招生问题，考试院的领导劝我们向宁波诺丁汉大学学习，先从二本开始招，然后再慢慢往上升。但我们坚持一定要将一部分招生计划放在一本，这样有一个高起点，人家就会说你是一本学校。所以我们当时把英语和计算机专业放在二本，把金融和会计这两个热门专业放在一本。考试院后来还一直劝我们，怕我们招不到学生，但我们坚持，哪怕只招到几个学生也要把一本办起来。应该说宁波诺丁汉大学和西交利物浦大学的成功办学，为我们第一年的成功招生起到了示范带动作用。学生和家长虽然不知道温州肯恩大学怎么样，但他们看准了中外合作办学的办学质量。

起始阶段确实很艰苦，边招生搞教学，边征地搞基建，最早的两届学生是放在当时温州大学城市学院的9号楼，图书馆是楼顶阁楼仓库改建的，行政楼也是借用的温师院的老楼。2014年国庆前我们按计划准备搬到新校区，没想到受各种因素影响，还没有完工。那时已是国庆节，几百个家长和学生拎着皮箱来到丽岙新校区，远远看到新校区这么漂亮都满怀期望。结果好多宿舍玻璃都还没装好，食堂的中午饭都差点没有做出来。我们让食堂烧出几样饭菜，请所有老师、学生和家长先到食堂免费吃饭，饭后我背着大喇叭向大家苦口婆心边解释边道歉，并承诺我们接下来的打算。面对学生和家长的批评指责，大家心里也很难受，觉得对不起学生和家长，但也只能把他们先劝回去，一部分人则住在学校附近的宾馆。国庆期间我们全天候加班，令人想不到的是，其间我们又遇到台风，连教室也积水很深，美国过来的第一任教学副校长罗伯特和一些外籍教授和我们一起舀水排水。还有一件事令我印象很深，当时一位家长把我拉进了家长群，群里有很多对学校批评和不满的声音。我当时真想从群里退出去，但我想我不能退，我要代表学校发声，后来也逐渐得到这些家长们的理解和支持。第一届学生毕业时，毕业典礼是在温州大剧院举办的，首先介绍了美国校长，会场掌声雷动。令我想不到的是，当介绍到我的时候，掌声更热烈。美方校长回头还看了看我，向我投来认可和赞许的目光。当时的心情真是五味杂陈，只要我们真正把学生放在第一位，一切为学生着想，最终也会收获他们的尊重和认可。

采访者：2021 年温州大学瓯江学院转设为独立的温州理工学院，开启了应用型本科高校建设发展的新征程。同年 4 月，您开始担任温州理工学院党委书记。当时将您调到温州理工学院的背景是什么？您能谈谈吗？

钱强：干部的任命，一是组织培养，二是工作需要，三是个人努力。大概在 2020 年 5 月之前，当时在温大党委和市教育局的推动下，对原温州大学瓯江学院的转设问题进行了调研论证。当时有三种方案，一是"并入"，二是"改民"，三是"转公"。经过反复的综合论证，我们认为转公这条路最稳定，能确保将学校带到新的发展高度。原瓯江学院办学还是有一定基础的，也有它的特色，市委、市政府也希望温州能够借此多一所本科高校，温州也有能力来支撑学校未来的办学和发展。市委、市政府在充分听取各方面意见后，终于在 2020 年 5 月经市委常委会研究，决定推进瓯江学院转公。

因为我有一些大学筹备的工作经验，包括筹备温州肯恩大学，以及筹备两校合并，都积累了一些经验，在领导岗位也干过，所以抽调我来到瓯江学院专职负责转公申报的具体工作。当然日常工作，还是要依靠瓯江学院原来的党委与行政班子。我主要负责对上的衔接工作，例如两笔专项经费的使用，以及申报工作。总体来讲，我们的工作开展得比较顺利，得到了瓯江学院全体师生，还有温州大学各个层面的支持。我们在程序上也做得比较到位，在教职工代表大会上，转公的决议得到全票通过，同时我们也充分征求了老领导与老教师的意见。一路走下来，我们不仅得到内部支持，外部对我们也很支持，尤其是省委、省政府与市委、市政府，各种保障都很到位。我们最后的申报工作，得到了教育部专家组的充分肯定，他们甚至说我们的很多工作可以作为独立学院转设的标杆。

瓯江学院变成理工学院不仅仅是转设，更是转制和脱胎换骨，是一次精彩的蝶变，不仅延续了原来办学的优良传统，更立足于更高平台、更远眼光和更高定位将学校带上了一个新台阶。自去年转设以来，大家有目共睹的是，这两年学校招生规模扩大，招生层次提升。今年学校在全省扩招的大背景下，我开玩笑地说今年的名次不退就是进步，因为杭州的省属高校也在扩招，它们会争夺我们的生源，但结果是我们的名次还上升了。我们将继续高举为地方服务的大旗，不断提升内部办学质量。应该说这一年多以来我们的开局起步还是好的。

采访者：2009～2012 年您曾在乐清挂职。据您所知，乐清是何时开始准备建立一所本土大学的？

钱强：乐清市在改革开放以后，经济发展得非常好，是温州十几个县市区里面生产总值最高的一个县级市。据我所知，在我挂职之前，乐清前几届党委班子已经有了在乐清办大学的想法，但没达成一致意见，可能是时机还不成熟。大概在 2010 年末至 2011 年初，当时乐清有推动此事的意向。乐清原本定位是要办一所高职高专，因为温州职业技术学院的两位主要领导也是乐清人，因此也把这两位领导请到乐清来讨论。但后来因为乐清政府与社会各界的意见没有达成一致，又耽搁了一段时间。到 2015 年、2016 年左右，乐清市委、市政府下决心要把原来的瓯江学院整体迁过去，说起来我们瓯江学院和乐清还是很有渊源的。跟温大洽谈后，协议已经基本形成，但省里的意见还是暂缓。虽然事情暂时没成，但双方的意愿都很高。一方面，温州理工学院立足于为地方服务，办学的理念就是产教融合，因此我们需要亲近产业，以培养应用能力强、动手能力强、实践能力强，又有一定创新能力的高素质人才。另一方面，乐清有这么好的产业基础，电器产业、智能制造以及其他许多新兴产业都急需高素质人才。同时，乐清市委、市政府也积极主动，希望能够为城市赋能，为产业赋能。现在温州理工学院转变为一所公办的本科高校，发展的态势很好，它们也看准了温州理工学院的办学定位和发展前景，认为我们的办学方向符合他们的需求。我觉得双方合作在温州市委、市政府的支持下能够办成，也一定会很出彩。

五　回顾与展望

采访者：您所取得的成就，既离不开您在温大的拼搏奋斗，也离不开温大发展给您提供的平台与机遇，能否举一两个例子给我们讲一讲温大对您的培养与帮助？

钱强：我从学生时代到开始工作，从一名普通的工作人员，逐步到部门负责人、市管干部、学校领导，再到省管干部。这一路走来，都离不开组织和党委对我的培养，得益于同事对我的爱护，也得益于家庭对我的支持。从某种意义上来讲，我始终没有离开过温州大学，这么多年的办公室工作经验，给我的帮助是综合性的。许多事情我虽然没有发挥主导作用，但都是亲历者，因此也收获了许多感受和沉淀。学校后来派我去筹备温州肯恩大学，那五年的工作拓宽了我的视野。包括到地方挂职，也是学校向市里推荐我去的，在地方这两年的工作对我的提高也有很大帮助，让我了解到社情民意与产业发展，认识到了校地合作的意义。同样，如果没有在温大工作的经历，也不会派我来筹备温州理工学院。我觉得在每个岗位上都能学到很多东西，也都能帮助自己有更大的提高，多岗位锻炼确实很重要。刀在石上磨，人在事上炼，我现在还在学习过程当中，同时也还在接受组织的考验。

采访者：明年是温州大学办学九十周年，您历经温州大学 1999 年改制、2004 年合并、2012 年温州肯恩大学筹建、2021 年温州理工学院筹建，您对温大未来的发展有哪些期许与展望？

钱强：学校党委已经对学校的长远发展有了更好、更新、更高的定位，我想以后学校规模肯定会更大，办学层次会更高，博士点会更多，各个学科在国内乃至国际上影响力会更大。包括我们教师的个人发展，学科的发展，整体的发展也一定会越来越好。

忆师专岁月，话师院韶华

——徐顺平口述

采访者：唐运冠　　　　　　整理者：杨定中、马尊顺

采访时间：2022 年 7 月 9 日　　采访地点：温州市下吕浦天鹅组团

口述者简介

　　徐顺平，1936 年生，浙江永嘉人，副教授。1956 年进温州师范专科学校就读。1961 年进杭州大学古典文学教研室、研究生班学习三年。先后在台州师范专科学校、温州师范学院、温州医学院、温州大学任教。曾任浙江省教育厅《浙江教育》编辑兼记者，《汉语大词典》温州师范专科学校编写组总负责人，温州医学院党委组织部部长、院纪委书记。长期从事文史与南戏研究，发表论文 70 余篇，出版著作多部。

一　幼年失怙，艰辛求学

　　采访者：徐老师，您好！首先请您简单介绍下您的个人情况，包括籍贯、出生日期、工作履历等。

徐顺平：我 1936 年 11 月 24 日（农历十月十一日）生于温州市永嘉县花坦乡。1958 年毕业于温州师范专科学校中文专业。随后分配到台州师专文史科任助教，并负责音乐科工作。1959 年任教于温州师范学院，担任语文教研组副组长。1961 年到杭州大学古典文学教研室、研究生班学习三年，在夏承焘、胡士莹、王焕镳等著名教授指导下，选修中国古代文学并从事南戏与文史研究。撰著《南戏为什么首先在温州产生》《温州历史概述》《温州诗史》等。1964 年到浙江省人民政府教育厅工作，任《浙江教育》编辑兼记者。1970 年到浙江省革委会政工组工作。1971 年调到温州医学院政工组，负责党委宣传工作。1978 年担任国家重点科研项目《汉语大词典》温州编写组总负责人。1980 年与研究南戏的同事建立南戏研究小组（为全国最早专门研究南戏的组织），创办《南戏探讨集》（为全国第一个专门研究南戏的刊物）。1987 年任南戏学会筹备小组副组长，筹备建立南戏学会。20 世纪 80 ～ 90 年代在温州大学教授"中国古代文学""温州地方史"等课程。1994 年 10 月 29 日在北京大学被选为中国俗文学学会理事。1996 ～ 1998 年，担任"瓯越文化丛书"副主编。1997 年任温州医学院人文学科教研室主任，组织"中国古代文学""中国现代文学"等多门课程教学。1998 年任温州诗词学会副会长，被聘为中华诗词文化研究所研究员，诗词作品入选《中华当代律诗精选》《百年律诗大典》等多部著作集。退休后，继续从事文史与南戏研究，发表《南戏产生于温州考论》《"南戏"名称考略》《高则诚〈琵琶记〉的思想艺术精神》等多篇论文。出版著作《岁月拾零》《岁月咏怀》《真巧事录》《岁月留痕》《徐顺平集》等。

采访者：您小时候家境并不好，但您不仅读完了小学，还以优异成绩考上县里唯一的初中，能谈谈您小时候的生活和进温师专前的求学经历吗？

徐顺平：我 6 岁父亲病故，家里贫寒，母亲独自将我抚养长大。从七八岁起就一边读书一边务农。小学时，老师布置的作业，我都努力完成，因为第二天检查，没完成就用板子打，不仅痛而且很羞愧，所以我不完成任务就不睡。当时夜里照明用的是柴油灯，有一条灯芯放在里头，夜深疲劳了，打瞌睡碰倒柴油灯，灯油泼到书上，老鼠就把书拖到床下咬碎了。

母亲在抗战后期参加了地下革命，斗争激烈时，不得不躲避在外。有一次，母亲在躲避浙保四团追捕时跌断了腿，粉碎性骨折，没治好，成了半残废，受尽苦难。我小学读到三年级就无法读下去了，后来直接从三年级跳到

《徐顺平集》书影

五年级将小学读完。1950 年济时中学春季招生，当时全县只有这一所中学，母亲因为家里困难不同意我去考，后来在小学班主任朱多先生的勉励下，我毫无准备地去考了，不料以第三名成绩被录取。后又在朱多先生的动员鼓励下，母亲向亲戚借钱谷，勉强让我上了学。

1960 年，徐顺平与母亲周玉花合影

1953 年夏，我初中提前半年毕业了。毕业后，在我面前有三条路：一是回家，母亲在家，没有劳动力不行；二是当小学教师，当时初中毕业就可以当小学教师；三是升学，当时师范学校免学费，还有一点补贴。我决定选第三条路。与同学商定后，便考了处州师范学校（即丽水师范学校）。这是一所老校，学校各方面条件都不错，图书馆藏书丰富，师资也不错。我打算毕业后当小学老师，所以学得也比较努力。小时候，听母亲讲天地日月神话故事，对我影响很大，长期以来对天地、宇宙、人生感到好奇。我凭个人兴趣将处州师范图书馆里与此有关的书都借来读了，对宇宙的形成、人类的起源进化和天文物理都想探索一番，当时真想将来做个天文学家。因此，我学习时对数理化比较重视。

二　砥砺奋进，入读师专

采访者：1956 年您从处州师范学校毕业，正常情况下应该直接参加工作，可是您怎么又考了大学，入读新成立的温师专？而且您原先报考的还不是温师专，想学的也不是中文？

徐顺平：我 1956 年 7 月毕业于浙江省丽水师范学校，按规定师范毕业生要分配到小学当教师。可是那一年，由于国家经济建设与高等教育事业发展的需要，全国高校当年要招收新生 19.9 万人，今天来讲这个数字肯定没有问题，可是那年生源不够，国家只得动员退伍军人、地方干部、小学教师，还特许本届中师毕业生参加升学考试，但限报师范类。对我来说，这是一个有望升入大学的好机会。

高考师范类里没有天文专业，我便想去考物理。但我的同桌郑汉宝同学希望将来同我一起学习，便劝我和他一起考文史。我这人颇讲友谊感情，而且我在文史方面也还有些兴趣，便中途改变志愿报考文史了。填志愿时报了浙江师范学院的中文科、历史科。

当时中学的师资不够，省里决定在杭州、宁波、温州三个地方办师专，只是还没有经过中央高教部的公示。我们到温州考试时，他们就开始宣传，动员我们报考温州办的师专学校。我想都是专科，在哪里念都一样，温州离家还近一点，于是便将志愿从浙江师院改为温师专。后来我的录取编号是一号，一直到毕业，档案里都是一号。

采访者：您了解温师专创建的背景吗？当时温州已有从平阳郑楼迁来的

温州师范学校，为什么又要创办温师专？两所学校的定位有何不同？能说说您对温师专最初的印象吗？

徐顺平：省里决定在杭州、宁波、温州这三个地方办师专，究竟什么原因我不清楚，但是我想应该是中学的师资不够。

温师（温州师范学校）和丽师（丽水师范学校）差不多，是培养小学教师的。有普师，初中毕业读三年；也有速师，初中毕业读一年；简易的，小学毕业去读，只读一年，那时候小学师资也很缺；读师专必须高中毕业，或者具有高中的同等学力，我是处州师范学校毕业的，和高中同级。从平阳师范学校迁过来的温州师范学校跟处州师范学校是同等的。当时每个州，即现在的每个地区，都要办范学校。民国时，从省里开始排，杭州排第一，排到温州是第十，叫第十师范、第十中学，以后它就变成温一中的前身。后来温州有人主张要办师范学校，上面也有这个想法，温州师范从 1933 年就办了起来。师范与师专是完全不一样的，师专是大学，师范是中专。1956 年办的温州师范专科学校，是温州有史以来创办的第一所大学，有着极为重大的意义。

刚创办时，温师专和全国大学一样，有许多动荡因素，还大力提倡劳动，学习的时间很少。1960 年，国家公布"高校六十条"，教学逐渐正规。其后，我也返回温师院任教。它是温大的前身。应该说师专是很不简单的，它是温州办大学的开端，为温州教育历史开辟了崭新的篇章。

采访者：您那一届学生的构成大概是怎么样的？同学们好像跟这所新学校经历了一个磨合的过程，您能讲讲背后的故事吗？

徐顺平：入学师专的同学大多是高中毕业生，主要来自浙江、江苏、福建以及上海。他们没填师专的志愿却被录取到这里。来校一看，发现这个学校成立得很仓促，宿舍、教室、操场都是跟别的学校借的，食堂也是共用。他们就向各方面提意见，事情闹得很大。

那届同学的年龄参差不齐。比如石心科同学，我们中文科三班的班长，他在抗战胜利后参加解放军，后来南下解放福州。石心科从部队考入温师专，所以他年纪比大家大一点。比他年龄大的还有，比如蔡珠玑同学，她是归国华侨，但她隐瞒了年龄，因为当时限 35 周岁以内才可以读大学，她实际上 40 多岁了。2007 年她 90 岁时，邀我带几个同学到她那边（厦门）欢聚庆祝。她比校长、老师年龄都大，于 100 岁时去世，如健在，今年已 105 岁了。

我们这些同学，在两年时间里，先是政治运动，后是办农场，勤工俭学。当时老师的教和学生的学都很认真努力，但是没有充足的时间学习，很多时候就要靠自学。我们中文科同学创办了《蓓蕾》，主要发表同学们的文章，也有老师的，在当时的情况下，这是很难得的。应该说，老师认真努力备课、教课，同学们也积极向上，大家只是希望条件好一点。

采访者：1958 年，中央提出"教育为无产阶级政治服务，教育与生产劳动相结合"的方针，温州师范专科学校和温州师范学校积极响应，创办了菌肥厂、砖厂、农场，两校甚至合办了钢铁厂，您对这些了解吗？你们是怎么处理劳动与课业学习的关系的？现在回头看，您如何评价这段经历？

徐顺平：当时学校办了农场，经常去农村劳动，农忙时要与农民一起收割。冬天时，同学们要去状元的河滩赤脚挑泥。那个农场我记得是在新桥，学校组织学生到那里去，从耕田、播种、施肥到收成，形成一条龙。我们还到居委会大扫除、扫盲等。后来，我在母校温师院当老师的时候，师院也办了一个农场，地点在九山湖对面（花坦头），教师轮流下去劳动。总之，当时学生劳动时间很多，强度大，学习时间不够。

新办的师专是如此动荡不安，各方面条件也都较差，要求并校又不成，再加上那段时间运动较多，如"大跃进"、肃反审干、教育方针大辩论、红专辩论、交心运动、勤工俭学办农场，还有下指标灭蚊子、捉老鼠、打麻雀等，整天闹哄哄的，读书的时间实在不多。但是，既然作为学生，在老师们的辛勤教导下，还是学了点东西的。我除了完成规定课程的学习内容外，还课外阅读了许多通俗小说和俗文学的研究论著，读了一些外国文学作品，如托尔斯泰的《复活》《安娜卡列尼娜》等。特别是裴多菲、海涅、普希金的诗歌，给我较大影响，打开了我在诗歌方面感情和想象的窗户，开始练习作诗。与同学姜绍绩、鲍元仁等组织了"初耕创作小组"。这时我作了《楠溪行》《登华盖山》《老队长》等。我曾以"一叶"为笔名在当时的《浙南大众》上发表了《白雪》《人民的天》等诗歌。

对于当时的劳动教育，我的评价是劳动太多了，学习太少了。学生应该以学习为主，进行一些劳动教育，去帮农民干一下农活，保持我们的全面性，这个是可以的，但是不可以不分主次。后来中央制定"高校六十条"就是为了解决这个问题，它的原则是高等学校要以教学为主，限制劳动时间，恢复正常教学。

（1）

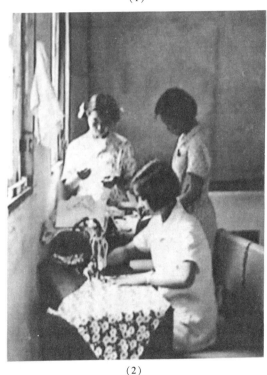

（2）

1958 年，温师专学生参加劳动教育

　　采访者：教育部近几年也在讲要对大学生开展劳动教育，您觉得劳动教育对现代大学生培养有什么意义？应该怎么开展劳动教育？跟您那个时代有什么不同?

徐顺平：我认为要开展一点劳动。不劳动，就不知道劳动是怎么回事，那不好。进行一些体力劳动，不论对身体还是思想都有好处。但是不能过多，一定要以学习为中心，以教学为中心。

三 分合裁撤，辗转为师

采访者：1958 年 8 月，正好在您毕业的时候，温州师范专科学校升格为温州师范学院。您有经历这件事吗? 当时是什么情况?

徐顺平：这有两个方面的原因：一是国家需要，为了培养高校人才；二是可能跟学生的意见也有关系。学校从师专升格为温州师范学院要经中央教育部批准，早在我们毕业以前，中央教育部就批准了。这从当年的照片中可以看出，我们勤工俭学时也称温州师范学院。虽然毕业前校名已经是温州师范学院，但我们入学时称师专，毕业时仍称"温州师范专科学校"。

采访者：当时您中文专业毕业，正常情况下您应该去中学教语文，但您却被分配到台州师专，后来还到了音乐科任教，为什么?

徐顺平：当时我们毕业得很仓促，公布了名单与去向，第二天就要走，师生间、同学间连话别的时间也没有。两年同窗，一下子就四处分散了。正常情况下，大专毕业的去向是初中老师，本科毕业是高中老师。但是 1958 年高校大发展，不光温州的师专升格成师范学院，其他地方的师专也办了起来，那么就需要很多高校老师，条件一是本科以上毕业，二是有一定的教学能力。由于各地师资缺乏，上级教育领导机关决定，从实际情况出发，做了若干调度变通，包括从温师专毕业生中选调 7 人，要求政治可靠、业务可行，由浙江省教育厅分配到大学当助教。我就是其中一员，被分配到新办的台州师专任文史科助教。第二年我被调回母校温州师范学院中文系任教。除了这 7 人，其他同学都被分配到初高中任教。名单公布后，第二天所有人都要离校去单位报到。温师专两年极不平凡的办学终于完成了，接下来便是温州师范学院的迎新工作了。

我在台州师专的时间虽然不长，但与学生们基本生活在一起，学生们对我很好。分别之后，当年在台州师专的那些学生一直与我保持联系。2019 年，距离分别已有 60 多年，我早已辗转到温州，还有一部分学生分别从临海、黄岩等地前来看我。他们事先没有告诉我，令我非常感动! 所以，老师爱学生，学生更是敬爱老师啊!

采访者：毕业一年之后，1959 年 8 月，您回到温州师范学院，这次是当中文系老师，还当了语文教研组副组长。为什么会有这次调动？这次以教师的身份回来，您有没有特别的感受？学校有什么不同吗？

徐顺平：现在的台州、丽水、温州，就相当于古代的东瓯国。我去台州师专是 1958 年，到 1959 年上半年，我就知道，上级决定要撤销台州、丽水两地区，并入温州地区。温州专署教育局需要抽调人去整顿其他两个地区的教育，就是决定哪些学校要办，哪些学校要撤并。于是便抽调原台州农专副校长与我二人负责原台州地区的学校整顿工作，1959 年 6 月他和我就到温州专署教育局了。

我于 1959 年 8 月返回母校任教，离校仅一年，新的教学大楼已建立，九山湖畔放生池边风光秀美，夏天在灯光照耀下，老师们坐着观景乘凉，很是享受。当时省内除了浙江农业大学（杭州华家池）风光最美，其次就是温州师范学院了。此时，台州师专被撤销，骨干教师许燕礼、王恭一、谷亨杰、钱绍泰等过来了，数理科、生化科的学生也过来了。学校还从上海师范学院调来骨干教师翁达藻、柯昌基、符丕盛、刘好兰、王建华等。学校师资充实了起来，教学也逐渐正规。后来又认真贯彻"高校六十条"，学校领导深入基层、尊重教师，教与学的积极性大大提高。

20 世纪 60 年代初，温师院留校工作的首届毕业生
于九山湖校区合影（右一为徐顺平）

回温州师范学院任教时，学校已设有中文、数学、生化等 6 个系科。我担任中文、外语、生化等科的中文教学兼中文预科年级主任，同时担任语文教研组副组长，与组长王阜彤老师一道，贯彻"文道结合""少而精"的教学原则。组织组内老师认真教学实践，提高教学质量。后来又担任中文系 60（1）班导师。曾代表温师院参加温州地区高校教学巡查组，由地区高教办公室姚宏宝主任带队，去温州医学院、工学院、师范学院进行中文教学检查，深入课堂听课、检查批改作业、召开教师学生座谈会等，促进提高教学质量。此时图书馆仪器设备不断增加与充实。温州师范学院获得了迅速发展，成为当时浙江省师范类办学实力较强的高校。

采访者： 1961～1964 年，您在杭州大学进修，是在职还是脱产？能说说这段经历吗？当时国家三年非常困难的时期刚刚过去，是什么样的契机让您产生去进修的想法并最终实现的？

徐顺平： 我当时是以师院老师的身份去杭大读研究生的，也在杭州大学古典文学教研室参加教研活动。师院为了提高师资水平，派我到那边学习。那几年高教部刚刚下达文件，进行研究生教育，规定学制三年。学校觉得我有培养潜力，便派我去了。

在那边他们也把我当老师看，除了上课，我也参加古典文学教研室的活动，在教职工食堂吃饭，与马骅、徐规先生同桌，3 个人的碗筷都放在一起，一块儿散步，叙谈乡情，很是亲切。当时指导我的是王驾吾、胡士莹先生。王驾吾教授在抗战的时候就在浙大教书，研究先秦文学。胡士莹教授，全国有名的俗文学家，话本小说研究很有名。他们两个是指导老师，也会参加教研活动，我们一起开会。

那三年中，姜亮夫教授给我们讲文字、音韵学，夏承焘教授讲《词论》、辛稼轩词，王驾吾教授讲先秦散文，胡士莹教授讲话本小说，任铭善教授讲目录学，潘锡九先生讲日本语，等等。此外，还邀请了陈望道、方光焘、高亨、张世禄、钱仲联、马茂元等名家教授来讲学。为了扩大我们的知识面和提高艺术鉴赏力，还请画家潘天寿、戏剧家盖叫天先生给我们做专题讲座。在专业上，我在这段时间里大开眼界，感到自己过去虽然已当了三年大学教师，但只是就事论事地应付教学，而在学术研究领域并未进入门径。因此，我非常珍惜这宝贵难得的时间，孜孜不倦地读书，认真钻研，进步也较快。我的指导教师胡士莹教授为当代著名的俗文学家，他对戏曲也有很深的研究，他给我们讲"话本小说概论"专题课，宏博精深，别开天地，他的这个讲稿在 1980 年由中华书局正式出版，赵景深在该书"前言"中称其为"研究话本的百科全书"。因为我是温州人，当时胡先生就指点我，建议我把南戏当作重点研究方向。在胡先生的指导下，我对俗文学的学习有了较大的长进。南戏的出现，是我国戏曲正式形成的标志，有着划时代的意义。为了探索南戏为什么于北宋末首先在温州形成，我开始搜集资料，对温州的地方文化历史进行初步考察，然后撰写了《南戏为什么首先在温州产生》一文，撰写了《温州历史概述》《温州诗史》稿子。同时，对我国最早研究记录南戏的专著明徐渭的《南词叙录》，也在胡先生指导下进行了初步的研究，写了《试论徐渭〈南词叙录〉戏曲观》一文。由于南戏是受到了话本小说、诸宫调、唱赚等多种民间说唱技艺和宋杂剧的影响，继承和吸收了俗文学中多种成分和营养而创造的一种艺术新体制。因此，研究南戏就必须同时注意俗文学对南戏形成和发展的一些影响，我开始搜集这方面的一些材料。在杭州大学的三年，我还参加了夏承焘教授主持的"辛稼轩丛书"的部分编纂工作。撰写了《稼轩词韵》，编辑了《稼轩词人名索引》《稼轩词地名索引》等。夏承焘先生出于对温州故乡历史文化的热爱，提示我研究温州历史文化，鼓励我将研究南戏与研究地方历史文化结合起来。对我的学习与研究特别关心，时加勉励。在杭州大学这三年，我自己在专业研究方面打下了基础，开始找到了研究门径和方法。这三年，我也结识了许多著名的老师和朋友。当我 1964 年 7 月学成告别时，我的导师和许多朋友热情写诗勉励。夏承焘先生赠诗说："约子龙湫雷蛰顶，他年归读稼轩词"。王驾吾先生嘱勉"登山必自麓"。

采访者：进修这几年，温州师范学院和温州师范学校发展得怎么样？关于学校、教职工和学生，有没有什么特别的事？校史对这一段好像说得不多。

徐顺平：两所学校都在不断地扩充师资，办学实力稳步提高。我担任过中文系 60 级的班主任，后来毕业生中出了许多优秀的校友，如曾任副省长的鲁松庭、省党史办主任章近荷、丽水地区副专员夏金星、杭州外国语学校校长兼书记张润秀，他们都来自这个年级。鲁松庭是从五年一贯制的专科到本科来的，章近荷、夏金星、张润秀都是高中毕业考来的。1960 年的时候，杭州进来的学生很多，这个时候学校发展得很不错。

采访者：1964 年温州师范学院（原温师专）突然被撤销，听到这个消息，您和温州师范学院其他教职工有何反应？此事对您后来的人生道路有什么影响？

徐顺平：这件事很遗憾，使我至今难以释怀，我认为是不应该撤的。如果温师院从那个阶段一直发展到今天，那又是另一种局面了。当时教育整顿根据三个条件进行：一是师资，二是图书，三是设备。按这三个条件，其他专区的高校都被撤销了。金华的浙师院，其地理环境还不如温州。此后一分为三，除金华外又分去了丽水和台州，因此浙师院也撤了。温师院本来是可以保留的。但是当时出了一个情况，为了响应国家号召，大力培养翻译人才，在一次省委办公会议中，省里决定创办杭州英语专科学校。在当时办一所大学还是比较困难的，就撤销了温师院，将部分人员、图书、设备调到杭州英专。

学校撤掉后，老师也被调走了，有的下放农村中学；有的去乐清；还有一部分留在了温州，创立了函授站，后来演变为五七师范学校；剩下的就去杭英专了，许多人后来进了杭大，现在早就退休了，有的已经离世。比如原复旦大学的翁达藻，他教授历史，外语水平极好，翻译过法文版、英文版的《红楼梦》，后来去了杭大。我是打心底里为温师院感到惋惜的，学校一撤，师资、资源都流失了！本来我读完研究生要返回温师院工作，后来因为学校撤了，我被调到省教育厅工作，只得带着 1000 册图书去教育厅的资料室。

四　拨云见日，重新出发

采访者：1971 年 6 月，您回到温州，入职温州医学院。同年 12 月，温州师范学校与温州地区五七师范学校（温州地区教研函授站）合并为温州地区师范专科学校，（1974 年）又更名为温州地区师范学校。您对此次两校合并及其背景了解吗？1971 年为什么又重新设立师专？

徐顺平：我之所以去医学院，是因为它是大学。师院撤掉以后，不论是函授站也好，五七师范学校也好，以后叫师专也好，都不是大学。因为特殊时期，师专实际上也没有正式地批下来。正式批下来是在 1978 年，前面的师专只是称呼而已。重立师专可能是温州地区为了培养中学教师。1958 年时，学校可以自己命名。我在台州师专时，曾和农大的领导一起去台州的公社，那个地方叫灵山，它挂了个牌子叫灵山农业大学。公社也办大学！所以这个东西都是自己弄的，没人管。

采访者：1978 年，您担任了《汉语大词典》温州编写组负责人，该成果后来也得到了许多赞誉和表彰。这部词典的编纂背景非同一般，能否介绍一下这项工作的情况？为什么温师专会有一个编写组（温州编写组后改为温师专编写组）？工作中遇到了哪些波折？你们是如何克服这些困难的？

徐顺平：《汉语大词典》是周恩来总理亲自审理签批，国务院发了〔1975〕137 号文件后编纂的一部大型词语词典，被列为国家重点科研项目，组织上海、山东、江苏、安徽、浙江、福建等五省一市的语言专家共同编纂完成。浙江省于 1977 年建立了省《汉语大词典》编写领导小组，先后在全省建立了 11 个编写组。温州编写组于 1977 年 6 月开始筹建，人员从各县（市）推荐选调。编写组派人到温州医学院调我，经一再争取，毕向荣书记终于同意放行。

我于 1978 年 4 月到《汉语大词典》温州编写组，同年 5 月 2 日下午，温州教育局局长陈明德同志（后任中共温州地委宣传部副部长，一直分管词典组）召开温州《汉语大词典》编写组全体人员会议，宣布组织决定："《汉语大词典》温州编写组正式建立。徐顺平、马锡鉴、金徐銮为编写组负责人，徐顺平总负责，马锡鉴分管专业，金徐銮分管行政。"当时《汉语大词典》编写组的人员有：徐顺平、马锡鉴、金徐銮、苏渊雷（顾问）、胡福畴、陈增杰、郑张尚芳、沈洪保、杨奔、马允伦、洪瑞钦、周梦江、张如元、阮延陵、高益登等 15 人。《汉语大词典》温州编写组的工作，1979 年春以前是收词制卡，保质保量按时完成《宛陵集》《冷斋夜话》《吹剑录》《云谷杂记》《朝野类要》等书的收词制卡工作，制成卡片约 5 万张。

1978 年 9 月中旬，《汉语大词典》于安徽黄山召开编写工作会议。回顾检查了以往工作，讨论了结束收词制卡转入释文编写工作的方案。提出要改变目前编写组过于分散的状况，对现有的编写组进行整顿。为此，浙江省于 1978 年 10 月 8 日在杭州召开各词典编写组负责人会议，我前往参加。会上传达了黄山会议精神，结合浙江省的实际情况，对全省各词典组进行整顿，提出在收词制卡工作结束转入释文编写前，各地区的《汉语大词典》编写组撤销。我对地区各编写组一概撤销有意见，结合本组实际情况，提出要求温州编写组继续保留。我在会上将本组情况做了汇报，认为首先人员队伍良好，能胜任释文编写工作；其次温州市图书馆、温师专图书馆藏书丰富，已商定无条件提供使用；再次是中共温州地委宣传部正、副部长胡万里、陈明德，与温师专校长何达栋等同志，对词典组非常关心支持；等等，要求省在整顿中继续保留本组。听了我的汇报，省词典办公室领导马守良、秦风同志会后找我，向我表示温州编写组可考虑保留。我回温后将会议内容与情况向马锡鉴、金徐銮老师说了，他俩表示支持。

1979 年 2 月 2 日，省《汉语大词典》编写办公室夏钦翰同志来温州，向徐、马、金 3 人说了全省各词典编写组的情况，全省收词制卡已近 40 万张，告知各地区编写组收词制卡工作完成后即结束。他说，温州编写组在去年下半年负责人会议上提出要继续保留，省里已初步同意，但尚未报省委宣传部批准。我 2 月 8 日上午召开本组全体人员会议，传达省夏钦翰同志来温讲话的主要精神，这期间，我一直为本组能否保留担心。为此，我于 2 月 18 日专程前往杭州，找马守良、秦风两位领导再次汇报，要求本组保留。结果得到他们对本组继续保留的明确答复，要求我们搞好工作，我感到欣慰。1979 年 2 月 27 日接到通知，我去省里参加编写组负责人会议，会上宣告《汉语大词典》温州编写组保留。

《汉语大词典》温州编写组在工作中也遇到不少困难，其中最突出的是如何稳定编写队伍。《汉语大词典》温州编写组的人员，是从县（市）各单位临时借调来的，由原单位发工资，在词典组工作，短时间犹可，时间长了原单位便有意见。一次张如元同志找我说，厂里来人要他回去，说不仅这次工调没份，今后借用工资也不付了。其他同志也遇到各种类似问题，致使编写队伍不稳。特别在 40% 工资调整期间，在本单位工作的人员也只有部分人上调，长期借用在外的人员就更没有指望了。我亲自写信给各同志的原单位（盖上词典组的印章），介绍参编《汉语大词典》的重大意义，介绍该同志在本组的表现与业绩，希望原单位关怀照顾。其实，这样做所起的作用是有限的，我向省反映要求帮助，省里给我寄来了已填好我名字的中共浙江省委宣传部介绍信，我便拿着中共浙江省委宣传部的介绍信，到有关的县（市）宣传部、有关单位去做工作。1979 年 11 月 12 日我去瞿溪无线电厂张如元原单位做工作，11 月 15 日去平阳县委宣传部找吴培田部长以及去杨奔原单位麻步中学找校长做工作，11 月 16 日去文成县委宣传部以及去文成中学沈洪保原单位，11 月 19 日去瑞安县委宣传部以及去瑞安中学马允伦原单位，11 月 22 日去乐清县城南公社高益登原单位，此外还到金徐銮原单位温市华侨中学、郑张尚芳原单位温州渔业机械厂、周梦江原单位近郊区新桥中学等单位做工作。至 1980 年春，工调工作正式开展后，我再次到各单位做工作，还找温师专校长何达栋汇报有关情况，要求他对马锡鉴、陈增杰等老师工资调整予以关怀。虽然收效有限，但尽力而为了。工资调整关系到每个人的切身利益，即使有关单位领导为在词典组工作的同志讲话，但最后还得群众评议，情况复杂。我们编写组的同志，就在这种情况下，不计个人得失，坚守岗位，兢兢业业，加班加点认真搞好释文编写工作，这种公而忘私的精神，甚为可嘉。陈增杰曾向我推荐林章文同志参加编写工作，我同意分些释文条目给他。总之，编写组编写任务的长期性与编写队伍临时性的矛盾难以解决。为了稳定队伍，我们只得积极向上级争取编制名额，努力将有关同志正式一一调入。在实践过程中虽也遇到一些复杂与艰难，但我与马老师努力向有关组织领导反映争取，逐步解决。

1979 年冬，《汉语大词典》温州编写组同事合影。前排左起：高益登、马允伦、洪瑞钦、徐顺平；后排左起：沈洪保、周梦江、金徐銮、杨奔、郑张尚芳、陈增杰

　　1980 年下半年起，温州医学院党委书记毕向荣同志向组织与我本人多次催促提前回原单位工作。1981 年 1 月 19 日，我最后一次主持《汉语大词典》编写组会议，进行年度总结评比，并经过讨论，同志们评选高益登、陈增杰、马锡鉴、徐顺平为年度先进工作者，我再三推辞未成。词典组同人与我三年深情相处，感谢大家对我工作的支持。离别后，与马锡鉴老师时有来往，叙谈词典组情况。他还将我撰写上报审改后的条目返回稿交给我，阅看后提出意见。《汉语大词典》编写工作《简报》每期继续发送给我，直至1984年编写结束为止。

我在《汉语大词典》温州编写组工作中，留下深刻而亲切的记忆。感谢同人对我工作的关心与支持。自从我1981年春被提前调回温州医学院工作后，马锡鉴老师继续领导词典组进行释文编写工作，至1984年初终于全部完成编写任务。光阴匆匆忽已30多年过去了。如今，胡福畴、洪瑞钦、金徐銮、苏渊雷、杨奔、朱烈、马锡鉴、马允伦、周梦江诸先生已先后去世，他们各自为编纂《汉语大词典》创造业绩做出贡献。回思往事种种，情深谊厚，怎不令人深深怀念！

采访者：20世纪80年代，温州高等教育界接连发生了几件大事，包括1984年建立温州大学，1987年恢复温州师范学院。您能讲讲这两件事吗？为什么短时间内温州高等教育能有这么大的发展？

徐顺平：温州市委对温州大学很重视，想把它办起来并努力办好。学校当时也充满活力，但要进一步发展，也是非常困难的。当时师资比较缺乏，有些课还得请校外老师来上。我在医学院工作，温大的"古代文学""温州地方史"等课程邀请我去讲授。温大一直勤俭办学，富有生机，毕业学生有不少为温州的建设、发展做出了贡献。学校为了进一步发展，与原来基础较好的温州师范学院合并，组建新温州大学，这必将促成温大迅速提高与发展。

采访者：您虽然行政、教学工作繁忙，但一直坚持做科研，退休后也是一样。能否介绍一下您的科研经历？主要是做哪些方面的研究？

徐顺平：我开始搞科研是在1961年去杭州大学读研究生的时候。我的指导教师胡士莹教授为当代著名俗文学家，他给我们讲"话本小说概论"专题课。胡先生对我说，可对南戏做重点研究。胡先生还跟我讲，小说、戏曲是连在一起的，一定要一起研究。南戏的出现，是我国戏曲正式形成的标志，有着划时代的意义，但是那个时候这个领域（南戏）还没有很好的开发，几乎没有多少人在研究。在胡先生的指导下，我对俗文学的学习有了很大的进步，由是开始对南戏的研究。

为了更好地研究南戏，必须研究文史。南戏首先在温州形成，为探索原因和影响，必须对温州地方历史文化进行研究探索。研究南戏也要研究中国戏剧发展史，研究元杂剧。夏承焘先生也是温州人，他提示我将南戏与温州地方历史文化结合起来进行研究，所以我在研究南戏的同时也重视对文史的研究。为了研究南戏为什么首先在温州产生，我首先对温州地方历史与温州诗史进行研究。先说温州地方历史。现存最早的温州地方志是明弘治王瓒编撰的《温州府志》与明嘉靖张孚敬编撰的《温州府志》，但由于时代的局限、内容的繁杂、体例的陈旧，未能科学地阐述温州地方历史发展过程。首先我撰著了《温州历史概述》。在当时，这是前人未做过的工作，缺少参考资料。夏承焘先生对我说："这是一项开拓性的工作，一定会遇到困难，要有毅力，要坚持不懈。"所以我认真阅读了温州府、县志，阅读有关温州地方历史的文献、笔记、小说等，阅读"永嘉丛书""敬乡楼丛书""永嘉诗人祠堂丛刻"等有关内容，还考察了温州出土的历史文物等。我当时年轻，精力充沛，经过努力，在1963年12月写成初稿。后将书稿寄给中国科学院考古研究所所长夏鼐先生和中山大学王季思教授，向他们请教，得到了两位先生的肯定和勉励。书稿在1987年9月由《温州师范学院校报》分期全文连载。

还有就是撰著《温州诗史》。在夏承焘先生的提示和勉励下，于1964年3月在杭州大学完成初稿。这是温州最早的诗歌史，也是前人未做过的开拓性工作。我在当时的条件下，对千余年来的温州诗歌历史进行论述，自然感到力不从心。我在这本书的"前言"中坦诚说："我的这一工作，仅仅作为一个开端，以引起大家重视并继续研究，整理致使大成，这便是我的内心的真实愿望了。"在撰著《温州诗史》时直接与南戏研究有关的问题，就是发现了南宋瑞安诗人曹豳的一首诗《题括苍冯公岭》，里头有"村南村北梧桐树，山后山前白菜花"，这两句被温州九山书会编演的《张协状元》剧本第二十二出引用。据此，可以考证现存最早的南戏剧本《张协状元》不会早于南宋中期，编演《张协状元》的温州九山书会也属于南宋中叶，这是南戏研究中的重要问题。胡忌先生看见我的论文后来信称赞说："兄之《张协状元》不会早于南宋中叶之说，当成定论。日后他人著作提及此戏写作年代，应从大作。这是一件有功戏史之事。"

撰著《王十朋评传》。1996～1998年，我担任"瓯越文化丛书"副主编，这部丛书共计12册，其中有一册是《王十朋评传》，由我负责撰著。王十朋是南宋温州乐清状元，一代名臣。我于60年代初在杭州大学撰著《温州诗史》时读《梅溪王先生文集》，他的爱国刚毅、清正爱民，我深感敬仰。他的诗文很有特色，也给我留下了深刻印象。我在半年的时间内完成书稿。我以传主本人的著作为基础材料，广泛搜集有关史料，到王十朋家乡乐清左原进行实地调查考察，做到言之有据。这本书由作家出版社于 1998 年 1 月出版，广获好评。就在撰写这本书的过程中，我发现《梅溪后集》卷一七《悼亡》诗"注"云："予一日忽言穷，令人曰；'君今胜昨日书会时矣，不必言穷。'"讲的就是王十朋任泉州知州时，他的夫人去世，他在悼念夫人的诗里回忆起自己叹穷时，夫人劝他不要叹穷了，说："你在书会里读书时比现在更穷苦，现在好多了。"这指的就是王十朋当年在梅溪书会（即书院）读书会讲时的情况。这里的"书会"是教育团体，与家塾、会馆、书院性质相同。这就证明了编演南戏剧本的团体"书会"，是由"教育团体"演变来的，这是我的首次发现。

《王十朋评传》书影

在医学院期间，因为专业不对口，我只能利用业余时间进行专业研究。早在 1971 年 7 月至 1975 年 3 月我就利用业余时间继续研究南戏，撰著《南戏》一稿（油印）。1980 年 2 月，与胡雪冈老师合作在《戏剧艺术》上发表《谈早期南戏的几个问题》，引起国内外学者重视，中山大学王季思教授来函称赞鼓励，日本山口大学教授岩城秀夫寄来《温州南戏传存考》等论文。同年 7 月在中共温州地委宣传部副部长吴军同志的支持与领导下，我与胡雪冈、唐湜等酝酿后建立了南戏研究小组。此后，我继续坚持研究南戏，并陆续发表研究论文。1985 年 1 月 5 日，南戏学会筹备小组成立，我被推举为副组长。之后，又参加了 1985 年 1 月 18 日于温州召开和 1985 年 12 月 22 日于杭州召开的第二次、第三次筹备工作会议。1987 年 5 月 5 日参加了于温州华侨饭店召开的南戏学会成立大会，来自全国各地的专家、教授与会，我代表南戏学会筹备小组向大会做筹备经过情况汇报。王季思教授被选为名誉会长，徐朔方教授为会长，我为干事会干事。我还不时参加学术研讨会议与活动。1988 年 3 月、6 月我先后两次赴杭州参加《中国戏曲志·浙江卷》审稿工作；1989 年 11 月起，我参加《中国曲学大辞典》的编纂工作，承担撰写"南戏"部分的《赵贞女蔡二郎》《王魁负桂英》等 100 多条条目，这本书于 1992 年 12 月由浙江教育出版社出版；参编《元曲鉴赏辞典》（1990 年 7 月上海辞书出版社出版）、《明清传奇鉴赏辞典》（2004 年 12 月上海辞书出版社出版）；1994 年 10 月于北京大学参加中国俗文学学会第四次全国代表大会，被选为中国俗文学学会理事（每省一位理事，我代表浙江省）；1997 年 10 月参加于海宁召开的全国关于王国维戏曲理论学术研讨会，并于大会上就南戏产生问题做了发言；2000 年 8 月参加南戏国际学术研讨会，被安排在大会上发言，论文收入了《南戏国际学术研讨会论文集》。

以上是与南戏有关的文史研究。其他方面，我还于 1998 年 6 月至 1999 年 9 月参加"高等院校 21 世纪人文素质教育教材"编纂，担任《中国文化概论》《中国文学阅读与欣赏》两书的副主编，并参与其中部分章节的审稿工作，后由首都师范大学出版社于 1999 年 9 月出版。参加《浙江方志概论》（1984）、《浙江姓氏志·浙南徐氏》（2004）编纂等等。1984 年 5 月当温州成为全国对外开放的 14 个港口城市之一后，我便对温州港及历史进行探索，撰写了《秦汉时期温州的海上交通》《"横屿船屯"的建立》等 10 余篇文章刊于《温州日报》。为探讨王羲之是否曾任永嘉郡太守，撰刊了《否定王羲之曾任永嘉郡太守证据不足》，还撰写刊出了《怀念》《真巧事录》《岁月拾零》等散文著作。

我从 1961 年开始研究文史、南戏，至今已经 61 年了。研究南戏的人原本就不多，要现在的年轻人走这条路会更难。一是辛苦，要掌握这一研究领域各方面知识不容易，短时间内难以上马；二是这条路现在经济效益不好，后继乏人是可以想见的。我们过去搞研究，是出于对学术文化研究的热爱，作为温州人，为继承发扬故乡文化做奉献。

回顾自己多年来的治学过程，始终坚持三个原则：一是要拥有资料，不做无米之炊；二是研究的态度要实事求是，据实论理，有多少材料说多少话；三是解决别人未曾解决的问题，但问题不分大小。虽然前进的道路有时很不平坦，但只要不畏艰难，不断进取，努力克服困难，总会有所收获。

五　见证历史，展望未来

采访者：退休以后，您一直笔耕不辍，继续进行文史、南戏研究并参加温州大学的学术和其他活动，近年还有新的论文发表。是什么力量在支撑着您？能谈谈您退休后的生活吗？

徐顺平：我感到"退休"是第二次解放，退休以后继续进行研究，根本就没有停。别人退休是职位免掉了，没有权力了，对我来说退休则是解放，更有时间从事研究工作了。我一直都睡得很晚，有时候到夜里一两点、两三点都有，因为要开学术会议，要写论文。同时，我还进行一些教学工作，之前我把温州医学院的人文学科教研室建起来，我是主任，我走了以后该教研室就被撤掉了，现在也没有了。录取来的医学生分数都比较高，但人文基础知识欠缺，所以要从大一开始进行教学。所以一直忙。这个忙呢，是一种乐趣，但是很疲劳，所以我们要注意劳逸结合。总之一句话，既高兴又觉得心有余而力不足。

采访者：您是一位文史兼修的学者，对天文学也有浓厚兴趣，还在行政工作上做出了出色的成绩。温州大学很重视对青年教师的培养，但如今的青年教师各方面压力很大，学术领域往往也比较狭窄。您能给温大的广大青年教师提些建议吗？

徐顺平：我一直坚持进行专业研究，包括动荡时期也在研究南戏。我的研究工作是从 1961 年开始的，此后从未间断。我一直想要对得起老师，1973 年我在温州医学院宣传部工作，3 月我去杭州看望夏承焘、胡士莹先生，夏先生问我南戏研究进行得如何。当时是特殊时期，很多人都觉得做学术研究没有意义，也静不下心来。但夏先生对我说："有生命的东西，就是有意义的东西。有生命力，它就不会过时。"当时我听了感到很震惊。从此我不论何时何地，不论从事什么工作，再也没有中断过学习、研究。还有一次，我去看望胡士莹先生，他当时中风说不了话，拿起笔给我写了"快搞专业"四个字，我看了，感动得流了泪。

夏先生讲到研究方法时，强调抓住重点，点面结合。不论从事什么研究，都应如此。姜亮夫先生研究的面比较广，但语言、文字、敦煌学等仍是

2011 年，徐顺平（前排左三）参加南戏研讨会合影

重点。一个是面，一个是点，所以希望你们将来也一样，一定要有面，也一定要有点。什么都懂一点，却没有自己的专长，那是不行的。夏先生对我说，一个演员也是有"拿手好戏"的，他某一个戏演得特别好，但不可能所有的戏都演得很好；厨师也是这样的，也有"拿手好菜"，你有几个菜烧得特别好，但不可能每个菜都烧得特别好。所以，你们今后的研究也要点面结合，做出成绩！

你们历史系的蔡克骄是研究地方史的。我那个《温州历史概述》是 60 年代初写的，但它毕竟成书于 60 年前，还有很多充实的空间。过去搞地方史研究的人少。现在我们发掘材料、做文化研究，很重视地方史，这是对的，它在某些方面更贴近社会基层与百姓人生。某些重要的方面要抓住，你的研究总要比别人高明些。夏先生曾对我说，什么叫高明？什么叫专家？你对某一专题研究得最好、成就最大，在一个省最好你就是省专家，在全国最好你就是全国专家。所谓专家，就是你在某些问题上要比别人高明一些，问题解决得比别人更好一些，别人解决不了的你能解决。你们还年轻，要为我们母校的发展做出贡献！

采访者：经过数代人的努力，如今温州大学已成为浙江省重点建设高校，成功获批博士点，并向更高的目标迈进。以 1933 年作为建校时间，您可算是温州大学的"同龄人"，也是本次校史口述史最年长的受访者之一，亲眼见证了温州大学近百年来的主要发展历程。在办学九十周年之际，您对温州大学的历史发展有何感想？对温州大学的未来有何期许？

徐顺平：浙江省重点建设高校，这很重要。历史上学校曾被撤掉，我们因此错过了十几年的发展时间，这一段成了空白。我对现在的发展感到很高兴，但是不管怎么样，我们也要不落后，现在宁波大学在某些方面发展得也很好。温大要迈上新台阶，还要进一步地努力，争取在全国取得成就、做出贡献！

当然，大学的发展与城市的发展是分不开的，宁波大学就是这样。当年宁波大学建校时，宁波人包玉刚在香港影响很大，他为宁波成为单列城市施加了影响。我在一次省管干部学习班上，与宁波市陈副市长同一期。他对我说，我们宁波原来与你们温州不相上下，现在宁波发展快一些，原因有三点。一是国家在宁波建设大港口。20世纪70年代，温州和宁波竞争这个港口。温州的优势是它地处中国海岸线最中段。孙中山也看到了这个问题。但当时因为一些因素，港口最后建在宁波了。二是因有了大港口，宁波便向中央申请成为单列城市，中央批准了，就成为副省级城市了。三是宁波从改革开放开始就重视发展高科技，此后宁波经济迅速发展，与温州逐渐拉大距离。他说的话或许有些道理。今后，温州的科技、经济如能快速发展，对温州大学的发展也有重大影响。

拳拳教育心，浓浓温大情

——谢树华口述

采访者：陈鸿超　　　　　　　整理者：林如慧

采访时间：2022 年 12 月 18 日　　采访地点：温州市温州大学学院路校区

口述者简介

　　谢树华，1963 年 1 月出生，浙江温州人。研究生学历、硕士学位、研究员职称。1982 年毕业于温州师范专科学校，同年参加工作，1984 年加入中国共产党。历任温州师范学院培训部副主任、党（院）办主任、副院长，温州市教育局副局长、副书记（挂职），温州市人民政府副秘书长，温州市教育局局长、党委书记，温州市人民政府秘书长、党组成员、市府办党组书记，温州市政协副主席兼市侨联主席、浙江省侨联副主席。现任温州大学党委书记，兼任中国侨联常委。

一　毕业温中，求学师专

采访者： 谢书记，您好！首先请您简单介绍下您的个人经历以及与温大的渊源。

谢树华： 回顾这 40 多年，我发现每逢数字带"9"的年份，就与温大特别有缘。1979 年，恢复高考的第三年，16 岁的我从温州中学毕业后考入了温州师范专科学校（后升格为温州师范学院），度过了三年美好的大学时光，温大打下了我人生的底色。1989 年，我在中学工作五年后，再通过两年脱产学习，调入温州教育学院（现并入温州大学）任教，三年后温州教育学院并入温州师范学院，我担任温州师范学院培训部副主任、党校办主任，温大夯实了我事业的基础。1999 年前后，我进了学校党委班子（1998 年），担任温州师范学院副院长（2000 年），温大开启了我从政的生涯。后来，因为组织需要和个人意愿，我于 2002 年离开温州师范学院，先后任温州市教育局副局长、党委副书记（挂职），市政府副秘书长，市教育局局长、党委书记，市政府秘书长、市政府党组成员、市府办党组书记，市政协副主席，总共是 17 年时间。在这 17 年时间里，我始终心系温大，为温大的每一次进步鼓舞与欢呼。2019 年，我又回到温州大学，担任学校党委书记，温大成就了我回归高校的梦想。

采访者： 1979 年 9 月您考入温州师范专科学校化学系。当时您为何会报考温州师范专科学校？能否回忆下当时在温师专的求学时光？比如学习课程、对您影响较大的老师、学习实践活动等方面。

谢树华： 我高中就读于温州中学，班主任叶政文老师在观察我组织一场篮球赛情景后曾对我说："谢树华，你是个当老师的好料子。"这句话在很大程度上影响了我的专业选择。当然我的第一志愿不是温州师范专科学校，而是服从调剂来到温州师范专科学校的化学专业。

在温师专读书的时候，有几件事情给我印象很深刻。

第一个是学风很好，化学系每位同学读书都非常刻苦。当时班级座位是不固定的，所以大家都积极地去争前排的位置。几乎每门课都有作业，还有期中考试和期末考试。学业压力挺大的，以致于我毕业若干年后，睡觉时还时常梦见来不及复习准备或答不上题目而惊醒。

第二个是我深受师专老师的言传身教。记得那时金永木老师讲授《结构化学》，我们当时觉得《结构化学》不仅难学而且中学也用不到，就没有学的必要。但是，他经常说的一句话是："无非是训练你的思维。"当时大家都在调侃金老师的这句口头禅，可现在想起来是很有道理。到现在，《结构化学》这块知识全忘光了，但认真学习并且刻苦钻研这门课确实训练了我们的思维，让我善于从系统、结构的角度来思考问题。

第三是当时学校对实习抓得很严。由夏雅琴老师带队，我们在温州十中实习。一般上一堂课，大概要试讲三至四次，教案要反复推敲。比如，如何设置和达成教学目标？如何导课？怎样复习旧知识？怎样传授和巩固新知识？课的结构要反复打磨，备课要做到下课铃声响了，刚好把作业布置完。这对我影响很大，让我后来意识到，年轻教师认真上好入职后第一学期的课程非常重要，与其马马虎虎上一辈子的课，不如认认真真地上几堂课。这次实习我拿了全班为数不多的"双优"，即教学工作优秀、班主任工作优秀，这段实习经历令我终生受益。

此外，我们班级同学的关系也很融洽，班主任丁宝善老师虽然对我们很严格，但平时的活动搞得很丰富，大家也经常聚在一起打排球和篮球，甚至毕业后我们班的同学、师生关系也一直很好。市区同学在班长邵天婷带领下，每年至少聚一次，全班同学每十年聚一次。前不久我们班就举行了毕业40周年同学会，全班42位同学都健康平安，大家很开心。除了参加体育等文体活动，大学期间我和林成益、丁飞同学观看了很多优秀的电影。由于改革开放后，大批"文革"前的经典电影被解禁，同时引进了不少国外优秀电影作品，这些电影不仅有丰富的知识、广阔的视野、高雅的艺术性，而且具有很强的思想性，这对我追求真、善、美、自由、平等以及正义的人生观、价值观有很大的教育意义。

二 潜心工作，回归母校

采访者：1982年8月您参加工作，此后五年在瑞安城关一中、温州实验中学任教，后来怎么回到高校工作？请您回忆下这段基础教育教学经历和回到高校工作经历，谈一谈当时的收获与感想。

谢树华：1982年我温师专毕业后分配到瑞安城关一中教初三化学，我全身心投入，对学生和教学无比热爱，这使我第一年所教班级的化学平均分远超其他班。第二年我作为重点班的班主任，学生在升学考中取得了很好的成绩。第三年我任教高中化学，担任教务处副处长，并光荣地加入了中国共产党，还被选举为地方人大代表。在瑞安城关一中作为化学教师的三年，我非常重视备课，潜心教学，为了能让学生尽快熟练掌握化学元素周期表，我绞尽脑汁瞎编故事来帮学生记忆。平常注重"抓两头、促中间"，取得很好的效果。我任教的城关一中 1984 届两个班初中升学的化学平均成绩为 90.2 分，满分 100 分有好几位学生，原温州四中校长苏小平就是其中一位。1984 年我任教的 5 位学生在瑞安市的化学竞赛中分别取得了全市第 1、2、4、5、6 名的优异成绩，可以说是"鹤立鸡群"。

1985 年，在温州市教研室化学教研员陈体崇老师介绍下，我调回市区温州六中（现温州实验中学）工作。第一年我没有当班主任，主要是做好教学工作。记得这届学生也参加一次全市的化学竞赛，六中 18 位学生参赛，12 位获奖，全市第一名徐洁、第二名叶扬都是我任教的学生。第二年我开始当班主任并兼任政教处副主任。在政教处工作主要推动了两项举措：一是班集体的科学评估，尝试对班集体建设进行量化评价。二是千分制管理。所谓千分制管理，就是给每个班级 1000 分，班级进步了加分，退步了扣分，有同学做好事就加分，做坏事就扣分，每周量化打分并公布。该措施对全校班集体建设起到了促进作用，后来在全市也推广开来。

当时虽然我在中学教化学，但我对教育管理非常感兴趣，也十分注重这方面知识的学习和积累，记得我还利用空闲时间到温师专蹭周湘浙老师开设的《学校管理学》课程。1987 年上半年，一次偶然的机会，我了解到浙江教育学院教管本科班要招生，因为是全省第一个教育管理专业的脱产本科班，所以报考条件比较苛刻：一是要大专毕业；二是要学校的中层干部；三要有三年以上的工作经历。恰好这三个条件我都符合，一开始六中李声涛书记、戴秀秋校长坚决不同意我报考，在积极争取并签订毕业回校工作保证书后，学校最终同意我报考。经过短暂而紧张的复习准备，我以温州市第一，浙江省第十的成绩考进了浙江教育学院的教管本科班。由于这个班级的同学原来都是学校中层以上的干部，既有实践经验，又有明确的职业需求，所以大家学习的热情都很高。

1989 年 6 月从浙江教育学院毕业后，本想回到温州师范学院任教，符丕盛老师、丁宝善、周湘浙老师等都向学校积极举荐，学校也基本同意了。但是市教育局不同意，认为我是用基础教育的经费出去培养的，毕业后也应该为基础教育服务，所以 1989 年就把我调到温州教育学院。由于第一年温州教育学院没有相关教学任务，我就服从市教育局安排，先到瑞安师范学校给中师二年级 5 个班的学生讲授了一年的《教育学》课程。第二年回温州教育学院给中学校长培训班开设《学校管理学》课程。

1992 年，温州教育学院与温州师范学院联合办学，教育学院绝大部分教师被充实到各专业系室，学校保留 13 位教师组成温师院培训部，专门从事师训干训工作，郑健副院长兼培训部主任，张孝兴和我任副主任。当时正值国家教育部要求中小学校长需经培训、持证上岗，其培训课程包括了政治理论、教育政策法规、学校管理学这三大块内容。我任培训部副主任，分管干训工作，主讲《学校管理学》这门课。由于我有 5 年在中学教育管理的实践经历，又有教育管理学的专业基础，所以我的课非常受欢迎。在培训班工作，我一直兼任中学校长培训班的班主任，并主讲《学校管理学》。由于当时要求全员培训，所以 1996 年时，几乎所有的中学校长、副校长都过来接受培训，都听过我的课。干训工作在市教育局和学校的重视支持下，组织严密、风生水起、颇有成效，学校获评全省干训先进单位。

采访者： 能给我们讲一讲您在温师院任党校办主任的经历吗？其中有哪些事令您难忘？

谢树华： 1996 年初，我从温师院培训部副主任岗位调任温师院党（院）办主任。金礼义书记找我谈话，叮嘱我要办成几件具体的事。在金礼义书记指导和支持下，我到任之后，就立马着手干起来了。

第一件事是加强办公室内部管理。将办公室十几个人分为秘书科、行政科和车队三个科室设置。应云进和郑彩莲分别为秘书科和行政科科长。当时公务车管理很不规范，出车积极性不高，我们先做好徐国荣的工作，并任他为队长，再去完善车队的管理制度，就这样将车队管理起来了。

第二件事是带头开展机关服务承诺制。提出学校机关要"为教学服务、为科研服务、为师生服务"，要"提高办事效率、提供优质服务"，并在全校干部大会上公开承诺办事时限和标准，有效推动机关作风建设。这"三服务"至今还保留在学院路校区行政楼的门厅上。

第三件事就是通讯建设。原先学校各处室电话打进打出，都需要人工进行中转。由于学校规模的扩大和电话数量的增加，外面电话往往打不进来。我与办公室同志就到信河街邮电局去咨询，想购置更大容量的交换机。一个分管业务的领导给我推荐了正准备推出的虚拟交换机业务，说学校不用买交换机，邮电局给一段电话号码，外面的电话可以直接打进来，打出去的号码可以控制，内部通话不收费。我们没想到有如此先进的设备，立即请示学校领导后安装。因此温州师范学院成了温州市最早使用虚拟交换机的单位。

第四件事是解决了档案管理混乱的问题。原先的档案室没有专业的人进行管理，尽管工作人员非常勤快，但效果不佳，还是比较混乱。我就托马大康院长外出招聘人才时，招录了档案专业毕业的孙碧燕。她非常认真，专业能力突出，在档案室工作一段时间后，就把她派到了浙江中医学院（现浙江中医药大学）档案室实习锻炼，回来后成长很快，现在已是温州大学档案馆馆长。

在办公室工作期间，我们开启了"凝聚力工程"建设。办公室人员非常团结，凝聚力、荣誉感都很强。四年间，先后与我搭配的三位副职都很优秀。第一位金小进老师，后来提任计财处处长。第二位林娟娟老师，后来提任人事处处长。第三位与我搭档的蔡曙光老师，在我担任学校副院长后，他提任办公室主任。我们正副职的关系都很好，情同手足，办公室工作成效离不开他们的倾情付出。

除此之外，还有件事情令我印象深刻。当时学校也搞处室年度考核，原先都是教务处第一，在我和金小进、林娟娟、蔡曙光三位副主任的带领下，党校办在全校机关里做得非常好，一直拿处室考核第一，教务处只能屈居第二，每年我们党校办和丁金昌处长带领的教务处都是一等奖。

三 进入班子，助推发展

采访者：2000 年初，您在 37 岁成为当时浙江省本科院校中最年轻的副校长即温州师范学院副院长。您当时主管哪块工作？步入新世纪，当时温州师范学院的发展情况是怎样的？

谢树华：2000 年初，我担任温州师范学院的副院长。当时，省委组织部和省教育工委同志找我谈话时说，你是浙江省本科院校最年轻的副校长（副厅级），要虚心学习、努力工作。在金礼义书记和马大康院长的领导下，我分管行政和后勤工作。行政包括了党校办和保卫处等工作，后勤则包括了总务处、基建处等工作。在这个时期，学校在以金礼义书记为班长的班子带领下，干事创业氛围浓厚。印象比较深刻的有几件事。

一是配合教学工作，迎接本科教学工作合格评估。全校上下齐心协力、志在必得，取得优异成绩。

二是迎接省校园文明建设检查。全校发动，开展校园文明建设，"以评促建、以评促改、以评促发展"氛围浓厚，顺利通过教育厅验收。当时后勤部门在陈维新处长、陈笔敏副处长带领下，开启了"十无"校园活动，即"无一棵枯树、无垃圾死角、无黄土朝天、无破损玻璃、无电灯不亮"等等。

三是响应国家号召开启后勤社会化改革。主要是走公司化市场化运行的道路，当时杨彬同志是公司总经理，可以说在当时的温州，我们的后勤改革做得还是比较扎实有效的。

四是在学院路校区启动了几个项目建设。校友鲁松庭副省长拨款了2000多万建了"省长大楼"，即现在的高层教学楼；九山湖老校区被市里置换后，临时建了几幢成教教室；为解决学生住宿困难问题，新建了宿舍楼即现在的沿街高层宿舍；在操场东南角建设一个室内体育馆。基建工作我也不内行，幸亏有位既敬业又专业的徐玉聪处长鼎力支持。

五是新校区建设。市委市政府高度重视，由市委副书记陈艾华同志负责牵头搞高教园区建设，选择的地址为瓯海茶山，成立了市高教园区建设委员会，我作为学校代表兼任高教园区建设管委会副主任。我们每个月都会开一次例会，对遇到的问题，陈艾华副书记都现场及时地进行协调解决，有效推动高教园区建设。

采访者： 2001年6月6日，由我校魏敬先教授和孟永国老师制作的叶利钦发绣肖像作品，作为江泽民主席的礼品赠送给正在大连疗养的俄罗斯前总统叶利钦。叶利钦夫妇亲切会见您和魏敬先教授。您能给我们讲一讲当时的情景吗？

谢树华： 当年学校接到外交部礼宾司的通知，要制作一个发绣肖像以江泽民主席名义送给俄罗斯前总统叶利钦。接到这个任务后，校领导金礼义、马大康非常重视，就和魏敬先老师商量作品的选择与制作。一开始选择的是一张比较威厉的头像（现存发绣馆），觉得不好看。后来在叶利钦总统著作《午夜日记》中选了一张比较温和的头像。制作完成后，6月6日，我作为学校代表陪同魏老师到大连的棒槌岛，将礼品给外交部副部长张德广看过之后，魏老师提出我们能否亲自将礼品送给叶利钦夫妇。经张德广副部长协调后，得知可以，我们真的很高兴。当时我一点思想准备都没有，甚至只穿了件汗衫，还没有带上正式的服装。于是我向魏老师借了件格子短袖衬衫，又到外交部官员那里借了条领带。在会见厅，我和魏老师见到了叶利钦夫妇，叶利钦总统个子很高，声音很洪亮，他看到我们送的发绣礼品，非常开心，讲了一些中俄友谊的话，外交部张德广副部长在旁边做同声翻译。临别时，叶利钦总统还给我俩每人一只手表。我回到学校后，第一时间就把这只手表送到了行政楼五楼档案室，并注明了这是叶利钦总统在几月几号所赠予的，现在这手表就陈列在温大校史馆。

2001 年 5 月，学校接到外交部礼宾司的任务，为俄罗斯前总统叶利钦制作发绣肖像，作为江泽民主席的赠礼。6 月 6 日，叶利钦夫妇与谢树华（左一）、魏敬先（左四）合影留念

发绣艺术对温州大学发展起到了很大作用，不仅仅是这次将发绣肖像礼品送给叶利钦总统，温州大学学院路校区的邵逸夫图书馆和邵逸夫发绣艺术楼也和发绣直接有关。作为地方高校，拿下了两个邵逸夫项目，这是非常不容易的，这跟魏老师高超的发绣制作技术是分不开的。

四　重回温大，启航新程

采访者：您是 2002 年到地方挂职锻炼的，后来怎么留在地方工作？2019 年 1 月 23 日下午，温州大学召开教师干部大会，宣布您任温州大学党委书记。请问时隔 17 年重新回到温州大学，当时您的内心有怎样的感想？

谢树华：2001 年下半年，我在省委党校进修班学习，是班级里最年轻的学员。学习快结束时，我向同班进修学习的省委教育工委沈敏光副书记询问，是否可以出去挂职。沈书记说，副厅级干部挂职他这里不好排，近期有一批高校中层干部外派挂职愿意去吗？当时的想法是那时候还年轻，希望到外面锻炼一下，于是就答应了。2002 年，我就被派到温州市教育局任副局长挂职锻炼。锻炼期间有件事情，让我很感动。2003 年，温州师范学院的党委换届选举中，依旧把我放入候选名单中，并且还成功当选。这一方面要感谢陈福生书记等领导的亲切关怀，另一方面也说明大家对我的认可。这让我就算身在校外，也要更加努力为学校工作。

2006 年，新温大组建班子时，省委组织部曾征求我意见，是否回学校工作。我当时在市教育局挂职副局长，林卫平局长对我很器重，工作很适应，也很有成就感。我说自己比较适合地方工作，不想回温大工作。于是，在新温大干部大会上，省委组织部叶洪芳副部长说："谢树华同志因工作需要和个人意愿，留在地方工作，由温州市委另行安排，不作为本次干部推荐的对象。"就这样我就留在地方工作了。在地方工作 17 年，我先后担任温州市教育局副局长、党委副书记，市政府副秘书长，教育局局长、党委书记，市政府秘书长，政协副主席。

2018 年底，在我不知情的情况下，组织启动了让我回温大任职的工作程序。后来，市委组织部领导几次找我谈话要我回温大工作，我都表示不愿意。一方面觉得自己已是市政协副主席、市四套班子领导，工作和生活条件都不错，并且年纪也大了，想工作安稳点。另一方面感觉到温大发展出现了一些瓶颈性的问题，而其中最大问题就是没能进入省重点建设高校行列。我当时觉得很惋惜和担忧，毕竟重点校和非重点校的地位和待遇是不一样的，长此以往差距会越来越大。后来，市委陈伟俊书记让市政协余梅生主席来做我的工作。余主席给我分析了利弊，鼓励我到温大做些有意义的工作，但我仍然处于犹豫状态。2018 年冬至早上，市委陈伟俊书记约我到市行政管理中心东辅楼小食堂吃早餐，我和他讲了三个不去的理由，都被他一一反驳。在他的鼓励之下，我最后答应了回温州大学工作。

2019 年 1 月 23 日，当我踏入温州大学校园的那一刻，责任感油然而生。我和赵敏校长以及班子的同志们进行了广泛的谈心，向学校老领导陈艾华书记、陈福生书记、林娟娟书记、蔡袁强校长、李校堃校长等虚心学习请教，共同谋划温大未来的发展。重新回到温州大学工作，我感到既熟悉又陌生。说熟悉，是因为这里毕竟是我工作过十几年的地方，有许多老领导、老同事、老朋友；说陌生，是因为我离开温大十几年了，在陈艾华、陈福生、林娟娟等几任党委书记的带领下，学校已发生了巨大而深刻的变化，取得了丰硕的办学成果。现在的温大早已脱胎换骨、今非昔比了，而且党和政府、人民群众对高等教育的期望发生了巨大而深刻的变化，科技和人才在综合国力竞争中的重要性更加凸显，推进高等教育强国的任务更加艰巨。

采访者：准确的办学定位对学校发展至关重要。您到任后，马上和学校班子经过深入调研和分析，进一步明确了温州大学"特色鲜明的高水平教学研究型大学"的办学定位。请讲一讲您和学校领导是如何决定这个办学定位的？

谢树华：准确的办学定位对学校发展至关重要。温州大学在办学定位上曾经走过弯路。前几年竟然把它定位为应用型高校，在《广州日报》2019 年应用型高校排名中列全国第二，排在后面的大多是职业应用型学校。我和赵敏校长与学校班子同志经过深入调研和分析，进一步明确了温州大学"特色鲜明的高水平教学研究型大学"的办学定位。我常开玩笑说，现阶段如果我们把学校定位为"应用型"高校，那是犯了"右倾"的错误；如果我们把学校定位为"研究型"高校，那是犯了"左倾"的错误。

从办学历史看，温州大学具有深厚的办学底蕴。温州大学由温州师范学院和原温州大学于 2004 年合并组建而成，历经"七校融合、两校合并"，办学源头可追溯到 1933 年创建的温州师范学校。学校于 1958 年就开始招收本科生，2003 年成为硕士学位授予单位，当然现在已是博士学位授予单位。

从现有实力看，温州大学具有雄厚的办学实力。无论在人才培养、科学研究、社会服务、文化传承创新、国际交流合作等方面都有突出表现，学校多项重要办学指标位于全国前列。值得一提的是，温州大学不仅对区域经济社会发展做出积极贡献，而且对区域高等教育发展做出了巨大贡献。在多年办学过程中，我们孕育了"三个小孩"：我们与美国肯恩大学合作创办了温州肯恩大学；与民资合作创办了温州大学城市学院，并于 2016 年转设为温州商学院；全资举办的独立学院瓯江学院于 2021 年转设为温州理工学院。一所地方大学成功孕育出三所本科高校，在浙江省高校中是唯一的，在全国高校中也是少见的。

从领导关怀看，省市领导历来高度重视温大发展。习近平总书记在浙江工作期间，曾语重心长指出，"要高度重视教育和人才工作，特别要办好温州大学等高等院校。"这 26 个字刊登在中共中央党校出版社出版的《干在实处 走在前列》一书的第 490 页。中央政治局常委李强同志在温州、在浙江工作期间，曾 12 次莅临温州大学调研指导工作，并作出了一系列重要指示批示。

从所处方位看，在浙南闽北赣东 3000 万人口、10 万平方公里、13 所本科院校的区域里，温州大学作为唯一一所综合性大学，定位为高水平教学研究型大学，既是温州大学的实力所在、责任使然，也是浙江省高等教育谋篇布局的现实需要。高水平建设温州大学，能够对区域高等教育发展起到有力的引领和示范作用。

2019 年 2 月 24 日，温州大学召开四届四次"双代会"暨新学期教职工大会，谢树华代表学校党委作《立足新起点 锚定新目标 抢抓新机遇 奋力书写新时代学校改革发展新篇章》大会报告，明确提出温州大学教学研究型大学的办学定位和新的办学目标

采访者：2019 年 12 月 27 日，浙江省教育厅和温州市人民政府在杭州举行"省市共建"高校签约仪式，支持温州大学创建浙江省重点建设高校优势特色学科，标志着温州大学成功迈进省重点建设高校行列。能否讲一讲温大成功迈入省重点建设高校的经过，以及对未来温大发展带来的积极影响？

谢树华：2019年，我们党委通过调研和分析，给温州大学设立了三大发展目标，其中第一个目标就是温大要进入省重点建设高校行列。浙江省从2015年开始，分两批遴选12所本科高校为省重点高校。我想，如果说浙江大学是在高铁上跑，那么重点高校是在高速公路上跑，非重点高校是在省道上跑。尽管当时我们跟重点高校的差距不大，但是假以时日，差距就会越来越大。因此在2019年，我们班子竭尽全力，我和赵敏校长经常跑省府大院、省教育厅、省财政厅请求支持。这其中，我们抓住了几个关键机遇。

一是做强学校的学科实力。省重点高校是以学科建设为载体的，所以我们开展认真调研，深入听取介绍，经过校研究生院（学位办）推荐、校学术委员会审议、党委会研究决定，确定推荐生态学为省一流特色学科，并重点支持建设。

二是抓住了车俊书记座谈会的汇报机遇。2019年3月份，我参加了省委车俊书记召开的教育座谈会。那次座谈会上，我说："同样10块钱给乞丐的意义，跟给富翁的意义是不一样的。同样的一个项目给高等教育培育比较好的地方，与给高等教育比较薄弱，而又是区域中心城市的意义是不一样的。温州大学这个小孩很聪明，成绩也不错，就是不小心开小差，被关在重点班之外，今天这个重点班的校长和班主任都在场，温州市委市政府两位家长很着急，让我带个口信，问能否让我们自交学杂费，自带课凳桌，当个旁听生。"听到我的发言，大家都笑了。过了三天，车俊书记在全省教育大会上，肯定了温州大学想进入省重点高校行列"有其合理性"。大会进行中，温医大校长李校塑给我发短信："温大有希望了。"会后，教育厅陈根芳厅长在电梯口对我和赵敏校长说："你们的好运气来了！"

三是抓住了袁家军省长来温州调研的机会。2019年5月，袁家军省长到温州调研，经请示市委陈伟俊书记，姚高员市长将温州大学要求进入省重点高校建设这件事写进了市委市政府向省政府提请帮助解决的问题之中，结果被列为13个问题中的第13个问题。此问题带回省府大院后，由省政府办公厅转请省教育厅提出意见。后来省教育厅给省政府反馈了意见，其中核心语句写得非常好，就是：温州大学进入省重点建设高校，"既有必要，也有基础。"

四是抓住了签约的时间节点。"省市共建"条件都具备，就等择机签约

2019 年 3 月 19 日，时任浙江省委书记车俊同志主持召开全省教育工作座谈会，谢树华（左二）代表温州大学出席会议并发言

了。当时我有空就打电话给省教育厅陈根芳厅长询问签约日期。他说，急什么？我说最好年内签约，他问为什么？我说年内签约了，温大可以写入年度工作总结，教育厅也可以写入年度工作总结，温州市政府还可以写进"两会"工作报告。就这样，最终于 2019 年 12 月 27 日在省人民大会堂举行签约仪式。成岳冲副省长出席并讲话，省政府蔡晓春副秘书长主持。于永明副厅长与汤筱疏副市长分别代表省市签约，陈根芳厅长、姚高员市长分别讲话。签约成功，不仅"重点校"地位有了，温州市政府还在协议中承诺给予温州大学五年 15 亿元经费支持。现在想起来，还有点后怕，因为再过半个月，新冠疫情就爆发了，如果没有抢抓时机，签约这个事也不一定能够办成。

成功签约的消息传回来，全校沸腾了，有教职工盛赞"上重点了"，有学生戏称"被重点了"。校友办还为全校师生发放免费的餐券。成功离不开全校师生的共同努力，离不开市委市政府对此事的高度重视，也离不开学校老领导陈艾华书记和温籍在外领导的大力支持。当时的陈伟俊书记、姚高员市长、陈根芳厅长、陈建明常务副市长、汤筱疏副市长等领导都给予我们很大的支持和帮助，温大人将永远铭记于心。

采访者： 2021 年，国务院学位委员会下发《国务院学位委员会关于下达2020 年审核增列的博士、硕士学位授予单位及其学位授权点名单的通知》，温州大学成功增列为博士学位授予单位，化学学科获批为一级学科博士学位

2019 年 12 月 27 日，我校成功迈进省重点建设高校行列——"省市共建"支持温大创建一流学科协议正式签订。后排左起：温州大学党委书记谢树华、省教育厅厅长陈根芳、副省长成岳冲、省政府副秘书长蔡晓春、温州市市长姚高员、温州大学校长赵敏；前排左起：省教育厅副厅长于永明、温州市副市长汤筱疏

授权点。能给我们讲一讲温大申博之路的拼搏历程吗？成功获批博士点对温大办学发展有怎样的意义？

　　谢树华：经过多年的办学积累，温州大学的综合实力是有的，但是申博工作不仅靠实力，还要靠努力！努力做好内功、努力宣传实力、努力争取支持。申博是几代温大人孜孜以求的夙愿，也是我们这届党委确定的第二个发展目标。

　　从实力来看，在历届学校党委的领导下，通过大家的不懈努力，温州大学的学科建设有一定的基础，并且通过我们的宣传，使得学校综合实力得到了大家的认可。从布局来讲，温州大学是浙南闽北赣东地区唯一的综合性大学，这个地区除了医学类以外，没有其他博士点，所以在布局上我们也有优势。因此，我们一直强调：温大申博，既有实力，也有必要。在申博的过程中，校内，我们认真做好内功，全体班子成员、党校办、研究生院、发规处等部门负责人，以及有关学院和学科负责人都非常努力。校外，离不开温州市委市政府、省教育厅的支持，离不开陈伟俊书记、姚高员市长、陈建明常务副市长、学校老领导陈艾华书记等的帮助，还有温籍在外领导、温商、校友也发挥了很大作用。申博过程中许多动人的故事只能珍藏在心里。

2020 年 4 月 23 日，谢树华在温州市"两会"分组讨论会上阐述温州大学申博的必要性和可行性，积极为学校申博争取各方支持

事非经过不知难，成如容易却艰辛。高校申博是很难的一件事。一是几年才遴选一次，二是全国范围内的竞争，三是学位点增量非常有限。温医大从硕士到博士花了 33 年时间，申报了三次才成功。我们温大从硕士到博士，用了 18 年时间，一次申报成功，实属不易。在申博过程中，有几件事情印象尤为深刻。一是申报学科点的确定。申博首次申报学科限报 3 个。由于温大培养冲博学科有 8 个，如何选择？2020 年 10 月 16 日，党委会从上午 10 点一直开到下午 4 点，经历 6 个小时，最后确定资源与环境、中国语言文学、化学 3 个学科为冲博学科。化学学科原本不在考虑范围之内，经过大家的慎重研究，最终还是决定推荐化学。没想到化学学科成为我校唯一入围一级学科博士点的学科，否则，即便学校入围博士学位授予单位，也还不能直接招生，那就属于这批 34 所增列博士学位授予单位中的第二类 20 所对象了。二是书面材料的准备。对于学校和 3 个学科的申报材料，学校研究生院和相关学院组织人员反反复复打磨，精益求精，力求充分展示学校和学科的实力，以及充分阐释申博的必要性。记得学校申报表中的 3000 字文字材料，我就参加了 37 次修改，党校办主任蔡联群也参加并作了记录。三是教育部有关领导莅临温大指导。2020 年 12 月 7 日，在申博工作的关键时刻，教育部分管学位工作的翁铁慧副部长一行来温大调研指导工作，为我们申博工作增强了信心。

总之，我们对于温大申博，心里还是有底的，结果也不负我们所望。申博成功的文件发布后，全校上下欢欣鼓舞，瓯越大地为之振奋，市政府专门给我们开新闻发布会，张健副市长出席会议并讲话。姚高员市长专程前往祝贺，刘小涛书记送来了奖金。瓯江两岸高楼亮灯喝彩，《温州日报》拿出一整个版面为我们进行宣传报道。温大校友会请全体师生吃一餐午饭。申博成功，这就意味着温州大学完成了从学士、硕士到博士完整的人才培养和学位授予体系建设，从此学校也迈上一个新台阶。

2021 年 11 月 16 日，温州市人民政府召开"温州大学成功增列博士学位授予单位"新闻发布会。左起：温州市委宣传部副部长魏平生、温州市副市长张健、温州大学党委书记谢树华、温州大学校长赵敏

采访者：近年来，温州大学着力涉侨教育，将建设侨特色"省部共建"高校作为三大发展目标之一。请问温大是基于怎样的契机开始朝着"做优侨教育，做强侨研究，做特侨文化"方向发展的呢？温大大力彰显侨特色，会给学校带来哪些新的发展机遇与发展空间？

谢树华：在我到温大之前，林娟娟书记、李校堃校长就已经在谋划这项工作了，记得李校堃校长曾找有关侨领向中国侨联、国侨办争取过这件事。到温大之后，我就和赵敏校长、班子同志们商量，将建设侨特色"省部共建"高校作为三大发展目标之一。这主要基于三方面的考量。

一是有利于国家战略的实施。我国现有 6000 多万在外的华侨华人和

3000 多万的归侨侨眷，怎样发挥他们的作用，让他们能够在国际舞台上讲好中国故事，进而提高中国的国际传播力，这是值得研究的问题。

二是有利于服务区域经济社会发展。浙江是新侨大省，而温州又是著名的侨乡。在温州，80% 以上的外资是侨资，80% 以上的外贸是侨贸，80% 以上的外企是侨企。侨作为联通国内外的桥梁，对于区域经济社会发展具有重要意义。这个工作能做好的话，我们可以争取到更多的资源推动区域经济社会发展。

三是有利于学校办出特色。温州大学在综合方面想超过浙大、宁大，是很难的。但只有做唯一，才能当第一。因此，温州大学做出侨特色，就有可能走出自己的特色路，可以利用"侨牌"扩大国际影响和交流。这项工作得到大家的普遍认可。

2021 年 3 月 23 日，中国侨联党组书记、主席万立骏（右排中）热情接见谢树华一行，专题听取温州大学侨特色"省部共建"高校的工作汇报。中国侨联秘书长、办公厅主任陈迈（右排前），中国侨联副秘书长、经济科技部部长赵红英（右排后）共同参加接见座谈

在创建侨特色"省部共建"工作中，我们坚持"创"和"建"同步推进。一方面成立温大华侨学院、浙江华侨网络学院，努力做优侨教育、做强侨研究、做特侨文化；另一方面全力争取"省部共建"，创建工作获得省委副书记黄建发同志的肯定批示，温州市政府、省委统战部、省教育厅、省侨联向省政府行文，恳请省政府商请国家部委共建温州大学。2022 年 4 月，省

政府已经发函给中央统战部、教育部、中国侨联商请共建温州大学。2022 年 12 月，省政府第 114 次常务会议审议通过了温大侨特色"省部共建"方案。作为地方高校，我们努力通过打"侨牌"来实现"省部共建"，这项工作实属不易，我们还在努力中。

2022 年 7 月 31 日，全国首个中国侨益保护研究基地落户温州大学。左起：中国侨联权益保障部部长张岩、温州大学党委书记谢树华、中国侨联党组成员、副主席连小敏、浙江省侨联党组书记、主席庄莉萍、温州市委常委、统战部部长汪驰、温州市侨联党组书记吴娜丽

采访者： 在您的任上，温州大学瓯江学院成功转设为温州理工学院。能谈一谈您对转设工作的考虑吗？

谢树华： 二十年多前，温州大学顺应高等教育大众化的发展趋势，创办了独立学院瓯江学院。瓯江学院依托温大母体的办学资源，走出了一条产教融合、创新创业的特色发展之路，为区域经济社会作出了巨大贡献。但随着时代的发展，瓯江学院的发展受到了制约。特别是"校中校"的结构，使其自身发展空间受限，生均指标、师资指标都难以增长，有人用"瓯江吃温大的奶，温大吸瓯江的血"来形容这种畸形关系。瓯江学院何去何从，各方一直在思考和探索，但独立学院转设工作十分复杂。我在市政府和市政协工作时，也曾与林娟娟书记、杨彬院长多次讨论过瓯江学院的发展问题。

这次瓯江学院之所以能够成功转设，是因为迎来了"得天时、占地利、聚人和"的绝佳机遇。所谓"得天时"，指的是教育部、省教育厅相继出台政策，以前所未有的力度推动独立学院转设。所谓"占地利"，指的是温州市教育局前几年在滨海建了个职教中心，占地902亩，在市委、市政府的大手笔支持下，全部划转给瓯江学院转设后使用。所谓"聚人和"，指的是省委、省政府高度重视，省教育厅精心指导，温州市委、市政府科学决策、强力推进，温州大学领导班子和温州大学瓯江学院师生的思想高度统一，全力推动转设。

为了全力推动这项工作，在确立2020年"锚定1357、奋进2020"年度主题主线时，瓯江学院转设工作被列为学校年度5项重点工作之一。学校组建了工作专班，由钱强副校长负责。我们在"公办""民办""不办"三种方案中反复研商，最终成功争取到了"公办"的最佳路径。转设工作得到了陈伟俊书记、姚高员市长、陈建明常务副市长的大力支持，特别是分管教育的汤筱疏副市长精心谋划、亲力亲为。2021年4月21日，温州理工学院成功揭牌。这次又是抓住了机遇，因为再过一个多月，全省独立学院出现了"转设风波"，这个时候哪怕你的方案再好，转设工作也不可能启动。瓯江学院的成功转设，温大收回了450亩土地和21万平方米建筑面积，提任了钱强、王定福、孙芙蓉、金庆良、王佑镁等一批干部，原来瓯江学院上缴温大

2021年4月21日，温州理工学院举行揭牌仪式。左起：温州理工学院校长周文龙、温州市副市长娄绍光、温州市市长姚高员、省委组织部副部长胡旭阳、省委常委、温州市委书记陈伟俊、省教育厅厅长陈根芳、市委常委、组织部长杨胜杰、温州大学党委书记谢树华

的"共享费"由市财政补足，分流了一批教职员工。转设工作对于温大而言，可谓收获满满。温州理工学院的正式成立，必将有利于温州理工学院和温州大学的高质量双赢发展，温州多了一所万人规模的本科应用型高校，有利于温州高等教育的高质量发展，有利于促进区域经济社会高质量发展。

采访者：温州大学近些年在发展上取得如此多突破，您作为党委书记，认为在学校管理上有哪些改革创新？

谢树华：温州大学这几年确实发展得很快，这得益于班子同志同心同德、勇毅前行，干部师生同心协力、奋勇争先，以及各级领导、学校老领导和社会各界的关怀支持和鼎力帮助。在推动学校治理体系和治理能力现代化方面，我们聚焦办学定位、奋斗目标、综合改革、工作机制、内涵建设五个领域，按照"一个定位明方向、三大目标聚人心、三项改革促发展、三项机制提效益、四大建设强内涵"的总体策略推动学校高质量发展。

一个定位明方向，定位决定方向。办学定位就是回答"要建设一所什么样的大学"的问题。纵观国内外众多高校，凡是发展得又快又好的学校，其定位一定是精准且清晰的。定位不精准、不清晰，甚至在摇摆的学校，其发展一定是不健康的。在众多的高等教育类型里面，我们该如何站位，找准自己的位置？在过去一段时期，温州大学曾把自己定位为应用型高校，致使学校错失了一些发展良机。2019 年初，我们从办学历史、办学现状、区域方位等方面，对办学定位进行重新审视，进一步明确了"特色鲜明的高水平教学研究型大学"的办学定位。"参加竞赛的跑道"清晰以后，学校的办学理念、目标、战略、举措乃至机构设置等都围绕这个办学定位展开。

三大目标聚人心，目标决定未来。高校实施目标管理，具有指向作用、凝聚作用、整合作用、检验作用和激励作用，有了目标不一定会成功，但没有目标，就一定不会成功。学校班子经过深入研究，科学设定了创建浙江省重点建设高校、博士学位授予单位和侨特色"省部共建"高校三大目标。创建浙江省重点高校，致力于将学校"做优"，这事关办学地位；增列博士学位授予单位，致力于把学校"做强"，这事关办学层次；创建侨特色"省部共建"高校，致力于把学校"做特"，这事关办学特色。明确办学目标后，我们就在 2019 年 2 月 24 日的那次开学大会上郑重宣布，并通过各种场合、会议、文件反复强调，使之成为全体温大师生的共同愿景和奋斗目标。我们相信，学校的未来取决于我们的目标，以及为目标而付出的努力！

三项改革促发展，改革决定动力。习近平总书记指出，"调查研究是谋事之基、成事之道。"我们按照"调研开路、改革破题、创新致胜"的工作方法，在改革之前启动了党委大调研，2019 年启动了 34 个课题调研，2022 年又启动了 16 个课题调研，在此基础上，我们遵循"结构决定功能、人事决定动能、制度决定效能"的原则，大力推动机构改革、人事改革和制度改革。

机构改革优功能。我们运用归纳研究法，选取 50 所教学研究型大学作为研究对象，对原有部门、学院、科研机构进行优化重组，构建起系统科学、运行高效的行政管理和教学科研组织体系。机关部门按照一项工作由一个部门来承担的原则进行改革，学院则按照学科的基本规律进行优化结构。例如，将原先法政学院的思政专业成建制挪到马院，改法政学院为法学院；进一步深化学区制改革；将外国语学院重新从人文学院分离出来单独设置，等等。

人事改革强动能。2019 年，恰逢学校中层干部四年一次的集中换届，我们启用了一批年轻有为的中层干部。我认为专业队伍决定学校的高度，管理队伍决定学校的效度，管理队伍服务于专业队伍，又决定着专业队伍建设的成败。学校的这两支队伍都很重要。就专业队伍而言，我们提出"不拘一格降人才"的选才理念、"学科为主体，学院为主责，学校为主导"的引才理念、"人人有学科、人人进团队"的育才理念，推动"钓鱼式个体"向"捕鱼式团队"转型，提倡做"有组织的科研"。

制度改革提效能。制度建设是长效性建设，我们坚持对的、修正错的、创造新的，建立完善各类学校制度。学校层面修订完善 160 余项制度，学院层面建立了"25 + X"制度结构。当然，实践在发展，问题也是不断出现，改革永远在路上。

三项机制提效益。制度管人，机制管事，团队打天下，治理定江山。学校的高效有序运行，得益于建立了三项创新机制。第一个是"年度主题主线"的谋划机制。每年年初研究提出一个主题主线，2020 年是"锚定 1357、奋进 2020"，2021 年是"锚定 3818、奋进 2021"，2022 年是"锚定 3456、奋进 2022"，明年的主题主线准备是"锚定 1369、奋进 2023"。后面的年份很好理解，前面的数字是代表一定含义。例如 1369，1 就是冲刺"双一流"高校，3 就是三大目标，69 就是明年计划完成的 69 个重点项目，通过制定主题主线，加强顶层设计、凝聚发展共识、形成工作合力。第二个是"年目标、月计划、周安排、日行动"的运行机制。每年设定一个目标，每月召开班子工作例会，每个星期制定领导班子周安排并全体中层干部公布，每日按计划推进工作。第三个是"责任制、考核制、奖惩制"的考核机制。对中层干部分为学院正职、学院副职、部门正职、部门副职4个类别按学年进行考核，对机关部门和学院按年度进行考核，即学年考"人"，年度考"事"，获奖单位和获奖者在全校大会上逐一颁奖。在这三种机制运行下，学校干部的干事创业氛围都很好。

四大建设强内涵。就是在内涵建设中做到"四个坚持"。坚持质量看学生，把立德树人作为根本任务；坚持特色看学科，把人才队伍作为第一资源；坚持地位看贡献，把服务社会作为重要担当；坚持根本看党建，把加强党的全面领导作为坚强保证。

在这样的工作推动下，学校事业快速发展，综合实力显著提升，取得了诸多突破性的重要成果。例如，在办学规模方面，2019年起至今，学生规模从1.6万增加到2.3万人，教职工人数从1700人增加到近2300人，专任教师博士比例从48%增长到67%，土地规模和建筑面积从1560亩、81万平方米增加到1980亩、106万平方米，年度办学经费从10亿元增加16亿元。在内涵建设方面，学校获得了国家引才引智示范基地、国家级创新创业学院等一批国字号牌子，引育了全职院士、鲲鹏计划人才等一批顶尖人才，"挑战杯"竞赛成绩列全国第16位，"大艺展"一等奖数列全国第1位，两次获得中国专利金奖，2020年率省属高校之先获得教育部人文社科优秀成果一等奖，2021年温大教授同时拥抱国家科技"三大奖"，实现历史性突破。学校在国内外主要大学排行榜上的位次快速攀升，泰晤士连续三年把温州大学排到浙江省高校第3位。学校连续三年综合绩效考核列全省同类高校第1位；在十四届省委第十三轮巡视中获得"认真落实党委领导下的校长负责制"的评价，属全省25所被巡视高校唯一；2019年、2020年、2021年，学校连续三年省委考核都获得"领导班子优秀、党委书记优秀、校长优秀"，属全省高校唯一。

采访者：您曾6次在国家教育行政学院授课，能否给我们讲讲您在国家教育行政学院的经历，有没有您印象深刻的报告？

谢树华：国家教育行政学院邀请我达10次，其中几次因疫情防控和学校工作安排的原因没去成。这三年共去了6次，主要是讲学校治理的一些理念、做法和感悟。由于我有教育管理学的学科背景，加之我自己在学校和地方的工作经历，所以我的讲课很受欢迎。

除了这 6 次比较有影响的讲课以外，还有一次是 2020 年 11 月在郑州参加高等教育国际研讨会，以《地方高校治理的探索与思考——基于温州大学的改革发展实践》为题作主旨发言。论坛采用线上线下相结合的方式举行，报告时段在线观看 55.5 万人次，点赞 251.47 万次，受到广泛关注和好评。最近的一次，是今年 9 月份在中共中央党校，面对全国近 400 位本科高校党委书记、校长，我以《深化高校治理体系改革，落实立德树人根本任务》为题，在大会上进行交流发言。

参与这些讲课与交流至少有三个好处。第一，让我能够理性地思考问题。我们要做有行动的思考者，有思考的行动者。准备发言稿的过程也是一个学习思考的过程，这符合"从理论到实践，再从实践到理论"的认知发展规律。第二，有利于宣传温州大学。温大毕竟是地方高校，在全国平台上、在教育部系统和部属高校面前宣讲这几年温大办学治校的丰硕成果，可以起到很好的宣传作用。第三，我每次讲座后都加了不少微信，在向别人分享自己的感悟和做法的同时，我们之间也可以相互学习，共同提升。因此，尽管工作很忙，我还是认真备课、常备常新，尽力抽出时间参与交流。每次讲课内容准备和课件制作，离不开办公室联群、赞安、效泉、雪莹等小伙伴们的支持。

2022 年 9 月 24 日，温州大学党委书记谢树华在中央党校"全国高校党委书记校长提高政治能力专题培训班"作大会交流发言

五　教育心路，所感所想

采访者：明年是温州大学办学九十周年，面向未来，您对温州大学发展有什么新的期待？

谢树华：温州大学将牢记习近平总书记办好温州大学的殷殷嘱托，聚焦"更讲政治、更高水平、更具特色、更有作为"的发展主线，全力推动学校迈上新的台阶。一是聚焦"更讲政治"，当好中国特色社会主义大学的模范生。坚持和加强党对学校工作的全面领导，牢牢把握社会主义办学方向，从总书记的殷殷嘱托中汲取精神伟力、汇聚奋进力量。二是聚焦"更高水平"，争当高等教育内涵式发展的领跑者。围绕人才培养、科学研究、社会服务、文化传承创新、国际交流合作五大基本职能，坚定不移走以质量提升为核心的内涵式发展道路。聚焦能级跃升，全力打造大团队、大平台、大项目、大奖项，不断提高学校核心竞争力和社会影响力。三是聚焦"更具特色"，力创优势突出、特色鲜明的示范校。进一步彰显学科特色，着力推进高峰高原学科建设，积极建设交叉学科。进一步凝练师范教育、创新创业教育、华侨教育三大办学特色。四是聚焦"更有作为"，打造产教融合、学城联动的新高地。主动走进经济社会主战场，放大温州大学服务地方的学科优势、人才优势、创新优势、体制优势、地缘优势，让智慧之光穿透大学围墙，在服务区域经济社会高质量发展中彰显新作为。

站在新的历史起点上，我们正在谋划学校新的办学定位和奋斗目标。温州大学全体师生将以只争朝夕、不负韶华的昂扬姿态，向"双一流"建设高校大步迈进，加快建设国内一流、国际知名，特色鲜明的高水平研究教学型大学，奋力在教育强国建设和区域经济社会发展中作出新的更大贡献！

集众智献策温州教育，合众力建设温州大学

——魏萼清口述

采访者：孙碧燕、郑重　　　　整理者：郑重

采访时间：2022 年 7 月 15 日　　采访地点：温州市鹿城区新田园 5 组团

口述者简介

　　魏萼清，1936 年生，浙江宁波人，毕业于浙江大学化工系，高级工程师。1961 年，在温州市陶瓷科学研究所工作，1978 年被评定为工程师，后调到西山面砖厂任副厂长。1983 年回到温州市陶瓷科学研究所，1983 年 4 月至 1988 年 5 月，任温州市副市长，是温州历史上第一位女副市长。1984 年温州市委、市政府决定创办温州大学，决定由她担任筹建小组组长。1985～1991 年，任温州大学首任校长。

一　筹建背景

采访者：魏校长，您好！很感谢您能接受我们的采访，集资建设温州大学在温州改革开放历史上具有非常重要的意义。您当年作为主管教育的副市长，又是温州大学首任校长，为建设温州大学付出了很多心血，我们希望围绕此事进行口述历史访谈，感谢您的支持！1984 年 5 月，温州正式被列为全国首批对外开放的 14 个沿海城市之一。6 月下旬，在上海工作的温籍专家、学者举行的座谈会上，大家一致认为温州的改革开放和经济振兴需要人才的支撑，但是本地培养的人才却比较少。当时是否有人提出要创办温州大学？

魏萼清：我先介绍一下当时的时代背景。当时温州被列为对外开放城市，是对外开放的 14 个沿海城市之一。改革的浪潮滚滚而来，我们温州市委书记袁芳烈、市长卢声亮分头带队南下考察了深圳、厦门两地。回来以后，袁书记的积极性很高。他觉得深圳办深圳大学、厦门办鹭江大学，温州也要办一所大学。1984 年 6 月下旬，温州市委、市政府到上海召开温籍专家座谈会，都提到要办大学之事。我觉得这个是关键，因为原来温州是没条件的，温州当时的普教也很落后。当时省里要求各地市都办一所高专，其他几个地方都已经办了高专，我们回来以后觉得这个事情暂时无法考虑，因为普教问题都没有解决。

我们在杭州开教学工作会议的时候，有人汇报说宁波要办一个高专，宁波当时已经有一个规划了。汇报的时候，浙江省教育厅人才规划处就提出温州是不是也要办一所大学。当时虽然有这个规划，但是回来以后，我没有把这个事情当作重点来考虑，基本上没有考虑。当时我们最重要的就是解决普教问题。温州当时的教育很落后，文盲多，高中不多，初中升高中学生的比例也很低。我们那个时候甚至想多办一些职业班级，要求各系统各局都办职业班，我到处去看地，防空洞也去看了。但是这么大的防空洞也不行，里面很潮湿，怎么可以给人上课呢？这个事情真正的背景就是这样，因为我们没有这个能力办大学。除了普教之外，我们还要考虑温师专的搬迁等方面事情。我是分管教育这一块的，脑子里也没有这个想法。结果袁书记南下回来以后提出要办温州大学了，那么市委就把这个事情提出来决策。然后我们就认真考虑。我觉得从时代背景来讲，主要还是温州改革开放。要求省里批温州大学，主要原因是：温州是浙南的经济文化中心，当年的温州就有 600 多万人了。这样的一个地方，办一所大学，是必需的。当时温州的高等院校就是温州医学院、温州师范专科学校，还有就是工人大学、电大这类，正式的大学是没有的。从长远看的话，温州有这么多的人口，是浙南重要城市，必须有一所大学。市委提出来以后，我就下决心要做这个事情。

市委提出来以后，就要向省里汇报，那个时候我到省里跑了好多次。浙江省分管教育的副省长李德葆，原来是浙江农业大学的教授，他是很支持的。浙江省委宣传部部长罗东和宣传部副部长周群也很支持。还有就是苏步青老先生了。温州对外开放之后，市长卢声亮带队，大概 6 月下旬到上海去开一个专家会议，我没有去。会议上有好多温州籍的专家。有人提出，温州要改革开放的话就需要一所大学。大家谈起办大学，热情是很高的，所以当时有人（媒体人周瑞金）马上就把这个消息报道出去了，说温州要办大学就要请苏老当名誉校长，就在这个时候把苏老提出来了。我知道这个情况之后，马上向省里汇报，然后就去拜访苏老。苏老觉得温州办大学很有必要，他讲了好多办学的思路。他说温州开放，党要办一所大学，培养人才，不想和外国人打交道，你就会吃亏。当时他也讲，从小到大，从无到有，要办的话就先办温州急需的一些专业。他讲了好多他的想法。但是他提出如果要让他当名誉校长，先要把校长定下来。他说："办学校，领导班子，也就是校长，很重要。其他骨干，我们办专业，都要有一个带头人。校长定下来之后，我原则上可以考虑。"我们温州开经济振兴恳谈会是那年的 7 月，苏老大儿子苏尔馥代表苏老来，说苏老原则上同意当名誉校长。苏老已经把这个作为一个事情定下来了，他前前后后给我们写了十几封信。这些信后来都给了温州市档案馆。

采访者：当时浙江省政府倡导各地先办高等专科学校，1984 年 1 月为适应改革开放新形势的需要，浙江省政府、省教育厅要求创办的是温州高等专科学校，您当时是怎么说服上级领导同意筹建温州大学的？

魏萼清：我们当时就积极去筹备了，但还没有批准，省里是口头上答应。市里后来搞了一个筹建的班子，给了一个场地，就是这样。我们就搞准备工作，也经常去省里汇报，结果李德葆副省长听了以后，觉得我们这个工作还是比较实的。

浙江省省长薛驹在 1984 年 5 月初的省教育工作会议上关于普教和思想教育方面讲得比较多。我当时给李德葆副省长写了信，李副省长把信转交给了薛驹省长，薛驹省长当时在信里批示让温州尽快把方案报上来（此信陈列在温大校史馆），这就算是同意了。后来，省委宣传部部长和副部长都来过温州，副部长大概在那年 11 月的时候和我说："你争取 1984 年底把方案交上来，要不然就过年了。"因为他们当时同意我们筹建组招生，他们也过来看过的，觉得我们的筹备工作还可以。省政府的文卫处、省教委的高教处、省计划经济委员会的计财处，三个处长来考察。一看上课内容，二看规划，感觉还可以。10 月，省人大的副主任刘丹（原浙江大学校长）以及省政协、省委宣传部三部门领导来实地考察。他们回去以后，12 月就批下来了。这个速度还是比较快的。

二 筹建温大

采访者：为了培养人才，温州市委、市政府决定创办温州大学，1984 年 5 月 23 日，市政府召开全市高教工作座谈会，会上提出的筹建温州大学的工作思路是什么？

魏萼清：谈到工作思路，一是我们要向上面争取，把温州大学的牌子挂出去；二是把领导班子建立起来；三是需要教室、场地、人才；四是需要钱。当时我在这个思路里面提了 16 个字——"挂出牌子，成立班子，招来师资，各方集资"。后来也没有谁来批准，我就按照这 16 个字来做工作。关于批牌子的事情，当时全国各地都办大学，我们也要办综合性大学，只是还没有这个实力办，那么就先办专科。专科省里可以批，所以我们往上报的报告中写的是先办专科，以后专科、本科都办。苏老是复旦大学的名誉校长、院士。我们让他来当一个专科学校的名誉校长，这不合适，我们就这么向省里的领导宣传。因为温州是浙南重要城市，没有一所大学是不行的。薛驹省长也重视了，所以浙江省政府就出面去请苏老当名誉校长。12 月 25 日批准，12 月 31 日罗东部长、李文伟副校长和我一起开车去上海，到苏老家里，想给苏老一份聘书。可是那个年代还找不到一份像样的聘书，后来李德葆同志把人家给他的一份聘书外壳送给了我，我们把里面内容换了一下作为送给苏老的聘书。我们还去了上海市人大的科教文委员会，去找一位领导，汇报来请苏老之事，以表示我们对上海当地领导的尊重。罗东部长先带我们拜访了这位领导，告知温州要请苏老去当名誉校长。然后我们再到苏老家里。苏老讲话很风趣，他拿着聘书和我们合影时说："你们这样像是个证明，证明我被你们套牢了，照片为证。"但实际上，他老早就在考虑温州的这个事情了。后来我写了很多信，一直请他来，但是他很为难，有时候有外宾来，有时候和上面会议冲突，有时候他痛风发起来了，身体不好，当时他已经 80 多岁了。他 1987 年第一次来温州大学，来的时候还在船上写了一首诗："申江北望思悠悠，身寄铁轮南下舟。永夜涛声摇远梦，半窗月色报清秋。良朋好友今何在。锦色年华似水流。为偿黉门几多债，遂忘懒拙像东瓯。"苏老也是个诗人，写了好多诗，也写得很好。

采访者：温州大学筹建初期，只有三样财产：市政府拨款 47.5 万元，位于市区蛟翔巷、占地 6 亩的原温州经济管理干部学校办校基地，一辆破旧的上海牌小汽车。这 47.5 万元的用途有哪些？小汽车作为代步工具发挥了哪些作用？

魏萼清：我觉得当时最重要的就是钱，没钱什么都做不了。当时温州市政府拨了 47.5 万元，用在哪里了呢？蛟翔巷的老房子修一修，大概花了 4 万元。然后我们要请外面的教师进来，要买一些房子。我自己去看，那时候房子都是国家造的，我把东南方向的、最好的都选下来了，是在蒲鞋市那里，有两幢绿颜色的新楼。我们买了 9 套房子，就是 13.8 万元。然后还买了一些语音教室和物理实验室的设备，这些大概用了 8 万元。我们还要买些书，算起来已经差不多用完了。当年蛟翔巷老校那边，我们班子里有位老同志，他想把校门换换，等我回来发现校门改了，我说："停，停下来，我们没钱嘛。"当时的钱是很紧张的。第三样财产是一辆旧的上海牌小汽车，那是市政府的车。学校筹建有好多事情要跑来跑去，有时候还要到省里去，到上海去。本来我出去，市里要备车的，这样干脆就调一部车给温大用，这就是那辆上海牌小汽车的由来。但是这车不太好，老是出毛病，每当车子在路上跑不动了，我的秘书黄一伟就需要下车推车。我大概一个月要跑 10000 公里，到杭州来回跑一跑就 1000 公里了。但温大的筹建，它也算是立下了汗马功劳。

采访者：按照 1984 年 8 月 10 日的温州市委〔1984〕190 号文件，原温州经济管理干部学校的人、财、物等，由温州大学（筹）统一调配，原因是什么？请您介绍一下。

魏萼清：当时我们有关部门来开座谈会的时候，他们都谈到这个牌子挂在哪里呢？有人说和工人大学挂在一起，也有人说和电大挂在一起，有很多方案。市委、市政府最后决定用蛟翔巷温州经济管理干部学校的旧址作筹建

温州大学蛟翔巷校区大门

基地。这个地方只有 6 亩土地，大概有将近 4000 平方米的房子，一个小小的院子。总之是有一个地方了，可以给你挂牌子，可以给筹建的人办公用。温州市委文件决定，原温州经济管理干部学校的人、财、物都给温大统一调配，你要就用，不要就调出去。我想，我们新单位是要用的，而且行政干校本来人就不多，所以我提出了自愿的原则。后来，大概有一两个人想去其他单位，就按他们要求调出去了，但绝大部分人都留下来了。

袁芳烈书记对我们一直都是很支持的，他还想从外面给温大调一些人。苏老说："要调人的话，还是要精干一点。"当时我就这样和袁芳烈书记讲："因为恳谈会以后，好多专家都要来温大，我们的原则就是 55 岁以下、副高职称就可以。"袁芳烈书记后来特许，你看准了的，就请人事部门办手续。市里定下来之后，我们看准了一个人要千方百计调过来，不要的就是不要，这样才保证了调过来的人用得起来。苏老甚至将 1 个人当 10 个人用。我们当年的一些专业教研室主任也都是这个时候调来的，这一点对我们来说是一个很大的支持。所以，我觉得市委的决心大、支持力度大，是我们筹建办学这么快的一个很重要的原因。

采访者：1984 年 9 月 11 日，浙江省教委确定学校招生计划，学校当年招收首届应用文学、土木建筑专业学生 82 名，先招这两个专业的学生的原因是什么？

魏莩清：应用文学和土木建筑，82 个学生。一个是当时恳谈会的专家的建议，应该招什么专业的学生。然后我们考虑，改革开放以后各方面用人比较多。文科方面，应用文学，学生出路会好一点。文科专业，不要实验室，就是图书嘛，温州市里也有图书馆，成本低。改革开放以后，要用土建方面的人才，所以从温州实际出发，就招这两个专业的学生。开学那天，市里面四套班子的正职领导都来了，副市长也来了，还有各个部门的领导、来宾，有 70 多位。我们学校就在蛟翔巷这么小的一个地方，来这么多人。苏老发来一份贺电："趁春华育禾苗遵三个面向，待秋实出英俊展四化宏谋。"其实当时筹建组对于招生这个事情也是有不同意见的。这个消息是由媒体先放出去的，引起了市里面很大的误解，市招办打电话给媒体说他们的消息是假的。教育局副局长当时也讲得非常严厉，要张贴通知。市人大反应也很大，说温大宣传不当，重大事情没征得人大和政协的同意，然后一系列的反对接踵而来。反对意见主要还是来自教育界一些位置比较高的人。后来正式文件来了，这一切误解就消除了。所以当时的阻力还是有一些的。

浙江省人大常委会副主任刘丹、朱祖祥，常委会委员宋宏、王祖勋，浙江省委宣传部副部长周群、浙江省政协副主席江希明四批同志于 1984 年 10 月 14 日、16 日、18 日、20 日到温州大学（筹）视察工作。领导同志来校视察使我们受到很大的鼓舞和鞭策。刘丹同志听了筹建领导小组的汇报后说："办温州大学是需要的，对外开放后更加需要。事物发展总是由小到大的。现在要研究的是怎么把它办好。"朱祖祥同志说："这是一种新型的大学，你们打破了常规，早走了一步。以后还会出现更多这样的大学。"周群同志说："听了介绍很高兴，你们是温大速度。温大要办成有鲜明特色的大学，不同于浙大、浙江工学院。你们要根据浙南经济战略考虑制订近期、中期、远期计划，搞浙南人才预测，重点是经济管理人才。党的十二届三中全会后，城市经济体制全面改革，比农村改革情况复杂得多了，人才需要少不了。再是继续努力抓好教学质量，抓好领导班子和教师队伍。"周群同志最后强调要做好学校思想政治工作，他赞扬温大开头开得很好，还要继续。江希明同志说："你们'温大精神'很好、很快，出乎意料加快速度，报纸宣传深圳速度，你们'温大精神'也值得宣传。你们的改革精神好，路子对，新型大学就是不能走老大学的路子。进人要严格控制，骨干师资要先配，一开始就要把学科的带头人搞好。教学人员、管理人员要有适当的比例，坚持精干的原则。温州办温州大学于对外开放、振兴经济很起作用，几年后就出效果。"江希明同志还说："把你们的精神带回省里去宣传，杭州大学准备派人来，看你们有什么事要我们办，一定尽力给予支持。"他们都十分赞赏温州大学一开办就重视抓质量的做法。他们调查完了回去以后，12 月 25 日省政府就批下来了。

三　集资建设

采访者：当时浙江省政府在同意筹建温州大学的批复中明确指出，经费以地方自筹为主。1985 年 1 月，市政府召开"温州市筹措温州大学建设资金工作会议"，成立温州大学基金会。请您谈谈这次会议的情况，当时大家在会上发表了哪些意见？

魏萼清：经费以地方自筹为主，就是说，地方学校自己办，市政府出钱，省里是少量的。温州师范学院，原来是师专，1984 年改成师院也同意了，也是我这一任里的事情。原来那个专科学校，是在九山那边，很小，省教委大概拨了 20 万元建一个物理楼。结果建不了，就只能拆原来的楼。我就说这样不合算，不是要办新的温师院嘛，那就搬出去。搬出去钱不够，只能再向省里面要一点，然后这个 20 万元不要用掉，还向教师进修学院借了 10 万元。我当时考虑，东边是师院，中间是温大，再过去西面就是医学院，然后过去就是党校，可以作为文教区。从当时这个眼光来看，也是可以了。

温州大学不是没有钱嘛，那么我们就搞集资，多方集资。当时最早的想法还是我们市政府文卫科干部金文斌同志建议的，"三五块钱老百姓还是拿得出来的"。市政府文卫科、温大筹建小组经反复讨论，认为 3 元钱比较容易接受，量大面广，容易完成。金文斌同志的提议得到了市领导的肯定，市里准备在全市范围内发行纪念券。很快，"创办温州大学捐资纪念券"发行了，也就是俗称的"温大三元券"，最后定下来是 3 元。我当年作为副市长，一个月工资是 91 元，有好多工厂里工人的工资是一个月 30 元。定下面额之后，我们要宣传，卢声亮市长就考虑建立一个基金会，他建议不要政府去搞，也不要学校去搞，要那些德高望重的老红军、老干部等社会方方面面的人组成一个基金会，由基金会出面去搞集资。但实际上这个事情是一个政府行为，因此政府要把任务分到各个县，不分下去这个集资是完不成的。毕竟当时提出了目标，大概要集资 300 万元。集资大会上，卢市长做报告，袁芳烈书记在开学典礼上也讲，大家都来支持温州大学，有钱出钱，有人出人，有力出力。卢市长当时在会上就说："宁波有个包玉刚，他出 5000 万元；我们温州 600 万群众，也顶他一个包玉刚。"所以我们大家都要支持，要集资。然后我们把具体任务都分给各个县，会上还请了一些人典型发言一下，就这样子来动员，动员以后就要下去落实。当时乐清是经济发展比较好的地方，副县长赵崇锡表态，捐资 50 万元，先拿 20 万元，以后再拿 30 万元。我估计这个表态是乐清县整体的。还有一些企业出钱，比如温州城区的鼓楼电扇厂。早在 1984 年 10 月 31 日上午，温州市鼓楼电扇厂厂长谢铁澜就表示要为温州大学建设添砖加瓦，决定分期资助温州大学 5 万元，先拿出 1.5 万元。鼓楼电扇厂是个街办企业，他们懂得产品要上去、智力要投资的道理，很关心温州大学的筹建。该厂厂长说："我们听到温州大学成立人才培训中心，很高兴，我厂大专毕业生一个都没有，我们希望温州大学快建成办好，快出人才，出好人才，我们要用自己的钱办好温州的事，愿全社会都来赞助温州大学。"侨办表态自己没钱，但是可以来做工作。市长带头发动，市领导也带头捐资。瓯海当年还是比较穷的，在瓯海的山区，老百姓还把番薯干、鸡蛋捐出来。永嘉、文成一些山区的农民由于没有余钱购买"三元券"，就把家里的番薯、鸡蛋卖了用来买"三元券"，有的干脆把一些土特产送到温州大学来。苍南县宜山区小学生开展"我为温大添砖瓦，学好知识上温大"的活动；瓦市小学的一位二年级学生用积攒的零用钱，全部购买了"三元券"；永嘉的一位老农把积蓄的 800 元全部捐给了温州大学。东风家具厂的厂长苏方中，他带了一帮人来捐资。捐了以后，他说："以后我每个月工资的 10% 给温大，终生捐资。"还有苍南瑞岩寺的法师也捐了 6000 元钱。所以大家的热情也是蛮高的。但也有些单位操作得不好，直接先把职工的工资给扣了。那么人家就有意见了，捐资是自愿的事情，怎么能扣工资？这个属于工作上比较粗糙的。一般来说，老百姓、干部捐 3 块钱还是容易接受的。市中医院的院长、省级名老中医任侠民自己带队伍，摆起摊子，为温大集资义诊。上海师范大学的刘旦宅教授特地花了几个月时间作画，为温大集资，在日本举办画展义卖，用全部收入支持温大建设，造了一个温故楼。还有温州市四营巷小学董瑢小朋友来校捐资，他每年在六一儿童节时将自己积蓄的压岁钱、零用钱捐给学校。董瑢小朋友连续捐了三年，他把自己的压岁钱什么的都攒下来给温大。据统计，发行"温大三元券"共募集到资金 249.68 万元，对温州大学来说这是至关重要的一笔资金。

采访者：据说，"三元券"差点面临停发危机。当时全国范围内各种形式的彩票很多，国务院对此下发了一个不得滥发彩票的文件，一些人就将

"温大三元券"

"三元券"与彩票挂上钩，主要是什么人？这场危机是怎样逐渐平息下去的？

魏萼清： 正在积极筹备"三元券"时出了一个事情，国务院办公厅下了一个文件，禁止滥发彩票。我们当时为了鼓励大家购买就搞了一个号码，大家来兑奖，搞一些少量的奖品。结果这个情况，有一些人就误解了，以为温大在乱发彩票。温大在创办初期，反对的声音也蛮响的："你们普教都搞不好，办什么大学，把普教的钱都弄到大学去了。"当时各种说法都有。这种说法大部分都是来自教育部门而不是老百姓，因为教育部门了解温州的底子嘛。当年"三元券"刚好遇上了这样一个风波，我们东西都印好了，钱也投进去了，发不出去怎么办？我打电话给罗东部长，罗东部长的秘书和我说："罗部长讲了，教育集资和滥发彩票是两回事，你们尽管发。"袁芳烈书记说："既然罗部长这么说，你们就放心发吧。"他说了以后我就放心了。我这时才真正体会到，领导支持的确重要啊。

采访者： 从建校初到1986年是全体温州大学师生最艰苦的时期，请您谈谈这段时间的艰苦体现在哪几个方面？大家是怎么克服困难的？

魏萼清： 从建校初期到1986年，温大师生是很艰苦的。在蛟翔巷的时候，学校一共是6亩地，近4000平方米房子，学生上课、吃饭都在那里。宿舍的上下铺，我也去看过。我问乐清的学生："你们生活怎么样？"学生说："不习惯，夏天热。"因为乐清的学生家里条件比较好。尽管这样也住不下，后来租了一些老百姓的民房给学生住，学生晚自修后，回宿舍时不安全，为此，李文伟副校长和当地派出所联系，请他们重视，以防出问题。总之条件比较艰苦。到1986年的时候，新房子如不造起来，学校就不能招生了，所以我很着急。我就说："1985年12月25日开工，到第二年的9月一定要给我们用了，不然学生就进不来了。"再一个就是吃饭的问题，没有食堂，只能临时搭棚吃饭。有时候天气热，学生都蹲在外面吃饭。衣食住行，食嘛，食堂也就这样了；住嘛，房子造起来，只有一幢，图书馆、教室和寝室全在里面；行嘛，当时地上都没有路，下雨过了好多天以后还需要穿胶鞋。后来省委书记李泽民来我们学校视察，市里刘锡荣书记就陪他来。这也是一个机会，我就找李泽民书记讨钱了。我说："你看我们今天晴天还要穿胶鞋。"然后刘锡荣同志就说："我市里出钱修路，你们省里出钱给他们造房子。"那个时候"三通一平""五通一平"什么的都还没有，比较艰苦。我们分管基建后勤的副校长李文伟，他也是很辛苦的（他几年前去世了）。

采访者：随着学生的扩招，温大校区的土地远远不够，教育设备投入资金也不足，温大的教育事业陷入了前所未有的困境之中。然而，你们并没有因此停滞工作，反而制定了相关措施以维持温大的正常教学活动，当时您制定了哪些措施？

魏萼清：我们就是千方百计地把各高校比较内行的人调来。我们的吴挺副校长是从浙工大调来的，那个时候浙工大还叫浙江工学院。吴挺是温州人，他自己也有这个心思要调回来，关于办温州大学，他也给了不少意见。我们还从温州医学院调了徐正惠当温大副书记、副校长。当时省委宣传部要调到温州医学院的一位同志刘焕岩，我在省里开人代会的时候，他来找我了，他知道我们要办温州大学，愿意来温州大学。后来省委宣传部就同意了。我当时的思路是：把班子力量充实了，内部的事由他们办，外部的事情我来协调。所以我当时就讲："把内部管好，教学质量抓好，基建抓起来，外部有什么困难事情都推给我，我去办。"我以前在市里的时候也是这样，工作部门有什么事情解决不了的，我就去疏通。当时的领导班子，现在还在的是徐正惠，吴挺，我和老的办公室主任、党委委员周瑾同志。当年蛟翔巷校区留下来的人里面职工比较多，因为它本来是行政干校。

采访者：由于校舍远远不能满足原温大的发展需要，温大争取到了位于市区学院路的180亩土地。您为此付出了很多心血，四处奔波，这块土地是怎样争取到的？

魏萼清：市政府决定办学，要选一块地方。他们当初选的是旸岙。旸岙当时我是根本没有考虑的，因为师专搬迁到洪殿，这地方还有土地，我是想连成一片做个教育区的。那么既然要办大学，市里也同意我的这个意见。我这一边大概还有160亩地，本来我想再扩大一点，师院在东，温大在西，中间一条是现在的车站大道。温大旁边有一个安全局，我想让安全局换址，但是工作做不通，本来通起来可以有180亩。还有就是后面，我们给温州商校划去一块区域，所以就小了，本来还要再大一点。当地农民也不肯，因为这里土地比较好。当时温师专已经划了一块了，现在又划一块，他们是不太愿意了。这时候我就和刘锡荣同志两个人，一起到下面去，到乡里商量，当时阻力也很大。我就和他们说："你们的家乡在这里，造一个大学是很有好处的，为这个地方品位的提高，为温州发展，你们也应该要做贡献的。"但是我很难把他们讲通。后来我和刘锡荣同志两个人商量好，让南郊乡党委书记一个礼拜汇报一次，来讲讲工作进展情况。那个书记也得做工作，因为南郊乡的领导，思想不统一，作为乡党委书记，一个礼拜要汇报一次情况。后来农民知道这个地一定要被征去了，他们就把茅坑挖起来，把柑种起来。因为这些青苗都要赔钱的，让我们多赔点钱。最后我们也是采用行政手段去做这个工作。结果他们农民一亩地大概安排两个人，按照多少土地人均这么算。当时温大新建的时候，农民工我都给招过来，18 岁以上的就可以进来。因为我们是新办的学校，方方面面都要用人的，后勤的、绿化的、搞卫生的，这些都是可以用的，都给他们进行培训。现在这些农民工在温大工作也很开心。温师院有些人后来想进来，也闹过一段风波，温大第一次就给解决掉了。农民进来，我给老师们做思想工作，我跟老师、职工讲："他们是温大职工，不要叫他们农民工，他们工作好，也要让他们评先进，也要让他们入党，他们也会好起来的。"现在他们也觉得在温大很好，温大有退休金。所以说，把他们培训起来，为我所用，这一点也是很重要的。原温大学院路校区 1985 年 12 月 25 日奠基动工，就把 12 月 25 日这一天定为校庆纪念日。奠基仪式，就是在学院路的老校那里举行，现在已经置换给中学了，就是现在的温州十二中和温州外国语学校。后来，袁芳烈书记调到省里去了，来了董朝才书记，那时刚好是两位书记交接的时候，他们都来参加温大奠基仪式。这个地方不早点弄好的话，1986 年招生就不好招了，所以必须在这个时候把新校区建起来。地征不下来就不能奠基，地征下来了，农民工进来了，那都是学校内部的事情，由以徐正惠同志为首的班子成员负责实施。

采访者：在改革开放大潮中，温州市并没有多余的资金用于教育事业发展。于是，您通过温州市委、市政府相关领导向浙江省委、省政府申请建教室和宿舍的资金，当时您申请到了多少资金？

魏萼清：领导看到我这么认真工作，都很支持我。1987 年，我到荷兰参加两个教育工作会议，刚回到北京，我们市政府北京办事处的同志给我打电话要我赶快回去，机票已经买好了，刘锡荣同志要我马上回去，到省政府签个字，因为李德葆副省长决定拨给我们 200 万元修温州普教设施中的一些危房。他说："这 200 万元是给你们温州修危房的，你们要立下军令状，要保证不能出事情。"那个时候我们好多学校都是在庙里、祠堂里，怕房子倒塌伤到人。我在任的时候，省政府给了我们一些钱（并没有占用普教经费）。我离任的时候在学院路校区，也建了将近 4 万平方米的房子，那都是采用向省里要、用"三元券"集资、向华侨集资的方式来建的。

采访者：请您举例谈谈温州侨胞们为温州大学筹建所做的努力，如他们捐资建设学院路校区的教学楼和宿舍的事。

魏萼清：给我们捐钱的华侨，本身自己的钱也是不太多。1986 年 6 月 17日，旅法华侨任岩松先生捐资建了一座面积 1700 平方米的礼堂。后来，旅法华侨林昌横先生捐了一栋教学楼。捐资比较多的是台胞何朝育先生。

温州大学衷心感谢爱国华侨任岩松先生（右三）的热情支持

那个时候温州台湾同乡会的一位总干事来了，我去拜访他，就说起办温大的事情。他回去后在台湾的温州同乡会会刊里宣传了，何朝育先生的夫人黄美英女士看到了说："温大缺图书馆，我们就捐个图书馆。"

大概是在 1985 年的时候，由市政府副秘书长吴正平同志带队的"市政府经济考察团"到欧洲去，我就托他帮我去华侨那里宣传温州大学。他回来和我讲："华侨要给你们捐两栋楼。"我们的爱国楼是旅荷侨胞筹钱捐的，有个叫余心畴的荷兰华侨很热心，到处筹钱。

新加坡一帮华侨来的时候，他们就捐了一座星洲楼。还有一座勤思楼是意大利华侨何春林先生捐的，后来何先生的嫂子潘娟妹和她的子女也捐了一栋宿舍楼，就是我们的春晖楼。现在好多老华侨都已经去世了，都没有联系

任岩松礼堂

魏莩清校长赠送余心畴先生《松鹤延龄图》

了，我和潘娟妹女士还联系着。这里再补充一下，1986 年 5 月 30 日，旅日华侨林三渔先生捐资 10 万元设立"林三渔振兴中华奖学金"。1987 年 10 月，香港温州同乡会名誉会长王国桢先生捐赠 15 万元港币，在温州大学设立"王国桢助学金"，1994 年 6 月又捐资 50 万元人民币。

采访者： 建设温大，还有哪些筹资方式？请您谈谈。

魏莩清： 当时温州经济比较困难，我那个时候除了向省里讨钱之外，就是向省里要政策。我和李德葆副省长说，政策就是钱。比如分数线降一点，

1986 年 5 月，温州大学热烈欢迎林三渔先生（右四）莅临指导

温州大学学院路校区大门

温州的教育基础差，考出去的人少。从全国来说，新疆、西藏有这个政策，温州的泰顺和文成就是我们的边远、贫困山区。分配到那里的老师留不住，考生考不出去，永远好不起来，所以省里要给我们政策，我要降点分数线向他们招生。对经济发达地区，比如苍南，学生分数不够，那么我招一些学生来，让他们捐资。我们都是统一招生的分数，我们都只有十分以内降。这些政策给我，对我来说就是钱，符合温州发展的需要。华侨给我们捐资，华侨的直系亲属进来，我也要给他们分数降一点。这个政策给我，也是钱。另外，我还可以利用我现有的资源，开办一些干部培训班，是社会需要的，也有收益。我想给企事业单位培训干部，这样温大也有收入。后来也有反对意见，反对温州降低分数、捐资减分。时任常务副省长沈祖伦开口了，他说："你们不要去批评温州集资办学了。"30 多年以后，我看这也是一条经验了。所以我们当时也是顶着压力做的，没有办法啊，只能自找出路。我觉得这个对今后的办学都是有借鉴意义的。现在国家也都提倡，经济是多种情况的，办学也是一样的。今后办教育，光靠国家投资是不够的。现在有些是从幼儿园开始的，温州大部分的幼儿园是私人办的。不这样办的话，根本就解决不了问题。这也不只是在温州，国外也有。在温州的教育发展过程当中，老百姓都来投资。当时这种思想是比较活跃的。我觉得，争取一些政策，放开一些分数线，这种路应该是可以走的，把自己的路走活起来；一成不变把自己都堵死了，没路好走了。这一点省里当年给了我们支持，李德葆同志有一次给嘉兴市副市长范巴陵同志做工作，说："你们不要有意见，嘉兴的普教问题已经解决了，我们要多分一点钱给温州。"

温州大学在 1987 年、1988 年招生是扩大了，但是我觉得很遗憾，本科生没有招多少。当年就是想点办法和温州师范学院合作，帮我们招本科生。初建速度还是可以的，但是评上本科还是迟了一点，后来领导班子也有变化。

浙江省里的领导对我们的工作也很肯定，像副省长李德葆、省人大常委会副主任刘丹、省委宣传部部长罗东、国家教委的滕藤同志都来视察温州大学。上海几十个高校也组织来我们这里参观，当年的反响还是比较好的，原因还是我们的发展速度比较快。我们教学上的一些安排也是比较正规的，经得起检验，所以大家还是比较肯定的。

采访者：苏步青先生对创办原温州大学提出了许多重要的指导性意见，给了您许多亲切的关怀和勉励，请您谈谈他在温州大学初期建设中所付出的心血。

魏萼清：苏老很重视办学，第一，他说要用改革的精神办大学，不要走老大学的路，改革精神就是温州要什么就先办什么，要多培养人才，等温州大学真正发挥作用，金温铁路通起来会更好，所以要用改革精神办。第二，他说办事是要人的，班子要选好，由校长指定系主任，班子要建好，要实实在在的人，要有实干精神。第三，他说我们经济比较困难，所以钱要用好，要花在刀刃上，实验室要大，办公室要小，进人要挑，宁缺毋滥，不要一下子把底子用完了，进来的都是老先生，那么以后就会很被动。所以不要急，慢慢来，招来的人要一个顶十个用，这些思想都是苏老一贯强调的。关于学生方面，他觉得要让学生全面发展，要让学生学会吃苦，年轻人就要吃苦。他就讲到当年到日本留学的经历。他说："我当年到日本留学去，有人给我20块大洋，我在日本只能住三个月，三个月假如没有考上日本的学校我就要回来，而且回来的路费都没有，就这么一个情况。"然后他就考上了帝国大学，当时没有留下来教书的中国人，毕了业能留下的也没有。他以这个故事来激励学生。

1987 年，苏步青先生（前排右一）给温州大学学生做报告

苏老来温大两次，1987 年一次，1991 年一次。后来谷超豪先生来了，他就和我说："对不起，我来迟了。"我说："不迟，苏老当年就讲了，他年龄大了，以后叫您来。您来有两个原因我是知道的，一是苏老叫您来的，这是您恩师的面子；二是您是为家乡办事，就这两条嘛。"我当年到温大去当校长，也是因为两个人，一个是苏老，一个是罗东部长。当年因为方方面面压力很大，浙江省 11 个地方里面一些管文教的副市长和我关系比较好，他们说："你不要去当这个校长了，你老老实实把这个副市长的工作做好就够你忙的了，还去当什么校长，风险这么大，压力这么大。"但我还是要挑起重任。

1987 年，苏步青先生（中间）视察温州大学，与魏萼清校长（左一）、
罗东部长（右一）在一起

1987 年，苏步青先生视察温州大学时，与学校主要领导在一起

四 总结与感悟

采访者： 从集资建设温州大学开始到现在，已经过去30多年了，现在回想往事，您有哪些感悟与我们分享？

魏萼清：我觉得，做事情，事在人为。看准了，领导批准了，我们作为执行者就要干实事。我也觉得温州需要办一所大学，对于这个，我是很坚决的。人家说你不要去当校长，我却觉得这是一个好事情，造福温州的子孙后代。因为那个时候温州的学生考不出去。这里考不出去，外面分配进来的待不住，尤其是文成、泰顺。那个时候我做过调查，那里的知识分子只有两类，一个是教师，一个是医师，其他专业的没有，工业什么的也都没有。那些人待不住，千方百计要调出去，因为那边经济发展不起来，所以当时我们温州大学是向各个县定向招生的，一成不变的分数线是没有的。所以我觉得做工作，第一，看准了你就要干；第二，宣传，向领导宣传，向公众宣传，要有坚定的信念把它做好；第三，领导支持也是关键，这个我体会最深了。这个事情要是等省里来文件才能动，我就完了，钱已经投进去了。我们没钱，温州市政府48万元都拿不出来，只能拿47.5万元。另外，除了教育之外，其他都要花钱。我管的每一个部门都要花钱的，教育、文化、体育、卫生、科技、计划生育等。事在人为，也要靠群众。温州大学经过几代人的努力，已经形成了这样一个规模，符合温州经济发展的需要了。我也很欣慰。对于我来说也没有做多少事，都是大家一起做的。

采访者：2023年是温州大学办学九十周年，您对温大未来的发展有哪些期许与展望？

魏萼清：现在看来温大对温州经济发展确实是起作用了。举个例子，我到温州下边的县里去，经常能够碰到在县机关工作的温大毕业生，那温大确实是为温州培养人才了。

依我看，温大可以算是一个高校的孵化器，孵化了好几个学校，比如温州肯恩大学、温州商学院、温州理工学院。假如没有温大这个基础，建成这些学校会更难。温大是一个孵化器，培养了好多高校干部。比如温州职业技术学院、浙江安防职业技术学院、浙江工贸职业技术学院、浙江东方职业技术学院的校长也是从温大出去的。当年苏老是有远见的。从人才培养方面来讲，温大对温州经济发展是真正起作用了。

我觉得温大这几年发展得很快，特别是博士点拿下来了。有了博士点，就有了一些研究型高校的雏形，但是博士点只拿到了一个，真正办好一所高校还要大家继续努力。所以希望温大未来向着研究教学型大学方向发展，创立更多的博士点，培养更多高端型人才。

另外，温大要为周边地区和各行各业培养人才。温大影响力已经在浙南、闽北、赣东这些地区辐射开来，需要为这些地区的发展培养人才。我看这次各省换届以后，中央组织部公布的领导干部，基本上学历都提高了，研究生学历占相当大的比例。温大需要培养各个层次的人才，学校未来发展的轨道还要继续完善。博士点批下来还只是个开始，还要经过几代人的努力。

　　最后，我希望学校要重视思想政治教育这一块，我们培养出来的人要真正为国家第二个百年奋斗目标而努力奋斗，为幸福温州建设出力。

丝丝入扣绣出"东方一绝"，一针一线勾勒温大情缘

——魏敬先口述

整理者：温州大学档案馆、温州大学口述历史研究所整理组

整理说明：此篇采访录由魏敬先教授（1937~2018）生前采访资料及相关资料整理而成。

口述者简介

魏敬先（1937~2018），江苏沛县人，教授。毕业于南京艺术学院工艺美术系。曾任温州大学美术系教授、温州市人像绣研究所所长、中国工艺美术家协会会员。长期从事水彩画和人像绣研究工作。先后创作古今中外名人发绣像百余幅，多次在国内外举办个人作品展览，获高度评价。曾应邀赴日本、中国香港、荷兰、马来西亚、美国等地讲学和展览作品，被誉为"世界一绝""国宝级大师"。出版著作3部、水彩画集4本，发表论文20余篇。

一 一针一发，皆是匠心

采访者：魏教授，您好！请问您是从什么时候开始与发绣结缘的？

魏敬先：1963 年我毕业于南京艺术学院油画专业，被分配到温州瓯绣厂搞美术设计。工作中，我发现身边的同事会画的不会绣，会绣的不会画，导致画绣脱节，技术上难以拓展。加上当时工艺美术不受重视，在这种情况下，拿惯画笔的我试着拿起绣针，尝试自画自绣。由于之前没有刺绣的基础，我便从头开始学画刺绣稿，向艺人们了解刺绣针法技艺。接触中，我领会到瓯绣的风格特色，逐渐产生了兴趣。由于在厂一年多来对瓯绣针法的熟知和实践，再加上自己的绘画功底，我突发奇想，拿起绣针穿针引线，自画自绣现代人物肖像和革命圣地等。20 世纪 70 年代，我开始了现代人物肖像绣的研究和实践，在缎面上创作了《孙中山》《爱因斯坦》等第一批人像发绣作品，在参加全国性展览时均获好评，绣作《白石老人》还获得 1983 年全国工艺美术"百花奖"的优秀创作大奖。

1963 年于南京艺术学院就读期间的魏敬先

采访者：您能否给我们简单介绍下发绣呢？

魏敬先：所谓发绣，就是以人的发丝为原料，用绘画的原理在缎底上绣制的特种工艺品。据史料记载，明代夏明远以头发代丝线，绣出《滕王阁》

等作品。和普通丝线绣相比，发绣是利用发丝的天然色泽来表现的，形象逼真而富有立体感，又能经久保存，独具艺术特色。

过去发绣的题材多为花鸟、山水等，我在继承传统的基础上融入绘画艺术，在针法运用、艺术处理等方面进行了一系列创新，就是着重用针脚的疏密、粗细、长短、深浅来塑造现代人物肖像。这些探索，开拓了发绣的新领域，也逐步打响了温州发绣的牌子。1991 年，温州市人像绣研究所（2012年更名为温州市发绣研究所）在温州师范学院（今温州大学）成立，为温州发绣艺术不断发展奠定了坚实基础。

1977 年魏敬先在创作

采访者：发绣除了艺术价值之外，还有独特的人文价值，您能否讲一下发绣有哪些独特的人文魅力？

魏敬先：发绣，是使用可再生的富含人文价值的头发资源，遵循造型艺术规律创作的艺术作品。

头发是人类生命物质的一部分，带有父母生命的信息，是生命迹象的另一种延续，发丝又是检验人体各种信息的物证。所以，用发丝来绣制人像艺术品就更显其珍贵和奇绝了。

发绣人像，是以人的头发为原料，用绘画的原理，在缎底上精心制作的特种工艺品。用人的天然发丝制作的现代人物肖像，更富有立体感，形象逼真、高雅，又能经久保存，千年不变，它被人们誉为"东方一绝"。

在我国，几个世纪以前就有人开始用发丝作绣，在古代，多以楼台亭阁，花鸟虫鱼为题，其技法也比较单一。主要绣勾勒的线条来表现物体形象，即使绣传统人物亦是如此。了解传统绣法后，就想试探着变革一下。即把绘画的原理运用于制绣中，吸取乱针绣的特点，像画钢笔素描那样处理虚实空间。第一次花两个多月时间便绣了一幅大科学家"爱因斯坦"像，后来，作品参加爱因斯坦一百周年诞辰展览，颇得好评。

从那以后，30 多年来，用发丝先后绣出了古今中外文化名人、政治领袖肖像百余幅。对于传统发绣来说既是继承又是开拓和创新，以致成为我终生的追求。

多年来，我们用头发绣制的人物肖像，作为"中国一绝"扬名海内外。它作为一件永久性纪念品深受人们的珍爱。更有创意的是，可在作品中部分采用被绣制者本人的头发，使作品意义更加深远，更具收藏价值。

1989 年，温州市政府为建设金温铁路筹集资金，寻找海内外合作伙伴。经多方了解，温籍台胞南怀瑾先生是一位热爱家乡的国学大师，又是一位孝子。当时市政府为了与之联络感情，决定为南怀瑾先生之母绣制一幅发绣肖像作为特殊的见面礼。经过研究认为这幅绣像最好是部分采用南太夫人本人的发丝，才更有意义。经过几番周折，终于在南怀瑾先生的家乡乐清故居中找到了少许南太夫人生前梳头时掉落收集起来的发丝。经过处理之后，象征性地用在了作品上。

绣像完成之后，时任温州市委书记的刘锡荣同志率团赴香港，将绣像作品面赠给南怀瑾先生。面赠现场，当刘锡荣书记介绍这一幅肖像，是用人的发丝绣制而成的，作品中还部分采用了南太夫人本人的发丝，南怀瑾先生这位国学宗师即刻跪拜在母亲的绣像前，并掩面而泣。这感人的一幕，在温州曾传为佳话。从而也促使了温州人民的百年之梦——金温铁路的快速上马。

1990 年左右，我突然收到了从香港寄来的一幅夫妻合影照片，并附寄一缕发丝，寄信者要求为他们制作夫妻合影发绣肖像，并嘱咐一定要用上他太太的头发，寓意"结发夫妻"，永作留念。我们就按客户的要求，使之如愿以偿。

2006 年，在我国音乐界泰斗缪天瑞先生百年寿诞之际，他的家乡瑞安市人民政府为向他赠送礼品，特委托我们绣制了一幅发绣肖像，并委托人自北京弄来几根缪天瑞老人的发丝，虽然苍白而细短，我们还是把它绣在了老人的眉毛部位，显得这件礼品更加珍贵，更有纪念意义。在北京大会堂为他举行的祝寿大会上将这件作品面赠给了他。

从中也说明发绣艺术的人文价值，是其他艺术品所不可企及的。

二　从教师院，传承技艺

采访者：请问您是如何到温州师范学院执教的呢？

魏敬先：这源于1985年的一天，温州师范学院老院长谷亨杰，在美术系一位老师的陪同下，闯入了我的生活圈子。他们找到了我，向我讲述了温州师范学院的发展形势，需要扩大招生，现已建立了美术系，特别缺乏色彩画教学人才，邀请我到温州师范学院任教，可以更好地发挥一下我的水彩画特长。然而，他们突如其来的邀请，当时并没有打动我，被我婉言谢绝了。

我原来在市工艺美术研究所工作，虽是个小单位，但也属全民事业编制，工作条件还算可以。大学毕业20多年来，通过自己的努力，在工艺美术界也已打开了一个新天地，独辟蹊径走画绣结合的道路，穿针引线，研究现代人物肖像绣技艺。20年来已在自己亲手开辟的这块工艺园地上工作得比较稳定、顺手。不但如此，而且我的人像绣成果正像芝麻开花——节节高。

这一切，对于一个经过了20余年顶着闲言碎语，甘愿坐在女人行里穿针引线、潜心钻研、刻苦磨炼，走画绣结合的道路，现已初见成效的我，可以说是已经陶醉于我的事业之中了。若要我抛开这一切，去从事教学工作，是难以"割舍"的。当时，我一点也没有动心，一口回绝了。

然而，我偏偏又遇上了这位办事执着的老院长。在这之后，他几乎每周一次直接或间接地来做我的思想工作。记得有一次，竟带了当时在该院任组织部部长的吕德富同志，不辞辛苦地爬上我家的七层高楼小居室，真要现场拍板做工作了。可以帮我改换大套房子，也可以帮助我爱人调入师院工作。这一切优惠，当时也并没有打动我的心。而我所考虑的是难以割舍的画绣事业，会不会因此而半途而废？这一次较长时间的谈话，还是没有解决问题，被我又一次婉言谢绝了。

在当时改革开放之初的大潮中，他们这种尊重知识、尊重人才、求贤若渴的举动，从道义上，已深深打动了我。这也是我自大学毕业参加工作以来从未遇到过的。我虽然没接受应聘，但这位温州师范学院院长对我如此看重，竟被我这样屡遭回绝，我深感不安，想表示一下感谢。于是，我打听到他当时在石坦巷的住处，选了一幅自己作的水彩画，送到他家中，一方面表示感谢，另一方面的言下之意，关于调动我的事，可以就此画上个句号了。

但是，世上的事情无奇不有。又过了三个多月后。有一次，我在大街上，边想问题，边低头走路。不料，无意中撞在一辆迎面而来的自行车上。猛抬头一看，正是谷亨杰院长。两人相见如宾，原已冷下来的话题，又在这一次的巧遇之中重新提起了。他向我和盘托出要调我来师院的目的：除了为刚创办的美术系聘请水彩画教师以外，还想物色一些学有专长的人才，办出温州师范学院美术专业的特色，他听说我的发绣人像技艺全国少有，而且，在国内外已小有名气，调入后，完全可以给我创造条件，在画绣这一方面，人无我有，和其他院校比，就有了优势。由于他的执着，我真感动了。于是，我便松了口，同意先去兼课，正式调动，待我考虑成熟再说。1987年夏，我暂时放下绣针，作为兼职教师，第一次走进了温州师范学院的讲堂，拿起已冷落了多年的画笔执教了。

采访者：能否给我们讲讲温州大学人像绣研究所成立的经过？

魏敬先：1991年7月，由于"发绣外交"的积极开展，在经济效益和社会效益上对我省、我市、我校都做出了一定的贡献，曾引起各级领导的重视，由市政府批准成立了"温州市人像绣研究所"，我被任命为所长，同时聘任何纪豪先生为名誉所长。由此，全国首家人像绣研究所宣告成立了。

1991年10月，在温州师范学院生物楼前举行了研究所挂牌仪式，由陈莲莲副市长向前院长谷亨杰教授赠牌，陈副市长列举了近几年来，在开展的"发绣外交"活动中所取得的成果，以发绣艺术作品作为礼品在对外交往中受到赞许，为国争光，为温州争光，同时，也为引进外资和海外捐赠起到了独特的作用。为此，在建所十五周年之际，我校还特印制了一本2006年发绣台历以作纪念。

采访者：1991年，您为邓小平同志精心绣制一幅发绣肖像，得到了社会各界的高度赞誉，能否给我们讲讲制作小平同志肖像的缘起与经过？

魏敬先：1991年底，祖国大地春潮澎湃，建设高潮迭起。我国沿海一带城市，在改革开放的方针指引下，更是日新月异地变化着，人们的物质生活条件得到显著改善，生活水平得到显著提高。知识分子多年来被禁锢，被压抑，因为有了开放搞活的政策，建设社会主义的积极性、创造性又重新迸发出来，显示出无比强大的活力。人们深深地感谢邓小平同志，这位改革开放

1991 年 10 月，由市政府批准温师院成立"温州市人像绣研究所"，荣聘台湾正大尼龙公司总裁何纪豪先生为名誉所长。图为人像绣研究所成员与名誉所长何纪豪（右三）合影

的总设计师，为了建设有中国特色的社会主义而指引的方向和设计的蓝图，一下子把全国各阶层人民的积极性、创造性都调动起来了。

就是在这种形势下，在我的心中萌发出了一个念头：用我多年来练就的一手绝活——发绣，一定要为邓小平同志精心绣制一幅发绣肖像，来表达我对他老人家的感激和敬佩之情。

经过几个月的酝酿，我翻阅了一些画册和资料，终于在一本《中国摄影》杂志中，发现了一幅很有代表性的照片。那就是由杨绍明同志于 1989 年 11 月为小平同志拍摄的一幅稍侧的半身照。照片中的小平同志面带慈祥地微笑着，深色的上衣，中间色的背景和面部一缕强烈的侧光，更增强了立体感，这一切很适于作素描绣稿。于是，1992 年 6～7 月，我在任课之余，便开始绣制了。我是用发丝来绣制这幅肖像的。

发绣人像，一般是用虚实针法来表达的。不像中国传统刺绣那样，凡墨线画到的部位皆须绣满、不露墨痕。现代人像绣是用虚实针法，即深的地方施以密绣，高光部位不绣，以缎底作白。每一针力求起到传神的作用。以其针脚的疏密、粗细、长短、深浅来塑造形象，表达质感、光感。

绣小平同志的面部，则选择较细的发丝，用稀针来表达。绣到五官细微之处，如额部、鼻翼、嘴角、眼神等，必须百里挑一找出极细、极浅淡的发丝，用最短的针脚（针脚即对针孔而言）以"滚针"针法绣成。绣到面部肌肉，必须按照肌肉的自然生势，顺其肌理而运针。既不能像乱针绣那样，横竖交错、疏密排列，以达其远观的效果；也不能像传统针法那样，针针排平，排匀，不准有任何交叉。我是使针法活而不乱，在小范围肌肉的转折处，采取必要的"交切"。即在传统绣法的基础上为我所用，为更好地表现形体而加以演变。

当绣到小平同志的头发时，即可用粗针长发，乱中见整地运针，处理额发交际之处，为表现那稀疏而花白的头发，则用单丝以疏密不等的排针，自由过渡。从头发到眼球，用黑发绣密绣满，而处理额部和鼻尖的高光，则一针不绣，以黑衬白来显示层次的变化。

绣小平同志的黑色毛呢料上衣时，则采用粗针，穿3～4条粗黑的发丝同时绣，针法采用传统的"施针"方法，依衣纹走势而运针。它和面部形成一个强烈对比。即一粗一细，一浅一深，一轻巧一厚重的对比。以上就是绣邓小平同志肖像的针法要领。

为刻画小平同志那种慈祥而又非常沉稳、坚毅的气质，是在照片的基础之上，凭借我多年来的艺术修养和练就的刺绣技巧，把自己的创作感情贯穿于每一针一线之中去尽力刻画的。

用发丝作绣本来是一个高难的课题，而用发绣来表现现代人物就更难了。其难度有三。首先，头发不像丝线那样柔软，若在放大镜下观看，头发本身是呈圆柱形的，又有一定的反弹性，绣在缎底上往往不易服帖容易反弹。所以，运针时必须抽拉均力，切不可轻一针重一针。一般来讲，用发丝作绣时要比用线绣抽拉腕力稍重一些，方显得绣面平服。其次，头发不像丝线那样，一条可以分成几丝、几十丝，相对而言，用发绣表现人物面部的浅淡部位和五官细微处的转折，就困难得多，必须百里挑一找出细发使用。最后，发丝是单一的色彩，若要用来表现丰富多彩的大自然，就要充分把它的差异和明暗层次表达出来，至多采用一些西方人的棕色、黄色发丝来绣，效果会更好一些。可以想象，用发丝作绣要比用铅笔作画难度大得多，时间也费得多。再一点，现代人物肖像有真人实貌为依据，绣得不像则失去肖像绣的意义。而刺绣之所以作为刺绣，不仅要复制得肖似，还要通过针法，丝路去体现出刺绣的特点（工艺技巧），否则，一味描摹绘画（照片）也就没有意义了。

我绣邓小平同志这幅肖像时正是放暑假期间，大部分是在酷暑难当的季节完成的。绣架旁必须放一盆冷水和一条毛巾，因为易出汗，手拿针穿孔时会留下汗迹，影响绣面的整洁。在自己家中狭小的空间作绣，由于条件的限制，房间通风不好，那时更没有空调设备。就是在这种艰苦条件下，怀着对邓小平同志的敬佩、感激之情千针万线完成的。

绣好后，中共十四大即将召开。学校领导知道我花了几个月的业余时间为邓小平同志精心制作了一幅精美的发绣肖像，就来找我说，是不是趁中共十四大前夕，将这幅绣像作为献礼，敬献给邓小平同志，以表达一下我们温州师范学院 200 多名党员的心意。我听了以后非常赞同，这也正是我的意愿和初衷所在。

这件事校领导立即向当时的温州市委书记孔祥有同志汇报，孔书记作为十四大代表正准备赴会，他满口答应把绣像带往北京去。于是，我们连夜准备了一个乳白色镶金边的木制阔边镜框和精美礼盒。在绣像的礼盒上写着："邓小平同志发绣肖像，浙江省温州师范学院全体党员敬赠"，左下角写着"魏敬先绣，1992 年 9 月"。

当绣像送到北京后，也受到浙江省委领导同志的好评，后来请丁关根同志将这幅绣像送到了小平同志家中。

1992 年 10 月 26 日，中共十四大秘书处写了一封感谢信，由浙江省委办公厅转给了我。感谢信中说道："魏教授托温州市委书记孔祥有同志敬献给邓小平同志的发绣肖像已收到，我们将转送给邓小平同志。对魏教授的一片心意，谨表示感谢。"

1992 年 11 月 7 日，国家科委副主任邓楠同志来温州考察时，在一次宴会上孔祥有书记拿着一张我为邓小平同志制作的发绣肖像作品照片，向她了解此事，邓楠同志一看便说："这幅发绣像已送到我家，我爸爸看了以后很高兴，他说：'很精美。'"

这一消息传来以后，我备受鼓舞，我的辛劳和千针万线之功，能得到敬爱的小平同志的赞许，我感到十分欣慰。这一消息不胫而走，当时我省我市的新闻媒体纷纷报道。我一时间成了新闻人物，但更使我欣慰的是，我的千针万线辛劳之作，能得到时年 88 岁高龄的邓小平同志的赞赏。今天全国人民缅怀他的丰功伟绩，正是他的理论为中国人民走上幸福之路奠定了基础，指明了方向。他将永远活在人民的心中。

　　1991 年，魏敬先出于对邓小平同志的感激和敬仰之情，精心绣制了一幅发绣肖像，1992 年，在中共十四大召开之际，托请温州市委书记孔祥有同志带往北京敬献给小平同志，以表达温师院全体党员对他的敬意

　　采访者： 能否给我们讲讲邵逸夫先生援赠"逸夫发绣艺术楼"前前后后的故事？

　　魏敬先： 好的。1990 年 7 月，我受温师院院长谷亨杰教授之委托，为香港知名爱国人士邵逸夫先生精心制作了一幅彩色丝线绣像。正是酷暑季节，挥汗如雨，千针万线将绣像完成后，经过几番周折，未能顺利送出。直到 1991 年 5 月初，从省教委获悉，邵逸夫先生一行将于 5 月 9 日率团回家乡宁波访问，之后到温州雁荡山观光游览。我们闻知消息后，于 5 月 18 日，谷亨杰院长、杨义仁副书记与我一起赶到乐清雁荡山，把绣像赠送给邵逸夫先生本人。当邵先生看到绣像，并由作者介绍绣像的制作特点和难度之后，他满意地笑了，并跷着大拇指操着宁波口音说："很精美！很精美！比我年轻了 30 岁！"一次成功的赠送，大家都为之舒了一口气。

　　1991 年 9 月 5 日，谷亨杰院长收到由邵先生亲笔签名的捐赠信一封，信中写道："我很高兴本会决定捐赠 300 万元港币作为贵校兴建'逸夫图书馆'之用，通过是项捐赠希望能对贵校做育英才之工作有所裨助。欢迎您和魏敬先教授于明年元旦来港访问，届时再聆雅教……"

　　1992 年 2 月，受赠单位均被邵氏基金会邀请随国家教委代表团赴港访问，并向邵先生报告援建项目的进度和计划。谷亨杰院长和我在港期间受到邵先生的热情接待，并在活动之余找个别机会交谈。邵先生提到绣像之时，他非常满意，再次表示感谢。我们随即将我院的人绣像研究所现状向

1991 年魏敬先（左一）与邵逸夫在赠像仪式上的合影

邵先生汇报，邵先生说："师范院校除培养师资外，又发展人像绣之业，难能可贵。"

1994 年初，谷亨杰教授从院长的位置上退居二线，之后被聘任为温州师范学院的顾问，不管是院长、顾问，还是一位化学教授，他始终没有忘记温州师范学院的建设。在当了 11 年院长之后，并没有因为自己的政绩多多而松懈，也没有因为自己已经卸任而撒手不管。他总还想在自己的晚年为学校多做点奉献，利用一切可以和外界联络的机会，继续攻关，宣传发绣艺术，开展外交活动。1994 年 10 月中旬，谷教授被聘为国家教委曾宪梓教育基金会的评委。在北京的一次评审会期间，他得知邵氏基金会主席、香港中文大学前校长马临教授 1995 年过七十大寿，国家教委拟给马临先生赠送礼品。正踌躇不决的时候，谷教授听到消息，当时就主动向国家教委有关部门提议：我温州师范学院的发绣肖像，是赠送贵宾的最佳礼品。这一建议，很快得到采纳。

1994 年 10 月 25 日，谷亨杰教授收到国家教委寄来的马临先生照片一张，希望我们制作一幅精美的发绣肖像，作为国家教委的礼品赠送给马临先生。

时任香港邵氏基金会主席、香港中文大学前校长的马临先生也是邵氏教育基金捐赠项目的主管，我们在港期间，曾几次抽机会和马临先生亲切交谈，谈到关于我校发绣事业的计划和为古今中外名人绣像的打算，其言下之意：如果有可能的话能否再捐赠一个发绣楼项目，以改善我们的工作环境，更好地发展祖国的这项绝技，为国争光。

1996 年春节后，当我打电话向国家教委、国务院港澳办咨询赠送情况，并希望得到赠送现场的照片时，意外得知邵氏基金 1996 年的教育拨款已经下达。不久，我便自作主张地飞往北京，向国家教委、国务院港澳办提及能否考虑支持我院"逸夫发绣艺术楼"的项目。

俗话讲："事在人为。"也许邵逸夫先生自接受我们制作的绣像后，给他留下了深刻印象，接连三次来信均有感谢之语；也许邵氏基金会主席马临先生在他的七十大寿期间接到了由国家教委名义赠送的寿礼——一幅发绣肖像，他十分满意，因而联想到，在港时向他谈到发绣的奇特和奥妙，为发展这一绝技应当给予适当支持；也许国家教委近两年觉得，由我们制作的《邵逸夫彩色绣像》《马临先生发绣肖像》《曾宪梓先生发绣肖像》这几件精美作品均无偿作为国家教委直接或间接赠送的礼品，恰到好处地用来感谢海外爱国人士的捐资助学。我想，这种种因素都起到过作用。

在 1996 年 4 月的一天，我校办公室突然接到北京打来的电话，通知我校派人赴京接受邵氏基金会的一个捐赠项目。当时，我校派老院长谷亨杰和副院长周锦成一同赴京接受捐赠 200 万元港币建造"逸夫发绣艺术楼"。项目请市建筑设计院进行设计。为使这幢楼体现出"发绣"的特点，设计人员颇动脑筋：楼前立一根圆柱，代表一枚银针。针后是一面数十平米长方形的独立画壁，代表绣棚。壁上浮雕花纹代表绣面。以此体现出楼的特色。

在项目动工后不久，我即写信给邵氏基金会主席马临先生，一方面向他表示感谢，另一方面想请他为此楼题写楼名。

1996 年 10 月 15 日，马临先生回信，并题写了"逸夫发绣艺术楼"楼名。同时，还题写了表示祝贺的对联。

逸夫发绣艺术楼

三　发绣外交，硕果累累

采访者：2000 年 10 月 2 ~ 7 日，您率领的发绣艺术展览团在纽约联合国总部进行了为期 5 天的展出。能否给我们讲讲当时展出的情况？

魏敬先：美国新泽西州与浙江省结为友好省，该州所属尤宁郡与温州市结为友好市，肯恩大学（该校在新泽西州的大学中排名第二）与温州师范学院缔结为友好院校。因此，这一次的发绣及水彩画艺术展览就是在肯恩大学罗那多校长继 1998 年、1999 年两次访问温州之后举行的。应美国肯恩大学邀请，温州师范学院发绣艺术展览团一行 6 人，于 2000 年 9 月 21 日至 11 月 2 日赴美进行为期 40 余天的展览和讲学，于 11 月 3 日载誉归来。这是两校建交以后第一次友好而成功的交流。此次赴展之前，经纽约江浙同乡会名誉会长章爱龙先生的推荐，联合国文化娱乐委员会批准，在肯恩大学展览的同时，于 10 月 2 ~ 7 日在纽约联合国总部进行为期 5 天的展出。

2000 年 9 月 21 日至 11 月 2 日，应美国科恩大学之邀，温师院一行 6 人前往新泽西州肯恩大学举办发绣及水彩画艺术展。魏敬先（左一）向客人介绍自己的作品

我们的展出日程是 10 月 2 日在肯恩大学举行展览开幕典礼，3 日下午举行新闻发布会并进行剪彩仪式。4 日举行盛大招待会，邀请纽约地区及新泽西州、市官员和社会文化艺术界名流参加。此次在肯恩大学共展出了我和学生近年来制作的发绣和刺绣作品 70 余件（其中包括 41 幅美国历届总统发绣肖像），还有我近年来创作的水彩画作品。在联合国总部展出了 18 幅世界政治、文化名人发绣肖像。有《孙中山》《周恩来》《江泽民与邓小平在中共十四大闭幕式上》《邱吉尔》《戴高乐》《叶利钦》《克林顿》及世界名人《诺贝尔》《贝多芬》《李斯特》《齐白石》等。

在联合国展出期间，还现场为科菲·安南秘书长绣像，吸引了更多的观众。用发丝绣像是他们从未见到过的，而且绣得那么逼真、传神，真是不可思议。在联合国和肯恩大学展出期间听到最多的话语是"Wonderfull"，艺术展 10 月 4 日在联合国总部入口处大厅正式展出（在此之前的 10 月 2 日开始已进行非正式展出），中午举行了简单的开幕式。联合国副秘书长金永健、中华人民共和国驻联合国公使王同福、中国驻纽约总领事馆邱绍芳副总领事以及肯恩大学代表、校长特别助理格朗斯博士前来祝贺，美国温州同乡会、江浙工商总会以及美国温州工商总会分别赠送了花篮，主要负责人前来参加开幕仪式并表示祝贺，联合国中国文化书会会长花俊雄先生、凌建平先生（《温州日报》金丹霞曾做过专访的"温州女婿"）及部分我国驻联合国官员参加了开幕式。参加仪式的还有《世界日报》、《侨报》、中新社和联合国电台等的新闻记者。中国常驻联合国副代表沈国放在此之前已参观了发绣作品展览。我将自己出版的《中国发绣艺术》一书分别赠送给中国驻联合国代表王英凡大使和沈国放副大使，他们对此都表示赞赏。关于安南绣像赠送事宜，我国驻联合国使团也向安南秘书长办公室递交了报告。

发绣《安南肖像》荣获金奖

联合国总部是各国使团办公的场所，100 多个国家的代表团及联合国工作人员约有 8000 人在此办公，展览场地是进出口三条通道的必经之路，所以，近三天来观看发绣艺术展的人络绎不绝，田艳教授一个人翻译简直无法应对，章爱龙先生和联合国中国文化书会会长花俊雄先生以及我国常驻联合国的工作人员有时也在展厅协助接待和翻译，向参观者介绍中国和中国的发绣艺术。

我和两位助手轮流做现场技艺表演，来参观的都是各国使团官员和联合国工作人员，他们问这问那，对作品赞不绝口。名片、宣传资料发了一批又一批。在这里展出对宣扬中国文化艺术，对提高温州知名度可以说是最佳场所了。王同福公使及中国常驻联合国的工作人员都认为中国的文化艺术博大精深，外国人知道和了解得太少了，能在这里展示一下，并且能受到这么多各国人士的赞扬，是很不简单的。他们还认为由于发绣艺术的特殊性，更能吸引观众。再加上绣制的都是各国元首和文化名人肖像，他们的形象和名字是人所共知的，所以效果特别好。正在现场表演而即将完成的一幅科菲·安南秘书长绣像更加吸引观众。成了展厅中的热点，始终围满参观者。

排列展品时，把《邓小平和江泽民十四大的合影》一幅较大型的发绣作品挂在展厅中央，然后依次是《克林顿》《邱吉尔》《戴高乐》《叶利钦》等五个常任理事国元首绣像。周总理和孙中山先生的绣像也放置在显要位置。有很多国家的代表对他们有所了解，观看者跷着大拇指对我们说"周恩来了不起！发绣绣得好！"等赞扬的话语。因为展厅设在必经之路，每天从上午 9 时至下午 5 时人流不断，他们看到各国领袖和名人的肖像，而且又有现场表演，必然驻足观看一下。特别是中午 1~2 时，是午餐和午休时间，来观看的人更多了。有询问价格的，有索取资料的，也有要求与我们合影的（在这里展出不能有任何商业活动，应当是纯粹的艺术、友谊和宣传）。有位日本工作人员看了好几次之后，非常激动，送来了几朵鲜花和一张她保存多年的画片印刷品给我，表示对我们作品的赞扬。有几个非洲和中东的使团工作人员要求在我们的表演台前与我们合影或给我们拍照，次日就将照片送给我们。也有想为他们国家总统绣像的，向我们要去了资料和名片。为了调查一下发绣人像艺术是不是"世界独一无二的"，我们在和观众谈话时，会有意识地插问一句"你以前见到过发绣这种艺术吗？在你们的国家有发绣吗？"他们的回答都是"没有，没有！"有一天下午，一位年龄 60 岁左右的观众，拿着照相机从不同的角度拍摄了展览场地和表演现场。我们问他时，他说："我要让科菲·安南秘书长知道你们的艺术。"拍完照以后，整个下午他都坐在休息厅沙发上写作，我们估计他可能是某新闻组织的自由撰稿人。

展览的最后一天是最忙碌的，新闻记者赶来采访、拍照、录音。当我在休息厅接受记者采访时，魏乐文、万升平两人轮流在现场进行发绣表演。有重要人参观或有重要事情时再把我叫回展厅，所以采访都是断断续续的。

上午10时半，中央人民广播电台二台（国际频道）刘克凡（名片上是联合国公共信息部广播新闻中心亚洲部负责人）进行了现场录音采访。11时许，新华通讯社联合国分社驻纽约记者丁宝忠又来进行现场采访（昨天采访至中途时因忙于接待而中断）。下午，纽约《侨报》记者朱安先生再次采访，开幕式那天的采访已见报，此次是为在网上发布展览报道而来。下午2时，联合国英文电台一位女记者来做录音专访，她为此准备了一系列的提问，并在当晚对全球广播。下午，在联合国发绣艺术展即将结束两小时前，我们惊喜地看到，中华人民共和国常驻联合国特命全权大使王英凡来了，在发绣展览场地接见了我们，并仔细观看了发绣作品，他说：前几天路过此地，已经看了一下（因为我们每天往返于纽约和肯恩之间，有时没有人在现场），这几天"联大"正在开会，而美国目前又兴起了"中国热"，还要到大学做报告，所以很忙，今天下午是忙里偷闲来看我们的。他还说："你们绣得很好，为祖国争了光。"并且对我们托人转赠给他的《中国发绣艺术》一书表示感谢，最后与我们合影留念。

10月7日展览结束的时间到了，因为该展厅场地好，吸引着各国艺术家们来此展示，以至于日程安排得很满，所以，下午4时我们的发绣艺术展要准时撤出联合国展厅。联合国中国文化书会会长花俊雄先生、凌建平先生，还有章爱龙先生和他请来的两位同乡会人员，帮助我们把作品小心地搬上汽车，运回肯恩大学，5天的联合国展结束了，达到了出乎意料的好效果。发绣艺术能在这个联合国大雅之堂展出真是幸事。没辜负钱兴中市长及温州人民对发绣事业的关怀和期望。我们要感谢花俊雄先生、章爱龙先生。他们都是热心地、无偿地为我们牵线、宣传和做幕后工作，出钱出力。

联合国展虽已结束，本来还有一件重要事情，即等待安南秘书长回纽约之后，如果可能的话，由王英凡大使带我们去拜见秘书长先生，并将绣像面赠给他。但是，由于中东的紧张局势和其他事务繁忙，而未能如愿以偿。联合国展结束的几天后，突然接到通知要我们到纽约联合国总部接受匾牌。于是，我们按约定时间在章爱龙先生的带领下，到联合国总部大厅接受了联合

2000 年 10 月 2 ~ 7 日，发绣艺术展在美国纽约联合国总部举办，图为中国常驻联合国大使王英凡参观展览之后与魏敬先（右一）的合影

国文化娱乐委员会颁发的匾牌。匾牌上用英文写着"奖给中国艺术家魏敬先先生，您的发绣艺术为丰富世界文化宝库做出了杰出的贡献"。

10 月 5 日晚，肯恩大学还专门为艺术展邀请了各地华人名流约 70 人来参加盛大晚宴，有来自纽约、新泽西（尤其是尤宁郡）的画家、作家、音乐家以及附近几所大学的教授和各社团负责人，其中有中国末代皇帝的侄孙女爱新觉罗·恒锦和台湾知名女作家严沁等，由罗那多校长及夫人做东。席间，罗那多校长、郑健副院长和我先后讲话祝贺和答谢，频频举杯。之后参观了艺术展，我们又认识了许多新朋友。

肯恩大学为此展专门成立了"展览委员会"，向校基金会筹集了资金，印制了展品目录和各种与展览有关的宣传品达十余种之多。每次较大的活动，校长都亲自参加或进行主持。在肯恩一个月的日子里，我们感受到亲切和友好，对于两校之间今后的交流充满着信心和希望。罗那多校长在闭幕式上说："我们能够请到世界第一流的艺术家和艺术作品来校展出，深感自豪！"罗那多校长还向温州师范学院的每位代表团成员授牌，表彰了每个人为此展做出的贡献。美中教育交流协会也向我赠送了"发绣传友谊"的匾牌。

在"让发绣走向世界，让世界了解温州"口号的指引下，温州发绣艺术一次次成功的展示和一次次作为外交礼品的馈赠，都令人感到新奇和交口称赞。如果说艺术品荣登"大雅之堂"的话，今天的联合国展览就是国际"大雅之堂"了。我有时在片刻的静思之中，似梦似醒感叹：自己数十载的默默无闻，穿针引发，如今竟能造出如此之大的举动，今天能坐在联合国大堂，聆听世界驻联合国官员们的竖指称赞，一种满足和荣幸之感顿时涌上心头。

采访者：请您讲讲2001年您将发绣作品作为外交礼品赠送给俄罗斯前总统叶利钦的经过。

魏敬先：好的。2001年5月，偶然接到外交部礼宾司的电话，说俄罗斯前总统叶利钦应中国领导人之邀，到中国来休养一段时间。现在快要结束了，临回国前想送一件礼品给他，外交部领导提议指明要送一件发绣肖像。只有20天左右的时间，问我能否来得及完成任务。因为按常规制作一件发绣肖像要三个月左右才可完成，而20天完成一件发绣作品是有一定的难度的，且这件作品是作为国礼，非同小可。时间再紧也要完成，于是，我就答应下来了。

关于照片之事，外交部负责联络的一位处长告诉我，目前正在全国发行的叶利钦著作《午夜日记》中有一幅照片比较合适，我们得知后马不停蹄分头到市内各大书店去找，很快就找到了。立即放大、上棚、临稿，当天就开始刺绣了。由孟永国担纲绣头面，我绣衣服、领带。为了及时完成任务，没有上班下班的界限，日夜赶绣，逢双休日就把绣棚带回家绣。在作品的处理上关键部位一丝不苟，次要部位大刀阔斧、以少胜多。为节约时间，一边绣一边进行联系镜框、礼盒、题款等事宜。

绣像终于在6月初完成了，拍出照片立即用电子邮件发到外交部，认可后，告知我们必须在6月5日之前送到大连棒棰岛——叶利钦下榻的别墅，学校就派温州大学（前温州师范学院）谢树华副校长和我搭机赶往大连。当晚将作品准时送到棒棰岛别墅，陪同叶利钦的外交部张德广副部长接见了我们，审查了作品后他十分满意，并告诉我们明天（即2001年6月6日）上午9点30分准时参加绣像的赠送仪式。

上午9点以前我们就到了接待大厅，由外交部工作人员摆放好绣像，9点30分叶利钦准时步入大厅，他高大魁梧、声音洪亮，夫人奈娜陪同身边，首先由张德广副部长夫妇迎上去握手问候，然后由张德广副部长向叶利钦介绍我和谢树华副校长，一一握手后，叶利钦坐在正中的沙发上，我们解开红丝带，打开了绣像的礼盒，一幅发绣作品展现在他的面前，叶利钦左看右看，翻译告诉他，这幅肖像作品是这位艺术家用发丝绣制而成的，我插话

**2002 年 6 月叶利钦访问中国时获赠发绣像。这是赠像仪式后
叶利钦与魏敬先（右二）等亲切交谈的场面**

说："这件作品的原稿是在您的著作《午夜日记》中选出的。"叶利钦听了非常高兴，点头称赞，站立起来，用洪亮的声音像发表演讲一样对在场的人说了一些有关俄中人民伟大的友谊和合作以及此次来中国对他的热情友好的接待之类的话题之后，还特别感谢送给他这么一件精美的礼品。

之后，我立即拿出一张早已准备好的这幅绣像放大照片，请叶利钦在上面签名，他签名之后，在场的人员都热烈鼓掌，我们接受签名照片时再次握手并合影留念。

图书在版编目（CIP）数据

温州大学办学九十周年口述史录/温州大学档案馆，
温州大学口述历史研究所编．－－北京：社会科学文献出
版社，2023.4
ISBN 978 - 7 - 5228 - 1609 - 8

Ⅰ．①温…　　Ⅱ．①温…②温…　　Ⅲ．①温州大学 - 校
史　Ⅳ．①G649.285.53

中国国家版本馆 CIP 数据核字（2023）第 054412 号

温州大学办学九十周年口述史录

编　　者/温州大学档案馆　温州大学口述历史研究所

出 版 人/王利民
责任编辑/王玉敏
文稿编辑/顾　萌
责任印制/王京美

出　　版/社会科学文献出版社·联合出版中心（010）59367153
　　　　　地址：北京市北三环中路甲 29 号院华龙大厦　邮编：100029
　　　　　网址：www.ssap.com.cn
发　　行/社会科学文献出版社（010）59367028
印　　装/三河市东方印刷有限公司

规　　格/开　本：787mm × 1092mm　1/16
　　　　　印　张：29.5　插　页：0.75　字　数：507 千字
版　　次/2023 年 4 月第 1 版　2023 年 4 月第 1 次印刷
书　　号/ISBN 978 - 7 - 5228 - 1609 - 8
定　　价/198.00 元

读者服务电话：4008918866